经管文库·管理类
前沿·学术·经典

数据驱动的绩效评价

DATA-DRIVEN PERFORMANCE EVALUATION

周晓阳　张　哲　罗　瑞　孙静春　汪寿阳 著

经济管理出版社
ECONOMY & MANAGEMENT PUBLISHING HOUSE

图书在版编目（CIP）数据

数据驱动的绩效评价 / 周晓阳等著. —北京：经济管理出版社，2023.9
ISBN 978－7－5096－9348－3

Ⅰ.①数… Ⅱ.①周… Ⅲ.①企业绩效—企业管理 Ⅳ.①F272.5

中国国家版本馆 CIP 数据核字（2023）第 193159 号

组稿编辑：杨国强
责任编辑：杨国强
责任印制：黄章平
责任校对：张晓燕

出版发行：经济管理出版社
（北京市海淀区北蜂窝 8 号中雅大厦 A 座 11 层　100038）
网　　址：www.E－mp.com.cn
电　　话：（010）51915602
印　　刷：唐山玺诚印务有限公司
经　　销：新华书店
开　　本：710 mm×1000 mm/16
印　　张：18
字　　数：363 千字
版　　次：2023 年 11 月第 1 版　2023 年 11 月第 1 次印刷
书　　号：ISBN 978－7－5096－9348－3
定　　价：98.00 元

缩略语对照表

缩略语	英文全称	中文对照
AHP	Analytic Hierarchy Process	层次分析法
APQC	American Productivity and Quality Center	美国生产力与质量中心
AS	Available Set	可达集
ASQ	American Society for Quality	美国质量学会
CRS	Constant Returns to Scale	规模报酬不变
DC	Distribution Center	配送中心
DMU	Decision-making Unit	决策单元
DTS	Damages to Scale	规模损害
EFFCH	Efficiency Change	技术效率变动
FE	Fixed Effects	固定效应
GRP	Gross Regional Product	地区生产总值
LISA	Local Indicators of Spatial Association	空间联系局部指标
MAPE	Mean Absolute Percent Error	平均绝对百分比误差
NCT	Network Closest Target-setting	网络最近目标设定
NFT	Network Furthest Target-setting	网络最远目标设定
RAM	Range-adjusted Measure	范围调节度量
RG	Reference Group	参考集
RTS	Returns to Scale	规模报酬
SBM	Slacks-based Measure	基于松弛变量的度量
SEM	Spatial Error Model	空间误差模型

SLM	Spatial Lag Model	空间滞后模型
TECHCH	Technical Change	技术进步
VRS	Variable Returns to Scale	规模报酬可变

前　言

效率是经济学和管理学领域最为重要的概念之一。不论是市场制度安排、企业生产组织，还是资源配置，都以提高效率为主要目标。因此，效率评价作为管理者决策的重要依据，在理论研究和生产实践中都具有非常重要的意义。随着社会经济不断发展，经济管理系统的复杂特征已不容忽视，主要体现为上下周期状态联动、前后阶段相互衔接、主从层级输入输出共享等，给系统绩效评价与优化带来了新的挑战。因此，如何更加有效地评估复杂的生产运营系统及其包含的每个环节的效率，如何提升复杂生产运营系统的效率，如何为复杂生产运营系统设定更加合理的生产目标，成为决策者迫切需要解决的难题。

数据时代的到来为生产运营效率分析带来了便利，决策者可以利用海量数据建立多维全面的效率评估指标体系，从而为制定组织效率的提升路径提供重要参考，这种完全基于数据的价值挖掘方法即“数据驱动方法”。目前，数据驱动方法已逐渐成熟，在公共服务、工业、零售业等各个领域均得到了广泛应用。通过数据驱动模型对生产运营系统的相关指标进行分析处理，可以还原复杂系统的真实运营情况，进而得到更加贴近现实的评价结果，是指导实践的重要科学依据。

基于此，本书利用数据驱动方法，在运用数据综合分析的基础上，将不同类型的复杂生产运营系统抽象成具体概念模型，构建相应的数学模型和优化算法，并将其应用于具体现实问题的效率评价中；在效率评价的基础上，从多方位、多层次、多角度探索被评估系统的效率现状、影响因素及未来发展趋势，并制定生产目标，为复杂系统的效率提升和有效运行提供有效的管理启示。

主要边际贡献包括：针对多周期特征导致的供应链系统上下周期状态联动效应，引入动态跨周期结转函数构建多周期供应链绩效评价模型，突破传统静态评价模型局限，克服短视弊端；针对多阶段特征产生的前一阶段的产出作为输入进入后一阶段的衔接效应，引入中介函数构建了多阶段供应链绩效评价模型，有效地剖析了各阶段效率间的关系，辨识出影响整体系统绩效的薄弱环节。针对多层级特征产生的输入输出共享效应，结合主从博弈构建多层级供应链绩效评价模型，有效地揭示了系统内部隐蔽间接联系对整体绩效的影响，更为准确地界定出绩效优化路径。

本书共 8 章。第 1 章为绪论，主要介绍效率评价与数据驱动方法。第 2 章为多阶段系统的绩效评价，探讨了基于模糊数的多阶段系统效率评价问题的建模、模型转化、算法求解，并对其在绿色供应链效率评价中的应用进行详细介绍。第

3 章为多层级系统的绩效评价，通过将包含领导者和多个追随者的供应链系统概念化为多层级系统，构建考虑斯塔克尔伯格博弈的双层规划模型，并将其应用于双层供应链系统效率评价问题中，定义了双层系统及其每个子系统的效率，揭示了双层系统的内在结构及领导者与追随者之间的相互作用。第 4 章为混合网络结构系统的绩效评价，应用考虑松弛变量的数据包络分析模型，为复杂的混合网络结构系统建立效率评价模型，并讨论模型在用水和废水处理综合系统效率评价中的应用。第 5 章为多周期系统的绩效评价，基于动态数据包络分析模型为不同类型的多周期系统构建了不同的效率评价模型，并将其分别应用于考虑技术积累效应的电力能源产业生产、不确定条件下的可持续供应链、不确定性条件下银行系统等效率评价问题中，刻画了系统连续时期之间的动态过程；在效率评价的基础上，运用计量方法探索了影响效率的驱动因素，为效率提升明确改进路径。第 6 章为绩效评价的目标可处置性分析，以环境规制为背景，构建了自然、管理可处置下的数据包络分析模型，并将其应用于不同可处置条件下的中国区域环境绩效评价问题中。第 7 章为标杆管理与绩效评价，基于标杆管理方法和数据包络分析模型为目标设定问题构建模型，并讨论模型和算法在水资源系统效率评价及奖惩机制设计、可持续供应商的绩效评价及目标设定、中国商业银行目标设定问题中的应用。第 8 章为总结，包括绩效评价方法及其应用的总结与展望。

在理论层面，本书围绕包含单个或多个阶段、层级、周期的复杂生产运营系统效率评价与优化问题，分析复杂系统内外部联系、混合不确定环境、多方参与主体的多目标诉求、各层级之间的竞争－耦合互动交融关系以及决策跨期影响，有机集成并改进多种数据驱动方法，设计了一系列系统效率评价模型和优化算法，从而进一步拓展和丰富了效率评价、提升和目标/标杆设定的相关理论和方法，具有科学前沿性。

在方法层面，本书基于数据包络分析模型概念化含有不同结构的复杂生产运营系统，结合多目标规划、多层规划、多阶段规划以及不确定决策理论，解决基于复杂生产运营系统的效率评价问题；结合计量经济学方法、标杆管理等多种数据驱动方法刻画复杂生产运营系统效率的变化规律，以构建改进复杂系统效率提升的组合工具，具有一定的应用前景。

在应用层面，本书探究了复杂生产运营系统内部各环节间的相互作用机理，分析了影响系统运行效率的驱动因素和如何为系统设定目标/标杆，从而为科学合理地评价复杂生产运营系统效率提供科学依据，为制定科学合理的效率提升路径、区域间合作路径和可持续发展宏观政策提供有力保障，具有重要现实价值。

本书受到国家社会科学基金重大项目（22&ZD132）以及国家自然科学基金面上项目（72271194、71871175）的资助，是笔者近年来本领域研究的部分总结。作为对基于数据驱动方法进行效率评价领域的理论与方法的探索，本书的出版仅是抛砖引玉，仍存在疏漏与不足之处，敬请各位读者批评指正。

本书可作为管理学和经济学学科下面的管理科学、技术经济与管理、物流与供应链管理等相关专业本科生和研究生的教学参考资料，对需要运用绩效评价及数据分析的政府职能部门、企（事）业单位、管理人员和技术人员也有一定的帮助作用。

周晓阳

2023 年 11 月 8 日

目 录

第一章 绪论

第一节 效率评价及数据驱动方法

效率是经济学和管理学研究的重要目标。不论是市场制度安排、企业生产组织，还是资源配置，都以提高效率为发展目标。关于效率的定义有很多种说法，经济学意义上的效率是指以尽可能少的劳动和物质资源，生产出尽可能多的符合社会需求的产品。帕累托在 1906 年出版的《政治经济学教程》中定义经济效率：对于某种经济的资源配置，如果不存在其他生产上可行的配置，使得该经济中所有个人的情况至少和初始时一样好，并且至少有一个人的情况比初始时严格更好，那么就可以说这样的资源配置是最优的，即有效率的[1]。目前，经济学关于效率的定义被广泛接受，其核心含义指产出与投入的比率关系，通常以每单位成本所产生的价值最大化（投入不变，产出最大）或每单位产品所需成本的最小化（投入最小，产出不变）作为计算效率的基础。此外，效率又可以分为绝对效率和相对效率：绝对效率是一个组织自身投入与产出的数量比较，并将评价对象与相应的标准对比，找出二者之间的差距；相对效率是在一定的样本范围内，将评价对象与其他多个同属性组织相比较得出的有效程度。不论是理论研究还是实际运营中，效率概念都有着相当重要的意义。

效率作为经济学家研究和分析问题的切入点，是现代经济学基本分析框架的重要组成部分，也是经济学研究的核心问题。效率评价不仅能显示出组织过去的运营效率及资源配置的合理性，也能为其未来经营模式及业务结构的调整提供理论参考，有助于组织优化资源配置、降低成本浪费、减少投入冗余等实践工作。当前，效率评价的研究方法主要分为前沿法及非前沿法，前沿法中最具代表性的评价方法是包含参数的随机前沿分析法（Stochastic Frontier Analysis，SFA）[2,3]及不含参数的数据包络分析法（Data Envelopment Analysis，DEA）[4]，非前沿法包括比率分析法[5]、加权评分法[6]、功效系数法[7]及层次分析法（Analytic Hierarchy Process，AHP）[8]等。

随着数据时代的到来，人们愈发认识到数据在业务经营分析中的重要意义，利用多维的数据可以建立更加全面的评价体系，构造出近似模型来逼近现实情况，从而为组织效率的提升提供重要的参考意义，这种完全基于数据的价值挖掘方法即“数据驱动方法”。数据驱动方法是一个组织及时获取、处理数据以创造价值的过程，包括数据获取、数据建模、数据分析和数据反馈四个循环步骤。数据驱动方法的意义在于通过各种模型、算法对所获取的数据进行相应的处理和分析，获取逼近真实情况的分析结果，进而得出科学合理的应用和管理启示，以达到指导实践的目的[9,10]。

第二节　常见的数据驱动方法

一、效率评价方法

多年来，数据驱动方法已经广泛应用于各个领域，同时在效率评价问题中发挥了巨大的作用，体现出独特的价值。通过对现有研究文献的梳理可以发现，数据驱动的效率评价方法以参数法中的 SFA 方法和非参数法中的 DEA 方法为代表。

（一）SFA 方法

参数型前沿生产函数分析法根据误差项的确立可以分为随机型和确定型两种方法。确定前沿分析方法主要运用最小二乘法或极大似然法估计，把影响最大产出和平均产出的全部误差统归入一个非负的误差项 e，以此衡量技术效率水平。虽然确定前沿模型符合生产函数理论，但把所有可能影响产出的非技术因素（如气候、政策变动、测量误差和函数设定误差等）和技术因素不加区分地统归为技术非效率，与实际生产状况不符，可能导致效率与真实情况存在较大偏差。为解决上述问题，Angier、Lovell 和 Schmidt 在确定前沿模型的基础上引入随机扰动项，分别独立提出了 SFA 模型，更为准确地描述现实情况下的生产者行为[1,2]。SFA 方法提出了具有复合扰动项的随机前沿模型，将随机扰动项 e 分解为随机误差项（统计误差）μ 和技术非效率误差项 u。随机误差项 μ 刻画研究对象不能控制的天气、灾害和运气等影响因素，用以测算系统非效率。技术非效率误差项 u 是研究对象可以控制的影响因素，用以测算技术非效率。尽管参数型前沿生产函数分析方法均体现了样本的统计特性，反映了样本计算的真实性，但从对研究对象行为的描述看，SFA 方法更加客观准确，在效率评价问题的研究中发挥了巨大的作用。SFA 方法的基本模型可以表示为：

$$\ln y_i = x_i\beta + \mu_i - u_i$$

其中，y_i 代表第 i 个研究对象的实际产出，x_i 表示第 i 个研究对象的投入要素，μ_i 表示随机误差和其他随机因素，u_i 表示与技术非效率有关的非负随机变量。产出以随机变量 exp（$x_i\beta+v_i$）为上限，随机误差 μ_i 的取值可正可负。因此，随机前沿产出围绕着模型的确定部分 exp（$x_i\beta$）变动。

此外，随机前沿模型也可以通过图 1－1 进行说明，横轴表示投入要素，纵轴表示产出。点 A 和点 B 分别为两个研究对象投入产出的观测值，点 A′和点 B′分别为它们的随机前沿产出。当噪声影响为正时，可观测的产出会位于确定前沿之上，反之，可观测的产出则位于确定前沿之下。当然，由于噪声无法观察，所以前沿也是无法观察的。实际上，随机前沿生产函数曲线位于随机前沿产出之间，当随机误差 μ_i 对实际产出的影响大于技术非效率误差 u_i 对实际产出的影响，即 $v_i-u_i>0$ 时，其观测值落在随机前沿生产函数曲线的上方，反之落在随机前沿生产函数曲线的下方。此外，产出导向的技术效率可以用产出观测值与相应随机前沿产出之比而确定，即：

$$TE_i=\frac{y_i}{\exp(x_i\beta+v_i)}=\frac{\exp(x_i\beta+v_i-u_i)}{\exp(x_i\beta+v_i)}=\exp(-u_i)$$

其中，技术效率在 0～1 之间取值，测算第 i 个研究对象的产出与有效研究对象使用相同投入得到的产出之间的相对差异。显然，预测技术效率 TE_i 首先要估计随机前沿模型中的参数。

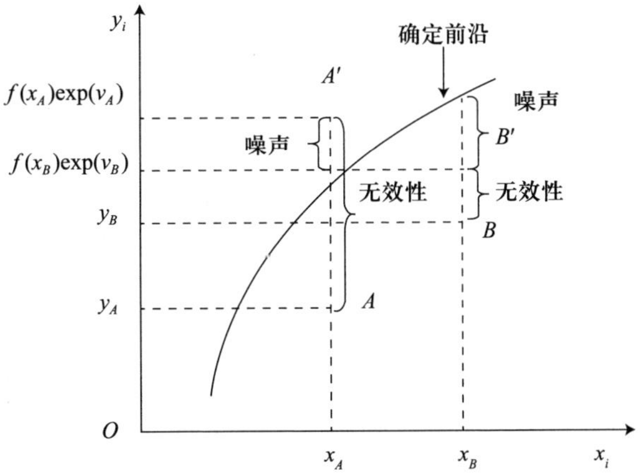

图 1－1　随机前沿生产函数曲线

确定和随机前沿生产函数分析法承袭了传统的生产函数估计思路。首先根据需要构造一种具体的生产函数形式，其次通过适当的方法估计生产前沿面上的函数参数，从而构造描述生产前沿面的前沿生产函数。SFA 方法的优势包括：第一，SFA 方法是一种经济计量方法，以概率分布的概念看待效率的不同，具有统计特征，可以对模型中的参数进行检验，也可以对模型本身进行检验（如似然检验等）。第二，由于 SFA 方法可以建立随机前沿模型，因此前沿面本身是随机的，各研究对象无需共用一个确定的前沿面。第三，由于其区分了统计误差项与技术非效率误差项，可以很好地避免不可控因素对非效率产生影响，使结果更接近实际。

然而，SFA 方法仍存在一些不足。首先，该方法需要大规模观测样本，小样本情况下不能通过极大似然估计评价推断的可靠性；其次，随机误差项与技术无效的分离受强分布假设的影响，估计结果受分布假设模型具体形式的制约；最后，SFA 方法一般只适合单产出的生产形式，当研究对象为多产出多投入时，只能将多产出合并为单一产出才能使用该方法。

（二）DEA 方法

DEA 是评价具有多投入多产出的决策单元（Decision-making Unit，DMU）之间相对效率的数学规划方法，交叉融合了应用数学、运筹学、管理科学和数理经济学等多个学科。DEA 模型由美国著名运筹学者 Charnes、Cooper 和 Rhodes 于 1976 年提出[3]，在处理多投入多产出 DMU 的效率评价问题上具有独特的优势，自问世以来在各个领域得到了广泛应用[11,12,13,14]。该方法的主要原理是在保持 DMU 投入或产出不变时，通过线性规划模型构建观测数据的有效生产前沿面，然后将各个 DMU 投影到有效生产前沿面上，并通过比较 DMU 偏离有效生产前沿面的程度来衡量它们的相对有效性，会得到 DMU 的相对效率排序，并找到 DMU 无效的原因，从而得到提升效率的管理建议。

最初，DEA 理论与模型被用来分析非营利机构的团队经营水平，随后得到了管理领域研究者们的重视，相关理论与模型也变得更加成熟完善，被更多的机构和行业应用。此外，运筹学家在 DEA 方法技术效率评价的基础上发展了纯技术效率、规模效率、分配效率、收益效率、总效率、生产力水平、混合效率和超效率等相关效率的研究，使 DEA 效率评价理论日趋丰富[15,16]。

需要强调的是，DEA 方法的研究对象一般为一组同质 DMU，有效的 DMU 决定了生产可能集的有效前沿面。该方法可以视为一种广义的数理统计方法，但和标准的统计回归分析截然不同，回归分析确定生产函数采取的是最小方差准则，而 DEA 采取的是最理想产出准则。因此，DEA 方法是一种非参数的统计估计方法。

从现有的研究总结发现，DEA 的主要研究内容集中在四个方面：①DEA 理论研究[17]。主要是对其所依据的数学理论进行研究，包括凸分析、数学规划等。②DEA 模型构建。依据不同的评价需要创建 DEA 模型[18,19,20]。③DEA 应用研究[21,22]。主要是模型的应用案例研究、模型和方法的经济背景和管理背景研究等。④DEA 软件开发[23]。包括 DEA 模型的算法和软件的开发，直接关系到 DEA 模型的实际应用与推广。

近年来，无论是DEA理论还是其应用方法都取得了丰硕的成果，不仅体现在相关理论的应用范围不断拓展，还体现在大量改进模型的提出和应用。另外，随着计算机技术的逐渐成熟，如DEAP、DEA-Solver、MaxDEA等DEA模型计算软件也迅速被开发出来。DEA理论研究迅速展开，其方法及应用迅速推广，主要在于DEA方法具有一些不可比拟的特征和优势。DEA方法的研究对象可以是多投入多产出的，且不要求推导出明确的生产函数。此外，每个DMU直接与相对最优的DMU相比较，不同生产规模的DMU也具有一定的可比性，这些特征和优势极大地促进了DEA方法的推广和发展。

二、分析预测方法

效率评价对准确了解研究对象的运行状况、提高绩效管理水平有直接的促进作用，是整个绩效管理体系的基础环节和核心功能。通过科学合理的效率评价，可以全面客观地掌握管理信息，为提高整体绩效水平提供依据。除了在效率分析的基础上提出效率提升的管理启示外，通过事前预测对研究对象的未来发展状态做出评价，为未来的管理决策服务也是效率评价的主要功能之一。因此，效率研究中相继出现了大量数据驱动的分析和预测方法，在效率评价的基础上，从多方位、多层次、多角度分析研究效率，探索研究对象的效率现状、影响因素及未来发展趋势，为研究对象效率的提升和有效运行提出管理建议。本节主要介绍常用的数据驱动分析预测方法。

目前，计量经济学理论和方法被广泛应用于效率评价研究中。通过计量经济学方法对研究对象的不确定性加以度量，在此基础上构建相应的计量模型，有针对性地对研究对象的效率进行进一步的剖析，探索效率的影响因素、诠释研究对象的效率变化规律、识别效率提升的路径。

空间计量方法在效率评价问题中的应用颇为广泛[24,25]。由于区域间研究对象的发展程度存在差异，并且区域存在相关性或差异性，造成效率的不平衡性。空间计量方法充分考虑了地区之间的相互影响，找到了效率在不同区域之间相互作用的关系，对正确制定区域政策具有参考价值。

此外，采用灰色系统理论对研究对象的效率发展趋势进行预测也是效率评价问题中最常见的主题之一[26,27]。在客观世界中，各因素之间相互联系、相互制约，这些联系与制约使得各因素构成一个整体，也就是系统，一般通过信息量及信息的变化规律来区分系统。信息量充足、信息的变化规律明显、可定量描述，并且结构、参数都较为具体的系统称为白色系统；信息量不充足、定量描述有一定的困难，并且模型构建困难的系统称为灰色系统；系统内部的信息完全未知、无法建立模型进行分析的系统称为黑色系统。灰色系统理论是以部分已知的信息为样本进行不确定系统的研究，通过对信息的开发和对有价值信息的提取进行整个系统的描述和有效控制。

第三节 DEA方法的相关概念

本书旨在介绍基于DEA方法的数据驱动效率评价方法，本节对DEA方法的概况及特征做概略性的介绍。

DEA方法涵盖了管理科学、运筹学、数理经济学和数学等多个交叉学科的知识。DEA模型由Charnes、Cooper和Rhodes创建，利用数学规划模型评价具有多投入、多产出的“部门”或“单位”（即DMU）之间的相对效率。它以被评价DMU的投入、产出指标的权重系数为优化变量，运用数学规划模型对DMU的相对有效性做出评价。DEA可以视为一种广义的数理统计方法，采取前沿产出准则，因此该方法也被看作是一种非参数的统计估计方法。由于不需要预先估计参数，在避免主观因素、简化算法和减少误差等方面有着很强的优越性。DEA方法不仅可以判断DMU是否位于有效前沿面上，同时可以得到许多有用的管理信息，如通过横向研究可以分析无效的DMU改进的方向，通过纵向研究可以分析生产力进步的Malmquist指数[28]，还可以研究DMU是否处于合适的生产规模等。

作为一种理想的多目标决策方法，DEA大大丰富了微观经济学中的生产函数理论及其应用，使其研究方法由参数方法发展到参数与非参数并重。与其他的评价方法相比，DEA在综合评价的基础上建立经济系统模型，具有现实意义；在成本、收益效率方面的研究也较为突出，具有理论价值[29]。随着DEA理论的发展，近年来学者们开始预测系统未知信息的研究，其中之一是DEA方法在经济系统预测和预警方面的应用。此外，变量属性分类、灵敏度分析、含有偏好信息的DEA模型[30]及考虑负投入和负产出的DEA模型等研究也使DEA的应用领域不断扩大，在国民经济生产部门的相对有效性评价和资源配置效率的评价问题上有成功的应用。

一、DMU

DMU是效率评价的对象。它是一个广义的概念，可以是政府、军队、学校和企业等一切营利或非营利组织。DMU具有三个特征：

（1）拥有相同的目标或任务，不同组织的目标或任务是不同的。例如学校的目标是培养学生，投入为教师、配套设施和经费等，产出为学生数量、发表论文和专利数量等。医院的目标是治疗患者，投入为医生、医疗器械和经费等，产出为治愈患者的数量，因此学校和医院是不可比的。如果目标不同，要对组织进行拆分以确保可比性，拆分后的 DMU 具有相同的目标和任务。

（2）相同的外部环境，即宏观环境。DEA 方法要求被评价对象的个体差异来源于内部因素，减少因外部环境差异导致的不可比。如果被评价对象处于不同的外部环境，那么应将环境因素作为效率评价指标纳入考虑。

（3）相同的投入产出指标及量纲。评价过程中，不同指标的量纲对结果不产生影响，但同一指标必须统一量纲。

二、生产可能集

设存在 k 个 DMU，每个 DMU 独立且同质，有 m 种投入，n 种产出，$x_j=(x_{1j}, x_{2j}, \cdots, x_{mj})^T \in R_+^m$，$y_j=(y_{1j}, y_{2j}, \cdots, y_{nj})^T \in R_+^n$ 分别表示 DMU_j 的投入和产出向量，其中，R_+^m，R_+^n 分别表示非负集合，$j=1, 2, \cdots, k$。$x=[x_1, x_2, \cdots, x_k]^T$，$y=[y_1, y_2, \cdots, y_k]^T$ 分别表示 DMU 的投入和产出矩阵。(x_j, y_j) 称为参考点，由参考点构成参考集 $\{(x_1, y_1), \cdots, (x_k, y_k)\}$。由 DMU 构成的生产可能集表示为：$T=\{(x, y) \mid x$ 能够生产出 $y\}$。

生产可能集满足以下四个公理假设：

（1）凸性：对于生产可能集 T 中任意两个 DMU (x', y') 和 (x'', y'') 及 $\alpha \in [0, 1]$，都有 $\alpha(x', y')+(1-\alpha)(x'', y'') \in T$，该公理保证生产可能集 T 是个凸集。

（2）锥性：任意 $(x, y) \in T$ 及 $\alpha \geqslant 0$，均有 $\alpha(x, y)=(\alpha x, \alpha y) \in T$，意味着 DMU 的投入与产出同时变为原来的 α 倍，DMU 仍然在生产可能集中。

（3）无效性：任意给定 $(x, y) \in T$，若 $x' \geqslant x$，那么 $(x', y) \in T$；若 $y' \leqslant y$，那么 $(x, y') \in T$。该假设意味着投入增加、产出不变或者投入不变、产出减少的生产活动仍然包含在生产可能集中。

（4）最小性：生产可能集 T 是满足上面三个公理集合的交集。

三、生产前沿面

生产前沿面是经济学中生产函数在多产出情况下的一种推广应用，生产可能集内的所有有效参考点构成的超曲面即生产前沿面，在坐标系中表现为一条包络线，所有落到这条包络线上的参考点是技术有效的，其他均为无效点。通俗地讲，生产前沿面是给定投入所能获得的最大产出的可能边界或者给定产出所需要的最小投入的可能边界。

为了形象地展示 DEA 的评价原理，用两种投入、一种产出的情况加以说明。如图 1—2 所示，有 5 个 DMU，A、B、C、D、E。这 5 个 DMU 的产出均为 1，投入各不相同。由 A、B、C、D 所构成的包络线即生产前沿面，位于生产前沿面上的 4 个 DMU 在产出一定时，投入无法减少，因此是技术有效的。E 不在生产前沿面上，但是它可以表示为生产前沿面上 DMU 的线性组合，在产出一定的情况下，其投入是 C 的 OE/OC 倍，可以通过减少相应的投入提高效率，是非技术有效的。图 1—2 形象地阐述了生产前沿面和 DEA 的评价原理。

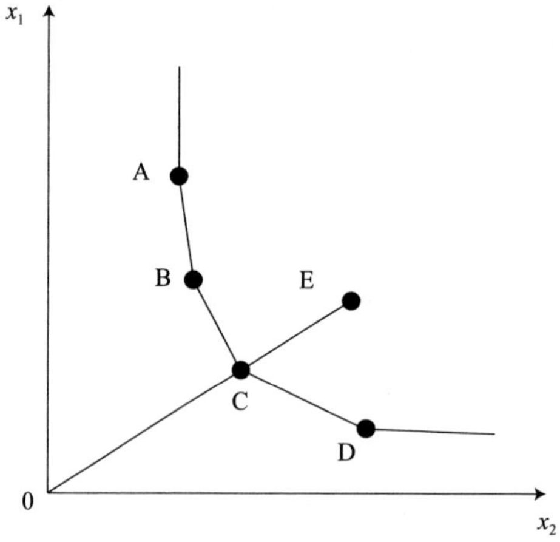

图 1—2　DEA 评价原理

四、DEA 方法的评价流程

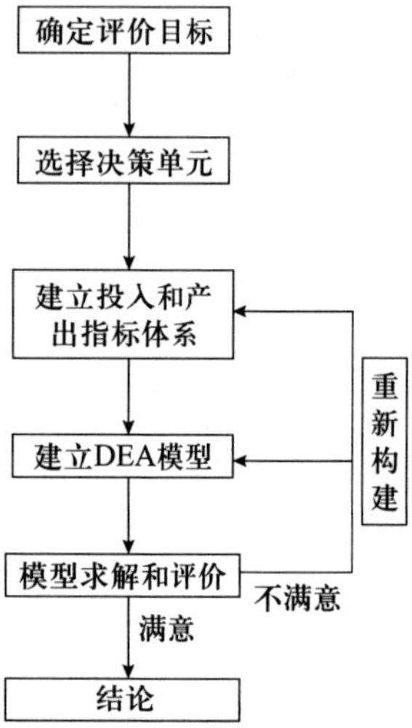

图 1—3　DEA 评价流程

应用 DEA 方法评价 DMU 相对效率的流程如图 1—3 所示。

（1）确定评价目标。根据实际问题确定研究目标，将经济活动中的信息准确转化为 DEA 模型所需要的信息，只有明确评价目标，才能得到科学的评价结果。

（2）选择 DMU。确定需要测评效率的具体“部门”“单位”，由于 DEA 测量的是同类型 DMU 的相对效率，所以 DMU 必须是同质的。需要注意的是，DMU 的数量应大于投入指标和产出指标数量总和的 2 倍。

（3）建立投入和产出指标体系。选择合适的、能准确解释经济活动的投入和产出指标是进行 DEA 研究的重要保障。首先，所选的指标必须是真实的，且能全面体现评价目的；其次，需要考虑各指标之间可能存在的相关性，应该避免选择具有较高相关度的指标；最后，选取指标时应尽可能地选择多个投入和产出指标，以保证能更全面地反映被评价系统的运行过程。

（4）建立 DEA 模型。应用 DEA 方法测算 DMU 相对效率最重要的是选择合适研究问题的模型，其关键在于能够将经济活动及运营过程准确地转换为数学规划问题，并根据该问题的背景和现实情况选取合适的 DEA 模型。

（5）求解模型，评价结果是否满意。将所选取的指标数据代入 DEA 模型，利用计算机软件对 DEA 模型求解。如果运算结果理想，则根据得到的结果对研究问题进行评价与分析，进而为决策者提供相应的建议；如果结果偏离现实，则需要调整指标及模型，并重新收集数据进行二次求解。

五、DEA 方法的特点

根据各 DMU 的观测数据判断其是否为 DEA 有效的本质，依据是判断 DMU 是否位于生产前沿面上。DEA 方法对投入、产出指标有较大的包容性，因此 DEA 方法在处理评价问题时比一般常规统计方法更具优越性。DEA 方法的评价特性主要表现在以下方面：

DEA 方法致力于对每个 DMU 的优化而非对整体集合的统计回归优化。与传统的计量经济学方法相比，DEA 方法无需预先设置确定的生产函数。

计量经济学中采用的长期趋势外推方法是对整个生产前沿面进行的操作，得到的分析结论是平均意义上的统计结果；DEA 方法改善了过去评价方法中将有效与非有效混为一谈的局限，估计出真实有效的生产前沿面。

在实际评价中，投入和产出指标有不同的量纲，但使用 DEA 方法时，DMU 的最优效率与投入和产出指标的量纲无关。也就是说，投入和产出指标的测量单位改变，尽管会造成该指标值的改变，但并不会影响评价结果，这是因为 DEA 方法不直接对指标数据进行综合。因此，使用 DEA 方法前无需对数据进行无量纲化处理，从而使数据处理更加方便。

DEA 方法以各 DMU 投入、产出的权重为变量，从最有利于当前被评价 DMU 的角度进行评价，避免了各指标权重的影响。也就是说，DEA 方法可以让各 DMU 选择对自己最有利的权重，以尽可能提升该 DMU 的效率。因此，一般情况下 DEA 方法无需任何权重假设，每一投入、产出的权重不由评价者主观设定，而由 DMU 的实际数据求得，因此 DEA 方法排除了很多主观因素的影响。

DEA 方法不仅可以确定各 DMU 的有效性，还可以计算出各 DMU 在生产前沿面上的投影，结合松弛变量分析和敏感性分析，为决策者提供各种改进效率值的可行途径，以提高生产水平和管理水平。除此之外，DEA 方法是一种采用实际数据的评价方法，不与理论上的绝对标准进行比较，因此评价结果是相对效率而非绝对效率。

应用 DEA 方法还能对各 DMU 进行分类和排序，分析各 DMU 有效性对各投入和产出指标的依赖情况，了解其在投入和产出方面的优势和劣势。此外，还可以分析各 DMU 间 DEA 有效性的依赖关系，辅助设计出科学的效率评价指标体系等。

使用 DEA 方法时应注意投入、产出的测量误差会影响 DEA 模型的准确性；DEA 方法获得的效率值只能和同一评价组中的 DMU 比较，不能和理论最大值比较，也不能和其他评价组中的 DMU 比较；DEA 模型可以转化为线性规划模型以求解各 DMU 的相对效率。

第四节 DEA 方法的基础模型及研究进展

本节将对 CCR 模型（由 Charnes、Copper 和 Rhodes 于 1978 年提出）和 BCC 模型（由 Banker、Charnes 和 Cooper 于 1984 年提出）两个 DEA 基础模型进行详细介绍，DMU_0 表示当前被评价的 DMU。

一、CCR 模型

假设生产系统的产出不受规模报酬的影响，即规模报酬不变（Constant Returns to Scale，CRS），设存在 k 个 DMU，每个 DMU 有 m 种投入和 n 种产出，$x_j=(x_{1j},\ \cdots,\ x_{mj})^T$，$y_j=(y_{1j},\ \cdots,\ y_{nj})^T$ 分别表示 DMU_j 的投入和产出向量，$j=1,\ 2,\ \cdots k$。$x=[x_1,\ x_2,\ \cdots,\ x_k]^T$，$y=[y_1,\ y_2,\ \cdots,\ y_k]^T$ 分别表示 DMU 的投入和产出矩阵。u，v 分别表示产出和投入的权重向量。则 CRS 假设下投入导向的 CCR 模型如下：

$$\max \frac{\sum_{r=1}^{n} u_r y_{r0}}{\sum_{i=1}^{m} v_i x_{i0}} \tag{1-1}$$

$$\text{s.t.}\begin{cases} \dfrac{\sum_{r=1}^{n} u_r y_{rj}}{\sum_{i=1}^{m} v_i x_{ij}} \leqslant 1,\ j=1,\ 2,\ \cdots,\ k \\ u_r \geqslant 0,\ v_i \geqslant 0,\ \forall r.i \end{cases}$$

经过 Charnes-Cooper 变换，模型（1－1）可以转化为如下等价的线性规划模型：

$$\max\sum_{r=1}^{n}\mu_r y_{r0} \tag{1-2}$$

$$\text{s.t.}\begin{cases}\sum_{i=1}^{m}\omega_i x_{ij}-\sum_{r=1}^{n}\mu_r y_{rj}\geqslant 0, & j=1, 2, \cdots, k\\ \sum_{i=1}^{m}\omega_i x_{i0}=1 \\ u_r\geqslant 0, \ \omega_i\geqslant 0\end{cases}$$

模型（1－2）的对偶规划为：

$$\min\theta \tag{1-3}$$

$$\text{s.t.}\begin{cases}\sum_{i=1}^{m}\lambda_i x_{ij}\leqslant \theta x_{i0}, & i=1, 2, \cdots, m\\ \sum_{r=1}^{n}\lambda_r y_{rj}\geqslant y_{r0}, & r=1, 2, \cdots, n\\ \lambda_j\geqslant 0\end{cases}$$

CRS 假设下产出导向的 CCR 模型如下：

$$\min\frac{\sum_{i=1}^{m}v_i x_{i0}}{\sum_{r=1}^{n}u_r y_{r0}} \tag{1-4}$$

$$\text{s.t.}\begin{cases}\dfrac{\sum_{i=1}^{m}v_i x_{ij}}{\sum_{r=1}^{n}u_r y_{rj}}\geqslant 1, & j=1, 2, \cdots, k\\ \mu_r\geqslant 0, \ v_i\geqslant 0\end{cases}$$

经过 Charnes-Cooper 变换，模型（1－4）可以转化为如下等价的线性规划模型：

$$\min\sum_{i=1}^{m}\omega_i x_{i0} \tag{1-5}$$

$$\text{s.t.}\begin{cases}\sum_{i=1}^{m}\omega_i x_{ij}-\sum_{r=1}^{n}\mu_r y_{rj}\geqslant 0, & j=1, 2, \cdots, k\\ \sum_{r=1}^{n}\mu_r y_{r0}=1 \\ \mu_r\geqslant 0, \ \omega_i\geqslant 0\end{cases}$$

模型（1－5）的对偶规划为：

$$\max\varphi \tag{1-6}$$

$$\text{s.t.}\begin{cases}\sum_{j=1}^{k}\lambda_j x_{ij}\leqslant x_{i0}, & i=1, 2, \cdots, m\\ \sum_{j=1}^{k}\lambda_j y_{rj}\geqslant \varphi y_{r0}, & r=1, 2, \cdots, n\\ \lambda_j\geqslant 0\end{cases}$$

二、BCC 模型

在实际生产运营中，DMU 效率低下除了自身投入产出配置的原因，还可能有生产规模的原因。考虑到规模报酬对生产系统的影响，Banker、Charnes 和 Cooper 在 CCR 模型的基础上提出了 BCC 模型[31]，在模型中考虑了规模报酬可变（Variable Returns to Scale，VRS）的影响。VRS 假设下投入导向的 BCC 模型如下：

$$\max \frac{\sum_{r=1}^{n} u_r y_{r0} - \mu_0}{\sum_{i=1}^{m} v_i x_{i0}} \tag{1-7}$$

$$\text{s.t.}\begin{cases} \dfrac{\sum_{r=1}^{n} u_r y_{rj} - \mu_0}{\sum_{i=1}^{m} v_i x_{ij}} \leqslant 1,\ j=1,\ 2,\ \cdots,\ k \\ \mu_r \geqslant 0,\ v_i \geqslant 0,\ \mu_0 \text{ 无约束} \end{cases}$$

经过 Charnes-Cooper 变换，模型（1－7）可以转化为如下等价的线性规划模型：

$$\max \sum_{r=1}^{n} u_r y_{r0} - \mu_0 \tag{1-8}$$

$$\text{s.t.}\begin{cases} \sum_{i=1}^{m} v_i x_{ij} - \sum_{r=1}^{n} \mu_r y_{r0} + \mu_0 \geqslant 0,\ j=1,\ 2,\ \cdots,\ k \\ \sum_{i=1}^{m} v_i x_{i0} = 1 \\ \mu_r \geqslant 0,\ v_i \geqslant 0,\ \mu_0 \text{ 无约束} \end{cases}$$

模型（1－8）的对偶规划为：

$$\min \theta \tag{1-9}$$

$$\text{s.t.}\begin{cases} \sum_{j=1}^{k} \lambda_j x_{ij} \leqslant \theta x_{i0},\ i=1,\ 2,\ \cdots,\ m \\ \sum_{j=1}^{k} \lambda_j y_{rj} \geqslant y_{r0},\ r=1,\ 2,\ \cdots,\ n \\ \sum\limits_{j=1}^{k} \lambda_j = 1 \\ \lambda_j \geqslant 0 \end{cases}$$

VRS 假设下产出导向的 BCC 模型如下：

$$\min \frac{\sum_{i=1}^{m} v_i x_{i0} + \omega_0}{\sum_{r=1}^{n} \mu_r y_{r0}} \tag{1-10}$$

$$\text{s. t.}\begin{cases}\dfrac{\sum_{i=1}^{m}v_i x_{ij}+\omega_0}{\sum_{r=1}^{n}\mu_r y_{rj}}\geqslant 1,\ j=1,\ 2,\ \cdots,\ k\\ \mu_r\geqslant 0,\ v_i\geqslant 0,\ \omega_0\text{ 无约束}\end{cases}$$

经过 Charnes-Cooper 变换，模型（1—10）可以转化为如下等价的线性规划模型：

$$\min\sum_{i=1}^{m}v_i x_{i0}+\omega_0 \tag{1—11}$$

$$\text{s. t.}\begin{cases}\sum_{i=1}^{m}v_i x_{ij}+\omega_0-\sum_{r=1}^{n}\mu_r y_{r0}\geqslant 0,\ j=1,\ 2,\ \cdots,\ k\\ \sum_{r=1}^{n}\mu_r y_{r0}=1\\ \mu_r\geqslant 0,\ v_i\geqslant 0,\ \omega_0\text{ 无约束}\end{cases}$$

模型（1—11）的对偶规划为：

$$\max\varphi \tag{1—12}$$

$$\text{s. t.}\begin{cases}\sum_{j=1}^{k}\lambda_j x_{ij}\leqslant x_{i0},\ i=1,\ 2,\ \cdots,\ m\\ \sum_{j=1}^{k}\lambda_j y_{rj}\geqslant \varphi y_{r0},\ r=1,\ 2,\ \cdots,\ n\\ \sum_{j=1}^{k}\lambda_j=1\\ \lambda_j\geqslant 0\end{cases}$$

投入导向的 BCC 模型中 μ_0 是没有限制的，当 $\mu_0=0$ 时，BCC 模型变成了 CCR 模型；当 $\mu_0\geqslant 0$ 时，模型规模报酬非减；当 $\mu_0\leqslant 0$ 时，模型规模报酬非增。对于产出导向的 BCC 模型，当 $\omega_0\geqslant 0$ 时，模型规模报酬非增；当 $\omega_0\leqslant 0$ 时，模型规模报酬非减。BCC 模型得到的效率是纯技术效率，而 CCR 模型得到的效率既包括纯技术效率也包含规模效率。因此，CCR 模型的效率与 BCC 模型的效率的比值即规模效率。

三、DEA 方法的研究进展

DEA 方法自问世以来得到了广泛的应用和完善。本节从以下几个方面对 DEA 方法及模型的最新研究方向及进展进行简要的梳理和总结。

（一）网络 DEA 模型

现实中的生产运营往往由多个环节组成，中间产出过程对整个生产过程有着重要的影响。然而，传统的 DEA 模型将生产系统的运营过程看作一个黑箱，研究对象的具体生产运营过程无法清晰地展示。在实际的效率评价过程中，管理者希望打开黑箱，掌握生产系统的具体运营过程。因此，在进行效率评价时对生产过程的各个子过程进行探讨非常必要，网络 DEA 模型应运而生。

网络 DEA 模型分为径向网络 DEA 模型和非径向网络 DEA 模型。径向模型采用 CCR 模型或 BCC 模型对效率进行研究，并假设投入和产出是呈比例变化的。Fare 和 Grosskopt 在 2000 年首次提出了网络 DEA 框架结构[32]。随后，Lewis 和 Sexton 提出了网络 DEA 方法，该方法将 DEA 的黑箱打开，将研究主体内部分为几个子过程，分析各个子过程之间的联系[33]。相比于传统 DEA 模型，网络 DEA 模型可以更好地反映 DMU 的运营过程和各子过程对总效率的影响，为管理者提供更详细的管理建议。非径向网络 DEA 模型以网络 SBM（Slacks-based Measure）模型和网络 RAM（Range-adjusted Measure）模型为代表。网络 SBM 模型由 Tone 和 Tsutsui 提出，考虑了投入松弛量和产出松弛量对效率的影响[34]，其衍生模型在各个领域得到广泛的应用和拓展，例如机场运营效率、银行分支机构效率、绿色供应链效率、高新技术产业效率、教育资源供给效率和城市的创新效率等方面[35,36]。网络 RAM 模型由 Avkiran 和 Mccrystal 提出，网络 SBM 模型相较网络 RAM 模型有更好的判别能力，而网络 RAM 模型对样本规模变化表现得更稳定[37]。目前，网络 RAM 模型的应用还比较少，主要应用在铁路运输效率和区域工业生产效率等方面。

（二）动态 DEA 模型

近年来，测量跨周期效率的变化是 DEA 研究的重点，动态 DEA 模型得到了广泛应用。动态 DEA 模型同样分为径向动态 DEA 模型和非径向动态 DEA 模型。Charnes 和 Cooper（1984）提出了窗口分析的方法[38]，Fare 的提出了基于 Malmquist 指数的 DEA 模型[39]，都对动态问题进行了探索研究。尽管以上方法考虑了时间变化对效率的影响，但都将各周期分开考虑，对每个周期进行局部优化，忽略了连接两个周期的结转活动。目前非径向动态 DEA 模型以 Tone 和 Tsutsui 提出的动态 SBM 模型为代表[40]。动态 SBM 模型考虑了期望、非期望、自由和固定四种结转活动，并提出了投入导向、产出导向和无导向的动态 DEA 模型，以研究跨周期的效率情况。

（三）非期望产出的处理方法

在实际生产过程中，期望产出的产生往往伴随着污染物等各种非期望产出的生成，导致整体效率下降。例如航空公司的飞机在飞行过程中不可避免地排放出二氧化碳、一氧化碳和氮氧化物等污染物。因此，一些针对非期望产出的处理方法也相应产生，如强处置和弱处置方法、曲线测度法、线性变换法和距离函数法等[41]。曲线测度法是双曲线形式的非线性规划方法，采取同比例增加期望产出和减少非期望产出的思想，但该方法的求解较为复杂。线性变换法的思想是将非期望产出乘以－1，然后加上一个足够大的数，将其修正为期望产出。但该方法只能在规模报酬可变的情形下计算效率，此外用一个足够大的数修正非期望产出，这个数的取值可能会对评价结果造成影响。距离函数法要求预先设定一个方向向量作为期望产出增加和非期望产出减少的比例，DMU 与生产前沿面的距离越近，效率越高，反之，效率越低。因此，方向向量的选择将影响评价结果的准确性。相比前两种方法，距离函数法的应用范围更广。

第二章　多阶段系统的绩效评价

第一节　两阶段系统绩效评价

传统的 DEA 模型并不考虑 DMU 运行过程的中间产出，而将 DMU 视为一个“黑箱”，只关注由最初的投入和最终的产出得出的相对效率，忽视了 DMU 的内部结构。然而，在现实生产过程中，往往存在许多结构复杂、层次多样的 DMU，如供应链、银行系统等，运用传统的 DEA 方法不能得出复杂结构 DMU 运行过程的中间阶段效率，也无法识别各子阶段对 DMU 整体效率的影响。

两阶段串联结构 DMU 的基本模式如图 2－1 所示，在其运行过程中，第一阶段获得的产出会成为第二阶段的投入。其中，Z_1 表示初始投入，Z_2 表示中间产出，Z_3 表示最终产出；S_1 表示第一阶段，S_2 表示第二阶段。

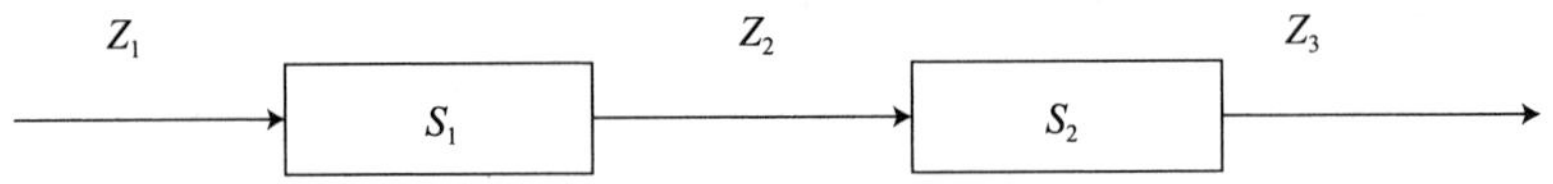

图 2－1　两阶段串联生产过程

在这种情况下，如果使用传统 DEA 模型对包含多阶段的 DMU 进行效率评价，会有以下两种情况：①将多阶段运行过程看作一个整体，仅考虑最初的投入和最终的产出，这种情况忽略了中间阶段的效率值；②将多阶段运行过程的每个阶段都看作独立的单阶段过程，并对每个阶段单独进行效率评价分析，这种情况忽略了多阶段 DMU 的整体效率值。因此，这两种方式均不能有效地评价具有两阶段或多阶段结构 DMU 的运行效率。

在实际的生产过程中，每个子阶段的运行状况对 DMU 整体的效率评价有重要的影响。此外，每个子阶段的投入和产出数据都是可获取的。因此，为了评价各个子阶段的效率，同时兼顾整体过程的相对效率，两阶段 DEA 模型应运而生。两阶段 DEA 模型打开了传统 DEA 模型的“黑箱”结构，考虑每一个 DMU 的内部运行环节，揭示了 DMU 各个子阶段的效率及整体效率，一定程度上克服了传统 DEA 模型评价复杂结构 DMU 效率的弊端。目前，两阶段 DEA 模型已广泛应用于供应链运行效率、银行经营效率等领域[42,43]。

假设 DMU 共有 n（$j=1, 2, \cdots, n$）个两阶段 DMU，阶段 1 中包括 m（$i=1, 2, \cdots, m$）个投入，用 x_{ij} 表示，生成 k（$d=1, 2, \cdots, k$）个中间产出 z_{dj}，阶段 1 的中间产出将全部作为投入进入阶段 2，得到 s（$r=1, 2, \cdots, s$）个最终产出，用 y_{rj} 表示。此外，v_i，w_d 和 u_r 分别表示投入、中间产出和最终产出的权系数。那么，DMU_j 阶段 1 的效率值可由 $\frac{\sum_{d=1}^{k} w_d z_{dj_o}}{\sum_{i=1}^{m} v_i x_{ij_o}}$ 求出，其约束条件表达式为 $\frac{\sum_{d=1}^{k} w_d z_{dj}}{\sum_{i=1}^{m} v_i x_{ij}} \leqslant 1$；阶段 2 的效率值由 $\frac{\sum_{r=1}^{s} u_r y_{rj_o}}{\sum_{d=1}^{k} u_r z_{dj_o}}$ 表示，其约束条件是 $\frac{\sum_{r=1}^{s} u_r y_{rj}}{\sum_{d=1}^{k} u_r z_{dj}} \leqslant 1$。

第一阶段效率值以 e_1 表示，其线性规划方程为：

$$\max e_1 = w_d z_{dj_0}$$

$$\text{s.t.}\begin{cases} \sum_{i=1}^{m} v_i x_{ij} - \sum_{d=1}^{k} w_d z_{dj} \geqslant 0 \\ \sum_{i=1}^{m} v_i x_{ij} = 1 \\ v_i \geqslant 0,\ w_d \geqslant 0 \\ i = 1, 2, \cdots, m \\ d = 1, 2, \cdots, k \\ j = 1, 2, \cdots, n \end{cases}$$

第二阶段效率值以 e_2 表示，其线性规划方程为：

$$\max e_2 = u_r y_{rj_0}$$

$$\text{s.t.}\begin{cases} \sum_{d=1}^{k} w_d z_{dj} - \sum_{r=1}^{s} u_r y_{rj} \geqslant 0 \\ \sum_{d=1}^{k} w_d z_{dj} = 1 \\ u_r \geqslant 0,\ w_d \geqslant 0 \\ i = 1, 2, \cdots, m \\ r = 1, 2, \cdots, s \\ j = 1, 2, \cdots, n \end{cases}$$

考虑到两个阶段的重要程度不同，以 β_1 和 β_2 反映阶段 1 和阶段 2 的权系数，DMU 的整体效率可以表示为：

$$e = \max(\beta_1 e_1 + \beta_2 e_2) = \beta_1 w_d z_{dj_0} + \beta_2 u_r y_{rj_0}$$

$$
\text{s. t.}\begin{cases}\sum_{i=1}^{m} v_i x_{ij} - \sum_{d=1}^{k} w_d z_{dj} \geqslant 0 \\ \sum_{d=1}^{k} w_d z_{dj} - \sum_{r=1}^{s} u_r y_{rj} \geqslant 0 \\ \sum_{d=1}^{k} w_d z_{dj_0} = 1 \\ \sum_{i=1}^{m} v_i x_{ij_0} = 1 \\ v_i \geqslant 0,\ u_r \geqslant 0,\ w_d \geqslant 0 \\ i = 1,\ 2,\ \cdots,\ m \\ r = 1,\ 2,\ \cdots,\ s \\ j = 1,\ 2,\ \cdots,\ n \\ d = 1,\ 2,\ \cdots,\ k \end{cases}
$$

此模型研究的是基础的两阶段运行过程，即假设阶段 1 的中间产出没有直接离开系统，全部进入阶段 2 作为投入，且没有外部资源进入阶段 2 中。

一、模糊双目标两阶段 DEA 模型

传统 DEA 模型要求投入和产出的数据是精确的，然而现实评价问题中存在不能用具体数值表示的定性指标。为了描述和刻画该类指标，文献中常见的处理办法是引入模糊集的概念，并将其与 DEA 模型有机结合，以有效解决同时包含定量和定性指标的绩效评价问题。

两阶段 DEA 模型能够识别 DMU 各阶段效率，为决策者提供各阶段及总体效率提升的全面信息，达到促进各阶段及整体共同发展的目的。例如，随着可持续发展战略的逐步推进，需要对工业生产和环境管理系统的效率进行综合评价，同时实现工业发展和污染物控制两阶段系统的高效运行。因此，在两阶段 DEA 模型中纳入双目标规划思想，构建双目标两阶段 DEA 模型，能够有效确定集成系统的低效原因，并为两阶段发展提供具有针对性的指导意见。

再者，根据联合生产理论，在生产过程中，期望产出的产生总是伴随着非期望产出；在未完全关闭生产过程的情况下，消除非期望产出是极其困难和不切实际的。因此，在效率评估研究中不应忽视这些非期望产出因素。

此外，在研究具有复杂结构 DMU 的效率问题时，受现实条件影响或统计方法的限制，用于效率评价的指标观测值往往是不精确的。对此，本节引入模糊数方法，以更科学的方式描述指标数据的不确定性，避免信息丢失或扭曲，从而得出更准确、稳健的结果。1965 年，Zadeh 首次提出模糊集概念，并借助一个在 [0，1] 取值的隶属度函数描述模糊集[44]。模糊集及模糊 DEA 模型定义如下：

定义 2－1. 设模糊子集 $\widetilde{A}$ 存在于论域 U 上，对 $\forall u \in U$，都有 $\gamma(U) \in$ [0. 1]，这是 u 对 $\widetilde{A}$ 的隶属度，$\mu(U)$ 叫作 $\widetilde{A}$ 的分布函数或者隶属度函数。

当使用模糊数或模糊向量取代确定值时，投入产出变量均为模糊值，令 $\tilde{x}_j = (\tilde{x}_{1j}, \tilde{x}_{2j}, \cdots, \tilde{x}_{ij})$，$\tilde{y}_j = (\tilde{y}_{1j}, \tilde{y}_{2j}, \cdots, \tilde{y}_{rj})$，可以得到如下的模糊 DEA 模型：

$$\min\theta$$

$$\text{s.t.}\begin{cases}\sum_{j=1}^{n}\lambda_j\tilde{x}_{ij} \leqslant \theta\tilde{x}_{i0}\\ \sum_{j=1}^{n}\lambda_j\tilde{y}_{rj} \geqslant \tilde{y}_{r0}\\ \sum_{j=1}^{n}\lambda_j = 1,\ \lambda_j \geqslant 0,\ j = 1, 2, \cdots, n\end{cases}$$

模糊数一般分为三角模糊数和梯形模糊数，二型三角模糊数是三角模糊数的拓展形式。由于在 [0，1] 中，无法确保每一个点的隶属度函数均为一个精确的数，因此用二型模糊来表示这一不确定性。

定义 2—2. 令 $\tilde{\tilde{A}} = (r_1; r_2; r_3; \sigma_l; \sigma_r)$ 作为二型三角模糊变量，其中 σ_l，σ_r 表示不确定的程度，$\tilde{A}$ 的取值 $x \in [r_1, r_3]$。二型三角模糊变量的二次隶属度函数表示如下：

$$\mu_{\tilde{\tilde{A}}(x)} = \begin{cases}\left(\dfrac{x-r_1}{r_2-r_1} - \sigma_l\dfrac{x-r_1}{r_2-r_1},\ \dfrac{x-r_1}{r_2-r_1},\ \dfrac{x-r_1}{r_2-r_1} + \sigma_r\dfrac{r_2-x}{r_2-r_1}\right);\ x \in [r_1, r_2)\\ 1-\sigma_l;\ x = r_2\\ \left(\dfrac{r_3-x}{r_3-r_2} - \sigma_l\dfrac{r_3-x}{r_3-r_2},\ \dfrac{r_3-x}{r_3-r_2},\ \dfrac{r_3-x}{r_3-r_2} + \sigma_r\dfrac{x-r_2}{r_3-r_2}\right);\ x \in (r_2, r_3].\end{cases}$$

特别地，如果 $\sigma_l = \sigma_r = 0$，$\tilde{\tilde{A}}$ 为精确数。图 2—2 中描述了一个二型三角模糊变量，其二次隶属度函数 $\mu_{\tilde{\tilde{A}}(x)}$ 不是固定的数值，而是在 0～1 取值。

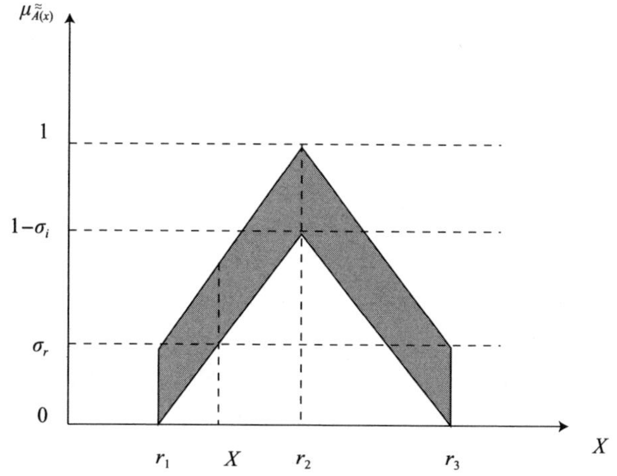

图 2—2　二型三角模糊变量的隶属度函数

由于二型三角模糊数可以直接处理高度不确定性，具有很强的实际应用背景，本节将构建二型模糊双目标两阶段 DEA 模型对两阶段 DMU 的效率进行综合评价。

考虑一组决策单元 DMU_j（$j=1, 2, \cdots, n$），每个 DMU 都包含两阶段运行过程。阶段 1 和阶段 2 的投入分别表示为 X_{ij}^{ind}（$i=1, 2, \cdots, m$）和 X_{lj}^{env}（$l=1, 2, \cdots, c$），阶段 1 的产出由期望产出和非期望产出组成，分别用 Y_{gj}^{ind}（$g=1, 2, \cdots, q$）和 Z_{bj}^{ind}（$b=1, 2, \cdots, p$）表示，其中，非期望产出 Z_{bj}^{ind} 作为中间变量进入第 2 阶段，阶段 2 的最终产出用 Y_{rj}^{env}（$r=1, 2, \cdots, s$）表示。假定 X_{ij}^{ind} 和 Y_{rj}^{env} 为二型模糊数。

（一）模型构建

基于二型三角模糊变量的分布函数，本节构建了二型模糊双目标两阶段 DEA 模型（2－1），该模型可以在一个完整的框架内获得 DMU 各阶段的效率。该模型的前两个约束条件表明，每个 DMU 的“虚拟产出”与“虚拟投入”的比率不应超过 1。第一个目标函数识别出使阶段 1 中 DMU_0 的产出与投入之比最大化的权重 v_i，w_b 和 n_g；第二个目标函数识别出使阶段 2 中 DMU_0 产出与投入之比最大化的权重 k_i，w_b 和 u_r[45]。

$$
\begin{gathered}
\max \frac{\sum_{g=1}^{q} Y_{g0}^{ind} n_g}{\sum_{i=1}^{m} \tilde{\tilde{X}}_{i0}^{ind} v_i + \sum_{b=1}^{p} Z_{b0}^{int} w_b} \\
\max \frac{\sum_{r=1}^{s} \tilde{\tilde{Y}}_{r0}^{env} u_r}{\sum_{i=1}^{c} X_{l0}^{env} k_l + \sum_{b=1}^{p} Z_{b0}^{int} w_b} \qquad (2-1) \\
\text{s.t.} \begin{cases}
\dfrac{\sum_{g=1}^{q} Y_{gj}^{ind} n_g}{\sum_{i=1}^{m} \tilde{\tilde{X}}_{ij}^{ind} v_i + \sum_{b=1}^{p} Z_{bj}^{int} w_b} \leqslant 1, \ j=1, 2, \cdots, n \\
\dfrac{\sum_{g=1}^{p} \tilde{\tilde{Y}}_{rj}^{env} u_r}{\sum_{l=1}^{c} X_{lj}^{env} k_l + \sum_{b=1}^{p} Z_{bj}^{int} w_b} \leqslant 1, \ j=1, 2, \cdots, n \\
n_g, \ v_i, \ w_b, \ k_l, \ u_r \geqslant 0
\end{cases}
\end{gathered}
$$

双目标规划能够实现在一个整体框架内同时优化两个阶段目标函数的目的。因此，将双目标规划纳入两阶段 DEA 效率评价模型中，通过对 DMU 两阶段的效率进行综合评价，能够为决策者提供更多关于整体及各阶段效率改进的信息。

模型（2－1）是分数规划，求解相对比较复杂。因此，为方便求解将其转化为基于对偶规划的线性模型（2－2）。模型（2－2）用决策变量 θ_i、$\theta_b^{(1)}$、

$\theta_b^{(2)}$ 和 θ_l 和非负变量 λ_j 和 η_j 表示。约束条件表明，虚拟 DMU 的投入小于 DMU_0 的投入，虚拟 DMU 的产出大于 DMU_0 的产出。第一个目标函数令 ρ^{ind} 最小化，以减少阶段 1 满足约束条件所需的投入 X_{i0}^{ind} 和非期望产出 Z_{b0}^{ind}。第二个目标函数令 ρ^{env} 最小化，以减少阶段 2 满足约束条件所需的额外投入 X_{i0}^{ind} 和中间产出 Z_{b0}^{int}。此外，通过 $\sum_{j=1}^{n}\lambda_j Z_{bj}^{int}=\sum_{j=1}^{n}\eta_{j\ bj}^{\ \ int}$，$b=1, 2, \cdots, p$ 来定义两阶段间的连续性。

$$
\begin{aligned}
\min\rho^{ind} &= \frac{1}{m+p}\left(\sum_{i=1}^{m}\theta_i+\sum_{b=1}^{p}\theta_b^{(1)}\right)\\
\min\rho^{env} &= \frac{1}{p+c}\left(\sum_{b=1}^{p}\theta_b^{(2)}+\sum_{l=1}^{c}\theta_l\right)
\end{aligned}
\quad (2-2)
$$

$$
\text{s. t.}\begin{cases}
\sum_{j=1}^{n}\lambda_j\widetilde{\widetilde{X}}_{ij}^{ind}\leqslant\theta_i\widetilde{\widetilde{X}}_{i0}^{ind},\ i=1,\ 2,\ \cdots,\ m\\
\sum_{j=1}^{n}\lambda_j Z_{bj}^{int}\leqslant\theta_b^{(1)}Z_{b0}^{int},\ b=1,\ 2,\ \cdots,\ p\\
\sum_{j=1}^{n}\lambda_j Y_{gj}^{ind}\leqslant Y_{g0}^{ind},\ g=1,\ 2,\ \cdots,\ q\\
\sum_{j=1}^{n}\eta_j X_{lj}^{env}\leqslant\theta_l X_{l0}^{env},\ l=1,\ 2,\ \cdots,\ c\\
\sum_{j=1}^{n}\eta_j Z_{bj}^{int}\leqslant\theta_b^{(2)}Z_{b0}^{int},\ b=1,\ 2,\ \cdots,\ p\\
\sum_{j=1}^{n}\eta_j Y_{rj}^{env}\leqslant Y_{r0}^{env},\ r=1,\ 2,\ \cdots,\ s\\
\sum_{j=1}^{n}\eta_j\widetilde{\widetilde{Y}}_{rj}^{env}\leqslant\widetilde{\widetilde{Y}}_{r0}^{env},\ r=1,\ 2,\ \cdots,\ s\\
\sum_{j=1}^{n}\lambda_j Z_{bj}^{int}\leqslant\eta_j Z_{bj}^{int},\ b=1,\ 2,\ \cdots,\ p\\
\lambda_j,\ \eta_j,\ \theta_i,\ \theta_b^{(1)},\ \theta_b^{(2)},\ \theta_l\geqslant 0
\end{cases}
$$

为了进一步区分效率值相同的 DMU，增强模型对效率的区别能力，本节将超效率的理念引入模型中。首先，在模型中加入松弛变量（s_i^-，$s_b^{-(1)}$，s_g^+，s_l^-，$s_b^{-(2)}$，s_r^+）。在投入方向，通过最小化 p^{ind} 和 p^{env} 来度量阶段 1 和阶段 2 的效率。效率的度量是通过最优投入与实际投入的比率得到的，而最优投入等于实际投入减去变动值。在阶段 1 中，投入和非期望产出的变动值由（$1-\theta_i$）$X_{i0}^{ind}+s_i^-$ 和（$1-\theta_b^{(1)}$）$Z_{b0}^{int}+s_b^{-(1)}$ 计算得到。在保持产出水平不变时，s_i^-，$s_b^{-(1)}$ 分别表示不成比例的减少。在阶段 2 中，（$1-\theta_b^{(2)}$）$Z_{b0}^{int}+s_b^{-(2)}$ 和（$1-\theta_l$）$X_{i0}^{renv}+s_l^-$ 代表在保持投入水平不变的情况下产出的变动值。与模型（2－2）不同的是，虚拟 DMU 的投入和产出是 DMU_0 之外的其他 DMU 的线性组合。

$$\min\rho^{ind}=\frac{1}{m+p}\left[\left(\sum_{i=1}^{m}\theta_i+\sum_{b=1}^{p}\theta_b^{(1)}\right)-\left(\sum_{i=1}^{m}\frac{s_i^-}{X_{i0}^{ind}}+\sum_{b=1}^{p}\frac{s_b^{-(1)}}{Z_{b0}^{int}}\right)\right]$$

$$\min\rho^{env}=\frac{1}{p+c}\left[\left(\sum_{b=1}^{p}\theta_b^{(2)}+\sum_{l=1}^{c}\theta_l\right)-\left(\sum_{b=1}^{p}\frac{s_b^{-(1)}}{Z_{b0}^{int}}+\sum_{l=1}^{c}\frac{s_l^-}{X_{l0}^{enw}}\right)\right]$$

(2—3)

$$\text{s. t.}\begin{cases}\sum_{j=1,\ j\neq0}^{n}\lambda_j\tilde{\tilde{X}}_{ij}^{ind}+s_i^-=\theta_i\tilde{\tilde{X}}_{i0}^{ind},\ i=1,\ 2,\ \cdots,\ m\\ \sum_{j=1,\ j\neq0}^{n}\lambda_jZ_{bj}^{int}+s_b^{-(1)}=\theta_b^{(1)}Z_{b0}^{int},\ b=1,\ 2,\ \cdots,\ p\\ \sum_{j=1,\ j\neq0}^{n}\lambda_jY_{gj}^{\mathrm{ind}}-s_g^+=Y_{g0}^{\mathrm{ind}},\ g=1,\ 2,\ \cdots,\ q\\ \sum_{j=1,\ j\neq0}^{n}\eta_jX_{lj}^{env}+s_l^-=\theta_lX_{l0}^{\mathrm{env}},\ l=1,\ 2,\ \cdots,\ c\\ \sum_{j=1,\ j\neq0}^{n}\eta_jZ_{bj}^{int}+s_b^{-(2)}=\theta_b^{(2)}Z_{b0}^{int},\ b=1,\ 2,\ \cdots,\ p\\ \sum_{j=1,\ j\neq0}^{n}\eta_j\tilde{\tilde{Y}}_{rj}^{env}-s_r^+=\tilde{\tilde{Y}}_{r0}^{env},\ r=1,\ 2,\ \cdots,\ s\\ \sum_{j=1,\ j\neq0}^{n}\lambda_jZ_{bj}^{int}=\sum_{j=1,\ j\neq0}^{n}\eta_jZ_{bj}^{int},\ b=1,\ 2,\ \cdots,\ p\\ \lambda_j,\ \eta_j,\ s_i^-,\ s_b^{-(1)},\ s_g^+,\ s_l^-,\ s_b^{-(2)},\ s_r^+,\ \theta_i,\ \theta_b^{(1)},\ \theta_b^{(2)},\ \theta_l\geqslant0\end{cases}$$

（二）模型求解

本节采用 STEM 方法对双目标两阶段 DEA 模型进行求解。

步骤 1. 求解各目标函数的独立效率值 ρ_{ideal}^{ind} 和 ρ_{ideal}^{env}。独立效率值表示阶段 1 和阶段 2 所能达到的最优效率，向量（ρ_{ideal}^{ind}，ρ_{ideal}^{env}）形成双目标两阶段 DEA 模型（2—3）的理想点，需要注意的是，通常情况下这一理想点不能同时得到。

步骤 2. 通过附录中的模型（A.1）找到一个帕累托解，令其到理想点的偏差 t（$t\geqslant0$）最小化。基于模型（2—3）中的其他约束条件，补充另外两个约束条件：

$$\frac{1}{m+p}\left[\left(\sum_{i=1}^{m}\theta_i+\sum_{b=1}^{p}\theta_b^{(1)}\right)-\left(\sum_{i=1}^{m}\frac{s_i^-}{X_{i0}^{ind}}+\sum_{b=1}^{p}\frac{s_b^{-(1)}}{Z_{b0}^{int}}\right)\right]-\rho_{ideal}^{ind}\leqslant t$$

$$\frac{1}{p+c}\left[\left(\sum_{b=1}^{p}\theta_b^{(2)}+\sum_{l=1}^{c}\theta_l\right)-\left(\sum_{b=1}^{p}\frac{s_b^{-(2)}}{Z_{b0}^{int}}+\sum_{l=1}^{c}\frac{s_i^-}{X_{l0}^{env}}\right)\right]-\rho_{ideal}^{env}\leqslant t$$

步骤 3. 计算阶段 1 和阶段 2 的效率值和 DMU_0 的总效率：

$$\rho^{ind\,*}=\frac{1}{m+p}\left[\left(\sum_{i=1}^{m}\theta_i^*+\sum_{b=1}^{p}\theta_b^{(1)*}\right)-\left(\sum_{i=1}^{m}\frac{s_i^{-*}}{X_{i0}^{md}}+\sum_{b=1}^{p}\frac{s_b^{-(1)*}}{Z_{b0}^{int}}\right)\right]$$

$$\rho^{env\,*}=\frac{1}{p+c}\left[\left(\sum_{b=1}^{p}\theta_b^{(2)*}+\sum_{l=1}^{c}\theta_l^*\right)-\left(\sum_{b=1}^{p}\frac{s_b^{-(2)*}}{Z_{b0}^{int}}+\sum_{l=1}^{c}\frac{s_l^{-*}}{X_{l0}^{env}}\right)\right]$$

由于附录中模型（A.1）不能直接计算整体效率，因此采用加权求和法。每个阶段的权重根据附录中模型（A.1）求解的最优值来定义：$\zeta^{ind}=\frac{\rho^{ind*}}{\rho^{ind*}+\rho^{env*}}$，$\zeta^{env}=\frac{\rho^{env*}}{\rho^{ind*}+\rho^{env*}}$且$\zeta^{ind}+\zeta^{env}=1$；即阶段1权重和阶段2权重根据各自的效率值对整体效率的贡献来确定。此外，用式（2－4）来确定DMU_0的总体效率。

$$\{\rho=\zeta^{ind}\rho^{ind*}+\zeta^{env}\rho^{env^*}\} \tag{2-4}$$

定理2－1. ρ是两阶段系统的整体效率。如果$\rho\geqslant 1$，则评价的DMU_0是总体有效的。如果$\rho<1$则为总体非有效。例如，如果$\rho=1.3$，表示在整个系统投入增加30%的情况下，DMU_0保持相对有效。

（三）处理二型模糊性

模型（2－3）和模型（A.1）包含二型三角模糊变量。由于二型三角模糊变量具有非精确的主隶属度函数，如图2－3所示。因此，采用以下三个步骤处理二型模糊性。

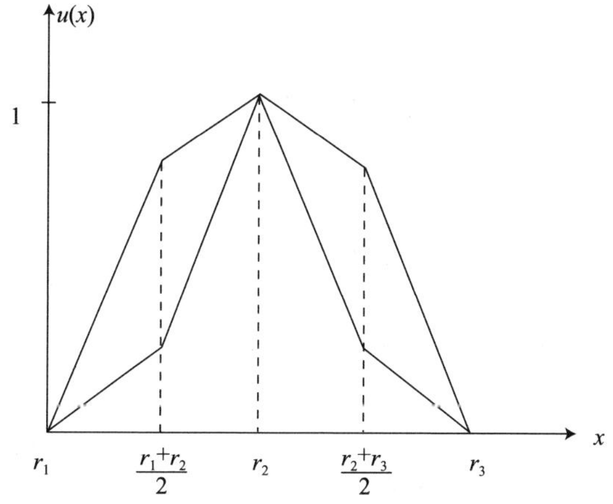

图2－3　二型三角模糊变量的隶属度函数

步骤1. 采用基于关键值（Critical Value，CV）的约简方法将二型三角模糊模型简化为模糊模型。

步骤2. 由于简化后的模糊变量为非归一化，利用机会约束规划和广义可信性测度建立机会约束DEA模型。

步骤3. 采用等价变换将机会约束DEA模型转换为可解模型。

令$\widetilde{\widetilde{A}}=(r_1, r_2, r_3; \delta^l, \delta^r)$作为二型三角模糊变量，分别采用乐观、悲观和中立的CV简化方法得到模糊变量的隶属度函数（2－5）如下[46,47,48]：

$$\mu_{\tilde{A}(x)}^{opt}=\begin{cases}\dfrac{(1+\theta_r)(x-r_1)}{r_2-r_1+\delta^r(x-r_1)}, & x\in\left[r_1,\dfrac{r_1+r_2}{2}\right]\\ \dfrac{(1-\delta^r)x+\delta^r r_2-r_1}{r_2-r_1+\delta^r(r_2-x)}, & x\in\left(\dfrac{r_1+r_2}{2},r_2\right]\\ \dfrac{(-1+\delta^r)x-\delta^r r_2+r_3}{r_3-r_2+\delta^r(x-r_2)}, & x\in\left(r_2,\dfrac{r_2+r_3}{2}\right]\\ \dfrac{(1+\delta^r)(r_3-x)}{r_3-r_2+\delta^r(r_3-x)}, & x\in\left(\dfrac{r_2+r_3}{2},r_3\right]\end{cases}$$

$$\mu_{\tilde{A}(x)}^{pes}=\begin{cases}\dfrac{x-r_1}{r_2-r_1+\delta^l(x-r_1)}, & x\in\left[r_1,\dfrac{r_1+r_2}{2}\right]\\ \dfrac{x-r_1}{r_2-r_1+\delta^l(r_2-x)}, & x\in\left(\dfrac{r_1+r_2}{2},r_2\right]\\ \dfrac{r_3-x}{r_3-r_2+\delta^l(x-r_2)}, & x\in\left(r_2,\dfrac{r_2+r_3}{2}\right]\\ \dfrac{r_3-x}{r_3-r_2+\delta^l(r_3-x)}, & x\in\left(\dfrac{r_2+r_3}{2},r_3\right]\end{cases} \tag{2-5}$$

$$\mu_{\tilde{A}(x)}^{neu}=\begin{cases}\dfrac{(1+\delta^r)(x-r_1)}{r_2-r_1+2\delta^r(x-r_1)}, & x\in\left[r_1,\dfrac{r_1+r_2}{2}\right]\\ \dfrac{(1-\delta^l)x+\delta^l r_2-r_1}{r_2-r_1+2\delta^l(r_2-x)}, & x\in\left(\dfrac{r_1+r_2}{2},r_2\right]\\ \dfrac{(-1+\delta^l)x-\delta^l r_2+r_3}{r_3-r_2+2\delta^l(x-r_2)}, & x\in\left(r_2,\dfrac{r_2+r_3}{2}\right]\\ \dfrac{(1+\delta^2)(r_3-x)}{r_3-r_2+2\delta^r(r_3-x)}, & x\in\left(\dfrac{r_2+r_3}{2},r_3\right]\end{cases}$$

令 $\widetilde{X}_{ij}^{ind}$，$\widetilde{Z}_{bj}^{int}$，$\widetilde{X}_{lj}^{env}$，$\widetilde{Y}_{gj}^{ind}$，$\widetilde{Y}_{rj}^{env}$ 作为由 $\widetilde{\widetilde{X}}_{ij}^{ind}$，$\widetilde{\widetilde{Z}}_{bj}^{int}$，$\widetilde{\widetilde{X}}_{lj}^{env}$，$\widetilde{\widetilde{Y}}_{gj}^{ind}$，$\widetilde{\widetilde{Y}}_{rj}^{env}$ 简化得来的模糊变量。本节采用广义可信度测度 $\widetilde{C}_r$ 来构建机会约束 DEA 模型（A.2），见附录。

为了将模型（A.2）转换为清晰的等价可解模型，给出以下定理。

定理 2—2. 令 $\widetilde{A}_i$ 为 $\widetilde{\widetilde{A}}_i$ 使用基于 CV 简化方法得到的缩减形式。假设 $\widetilde{A}_1$，$\widetilde{A}_2$，$\widetilde{A}_3$，…，$\widetilde{A}_n$ 是相互独立的。当广义的可信性水平 $\alpha\in(0.5,1]$，有：

当 $\alpha\in(0.5,0.75]$ 时，$\widetilde{C}r\left\{\sum_{i=1}^{n}\widetilde{A}_i\leqslant t\right\}\geqslant\alpha\Leftrightarrow$

$$\sum_{i=1}^{n}\frac{(2\alpha-1)r_i^3+(2(1-\alpha)+(3-4\alpha)\delta_i^l)r_i^2}{1+(3-4\alpha)\delta_i^l}\leqslant t.$$

当 $\alpha \in (0.75, 1]$ 时，$\widetilde{Cr}\left\{\sum_{i=1}^{n}\widetilde{A}_i \leqslant t\right\} \geqslant \alpha \Leftrightarrow$

$$\sum_{i=1}^{n}\frac{2(1-\alpha)r_i^2+(2\alpha-1+(4\alpha-3)\delta_i^r)r_i^3}{1+(4\alpha-3)\delta_i^r}\leqslant t.$$

根据定理 2—2 将模型（A.2）转换为两个等价模型（A.3）和模型（A.4），见附录。

二、案例研究——工业生产和环境管理综合系统的绩效评价研究

同时，提高工业生产系统和环境管理系统的效率对未来可持续发展至关重要。本节应用上节提出的二型模糊双目标两阶段 SBM-DEA 模型，从时间和区域的角度评价 2005～2014 年我国工业生产和环境管理系统的整体效率，其两阶段结构如图 2—4 所示[49]。

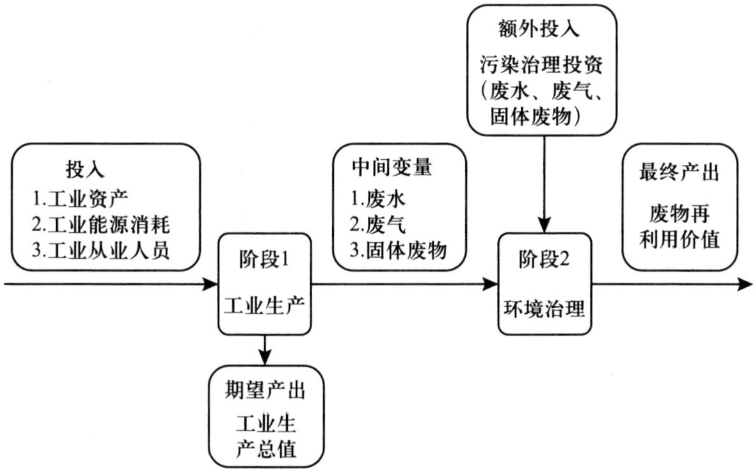

图 2—4　工业生产系统和环境管理系统组成的两阶段结构系统

从万得数据库、《中国统计年鉴》等相关数据库选取 2005～2014 年中国三个经济区域的指标数据，图 2—5 给出了三个经济区（不包括我国西藏、台湾、香港和澳门）的投入和产出信息。需要注意的是，工业从业人员和废弃物利用价值两个指标用二型三角模糊数刻画，其余变量均用确定性数据描述。

（一）从时间视角评价

如图 2—6 所示，中国工业生产和环境管理系统的整体效率从 2005～2014 年逐渐增加，我国正努力发展资源节约型、环境友好型经济。然而 2014 年前，整体效率并不总是有效的。2013 年系统的效率值为 0.907，即使用 90.7%的投入可以生产相同量的产出，有 9.3%的投入是多余的。如图 2—7 所示，对比中国工业

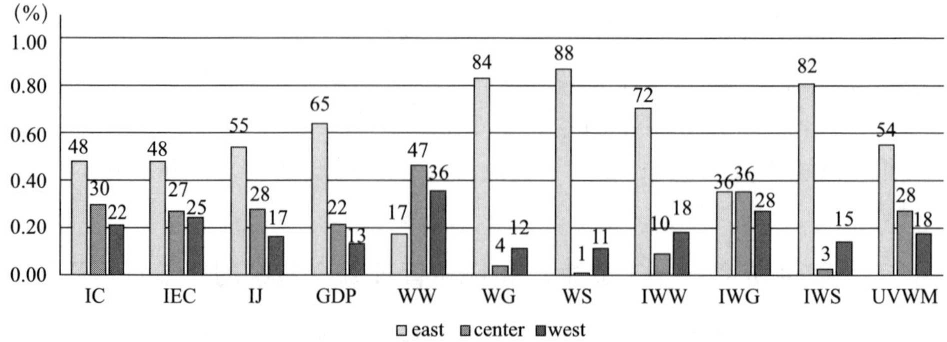

图 2—5　三个经济区域的投入和产出占比

生产和环境管理系统的阶段效率可以看出，2009 年以前经济效益优于环境效益。在过去的 10 年里，经济效率波动频繁，直到 2014 年才达到有效。2014 年的经济效率为 1.228，这说明在不破坏环境质量的情况下，工业生产系统增加 22.8%的投入可以刺激经济发展。在这 10 年里，环境效益有所提高，2012 年和 2014 年实现了环境效益有效。

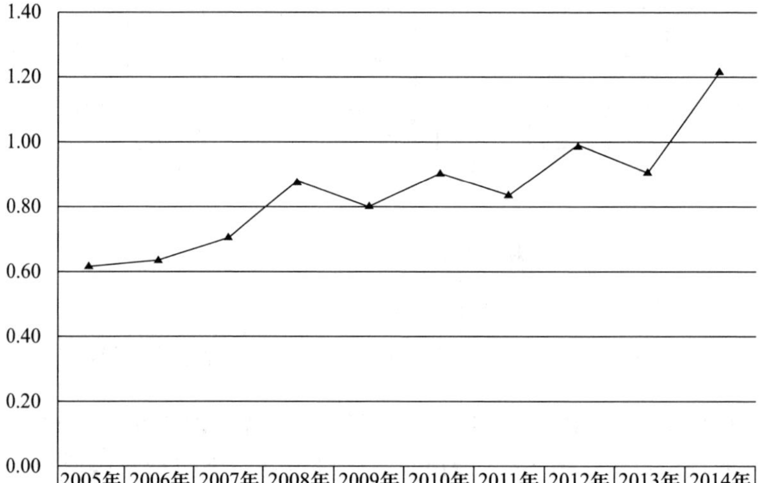

	2005年	2006年	2007年	2008年	2009年	2010年	2011年	2012年	2013年	2014年
α=0.9	0.62	0.64	0.70	0.88	0.81	0.906	0.84	0.99	0.907	1.22

图 2—6　$\alpha_t=0.9$ ($t=1, 2, \cdots, 7$), $\delta^l=\delta^r=0.5$ 置信水平下系统整体效率

以上结果表明，中国在节能减排方面取得了显著进展，工业生产体系与环境管理体系的差距逐渐缩小，表明中国已经放弃了粗放的发展方式。研究结果表明，重视一种体系而忽视另一种体系不能促进我国可持续发展。使用集成的两阶段模型寻求整体效率的提高时，可以依次改变每个投入体现具体变量的影响。

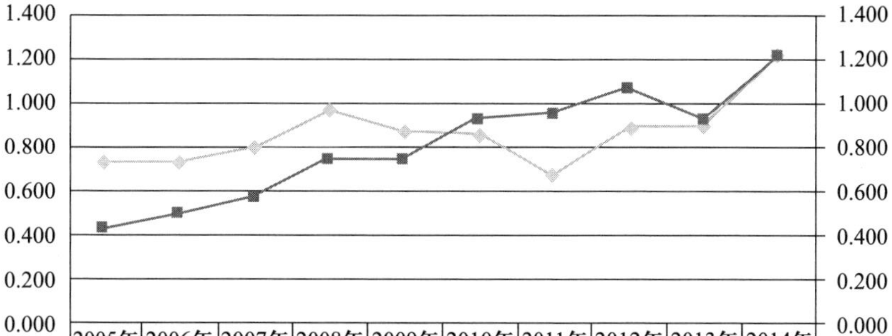

	2005年	2006年	2007年	2008年	2009年	2010年	2011年	2012年	2013年	2014年
Stage 1	0.729	0.730	0.797	0.983	0.862	0.865	0.670	0.893	0.897	1.228
Stage 2	0.433	0.500	0.575	0.751	0.747	0.943	0.960	1.072	0.917	1.214

图 2−7　$\alpha_t=0.9$ ($t=1, 2, \cdots, 7$), $\delta^l=\delta^r=0.5$ 置信水平下两阶段效率

图 2−8 和图 2−9 表明，总效率随着投入和非期望产出的减少而增加。此外，减少固定资产方面的投入、减少废气和废水的排放对整体效率有更大的积极影响。若固定资产投入减少 30%，效率可以提高到 0.96；若废气排放量减少 30%，效率可以提高到 0.98；若废水排放量减少 30%，效率可以提高到 0.97。

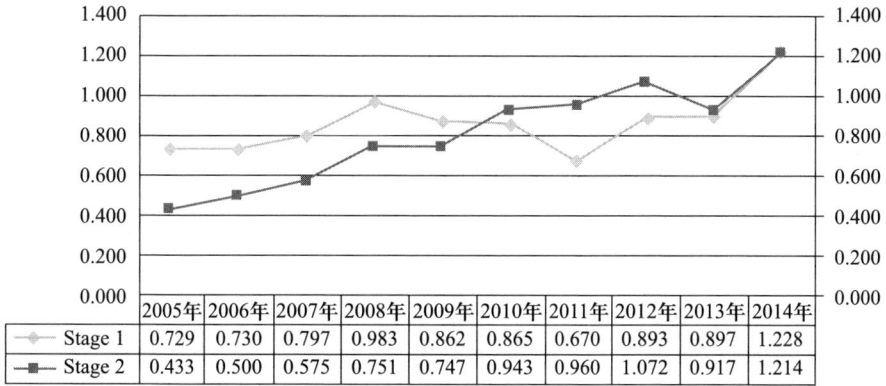

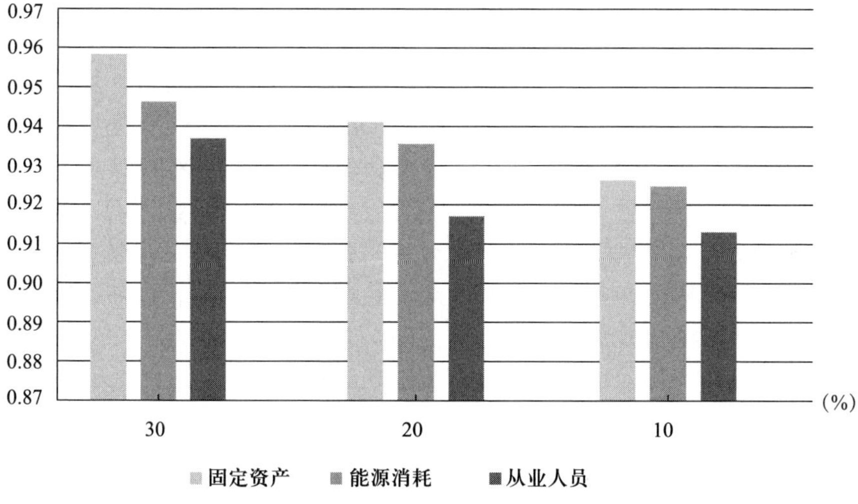

图 2−8　阶段 1 减少相应投入的潜在效率提升

基于以上讨论，本节提出以下建议。首先，工业生产系统中固定资产投资过多容易导致经济效益低下，扩大投资需要慎重考虑，应进一步提高设施利用率。目前，我国政府和企业比较重视设备采购，但很少进行设备的登记和管理。现有的固定资产没有得到很好利用，往往会出现不必要的重复采购和设备闲置。因此，要建立固定资产管理制度和定期盘存制度，并慎重考虑在不同地区扩大投资。其次，政

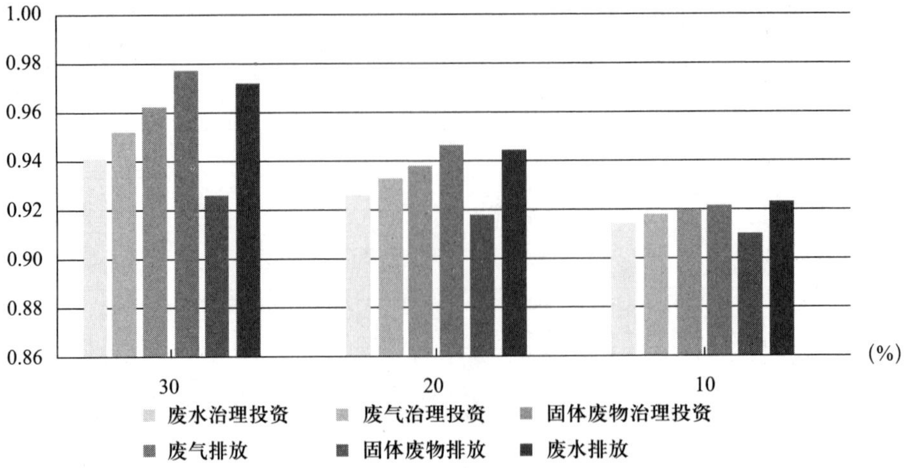

图 2－9　阶段 2 减少相应投入的潜在效率提升

府应针对污染物排放出台更多相关法律，例如实施污染物排放上限控制，提高环境污染管制力度。最后，引进先进的技术和熟练的管理人员。技术的提升能够减少工作量，熟练的管理者能够通过合理的分配和合作机制提高效率。

（二）从区域角度评价

本节从区域角度对 2005～2014 年东部、中部和西部三个经济区域的效率进行分析。从图 2－10 和表 2－1 可以看出：①东部地区在 2010 年是相对有效率的，中部地区在 2009 年和 2014 年是相对有效率的，西部地区在 2005 年、2010 年和 2012 年是相对有效率的，表明这三个经济区域之间存在显著的差距。②2008 年以后，东部和中部地区的相对效率出现了小幅下降，这可能是金融危机造成的。③2005～2014 年，中部地区效率呈缓慢增长趋势，东部地区相对效率恶化。西部地区在 2013 年之前呈上升趋势，之后保持相对稳定。

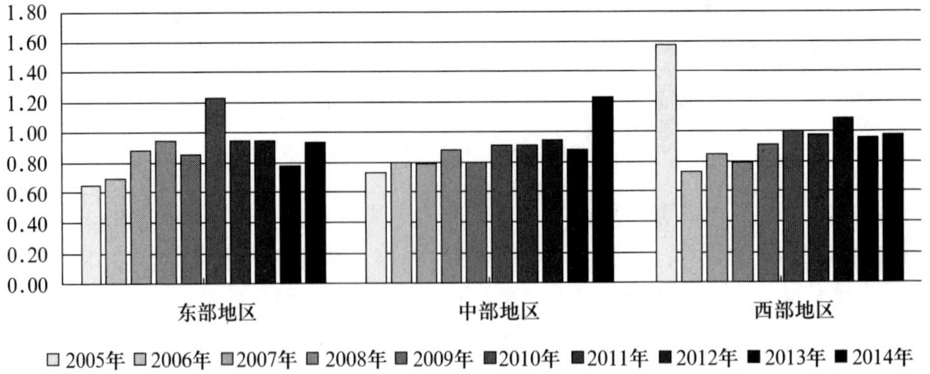

图 2－10　$\alpha_t=0.9$ $(t=1, 2, \cdots, 7)$，$\delta^l=\delta^r=0.5$ 置信水平下 2005～2014 年三个经济区域的效率

中部地区由8个省份组成，其中山西是中国最大的工业区之一，也是能源消耗最高的地区之一，污染物排放量高。近年来，山西地区通过控制能源消耗、减少污染物排放，改变了以前的粗放发展模式，中部地区的整体表现有所改善。东部地区的发展政策吸引了大量外资和技术，占我国能源消耗的48%，固定资产的48%，就业人数的55%。因此，东部地区的经济发展水平高于其他地区。然而，由于投资结构不合理、污染物排放过多，东部地区的整体效率近年呈下降趋势。东部地区应加强环境管理体系建设，适当调整投资结构，追求两阶段一体化体系的共同利益。西部地区大开发战略等诸多举措的出台使其整体效率有所提高。此外，该地区废弃物利用价值较低，仅占19%，在两阶段系统中有更大的效率提升潜力。因此，在环境管理体系中引入更多熟练的管理者和先进的技术手段，可以进一步提高西部地区的整体效率。

表2—1　2005～2014年三个经济区域的效率

年份	东部	中部	西部
2005	0.64	0.74	1.65
2006	0.7	0.8	0.93
2007	0.88	0.79	0.85
2008	0.941	0.88	0.79
2009	0.85	1.08	91
2010	1.22	0.9	1.01
2011	937	0.91	0.97
2012	0.93	0.95	1.09
2013	0.77	0.87	0.965
2014	0.939	1.25	0.96
平均	0.88	0.92	1.01

综上所述，评估期内我国工业生产与环境管理系统的效率差距持续缩小，资源节约型、环境友好型经济建设成效显著。研究发现，东部、西部和中部经济区域间存在着明显的差距，东部地区经济发展较快，然而整体效率持续下降。在政府政策扶持下，中部地区和西部地区的综合效益有所提高，整体效益提升潜力明显。为了缩小区域差异、提高整体效率，西部地区应不断引进有经验的管理人员和先进技术进一步促进发展。东部地区应制定相关政策和法规来限制能源消耗，减少污染物排放，避免过多的固定资产投资和非期望产出的排放。对于中部地区而言，适度的投入和合理控制的非期望产出是提高工业生产和环境管理系统效率的关键。为了提高我国工业生产和环境管理系统的整体效率，应对固定资产管理制度进行完善，定期进行盘点，避免固定资产的过度投资，并制定相关法律法规来限制污染物的排放。

第二节 三阶段系统绩效评价

随着 DEA 研究的不断深入，具有三阶段生产运营过程的效率评价问题逐渐进入学者的视野。例如，一个完整的供应链可分为原材料采购、生产加工及产品销售等环节，这些子环节对供应链整体效率的影响是不同的。因此，为了深入分析多阶段 DMU 的运行效率，将其划分为三个及三个以上的子阶段进行研究。本节将以三阶段 DMU 的效率评价问题为例，介绍两种三阶段 DEA 模型，在评价整体效率的同时深入挖掘非有效的子阶段，从局部出发优化整体效率。

一、模糊机会约束下的三阶段 DEA 模型

多阶段 DMU 结构复杂、评价指标多样化，且往往存在非确定状态的评价指标，如随机指标和模糊指标。针对非确定的评价指标和数据，为防止描述偏差、评价结果失真，本节将 LR 模糊数的概念和方法引入三阶段 DEA 模型中。

（一）LR 模糊数及其运算

定义 2—3. 假设 R 是实数集，模糊数是一个凸模糊集。LR 型模糊数表示为 $\widetilde{A}(m, \alpha, \beta)_{LR}$。如图 2—11 所示，$m$ 是隶属度函数的中间值，其隶属度函数表示为[50]：

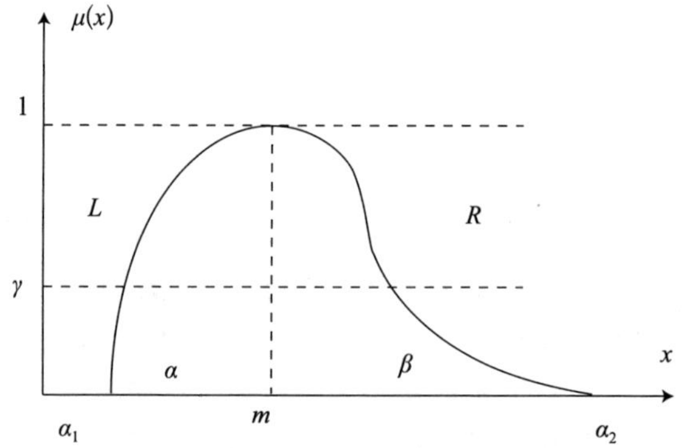

图 2—11 LR 模糊数

$$\mu_{\widetilde{A}}(x)=\begin{cases} L\left(\dfrac{m-x}{\alpha}\right), & x\leqslant m, \ \alpha>0 \\ R\left(\dfrac{m-x}{\beta}\right), & x\geqslant m, \ \beta>0 \end{cases}$$

当 $\alpha=\beta=0$ 时，该模糊数为普通实数。LR 模糊数有以下运算性质：

LR 加减法：$\widetilde{A}_1+\widetilde{A}_2=(m_1+m_2, \alpha_1+\alpha_2, \beta_1+\beta_2)$； $\widetilde{A}_1-\widetilde{A}_2=(m_1-m_2,$

$\alpha_1 - \alpha_2$，$\beta_1 - \beta_2$)

LR 乘法：$k\widetilde{A}_1 = (km_1, k\alpha_1, k\beta_1)$

模糊机会约束是一种解决非确定性的方法，主要思想是利用模糊测度重新构建约束条件。基于机会约束规划与 P 测度，可以得到如下的模糊机会约束 P 规划模型：

$$\min \widetilde{f}$$
$$\text{s.t.}\begin{cases} Pos\{f(x, \xi) \geqslant f\} \geqslant \alpha \\ Pos\{g_j(x, \xi) \leqslant 0\} \geqslant \beta_j \end{cases}$$

其中，α，β_j 是决策者对目标函数和约束的置信水平（置信度），$Pos\{\cdots\}$ 为 P 测度（乐观），包含事件发生的所有可能性。f（x，ξ）是目标函数，g_j（x，ξ）表示约束条件。

模糊 DEA 模型可以基于以下模型（2－6）进行求解：

$$\min \theta \tag{2-6}$$
$$\text{s.t.}\begin{cases} Pos\left\{\sum_{j=1}^{n}\lambda_j \widetilde{X}_{ij} \leqslant \theta \widetilde{X}_{i0}\right\} \geqslant \lambda, \ i=1, 2, \cdots, n \\ Pos\left\{\sum_{j=1}^{n}\lambda_j \widetilde{Y}_{rj} \geqslant \widetilde{Y}_{r0}\right\} \geqslant \lambda, \ r=1, 2, \cdots, s \\ \sum_{j=1}^{n}\lambda_j = 1, \ \lambda_j \geqslant 0, \ j=1, 2, \cdots, n \end{cases}$$

引理 2－1. $Pos\{\widetilde{A}_1 \geqslant \widetilde{A}_2\} \geqslant \lambda \Leftrightarrow m_{1\gamma}^{R} \geqslant m_{2\gamma}^{L}$，$Pos\{\widetilde{A}_1 \geqslant \widetilde{A}_2\} \leqslant \lambda \Leftrightarrow m_{1\gamma}^{R} \leqslant m_{2\gamma}^{L}$

根据引理 2－1，模糊 DEA 模型可以等价转换为下式：

$$\min \theta \tag{2-7}$$
$$\text{s.t.}\begin{cases} \sum_{j=1}^{n}\lambda_j (X_{ij})_m + (1-\gamma)\sum_{j=1}^{n}\lambda_j (X_{ij})_\beta \leqslant \theta (X_{i0})_m - (1-\gamma)(X_{i0})_\alpha \\ \sum_{j=1}^{n}\lambda_j (Y_{rj})_m + (1-\gamma)\sum_{j=1}^{n}\lambda_j (Y_{rj})_\beta \geqslant (Y_{r0})_m + (1-\gamma)(Y_{r0})_\alpha \\ \sum_{j=1}^{n}\lambda_j = 1, \ \lambda_j \geqslant 0, \ j=1, 2, \cdots, n \end{cases}$$

（二）多目标三阶段 DEA 模型

本节将多目标和 DEA 模型结合评价 DMU 的效率，如模型（2－8）所示。本节将介绍两种模型求解方法：线性加权求和法和分级求解法。

$$\theta^A = \max \frac{\sum_{g=1}^{q} Z_{g0}^{AB} n_{go}^{AB} - n_{g0}}{\sum_{i=1}^{m} X_{i0}^{A} v_{i0}}$$

$$\theta^B = \max \frac{\sum_{k=1}^{h} Z_{k0}^{BC} d_{k0}^{BC} - d_{k0}}{\sum_{g=1}^{q} Z_{g0}^{AB} n_{g0}^{AB}} \tag{2-8}$$

$$\theta^{C}=\max\frac{\sum_{e=1}^{s}Y_{r0}^{C}u_{r0}-u_{r0}}{\sum_{k=1}^{h}Z_{k0}^{BC}d_{k0}^{BC}}$$

$$\text{s. t.}\begin{cases}\dfrac{\sum_{g=1}^{q}Z_{gj}^{AB}n_{gj}^{AB}-n_{g0}}{\sum_{i=1}^{m}X_{ij}^{A}v_{ij}}\leqslant 1,\ j=1,\ 2\cdots,\ n\\ \dfrac{\sum_{k=1}^{h}Z_{kj}^{BC}d_{kj}^{BC}-d_{k0}}{\sum_{g=1}^{q}Z_{gj}^{AB}n_{gj}^{AB}}\leqslant 1,\ j=1,\ 2\cdots,\ n\\ \dfrac{\sum_{e=1}^{s}Y_{rj}^{C}u_{rj}-u_{r0}}{\sum_{k=1}^{h}Z_{kj}^{BC}d_{k0}^{BC}}\leqslant 1,\ j=1,\ 2\cdots,\ n\\ v_i,\ d_{kj}^{BC},\ r_u,\ n_{gj}^{AB},\ u_{rj}\geqslant 0\end{cases}$$

1. 线性加权求和法

基于规模报酬可变 BCC 模型和 Cook 的加权平均思想，多目标 DEA 模型可以转换为模型（2—9）。

$$\theta^{ABC}=\max\left(a_1\frac{\sum_{g=1}^{q}Z_{g0}^{AB}n_{g0}^{AB}-n_{g0}}{\sum_{i=1}^{m}X_{i0}^{A}v_{i0}}+a_2\frac{\sum_{k=1}^{h}Z_{k0}^{BC}d_{k0}^{BC}-d_{k0}}{\sum_{g=1}^{q}Z_{g0}^{AB}n_{g0}^{AB}}+a_3\frac{\sum_{e=1}^{s}Y_{r0}^{C}u_{r0}-u_{r0}}{\sum_{k=1}^{h}Z_{k0}^{BC}d_{k0}^{BC}}\right)$$

$$\text{s. t.}\begin{cases}\dfrac{\sum_{g=1}^{q}Z_{gj}^{AB}n_{gj}^{AB}-n_{g0}}{\sum_{i=1}^{m}X_{ij}^{A}v_{ij}}\leqslant 1,\ j=1,\ 2\cdots,\ n\\ \dfrac{\sum_{k=1}^{h}Z_{kj}^{BC}d_{kj}^{BC}-d_{k0}}{\sum_{g=1}^{q}Z_{gj}^{AB}n_{gj}^{AB}}\leqslant 1,\ j=1,\ 2\cdots,\ n\\ \dfrac{\sum_{e=1}^{s}Y_{rj}^{C}u_{rj}-u_{r0}}{\sum_{k=1}^{h}Z_{kj}^{BC}d_{k0}^{BC}}\leqslant 1,\ j=1,\ 2\cdots,\ n\\ v_i,\ d_{kj}^{BC},\ r_u,\ n_{gj}^{AB},\ u_{rj}\geqslant 0\end{cases}\tag{2—9}$$

其中，a_1，a_2 和 a_3 分别代表每一阶段的权重。权重随决策者的偏好不同而改变，为了避免人为因素的影响，一般规定各阶段权重由其投入占比决定。

求得综合效率后，可根据最优的决策变量求得每一阶段的效率。

令 $t_1=\dfrac{1}{\sum_{i=1}^{m}X_{i0}^{A}v_{i0}}$，$t_2=\dfrac{1}{\sum_{g=1}^{q}Z_{g0}^{AB}n_{g0}^{AB}}$，$t_3=\dfrac{1}{\sum_{k=1}^{h}Z_{k0}^{BC}d_{k0}^{BC}}$，$\omega_s=t_1v_{ij}$，$\varphi_S=t_1n_{gj}^{AB}$，$\varphi_M=t_2n_{gj}^{AB}$，$\kappa_M=t_2d_{kj}^{BC}$，$\kappa_R=t_3d_{kj}^{BC}$，$\mu_R=t_3u_{rj}$，模型（2—9）可以转化为模型（2—10），进而采用 Lingo 软件求解。

$$\theta^{ABC}=\max\left(a_1\left(\sum_{g=1}^{q}Z_{g0}^{AB}\omega_S-\omega_{S0}\right)+a_2\left(\sum_{k=1}^{h}Z_{k0}^{BC}\mu_M-\mu_{M0}\right)+a_3\left(\sum_{e=1}^{s}Y_{r0}^{C}\mu_R-\mu_{R0}\right)\right)$$

$$\text{s.t.}\begin{cases}\sum_{g=1}^{q} Z_{gj}^{AB}\varphi_M-\varphi_{M0}-\sum_{i=1}^{m} X_{ij}^{A}\omega_s\leqslant 0,\ j=1,\ 2\cdots,\ n\\ \sum_{k=1}^{h} Z_{kj}^{BC}\mu_M-\mu_{M0}-\sum_{g=1}^{q} Z_{gj}^{AB}\kappa_M\leqslant 0,\ j=1,\ 2\cdots,\ n\\ \sum_{e=1}^{s} Y_{rj}^{C}\mu_R-\mu_{R0}-\sum_{k=1}^{h} Z_{kj}^{BC}\kappa_R\leqslant 0,\ j=1,\ 2\cdots,\ n\\ \omega_s,\ \varphi_M,\ \mu_M,\ \mu_R,\ \kappa_M,\ \kappa_R\geqslant 0\end{cases}\tag{2-10}$$

2. 分级求解法

分级求解法基于领导者—追随者结构，在求解时需要定义各个环节的主导地位或从属地位。首先计算领导者的效率，追随者基于领导者的效率对自己的效率进行评价。假设模型（2—11）～模型（2—13）是一个三阶段 DMU 的子阶段效率评价模型，那么各阶段的从属关系可以用“>”表示为“A>B>C”。

$$\theta^A=\max\left(\frac{\sum_{g=1}^{q} Z_{g0}^{AB} n_{g0}^{AB}-n_{g0}}{\sum_{i=1}^{m} X_{i0}^{A} v_{i0}}\right)\tag{2-11}$$

$$\text{s.t.}\begin{cases}\dfrac{\sum_{g=1}^{q} Z_{gj}^{AB} n_{gj}^{AB}-n_{g0}}{\sum_{i=1}^{m} X_{ij}^{A} v_{ij}}\leqslant 1,\ j=1,\ 2\cdots,\ n\\ v_i,\ n_{gj}^{AB}\geqslant 0\end{cases}$$

$$\theta^B=\max\left(\frac{\sum_{k=1}^{h} Z_{k0}^{BC} d_{k0}^{BC}-d_{k0}}{\sum_{g=1}^{q} Z_{g0}^{AB} n_{g0}^{AB}}\right)\tag{2-12}$$

$$\text{s.t.}\begin{cases}\dfrac{\sum_{g=1}^{q} Z_{g0}^{AB} n_{g0}^{AB*}-n_{g0}^{*}}{\sum_{i=1}^{m} X_{i0}^{A} v_{i0}^{*}}=\theta^A\\ \dfrac{\sum_{k=1}^{h} Z_{kj}^{BC} d_{kj}^{BC}-d_{k0}}{\sum_{g=1}^{q} Z_{gj}^{AB} n_{gj}^{AB}}\leqslant 1,\ j=1,\ 2\cdots,\ n\\ d_{kj}^{BC},\ n_{gj}^{AB}\geqslant 0\end{cases}$$

$$\theta^C=\max\left(\frac{\sum_{e=1}^{s} Y_{r0}^{C} u_{r0}-u_{r0}}{\sum_{k=1}^{h} Z_{k0}^{BC} d_{k0}^{BC}}\right)\tag{2-13}$$

$$\text{s.t.}\begin{cases}\dfrac{\sum_{e=1}^{s} Y_{rj}^{C} u_{rj}-u_{r0}}{\sum_{k=1}^{h} Z_{kj}^{BC} d_{k0}^{BC}}\leqslant 1,\ j=1,\ 2\cdots,\ n\\ \dfrac{\sum_{g=1}^{q} Z_{g0}^{AB} n_{g0}^{AB}-n_{g0}}{\sum_{i=1}^{m} X_{io}^{A} v_{io}}=\theta^A\end{cases}$$

$$
\text{s.t.}\begin{cases}\dfrac{\sum_{k=1}^{h} Z_{k0}^{BC} d_{k0}^{BC} - d_{k0}}{\sum_{g=1}^{q} Z_{g0}^{AB} n_{g0}^{AB}} \theta^{B} \\ d_{kj}^{BC},\ u_{rj} \geqslant 0\end{cases}
$$

二、案例研究——绿色供应链效率评价

经济全球化快速发展的同时，资源利用、环境污染等问题受到了企业家和学者的广泛关注。面对这一发展压力，相关政府部门正逐步出台相关法律政策，吸引越来越多的企业调整公司运作，吸纳绿色供应链管理思想，在追求经济利益的同时提高环境保护责任感。

绿色供应链管理吸纳了“绿色控制”的思想，目标是调整整条供应链的运作流程，提高资源的利用率，减少产品设计、生产、流通和回收过程中对环境的破坏。绿色供应链管理过程涉及生产材料的采购、产品的生产制造、配送及回收等流程，被广泛应用于现代管理活动，帮助企业协调环境、资源和经济之间的关系。

效率评价是企业实行绿色供应链管理的第一步，只有深入了解供应链运营过程中的薄弱环节，企业才能更快、更好地发展。现有的供应链效率评价研究大多都只考虑供应链的整体效率，少有研究深入探究供应链子环节效率对整体效率的影响，很难准确地得出供应链效率低下的直接原因。在实际生产运营中，供应链各环节对其整体效率的影响是不同的，因而对供应链进行分阶段研究非常必要。

此外，由于测度标准不同、评价标准不同，研究中很难获得精确的数据。基于此，本节采用模糊机会约束三阶段 DEA 模型，选择合适的投入和产出变量，评价同一行业 10 条绿色供应链的效率，并根据结果识别导致供应链绿色效率低下的具体子阶段，给出针对性的改进建议。

（一）绿色供应链结构

绿色供应链包括供应商、制造商（生产商）、销售商（零售商）和消费者四个主体，涉及原材料采购、绿色生产及销售等活动。绿色原材料采购阶段的目标是采购质量优良、生产能耗低和配送速度快的原材料，这一阶段一般选用“准时交货率”指标。绿色生产制造阶段的目标是生产低成本、能耗低、污染少的产品，选用的指标有“绿色产品产量”“产品合格率”和“污染物排放”等。销售阶段的主要目标是以最低的销售成本实现最大的销售量，同时尽可能满足客户的需求，这一阶段需考虑包装和运输方式等对环境的影响。其中，原材料采购阶段和生产制造阶段通过原材料联结，生产制造阶段和销售阶段通过产品量联结。供应链各阶段、各主体之间联系紧密，因此，想提高供应链整体效益，需要审视供应链的内部结构，对薄弱的子环节进行改善，本节将逐一计算每一阶段的效率和供应链整体效率。

(二) 评价指标的选择

本节将对10家生产饮料的公司进行效率评价，表2—2是绿色供应链效率评价的指标体系。供应商的投入变量包括材料成本、运输成本、人事费用、质量监控成本、广告成本和可靠性成本；产出变量包括零件数量、设备技术水平、供应商的灵活度、提供服务质量和供应商的能力。其中，零件数量是供应商和制造商阶段的中间产出变量。制造商的投入变量包括将零件从供应商运到制造商的运输成本，以及为了绿色生产而产生的规划成本；产出变量包括 CO_2 排放（非期望产出）、绿色产品的数量（中间产品）和生产商信誉（期望产出）。其中，绿色产品作为制造商和销售商两阶段的中间产出，既是制造商的产出变量，也是销售商的投入变量。除此之外，销售商的投入变量还包括人事费用和绿色产品的运输成本；产出变量包括销售产品数量、客户满意度和准时到货额。

表2—2　投入和产出指标

供应商	制造商	销售商
投入	投入	投入
材料成本 x_{1j}^A	绿色生产规划成本 x_{1j}^B	人事费用 X_{1j}^C
运输成本 x_{2j}^A	运输成本 x_{2j}^B	运输成本 X_{2j}^C
人事费用 x_{3j}^A	中间产出（连接制造商和销售商）	最终产出（从销售商到消费者）
质量监控成本 x_{4j}^A	绿色产品数量 Z_{1j}^{BC}	销售产品数量 Y_{1j}^C
广告成本 x_{5j}^A	产出	客户满意度 Y_{2j}^C
可靠性成本 x_{6j}^A	生产商信誉 Y_{1j}^B	准时到货额 Y_{3j}^C
中间产出（连接供应商和制造商）	CO_2 的排放 Y_{2j}^B	
零件数量 Z_{1j}^{AB}		
产出		
设备技术水平 Y_{1j}^A		
供应商的灵活度 Y_{2j}^A		
提供服务质量 Y_{3j}^A		
供应商的能力 Y_{4j}^A		

以上变量中，供应商拥有的设备技术水平、供应商的灵活度、提供的服务质量、制造商的信誉、准时到货率及消费者满意度由模糊数表示，范围是（1，5）。该绿色供应链的三阶段结构如图2—12所示。

(三) 评价指标权重的确定

本节采用AHP方法确定供应商、制造商和销售商三个子环节对整体效率的影响，具体操作如下：

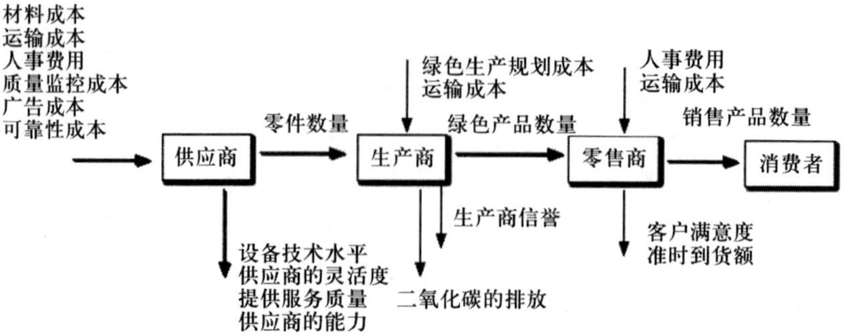

图 2—12　三阶段供应链框架

步骤 1. 构建评价结构。

目标层：U＝｛绿色供应链整体效率｝

评价层：U＝｛μ_1，μ_2，μ_3｝＝｛供应商，制造商，销售商｝

指标层：财务、客户、流程、发展、环保、社会

μ_1＝｛设备技术水平，质量监控投入，供应商能力，供应商可靠性成本｝

μ_2＝｛能源消耗度，二氧化碳排放量，绿色规划成本，绿色产品数量｝

μ_3＝｛准时到货率，销售的绿色产品占比，客户满意度，绿色产品销售额增长率，绿色产品市场增长率｝

步骤 2. 构建判断矩阵，隐式条件是通过一致性检验，如表 2—3 所示。

表 2—3　判断矩阵标度及含义

标度	含义
1	两个要素相比，具有同等重要性
3	两个要素相比，前者比后者稍重要
5	两个要素相比，前者比后者明显重要
7	两个要素相比，前者比后者强烈重要
9	两个要素相比，前者比后者极端重要
2，4，6，8	上述相邻标度的中间值
倒数	两个要素相比，后者比前者的重要性标度

步骤 3： 重要度计算，产出结果，如图 2—13 所示。

(四) 绿色供应链评价结果分析

效率求解结果如图 2—14 和表 2—4 所示，其中，DMU 1、DMU 3、DMU 4 和 DMU 9 是 DEA 有效的，其投入产出处于最佳比例，是理想的绿色供应链结构。其余 6 个 DMU 为非 DEA 有效，说明 6 家企业存在投入资源冗余或产出不足的问题，可通过加强内部管理实现 DEA 有效。图 2－14 和表 2－4 不仅展示了绿色供应链的整体效率，也详细给出了供应商、制造商和销售商的效率值。

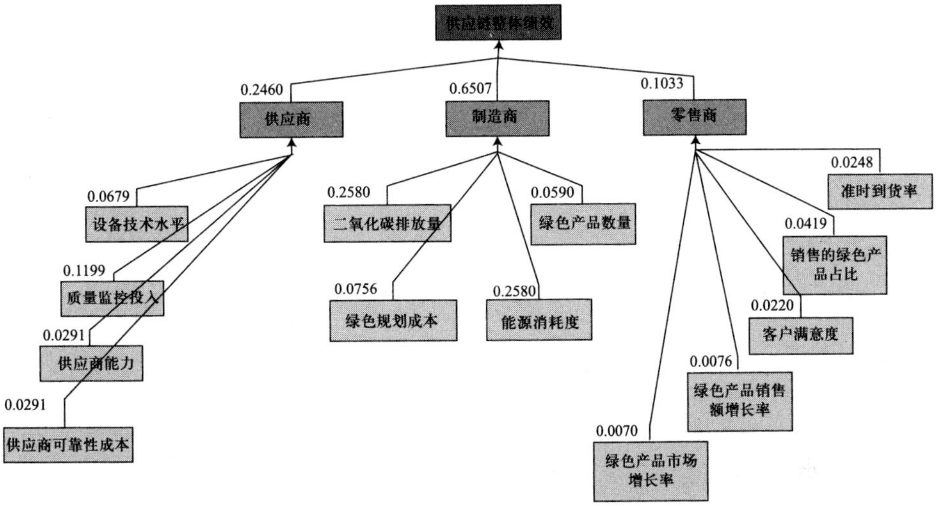

图 2－13　评价结构及结果

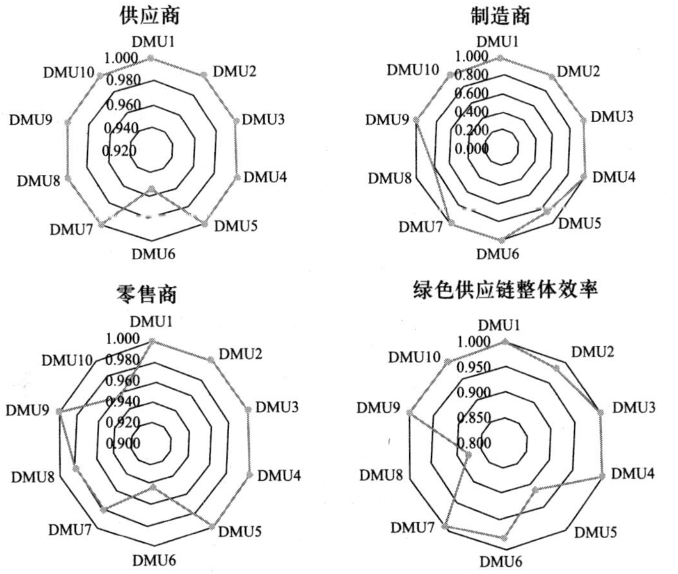

图 2－14　绿色供应链整体效率及各阶段效率

表 2—4　绿色供应链效率结果分析

DMU	1	2	3	4	5	6	7	8	9	10
供应商	1	1	1	1	1	0.954	1	1	1	1
制造商	1	0.962	1	1	0.867	1	1	0.808	1	1
销售商	1	1	1	1	1	0.944	0.984	0.983	1	0.954
整体效率	1.000	0.975	1	1	0.914	0.983	0.998	0.874	1	0.995
DEA 有效	是	否	是	是	否	否	否	否	是	否
效率排名	1	8	1	1	9	7	5	10	1	6

非 DEA 有效的企业可以通过不同的调整方法达到 DEA 有效，如减少投入冗余或增加产出。以第 5 家企业（DMU 5）为例，其改进路径如表 2—5 所示。DMU 5 需要对非期望产出、三种投入和期望产出进行调整，即将绿色规划成本减少 6.7%，运输成本减少 25.1%，CO_2 排放量减少 7.2%，并增加 11 个单位的绿色产品数量。经过调整后，DMU 5 将处于有效前沿面上，即实现 DEA 有效。

表 2—5　DMU 5 效率提升路径

DMU 5	制造商	
	投入	
绿色生产规划成本	0.933 * 149	139
运输成本	0.749 * 526	394
零件数量	0.858 * 275	236
	产出	
CO_2 排放量	0.928 * 167	155
绿色产品数量	479+11	490
生产商信誉	—	—

（五）对比分析

为了进一步说明网络 DEA 模型的优势，本节将绿色供应链视作“黑箱”计算整体效率，并与三阶段 DEA 模型求得的效率值进行比较。如图 2—15 所示，“黑箱” DEA 模型只考虑最初投入和最终产出，忽略中间环节和中间产出，求得的效率值比三阶段 DEA 模型求得的效率值大，并且有很多企业同时位于有效前沿面上。相比之下，三阶段 DEA 模型具有更好的鉴别力，能够更好地评价多个 DMU。此外，绿色供应链包括绿色产品设计、原材料采购、生产、分销等多个环节，其中间活动对整体效率有重要影响，因此，三阶段 DEA 模型更适用于绿色供应链的评价。

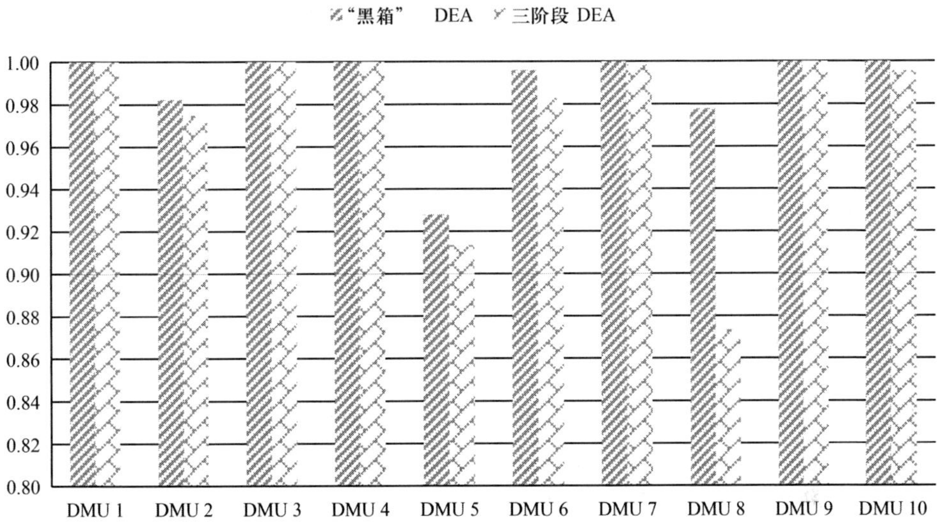

图 2－15　模型对比

第三章　多层级系统的绩效评价

在现实的生产活动中，具有复杂网络结构 DMU 的效率评价及优化问题有时需要考虑决策目标的层次性或优先级。例如中央和地方的决策、系统和个体的决策等，这些决策过程往往存在主从关系。通常，中央或系统的决策者占主导地位，而地方或个体的决策者处于从属地位。在这类包含领导者一追随者关系的决策问题下，存在两个决策者为组织制定组间分配计划。领导者群组占据主导地位，有权优先制定分配计划，追随者群组基于领导者的决策制定生产计划和资源分配计划。针对具有 Stackelberg 博弈关系的复杂网络结构 DMU，传统的网络 DEA 方法已不再适用。因此，需要构建一种双层 DEA 模型，以充分考虑 DMU 的内部结构及各子系统之间的关系，从而更加准确、科学地评价此类 DMU 的效率，其中，决策目标包括领导者在第一级的目标和追随者在第二级的目标[51]。

基于此，本节将介绍两种双层系统 DEA 模型：具有单个领导者和单个追随者的双层 DEA 模型；具有单个领导者和多个追随者的双层 DEA 模型。

第一节　具有单个追随者的双层 DEA 模型

一、二层规划问题

二层规划问题是指一个优化问题的某一个约束同时也是另一个优化问题的数学规划问题，用以解决经济管理、土木工程、化学工程等涉及几个相互联系的子部分的问题。其中，每个子部分可能是一个个体或是一个机构，它们有相互独立或相互冲突的目标。

用 $x \in X \in R^n$，$y \in Y \in R^m$ 分别表示第一级和第二级系统的决策变量，二层线性规划的标准型如下所示：

$$\min_{x \in X} \phi(x, y) = c_1 x + d_1 y \tag{3-1a}$$

$$\text{s. t. } A_1 x + B_1 y \leqslant b_1 \tag{3-1b}$$

$$\min_{y \in Y} \gamma(x, y) = c_2 x + d_2 y \tag{3-1c}$$

$$\text{s. t. } A_2 x + B_2 y \leqslant b_2 \tag{3-1d}$$

$$x \geqslant 0, \ y \geqslant 0 \tag{3-1e}$$

其中，c_1，$c_2 \subset R^n$，d_1，$d_2 \subset R^m$，$b_1 \subset R^e$，$b_2 \subset R^f$，$A_1 \subset R^{e \times n}$，$A_2 \subset R^{f \times n}$，$B_1 \subset R^{e \times m}$，$B_2 \subset R^{f \times m}$。

模型（3－1）由上层决策问题（或领导者问题）和下层决策问题（或追随者问题）两个子问题组成。较高层次决策问题的目标函数是 ϕ（x，y），较低层次决策问题的目标函数是 γ（x，y）。这两个问题是相互联系的，领导者的决策问题会影响追随者决策问题的参数设定，而领导者的决策问题反过来会受到追随者决策问题结果的影响。决策序列如下：领导者从可行集 X 中选择 x 的最优解，最小化其目标 ϕ（x，y）。给定 x 的最优解，追随者令其目标 γ（x，y）最优。也就是说，在决策过程中，追随者只利用局部信息进行决策，而领导者利用包括追随者对领导者决策的可能反应在内的全部信息。这是一个重要的特性，有助于解决复杂的、难以使用其他建模方法刻画的现实生产情况。此外，该问题是非凸且 NP-Hard 的。

二层线性规划的解决方案分为两大类：一类旨在通过使用低层问题的 Karush-Kuhn-Tucker 最优性条件将原始问题转化为单个优化问题[52]；另一类则基于双层问题的最优解是上下两层问题线性约束的基本可行解这一特性，因此，最优解必须出现在可行集的极值点。然而，两种方法都需要许多额外的变量、复杂的计算和大量的迭代。

通常情况下，解决二层线性规划的方法是将二层问题转化为一个单一的优化问题，从而求解出二层线性模型的全局最优解。然而，当上层约束为任意线性形式时，这种方法不能很好地处理二层规划问题。因此，本节将分枝定界法拓展应用到二层规划 DEA 模型中。

二、二层规划 DEA 模型

考虑有 n 个二层决策系统，由 $j=$（1，2，…，n）表示，每个 DMU 包括两个分散的子系统：领导者和追随者。领导者消耗两种类型的投入：共享投入 X^1 和直接投入 X^{D1}，产生两种不同类型的产出：中间产出 Y^{I1} 和直接产出 Y^1。追随者消耗三种类型的投入：共享投入 X^2、来自领导者的直接投入 X^{D1} 和中间投入 Y^1，产生直接产出 Y^2。则二层规划 DEA 模型的结构如图 3－1 所示。

其中，X^1：$m_1 \times 1$，DMU_0 领导者的共享投入；X^{D1}：$m_2 \times 1$，DMU_0 领导者的直接投入；X^2：$m_1 \times 1$，DMU_0 追随者的共享投入；X^{D2}：$m_3 \times 1$，DMU_0 追随者的直接投入；Y^{I1}：$m_4 \times 1$，DMU_0 领导者和追随者的中间产出；Y^2：$m_5 \times 1$，DMU_0 追随者的直接投入；Y^1：$m_6 \times 1$，DMU_0 领导者的直接产出；C^{1^T}，C^{2^T}：领导者和追随者的共享投入；X^1、X^2 和领导者直接投入 X^{D1} 的单位成本向量；D^{1^T}，D^{2^T}：追随者的直接投入；X^{D2} 和中间产出 Y^{I1} 的单价向量。

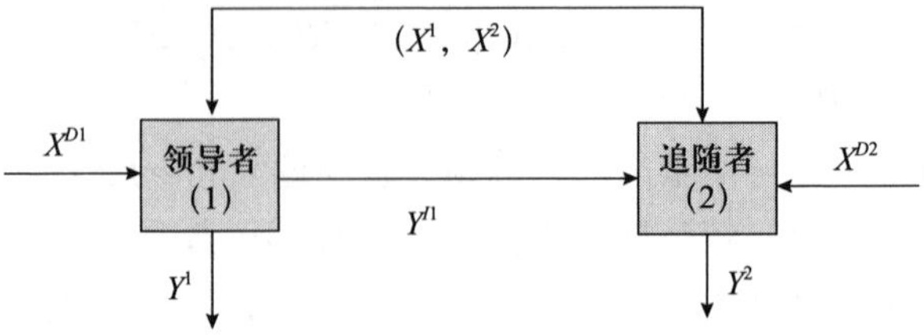

图 3—1 二层规划 DEA 模型结构

约束条件可以用等式和不等式两种方式表示：①共享投入的总量是固定的；②共享投入的总量上限是一个固定的数字。例如，由于某些政策原因，给定的资金必须在一个计划期内花在两个项目上。

当共享投入总量固定时，模型（3—2）表示如下：

$$(P1)\ \min_{\overline{X}^1,\overline{X}^{D1},\lambda}\ ({C^1}^T\overline{X}^1+{C^2}^T\overline{X}^{D1})+({C^1}^T\overline{X}^2+{D^1}^T\overline{X}^{D2}+{D^2}^T\overline{Y}^{I1})\qquad(3-2)$$

$$\text{s.t.}\begin{cases}\overline{X}^1\geqslant\sum_{j=1}^{n}X_j^1\lambda_j\\ \overline{X}^{D1}\geqslant\sum_{j=1}^{n}X_j^{D1}\lambda_j\\ Y^1\leqslant\sum_{j=1}^{n}Y_j^1\lambda_j\\ Y^{I1}\leqslant\sum_{j=1}^{n}Y_j^{I1}\lambda_j\\ \overline{X}^1+\overline{X}^2=E(const.)\end{cases}$$

$$(P2)\ \min_{\overline{X}^{D2},\ \overline{Y}^{I1},\ \pi}\ {C^1}^T\overline{X}^2+{D^1}^T\overline{X}^{D2}+{D^2}^T\overline{Y}^{I1})$$

$$\text{s.t.}\begin{cases}\overline{X}^2\geqslant\sum_{j=1}^{n}X_j^2\pi_j\\ \overline{X}^{D2}\geqslant\sum_{j=1}^{n}X_j^{D2}\pi_j\\ \overline{Y}^{I1}\leqslant\sum_{j=1}^{n}Y_j^{I1}\pi_j\\ Y^2\leqslant\sum_{j=1}^{n}Y_j^2\pi_j\\ \overline{X}^1,\ \overline{X}^{D1},\ \overline{X}^{D2},\ \overline{Y}^{I1},\ \lambda,\ \pi\geqslant 0\end{cases}$$

其中 T 表示向量的转置，$\lambda=\{\lambda_j\}$ 和 $\pi=\{\pi_j\}$ 分别是聚合上层系统和下层系统的非负乘数。

在模型（3—2）的第一层级中，DMU_0 的领导者确定投入及使总成本最小化的最优乘数 λ，其中投入包括共享投入和直接投入（$\overline{X}^1$，$\overline{X}^{D1}$）。在领导者选择了共享投入 $\overline{X}^1$ 之后，追随者只消耗剩余的部分，即（$E-\overline{X}^1$）和其他成本，并决定最优的直接投入和中间产出（$\overline{X}^{D2}$，$\overline{Y}^{I1}$）及最优乘数 π，使总成本最小化。需要注意的是，中间产出 $\overline{Y}^{I1}$ 扮演着双重角色：领导者的产出和追随者的投入，因此有上层基于产出的

约束条件 $Y^{I1} \leqslant \sum_{j=1}^{n} Y_j^{I1}\lambda_j$ 及下层基于投入的约束条件 $\overline{Y}^{I1} \geqslant \sum_{j=1}^{n} Y_j^{I1}\pi_j$ 。

第二种情况中共享投入的上限是一个固定的数值，可以将模型（3—2）中 $\overline{X}^1 + \overline{X}^2 = E$（const.）的约束条件替换为 $\overline{X}^1 + \overline{X}^2 \leqslant E$（const.），从而得到模型（3—3）。

$$(P1)\ \min_{\overline{X}^1,\overline{X}^{D1},\lambda}\ (C^{1^T}\overline{X}^1 + C^{2^T}\overline{X}^{D1}) + (C^{1^T}\overline{X}^2 + D^{1^T}\overline{X}^{D2} + D^{2^T}\overline{Y}^{I1}) \quad (3-3)$$

$$\text{s.t. } \overline{X}^1 + \overline{X}^2 \leqslant E(const.)$$

其他约束与模型（3—2）中的约束相同

$$(P2)\ (\overline{X}^1, \overline{X}^{D2}, \overline{Y}^{I1}, \pi) = argmin\ (C^{1^T}\overline{X}^2 + D^{1^T}\overline{X}^{D2} + D^{2^T}\overline{Y}^{I1})$$

s. t. 与模型（3—2）中的约束相同

需要注意的是，模型（3—3）与模型（3—2）确定 $\overline{X}^2$ 的思路是不同的。一旦领导者选择了最优的共享投入 $\overline{X}^{1*}$，那么模型（3—2）中的追随者就只使用 $\overline{X}^{2*}(E - \overline{X}^{1*})$的共享投入。$\overline{X}^2$ 不是追随者的决策变量。然而，模型（3—3）中的$=X^2$ 是追随者的决策变量。

通过求解上述模型（3—2）和模型（3—3），可以得到最优解（$\overline{X}^{1*}$，$\overline{X}^{2*}$，$\overline{X}^{D1*}$，$\overline{X}^{D2*}$，$\overline{Y}^{I1*}$，λ^*，π^*）。基于最优解，可以对效率进行定义。

定义 3—1. 第 k 个领导者的成本效率可以定义为：

$$CE_K^L = \frac{C^{1^T}\overline{X}^{1*} + C^{2^T}\overline{X}^{D1*}}{C^{1^T}X^1 + C^{2^T}X^{D1}}$$

其中($\overline{X}^{1*}$，$\overline{X}^{D1*}$)是模型（3—2）和模型（3—3）的最优解。当且仅当第 k 个领导者的成本效率 $CE_K^L = 1$ 时，第 k 个领导者才具有成本效益。

定义 3—2. 第 k 个追随者的成本效率定义为：

$$CE_K^F = \frac{C^{1^T}\overline{X}^{2*} + D^{1^T}\overline{X}^{D2*} + D^{2^T}\overline{Y}^{I1*}}{C^{1^T}\overline{X}^2 + D^{1^T}\overline{X}^{D2} + D^{2^T}\overline{Y}^{I1}}$$

其中($\overline{X}^{1*}$，$\overline{X}^{D1*}$)是模型（3—2）和模型（3—3）的最优解。

定义 3—3. 根据最优解 x^*，λ^*，第 k 个系统的成本效率可以定义为：

$$CE_k^S = \frac{(C^{1^T}\overline{X}^{1*} + C^{2^T}\overline{X}^{D1*}) + (C^{1^T}\overline{X}^{2*} + D^{1^T}\overline{X}^{D2*} + D^{2^T}\overline{Y}^{I1*})}{(C^{1^T}\overline{X}^1 + C^{2^T}\overline{X}^{D1}) + (C^{1^T}\overline{X}^2 + D^{1^T}\overline{X}^{D2} + D^{2^T}\overline{Y}^{I1})}$$

当且仅当第 k 个系统的成本效率 $CE_k^S = 1$ 时，第 k 个系统才具有成本效益。

三、模型求解

模型（3—2）和模型（3—3）求解算法的主要思想是：首先将问题转化为标准的二层线性规划问题，其次利用分枝定界法求解。模型（3—2）可以转化为模型（3—4）：

$$(P1)\min_{\overline{X}^1\overline{X}^{D1},\lambda}\ (C^{2^T}\overline{X}^{D1}+D^{1^T}\overline{X}^{D2}+D^{2^T}\overline{Y}^{n}+C^{1^T}E) \tag{3-4}$$

$$\text{s. t.}\begin{cases}\overline{X}^1\geqslant\sum_{j=1}^{n}X_j^1\lambda_j\\ \overline{X}^{D1}\geqslant\sum_{j=1}^{n}X_j^{D1}\lambda_j\\ Y^1\leqslant\sum_{j=1}^{n}Y_j^I\lambda_j\\ Y^{I1}\leqslant\sum_{j=1}^{n}Y_j^{I1}\lambda_j\end{cases}$$

$$(P2)\min_{\overline{X}^{D2}\overline{X}^{I1},\pi}-(C^{1^T}\overline{X}^1+D^{1^T}\overline{X}^{D2}+D^{2^T}\overline{Y}^{I1}+C^{1^T}E)$$

$$\text{s. t.}\begin{cases}E-\overline{X}^1\geqslant\sum_{j=1}^{n}X_j^2\pi_j\\ \overline{X}^{D2}\geqslant\sum_{j=1}^{n}X_j^{D2}\pi_j\\ \overline{Y}^{I1}\geqslant\sum_{j=1}^{n}Y_j^{I1}\pi_j\\ Y^2\leqslant\sum_{j=1}^{n}Y_j^2\pi_j\\ \overline{X}^1,\ \overline{X}^{D_1}\overline{X}^{D_2},\ \overline{Y}^{I1},\ \lambda,\ \pi\geqslant 0\end{cases}$$

模型（3—4）可以进一步改写成下面的标准二层线性规划形式：

$$(P1)\min_{\overline{X}^1,\overline{X}^{D1},\lambda}\ (0\quad C^{2^T}\quad 0)\begin{pmatrix}\overline{X}^1\\ \overline{X}^{D1}\\ \lambda\end{pmatrix}+(D^{1^T}\quad D^{2^T}\quad 0)\begin{pmatrix}\overline{X}^{D2}\\ \overline{Y}^{I1}\\ \pi\end{pmatrix} \tag{3-5}$$

$$\text{s. t.}\begin{cases}(-1\quad 0\quad X_1^1\cdots X_n^1)\begin{pmatrix}\overline{X}^1\\ \overline{X}^{D1}\\ \lambda\end{pmatrix}\leqslant 0\\ (0\quad -1\quad X_1^{D1}\cdots\quad X_n^{D1})\begin{pmatrix}\overline{X}^1\\ \overline{X}^{D1}\\ \lambda\end{pmatrix}\leqslant 0\\ (0\quad 0\quad -Y_1^1\cdots\quad -Y_n^1)\begin{pmatrix}\overline{X}^1\\ \overline{X}^{D1}\\ \lambda\end{pmatrix}\leqslant -Y^1\\ (0\quad 0\quad -Y_1^{I1}\cdots\quad -Y_n^{I1})\begin{pmatrix}\overline{X}^1\\ \overline{X}^{D1}\\ \lambda\end{pmatrix}\leqslant -Y^{I1}\end{cases}$$

$$(P2)\ \min_{\overline{X}^{D2}\overline{X}^{I1},\pi}\ (-C^{1^T}\quad 0\quad 0)\begin{pmatrix}\overline{X}^1\\ \overline{X}^{D1}\\ \lambda\end{pmatrix}+(D^{1^T}\quad D^{2^T}\quad 0)\begin{pmatrix}\overline{X}^{D2}\\ \overline{Y}^{I1}\\ \pi\end{pmatrix}$$

$$\text{s. t.}\begin{cases}(1\quad 0\quad 0)\begin{pmatrix}\overline{X}^1\\ \overline{X}^{D1}\\ \lambda\end{pmatrix}+(0\quad 0\quad X_1^2\cdots X_n^2)\begin{pmatrix}\overline{X}^{D2}\\ \overline{Y}^{I1}\\ \pi\end{pmatrix}\leqslant E\\ (-1\quad 0\quad X_1^{D2}\cdots X_n^{D2})\begin{pmatrix}\overline{X}^{D2}\\ \overline{Y}^{I1}\\ \pi\end{pmatrix}\leqslant 0\\ (0\quad -1\quad Y_1^{I1}\cdots\quad -Y_n^{I1})\begin{pmatrix}\overline{X}^{D2}\\ \overline{Y}^{I1}\\ \pi\end{pmatrix}\leqslant 0\\ (0\quad 0\quad -Y_1^2\quad\cdots -Y_n^2)\begin{pmatrix}\overline{X}^{D2}\\ \overline{Y}^{I1}\\ \pi\end{pmatrix}\leqslant -Y^2\\ \overline{X}^1,\overline{X}^{D1},\overline{X}^{D2},\overline{Y}^{I1},\ \lambda,\ \pi\geqslant 0\end{cases}$$

类似地，模型（3—3）可以转化为如模型（3—6）所示的标准二层线性规划形式：

$$(P1)\ \min_{\overline{X}^1\overline{X}^{D1},\lambda}\ (c^{1^T}\quad c^{2^T}\quad 0)\begin{pmatrix}\overline{X}^1\\ X^{D1}\\ \lambda\end{pmatrix}+(C^{1^T}\quad D^{1^T}\quad D^{2^T}\quad 0)\begin{pmatrix}\overline{X}^2\\ \overline{X}^{D2}\\ \overline{Y}^{I1}\\ \pi\end{pmatrix}\tag{3—6}$$

$$\text{s. t.}\begin{cases}(-1\quad 0\quad X_1^1\cdots X_n^1)\begin{pmatrix}\overline{X}^1\\ \overline{X}^{D1}\\ \lambda\end{pmatrix}\leqslant 0\\ (0\quad -1\quad X_1^{D1}\cdots X_n^{D1})\begin{pmatrix}\overline{X}^1\\ \overline{X}^{D1}\\ \lambda\end{pmatrix}\leqslant 0\\ (0\quad 0\quad -Y_1^1\cdots -Y_n^1)\begin{pmatrix}\overline{X}^1\\ \overline{X}^{D1}\\ \lambda\end{pmatrix}\leqslant -Y^1\end{cases}$$

$$\text{s.t.}\begin{cases}(0\quad 0\quad -Y_1^{I1}\cdots -Y_n^{I1})\begin{pmatrix}\overline{X}^1\\ \overline{X}^{D1}\\ \lambda\end{pmatrix}\leqslant -Y^{I1}\\ (1\quad 0\quad 0)\begin{pmatrix}\overline{X}^1\\ \overline{X}^{D1}\\ \lambda\end{pmatrix}+(1\quad 0\quad 0\quad 0)\begin{pmatrix}\overline{X}^2\\ \overline{X}^{D2}\\ \overline{Y}^{I1}\\ \pi\end{pmatrix}\leqslant E\end{cases}$$

$$(P2)\ \min_{\overline{X}^2}\ \min_{\overline{X}^{D2},\overline{Y}^{I1},\pi}\ (C^{1^T}\quad D^{1^T}\quad D^{2^T}\quad 0)\begin{pmatrix}\overline{X}^2\\ \overline{X}^{D2}\\ \overline{Y}^{I1}\\ \pi\end{pmatrix}$$

$$\text{s.t.}\begin{cases}(-1\quad 0\quad 0\quad X_1^2\cdots X_n^2)\begin{pmatrix}\overline{X}^2\\ \overline{X}^{D2}\\ \overline{Y}^{I1}\\ \pi\end{pmatrix}\leqslant 0\\ (0\quad -1\quad 0\quad X_1^{D2}\cdots X_n^{D2})\begin{pmatrix}\overline{X}^2\\ \overline{X}^{D2}\\ \overline{Y}^{I1}\\ \pi\end{pmatrix}\leqslant 0\\ (0\quad 0\quad -1\quad Y_1^{I1}\cdots Y_n^{I1})\begin{pmatrix}\overline{X}^2\\ \overline{X}^{D2}\\ \overline{Y}^{I1}\\ \pi\end{pmatrix}\leqslant 0\\ (0\quad 0\quad 0\quad -Y_1^2\cdots -Y_n^2)\begin{pmatrix}\overline{X}^2\\ \overline{X}^{D2}\\ \overline{Y}^{I1}\\ \pi\end{pmatrix}\leqslant -Y^2\\ \overline{X}^1,\overline{X}^2,\overline{X}^{D1},\overline{X}^{D2},\overline{Y}^{I1},\ \lambda,\ \pi\geqslant 0\end{cases}$$

随后即可采用扩展的分枝定界法求解二层线性规划模型，得到定理 3－1。

定理 3－1. 令 $u\in R^p$，$v\in R^q$，$w\in R^m$ 表示与约束模型（3－1b）和模型

（3—1d）有关的对偶变量，（x^*，y^*）能够求解二层规划 DEA 问题的一个充分必要条件是存在行向量 u^*，v^* 和 w^* 使得（x^*，y^*，u^*，v^*，w^*）能够解决模型（3—7）：

$$\min F(x, y)=c_1x+d_1y \tag{3—7}$$

$$\text{s.t.}\begin{cases} A_1x+B_1y\leqslant b_1 \\ A_2x+B_2y\leqslant b_2 \\ uB_1+vB_2-w=-d_2 \\ u(b_1-A_1x-B_1y)+v(b_2-A_2x-B_2y)+wy=0 \\ x\geqslant 0,\ y\geqslant 0,\ u\geqslant 0,\ v\geqslant 0,\ w\geqslant 0 \end{cases}$$

其中，

$$x=\begin{pmatrix}\overline{X}^1\\ \overline{X}^{D1}\\ \lambda\end{pmatrix},\ y=\begin{pmatrix}\overline{X}^{D2}\\ \overline{Y}^{I1}\\ \pi\end{pmatrix}$$

$$c_1=(0\quad C^{2^T}\quad 0),d_1=(D^{1^T}\quad D^{2^T}\quad 0)$$

$$A_1=\begin{pmatrix}-1 & 0 & X_1^1 & \cdots & X_n^1\\ 0 & -1 & X_1^{D1} & \cdots & X_n^{D1}\\ 0 & 0 & -Y_1^1 & \cdots & -Y_n^1\\ 0 & 0 & -Y_1^{I1} & \cdots & -Y_n^{I1}\end{pmatrix},B_1=0,\ b_1=\begin{pmatrix}0\\0\\-Y^1\\-Y^{I1}\end{pmatrix},$$

$$c_2=(-C^{1^T}\quad 0\quad 0),d_2=(D^{1^T}\quad D^{2^T}\quad 0)$$

$$A_2=\begin{pmatrix}1&0&0\\0&0&0\\0&0&0\\0&0&0\end{pmatrix},\ B_2=\begin{pmatrix}0 & 0 & X_1^2 & \cdots & X_n^2\\ -1 & 0 & X_1^{D2} & \cdots & X_n^{D2}\\ 0 & -1 & Y_1^{I1} & \cdots & Y_n^{I1}\\ 0 & 0 & -Y_1^2 & \cdots & -Y_n^2\end{pmatrix}$$

$$b_2=\begin{pmatrix}E\\0\\0\\0\\-Y^2\end{pmatrix}$$

定理 3—1 给出了将二层线性规划转化为单层规划的方法。由于拉格朗日乘子的存在，单层规划在第 4 个约束条件下是非线性的。该模型可用扩展的分枝定界法求解。

第二节　具有多个追随者的二层规划 DEA 模型

在一个具有复杂网络结构的 DMU 中，下层的追随者往往不止一个，基于此，本节构建了具有多个追随者的二层规划 DEA 模型，该模型能够揭示双层系统的内在结构及领导者与追随者之间的相互作用。

一、模型构建

考虑有 J 个 DMU，每个 DMU 包括两个子系统：位于上层的单个领导者和位于下层的 K 个追随者。整个系统及上下层子系统之间的关联结构如图 3－2 所示。

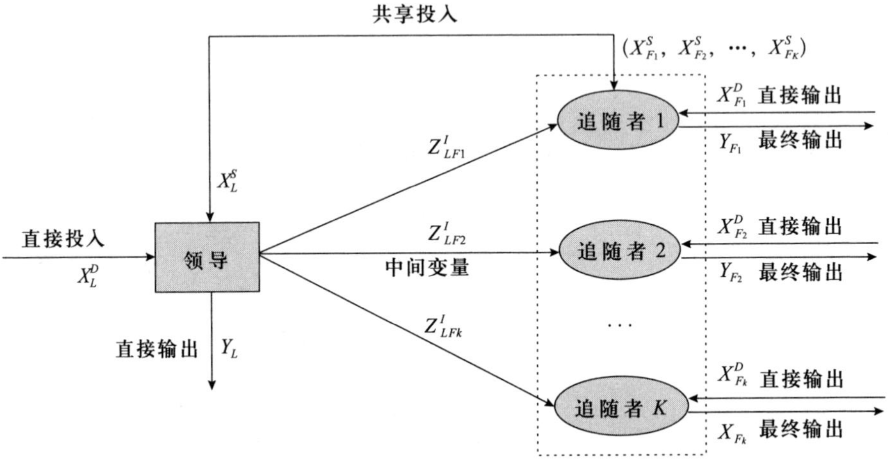

图 3—2　双层系统的结构

如图 3－2 所示，第一层的领导者利用其直接投入和两层共享的投入产生中间产出和直接产出。追随者消耗其直接投入、两层共享的投入和来自领导者的中间产出以产生最终产出。图中相关变量符号的含义如下：

X_L^S，领导者的共享投入；

X_L^D，领导者的直接投入；

X_{Fk}^S，追随者 k 的共享投入；

X_{Fk}^D，追随者 k 的直接投入；

Z_{LFk}^I，从领导者到追随者 k 的中间产出；

Y_L，领导者的直接产出；

Y_{Fk}，追随者 k 的最终产出；

C_L^S，领导者的共享投入的单位成本；

C_{Fk}^S，追随者 k 的共享投入的单位成本；

C_L^D，领导者的直接投入的单位成本；

C_{Fk}^D，追随者 k 的直接投入的单位成本；

C，从领导者到追随者 k 的中间产出的单位成本。

上层 DMU 的领导者旨在最大程度地降低领导者和追随者的总成本。上层的目标函数由各投入与其单位成本乘积的累加和表示：

$$(C_L^S\overline{X}_L^S+C_L^D\overline{X}_L^D)+\left(\sum_{k=1}^{K}C_{F_k}^S\overline{X}_{F_k}^S+\sum_{k=1}^{K}C_{F_k}^D\overline{X}_{F_k}^D+\sum_{k=1}^{K}C_{LF_k}^I\overline{Z}_{LF_k}^I\right)$$

领导者确定的投入包括共享投入 X_L^S 和直接投入 X_L^D 以及最佳乘数 λ，领导者的约束条件由式（3－8）描述。由于资源的限制，领导者和追随者之间的共享投入应小于一个固定的常数 E。

$$\overline{X}_L^S\geqslant\sum_{j=1}^{J}(X_L^S)j\lambda j$$

$$\overline{X}_L^D\geqslant\sum_{j=1}^{J}(X_L^D)j\lambda j$$

$$Y_L\leqslant\sum_{j=1}^{J}(Y_L)j\lambda j$$

$$Z_{LF_k}^I\leqslant\sum_{j=1}^{J}(Z_{LF_k}^I)j\lambda j,\ k=1,\ 2,\ \cdots,\ K$$

$$\overline{X}_L^S+\sum_{k=1}^{K}\overline{X}_{F_k}^S\leqslant E$$

$$\overline{X}_L^S,\overline{X}_L^D,\overline{X}_{F_k}^S,\ \lambda\geqslant 0,\ k=1,\ 2,\ \cdots,\ K \tag{3-8}$$

下层的追随者是独立的，每个追随者都有其特定的直接投入和产出。下层子系统有 K 个决策者，每个决策者都根据自己的最优共享投入、直接投入和中间产出 X_{Fk}^S，X_{Fk}^D 和 Z_{LFk}^I 将成本 f_k 最小化。对追随者 k 建立模型（3－9）。因此，下层有 k（$k=1$，2，…，K）个模型。

$$\min_{\overline{X}_{F_k}^S,\overline{X}_{F_k}^D,\overline{Z}_{LF_k}^I,\pi^k} f_k=C_{F_k}^S\overline{X}_{F_k}^S+C_{F_k}^D\overline{X}_{F_k}^D+C_{LF_k}^I\overline{Z}_{LF_k}^I \tag{3-9}$$

$$\text{s.t.}\begin{cases}\overline{X}_{F_k}^S\geqslant\sum_{j=1}^{J}(X_{F_k}^S)_j\pi_j^k\\ \overline{X}_{F_k}^D\geqslant\sum_{j=1}^{J}(X_{F_k}^D)_j\pi_j^k\\ \overline{Z}_{LF_k}^I\geqslant\sum_{j=1}^{J}(Z_{LF_k}^I)_j\pi_j^k\\ Y_{F_k}\leqslant\sum_{j=1}^{J}(Y_{F_k})_j\pi_j^k\\ \overline{X}_{F_k}^S,\ \overline{X}_{F_k}^D,\ \overline{Z}_{L_k}^I,\ \pi^k\geqslant 0\end{cases}$$

其中，$\pi^k=\{\pi_j^k\}$ 是非负乘数的向量，用于整合下层活动。

在双层系统中，如果上层决策者想要优化其目标，则需要预测位于下层的多个追随者的反应。在此背景下，上层优化问题包含与下层问题对应的 K 个嵌套优化问题。综上所述，具有多个追随者的二层规划 DEA 模型表示为模型（3—10）。

$$\min_{\bar{x}_L^s,\ \bar{x}_L^D\lambda} F=(c_L^S\overline{X}_L^S+C_L^D\overline{X}_L^D)+(\sum_{k=1}^{\cdot\cdot}C_{F_k}^S\overline{X}_{F_k}^S+\sum_{k=1}^{\cdot\cdot}C_{F_k}^D\overline{X}_{F_k}^D+\sum_{k=1}^{\cdot\cdot}C_{LF_k}^I\overline{Z}_{LF_k}^I) \tag{3-10}$$

$$s.t.=\begin{cases}\overline{X}_L^S,\ \overline{X}_L^D,\ \overline{X}_{F_k}^S,\ \lambda\geqslant 0,\ k=1,\ 2,\ \cdots,\ K\\ \min\limits_{\overline{X}_{F_1}^S,\ \overline{X}_{F_1}^D\overline{Z}_{LF_1}^I\pi^1} f_1=C_{F_1}^S\overline{X}_{F_1}^S+C_{F_1}^D\overline{X}_{F_1}^D+C_{LF_1}^I\overline{Z}_{LF_1}^I\\ \text{s. t.}\begin{cases}\overline{X}_{F_1}^S\geqslant\sum_{j=1}^J(X_{F_1}^S)_j\pi_j^1\\ \overline{X}_{F_1}^D\geqslant\sum_{j=1}^J(X_{K_1}^D)_j\pi_j^1\\ \overline{Z}_{LF_1}^I\geqslant\sum_{j=1}^J(Z_{LF_1}^I)_j\pi_j^j\\ Y_{F_1}\leqslant\sum_{j=1}^J(Y_{F_1})_j\pi_j^1\end{cases}\\ \vdots\\ \min\limits_{\overline{X}_{F_k}^S,\ \overline{X}_{F_k}^D\overline{Z}_{LF_k}^I\pi^k} f_k=C_{F_k}^S\overline{X}_{F_k}^S+C_{F_k}^D\overline{X}_{F_k}^D+C_{LF_k}^I\overline{Z}_{LF_k}^I\\ \text{s. t.}\begin{cases}\overline{X}_{F_x}^S\geqslant\sum_{j=1}^J(X_{F_x}^S)_j\pi_j^K\\ \overline{X}_{F_x}^D\geqslant\sum_{j=1}^J(X_{F_x}^D)_j\pi_j^K\\ \overline{Z}_{LF_K}^I\geqslant\sum_{j=1}^J(Z_{LF_k}^I)_j\pi_j^K\\ Y_{F_x}\leqslant\sum_{j=1}^J(Y_{F_x})_j\pi_j^K\end{cases}\\ \overline{X}_L^S,\ \overline{X}_L^D,\ \lambda,\ \overline{X}_{F_k},\ \overline{X}_{F_k}^D,\ \overline{Z}_{LF_k}^I,\ \pi^k\geqslant 0,\ k=1,\ 2,\ \cdots,\ K\end{cases}$$

需要注意的是，中间产出 $Z_{LF_k}^I$，$k=1$，2，…，K 不仅是领导者的产出，还是追随者的投入。因此有上层基于产出的约束 $Z_{LF_k}^I\leqslant\sum_{j=1}^J(Z_{LF_k}^I)_j\lambda_j$ 和下层基于投入的约束 $Z_{LF_k}^I\geqslant\sum_{j=1}^J(Z_{LF_k}^I)_j\pi_j^k$。

求解模型（3—10）可得最优解（$(\overline{X}_L^S)^*$，$(\overline{X}_L^D)_j{}^*$，$(\overline{X}_{F_k}^S)^*$，$(\overline{X}_{F_k}^D)^*$，$(\overline{Z}_{LF_k}^I)^*$，$(\lambda)^*$，$(\pi^k)^*$，$k=1$，$2$，…，$K$）。

在此基础上，可对双层系统的不同效率作如下定义。

定义 3—4. 上层系统的效率定义为：

$$CE_j^U=\frac{C_L^S(\overline{X}_L^S)_j^*+C_L^D(\overline{X}_L^D)_j^*}{C_L^S(X_L^S)_j+C_L^D(X_L^D)_j}$$

其中，（$(\overline{X}_L^S)_j^*$，$(\overline{X}_L^D)_j^*$）是模型（3—10）的最优解。当且仅当 $CE_j^U=1$

时，DMU_j 的上层（领导者）子系统是有效的。

定义 3—5. 下层子系统的效率定义为：

$$CE_j^L=\frac{\sum_{k=1}^{K}[C_{F_k}^S(\overline{X}_{F_k}^S)_j^*+C_{F_k}^D(\overline{X}_{F_k}^D)_j^*+C_{LF_k}^I(\overline{Z}_{LF_k}^I)_j^*]}{\sum_{k=1}^{K}[C_{F_k}^S(X_{F_k}^S)_j+C_{F_k}^D(X_{F_k}^D)_j+C_{LF_k}^I(Z_{LF_k}^I)_j]}$$

其中，$((\overline{X}_{F_K}^S)_j^*$，$(\overline{X}_{F_K}^D)_j^*$，$(\overline{Z}_{LF_K}^I)_j^*$，$k=1,2,\cdots,K$）是模型（3—10）关于 DMU_j 的最优解。当且仅当 $CE_j^L=1$ 时，DMU_j 的下层（追随者）子系统是有效的。

定义 3—6. DMU_j 中追随者 k 的效率定义为：

$$CE_j^{F_k}=\frac{C_{F_k}^S(\overline{X}_{F_k}^S)_j^*+C_{F_k}^D(\overline{X}_{F_k}^D)_j^*+C_{LE_k}^I(\overline{Z}_{LF_k}^I)_j^*}{C_{F_k}^S(X_{F_k}^S)_j+C_{F_k}^D(X_{F_k}^D)_j+C_{LF_k}^I(Z_{LF_k}^I)_j}$$

当且仅当 $CE_j^{F_k}=1$ 时，DMU_j 的追随者 k 为有效。

定义 3—7. 基于模型（3—10）的最优解，DMU_j 的系统效率定义为：

$$CE_j=\frac{[C_L^S(\overline{X}_L^S)_j^*+C_L^D(\overline{X}_L^D)_j^*]+\sum_{k=1}^{K}[C_{F_k}^S(\overline{X}_{F_k}^S)_j^*+C_{F_k}^D(\overline{X}_{F_k}^D)_j^*+C_{LF_k}^I(\overline{Z}_{LF_k}^I)_j^*]}{[C_L^S(X_L^S)_j+C_L^D(X_L^D)_j]+\sum_{k=1}^{K}[C_{F_k}^S(X_{F_K}^S)_j+C_{F_k}^D(X_{F_K}^D)_j+C_{LF_k}^I(Z_{LF_k}^I)_j]}$$

当且仅当 DMU_j 的系统效率 $CE_j=1$ 时，DMU_j 才称为有效。

二、模型求解

为了使二层规划 DEA 模型（3—10）可解，需要将其重新构建为标准的二层线性规划模型，再将标准的二层线性规划模型转换为可求解的单层模型。为了简化二层线性规划模型，将相关向量定义如下：

$$x=\begin{pmatrix}\overline{X}_L^S\\ \overline{X}_L^D\\ \lambda\end{pmatrix}_{n\times 1}\quad y_k=\begin{pmatrix}\overline{X}_L^S\\ \overline{X}_L^D\\ Z_{LF_k}^I\\ \pi^k\end{pmatrix}_{m_k\times 1}$$

$$c^U=(c_L^S\quad c_L^D\quad 0\quad \cdots\quad 0)_{1\times n}\qquad c^L=(0)_{1\times n}$$

$$d_k^L=(C_{F_k}^S C_{F_k}^D C_{LF_k}^I 0\cdots 0)_{1\times m_k} e^U=\begin{pmatrix}0\\ 0\\ -Y_L\\ -Z_{LF_1}^I\\ \cdots\\ -Z_{LF_k}^I\\ E\end{pmatrix}_{p\times 1}$$

$$A^U=\begin{pmatrix} -1 & 0 & (X_L^S)_1 & \cdots & (X_L^S)_J \\ 0 & -1 & (X_L^D)_1 & \cdots & (X_L^D)_j \\ 0 & 0 & -(Y_L)_1 & \cdots & -(Y_L)_J \\ 0 & 0 & -(Z_{LF_1}^I)_1 & \cdots & -\ (Z_{LF_1}^I) \\ \vdots & \vdots & \vdots & \ddots & \vdots \\ 0 & 0 & -(Z_{LF_k}^I)_1 & \cdots & -(Z_{LF_k}^I)_J \\ 1 & 0 & 0 & \cdots & 0 \end{pmatrix}_{p\times n}$$

$$B_k^U=\begin{pmatrix} 0 & 0 & 0 & 0 & \cdots & 0 \\ 0 & 0 & 0 & 0 & \cdots & 0 \\ 0 & 0 & 0 & 0 & \cdots & 0 \\ 0 & 0 & 0 & 0 & \cdots & 0 \\ \vdots & \vdots & \vdots & \vdots & \ddots & \vdots \\ 0 & 0 & 0 & 0 & \cdots & 0 \\ 1 & 0 & 0 & 0 & \cdots & 0 \end{pmatrix}_{p\times m_k}$$

$$A_k^L=(0)_{q_k\times n}$$

$$B_k^L=\begin{pmatrix} -10(X_{F_k}^S)_1\cdots(X_{F_k}^S)_J \\ 0-1(X_{F_k}^D)_1\cdots(X_{F_k}^D)_J \\ 00-(Z_{LF_k}^I)_1\cdots-\ (Z_{LF_k}^I)_J \\ 00-(Y_{F_k})_1\cdots-(Y_{F_k})_J \end{pmatrix}_{p\times n}$$

$$e_k^L=\begin{pmatrix} 0 \\ 0 \\ 0 \\ -Y_{F_k} \end{pmatrix}_{q_k\times 1}$$

那么，具有多个追随者的二层规划 DEA 模型的标准形式如下：

$$\min F(x,\ y_1,\ \cdots,\ y_K)=c^U x+\sum\nolimits_{k=1}^{K} d_k^L y_k \tag{3-11}$$

$$\text{s.t.}\begin{cases} A^U x+\sum\nolimits_{k=1}^{K} B_k^U y_k\leqslant e^U \\ \min f_k(x,\ y_1,\ \cdots,\ y_K)=c^L x+d_k^L y_k \\ \text{s.t.}\begin{cases} A_k^L x+B_k^L y_k\leqslant e_k^L \\ x\geqslant 0,\ y_k\geqslant 0 \\ k=1,\ 2,\ \cdots,\ K \end{cases} \end{cases}$$

以上模型的下层包含 K 个规划任务。因此，使用扩展的 Karush-Kuhn-

Tucker 条件将模型（3－10）转换为单层模型，得到定理 3－2：

定理 3－2. $u_k \in R^P$，$v_k \in R^{q_k}$ 和 $w_k \in R^{m_k}$（$k=1, 2, \cdots, K$）是与约束 $A^U x + \sum_{k=1}^{K} B_k^U y_k \leqslant e^U$，$A_k^L x + B_k^L y_k \leqslant e_k^L$ 和 $y_k \geqslant 0$，相关的对偶变量。（$x*$，y_1*，$\cdots$，y_k*）能够求解具有多个追随者的二层规划 DEA 模型的充分必要条件是存在行向量（u_1*，u_2*，$\cdots$，u_k*），（v_1*，v_2*，$\cdots$，v_k*）和（w_1*，w_2*，$\cdots$，w_k*）使得（$x*$，y_1*，y_2*，$\cdots$，y_k*，u_1*，u_2*，$\cdots$，u_k*，v_1*，v_2*，$\cdots$，v_k*，w_1*，w_2*，$\cdots$，w_k*）是模型（3－12）的最优解。

$$\min F(x, y_1, \cdots, y_K) = c^U x + \sum_{k=1}^{K} d_k^L y_k \tag{3-12}$$

$$\text{s. t.} \begin{cases} A^U x + \sum_{k=1}^{K} B_k^U y_k \leqslant e^U \\ A_k^L x + B_k^L y_k \leqslant e_k^L \\ u_k B_k^U + v_k B_k^L - w_k = -d_k^L \\ u_k (e^U - A^U x - \sum_{k=1}^{K} B_k^U y_k) + v_k (e_k^L - A_k^L x - B_k^L y_k) + w_k y_k = 0 \\ x \geqslant 0, \ y_k \geqslant 0, \ u_k \geqslant 0, \ v_k \geqslant 0, \ w_k \geqslant 0 \\ k = 1, 2, \cdots, K \end{cases}$$

通过定理 3－2，可以将模型（3－10）转换为可解的单层模型（3－12）。

第三节　案例分析——双层供应链系统效率评价

双层系统的生产运营过程中常涉及多个相互作用的参与者。例如，由一个工厂和多个配送中心（Distribution Center，DC）组成的制造业供应链即具有双层系统的复杂系统。在此双层系统中，工厂扮演领导者的角色，将产品分配给 DC，DC 将产品分配给客户。在评价双层系统的效率时，考虑系统内参与者之间的结构和相互作用是十分重要的。

一些学者将双层系统结构引入 DEA 模型中，将系统划分为多个阶段来衡量效率。然而，无论是在两阶段 DEA 模型还是网络 DEA 模型中，系统中的参与者通常都被视为平等和独立的。但在双层系统中，参与者在不同层级上按照 Nash-Stackelberg 的博弈规则进行决策。一方面，它们有各自的目标和决策变量；另一方面，它们相互影响限制。因此，评价双层系统的效率时应该充分考虑系统的自然结构及特性。本节将针对具有多个追随者的双层供应链系统进行效率评价[53]。

一、数据

数据集包含 10 条供应链。每条供应链都有两个层级，包括作为上层领导者的工厂和作为下层追随者的两个 DC。效率评价指标表括上层和下层的直接投入、共享投入、上层和下层的产出变量及中间产出。在上层，工厂的制造成本（$X1_L^D$）和制造所需要的时间（$X2_L^D$）作为直接投入，工厂利润（Y_L）作为产出。在下层，DC_k 的库存成本（$X1_{F_k}^D$）和平均未交货订单数（$X2_{F_k}^D$）作为其直接投入，利润（Y_{F_k}）作为最终产出。在整个供应链系统中，工厂和 DC 共享管理成本（X^S），工厂投入工厂管理成本（X_L^S），DC_k 投入 DC 管理成本（$X_{F_k}^S$）。将上层和下层连接起来的中间产出为填充率（$Z1_{LF_k}^I$）和产品（$Z2_{LF_k}^I$）。表 3—1 列出了这些变量的原始数据。

表 3—1　原始数据

SC	工厂投入			工厂产出			DC_k 投入			DC_k 产出	资源限制
	$X1_L^D$	$X2_L^D$	X_L^S	Y_L	$Z1_{LF_1}^I$ / $Z1_{LF_2}^I$	$Z2_{LF_1}^I$ / $Z2_{LF_2}^I$	$X1_{LF_1}^D$ / $X1_{LF_2}^D$		$X2_{LF_1}^D$ / $X2_{LF_2}^D$	Y_{F_1} / Y_{F_2}	E
1	190	4	45	8200	0.91	275	33	5.3	29	1440	104
					0.78	236	24	5.2	23	1820	
2	180	3	59	7200	0.70	350	35	6.0	15	1500	96
					0.85	400	45	7.0	18	1700	
3	205	5	49	8200	0.88	280	40	6.1	25	1150	108
					0.88	290	40	6.4	26	1150	
4	185	2	49	7500	0.76	240	26	6.5	20	1850	100
					0.70	245	28	5.5	25	1920	
5	218	8	23	8300	0.75	360	45	5.5	36	1650	90
					0.65	250	27	7.0	25	1950	
6	205	5	45	7200	0.76	330	45	6.0	42	1260	120
					0.80	280	35	4.0	31	1240	
7	185	2	49	8300	0.65	450	40	5.5	41	1650	126
					0.75	350	30	5.5	36	1350	
8	190	4	29	8000	0.77	270	32	6.9	20	2080	84
					0.79	300	46	7.1	35	1920	
9	218	4	23	8300	0.72	265	40	6.5	27	1630	78
					0.74	255	50	7.5	28	1570	
10	185	7	49	9300	0.87	250	35	5.5	25	2000	110
					0.89	250	35	5.5	26	2000	

二、结果分析

使用具有多个追随者的二层规划 DEA 模型求解上述问题，上层和下层子系统及整个系统的优化结果和效率值如表 3－2 所示。

表 3－2　效率评价及优化结果

DMU	上层子系统			下层子系统			整体系统		
	观测值	优化值	CE	观测值	优化值	CE	观测值	优化值	总 CE
1	239.00	239.00	1.00	632.19	516.14	0.82	871.19	755.14	0.87
2	242.00	242.00	1.00	877.55	507.04	0.58	1119.55	749.04	0.67
3	259.00	246.93	0.95	715.26	364.12	0.51	974.26	611.05	0.63
4	236.00	210.42	0.89	597.46	596.84	1.00	833.46	807.26	0.97
5	249.00	233.88	0.94	756.90	570.45	0.75	1005.90	804.33	0.80
6	255.00	232.86	0.91	774.56	395.78	0.51	1029.56	628.63	0.61
7	236.00	236.00	1.00	959.40	474.90	0.49	1195.40	710.90	0.59
8	223.00	223.00	1.00	718.56	633.22	0.88	941.56	856.22	0.91
9	245.00	221.02	0.90	680.46	507.09	0.75	925.46	728.12	0.79
10	241.00	241.00	1.00	633.76	633.24	1.00	874.76	874.24	1.00

根据表 3－2 可以发现，DMU 10 两个层级上的每个参与者都为 DEA 有效，因此 DMU 10 为整体有效。DMU 1、DMU 2、DMU 7 和 DMU 8 整体上是无效的，它们的上层是有效的，但系统的下层却是无效的；DMU 4 的下层子系统为有效，然而上层不是有效的，因此整体无效。可以发现，整体效率始终位于图 3－3 所示的上层效率和下层效率间。

表 3－3 列出了追随者 1、追随者 2 和整个下层子系统的效率。结果表明，DMU 4 和 DMU 10 的下层子系统都具有成本效益，其追随者 1 和追随者 2 都具有成本效益。另外，DMU 1 和 DMU 5 的下层不具有成本效益的，因为其下层子系统的追随者 1 是无效的，追随者 2 是成本有效的。类似地，尽管 DMU 8 的追随者 1 具有成本效益，但由于追随者 2 成本无效，DMU 8 的底层子系统是成本无效的。

图 3－4 对追随者 1、追随者 2 和下层子系统的成本效率进行了比较，结果表明，下层系统的成本效率在追随者 1 和追随者 2 的成本效率之间。

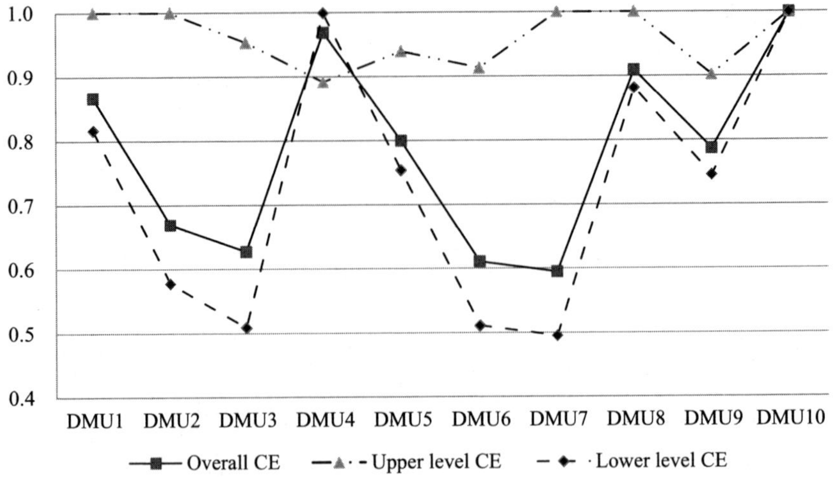

图 3-3　基于二层规划 DEA 模型的上层、下层和整体效率

表 3-3　具有多个追随者的下层效率评价结果

DMU	下层 CE	跟随者 1			跟随者 2		
		观测成本	优化成本	CE	观测成本	优化成本	CE
1	0.82	343.21	227.79	0.66	288.98	288.36	1.00
2	0.58	406.70	237.70	0.58	470.85	269.34	0.57
3	0.51	351.98	181.91	0.52	363.28	182.20	0.50
4	1.00	293.26	292.64	1.00	304.20	304.20	1.00
5	0.75	447.25	261.34	0.58	309.65	309.11	1.00
6	0.51	423.76	199.31	0.47	350.80	196.46	0.56
7	0.49	537.15	261.01	0.49	422.25	213.89	0.51
8	0.88	329.67	329.02	1.00	388.89	304.20	0.78
9	0.75	339.22	258.35	0.76	341.24	248.75	0.73
10	1.00	316.37	316.37	1.00	317.39	316.87	1.00

通过具有多个追随者的二层规划 DEA 模型不仅可以识别导致整个双层供应链系统成本效率低下的原因，还可以确定系统中每个参与者的成本效率，提供更具针对性的管理见解，从而提高供应链的整体绩效。

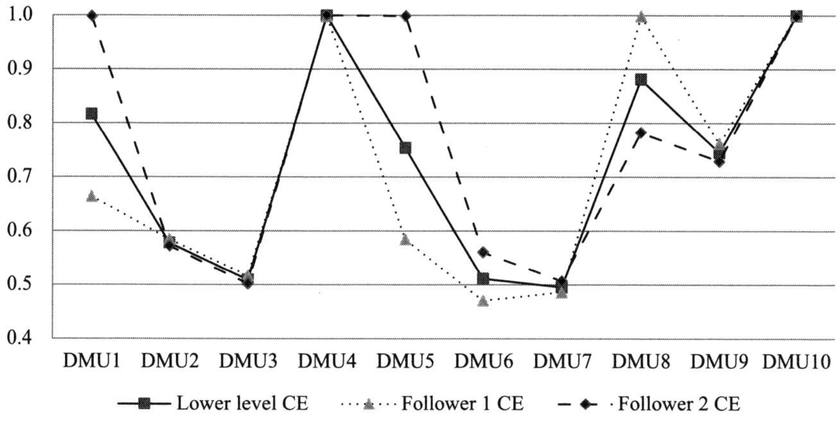

图 3—4　下层子系统和每个追随者的效率

三、比较与讨论

本节将二层规划 DEA 模型与传统的“黑箱”DEA 模型进行了比较，以验证模型的优势。求解“黑箱”DEA 模型得出的成本效率，如表 3—4 所示。

表 3—4　“黑箱”DEA 模型的效率评价结果

DMU	观测值	优化值	“黑箱”CE
1	358.50	328.88	0.92
2	368.00	297.54	0.81
3	402.50	328.88	0.82
4	347.00	347.00	1.00
5	394.50	335.45	0.85
6	418.00	288.77	0.69
7	394.00	332.89	0.84
8	370.00	370.00	1.00
9	404.00	404.00	1.00
10	373.00	373.00	1.00

根据表 3—4 可以看出，传统 DEA 模型下，DMU 4、DMU 8、DMU 9 和 DMU 10 均为成本有效，然而无法进一步识别 DMU 成本效率低下的原因。此外，在两种模型下 DMU 10 始终是成本有效的，在一定程度上证明了具有多个追随者的二层规划 DEA 模型的准确性。采用具有多个追随者的二层规划 DEA 模型可以进一步区分 DMU 4、DMU 8、DMU 9 和 DMU 10 的效率排名，说明该模型具有更强的判别能力。

图 3—5 显示，传统 DEA 模型得出的效率值通常高于二层规划 DEA 模型得

出的效率值。二层规划 DEA 模型可以反映现实供应链的结构，将两类决策者同时纳入一个集成模型中，并且可以刻画系统中各部分的相互作用。因此，使用二层规划 DEA 模型能够获得更具体的信息，为特定的参与者制定效率提升策略，从而促进整个系统的效率提升。

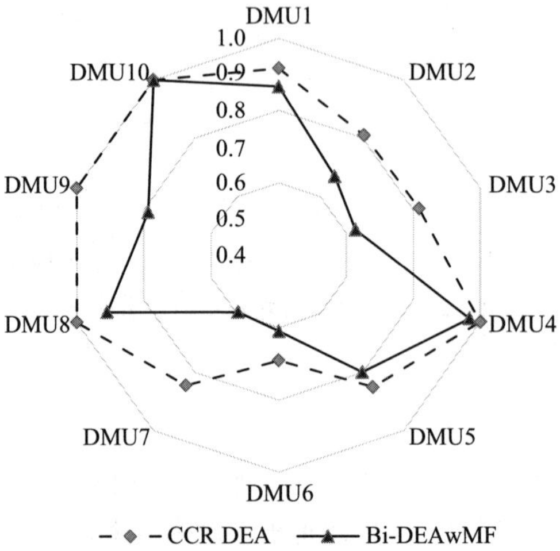

图 3—5　传统 DEA 和二层规划 DEA 模型的整体效率对比

四、结论

本节采用具有多个追随者的二层规划 DEA 模型评价了双层系统的成本效率，得出以下结论：

(1) 当且仅当所有追随者都具有成本效益，且下层的效率值落入所有追随者中最小效率值和最大效率值之间时，DMU 的下层子系统才具有成本效益。

(2) 当且仅当上层和下层子系统都具有成本效益，且总效率值介于上层和下层效率值之间时，双层系统才具有总体成本效益。与传统 DEA 模型相比，二层规划 DEA 模型克服了传统 DEA 模型无法评价供应链中领导者和追随者内部运营绩效的缺点，可以找出导致 DMU 整体低效的原因。

第四章 混合网络结构系统的绩效评价

随着社会的进步和发展，深入研究具有复杂结构的DMU，找出其效率低下的根本原因，成为当今时代的基本要求。因此，在研究效率评价问题时，应进一步打开DMU的内部结构。传统DEA方法忽略了DMU中间阶段的投入和产出，因此很难识别DMU非DEA有效的根本原因，也无法分析DMU各中间阶段对效率的影响程度，不利于效率水平的提高。

网络DEA模型是在两阶段DEA、三阶段DEA模型的基础上对传统DEA模型的延伸和拓展，该理论最早由Fare和Grosskopf提出。这种新的效率评价方法充分考虑了DMU内部结构的复杂性和网络性，避免了传统的“黑箱”问题，能够体现DMU生产过程中各阶段的效率和其对整体效率的影响。此外，这类复杂网络结构的效率评价方法可以避免传统DEA方法可能得出的自相矛盾的结果，如两个子阶段非有效但整体系统有效。网络DEA最基本的模型有两种：

（1）由多个子系统串联组成的网络系统。如图4—1所示，该网络系统由n个子系统串联而成。X_{ij}和Y_{rj}分别为DMU_j的第i个投入和第r个产出，$Z_{lj}^{(p)}$为DMU_j的第p（$p=1, 2, \cdots, n-1$）阶段的第l（$l=1, 2, \cdots, q$）个中间产出。p阶段和$p+1$阶段的中间产出$Z_{lj}^{(p)}$既作为p阶段的产出，又作为$p+1$阶段的投入。阶段n的产出为整个系统的最终产出。串联结构的网络系统最基本的结构为两阶段、三阶段系统，其模型构建如第二章中第一节和第二节所述。

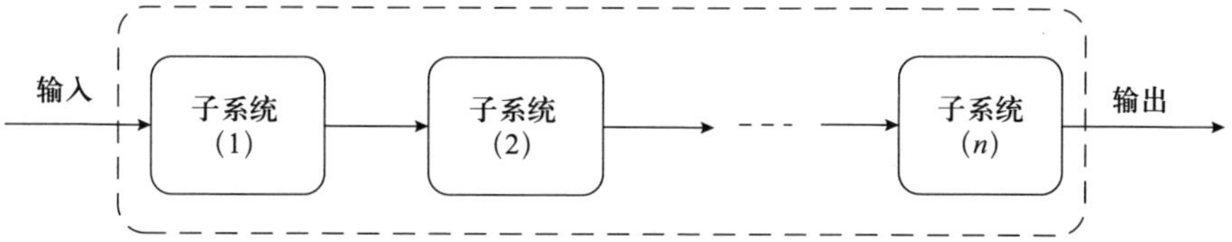

图4—1 串联网络系统

（2）由多个子系统并联而成的网络系统。如图4—2所示，该网络系统由n个子系统并联而成。记X_{ij}、Y_{rj}为并联系统的总投入和总产出，$X_{ij}^{(P)}$和$Y_{rj}^{(P)}$分别为DMU_j的第p个子系统的第i个投入和第r个产出。

系统与其子系统的投入和产出之间满足：$\sum_{p=1}^{h} X_{ij}^{(P)} = X_{ij}$，$\sum_{p=1}^{h} Y_{rj}^{(P)} = Y_{Rj}$。

并联结构的网络DEA模型如下：

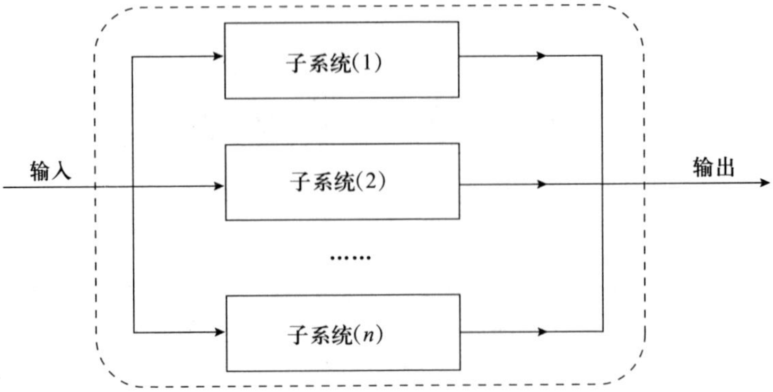

图 4—2　并联网络系统

$$
\min s_k
$$

$$
\text{s. t.}\begin{cases}\sum_{i=1}^{m} v_i X_{ik} = 1 \\ \sum_{r=1}^{s} u_r Y_{rk} - \sum_{i=1}^{m} v_i X_{ik} + s_k = 0 \\ \sum_{r=1}^{s} u_r Y_{rj} - \sum_{i=1}^{m} v_i X_{ij} \leqslant 0 \\ s_k \geqslant 0;\ u_r \geqslant 0;\ v_i \geqslant 0,\ j = 1,\ 2,\ \cdots,\ n\end{cases} \tag{4—1}
$$

其中，u_r 和 v_i 分别是投入和产出的权重系数，s_k 和 $s_k^{(p)}$ 分别是系统和各子系统的松弛变量，表示系统和各子系统的无效程度。

并联结构的效率分析如下：

$$
\sum_{r=1}^{s} u_r Y_{rj} - \sum_{i=1}^{m} v_i X_{ij} + s_j = \sum_{r=1}^{s} u_r (Y_{rj}^1 + Y_{rj}^2 + \cdots + Y_{rj}^h) - \sum_{i=1}^{m} v_i (X_{rj}^1 + X_{rj}^2 + \cdots + X_{rj}^h) + s_j = \sum_{p=1}^{h} \left(\sum_{r=1}^{s} u_r Y_{rj}^p - \sum_{i=1}^{m} v_i X_{ij}^p \right) + s_j = 0 \tag{4—2}
$$

其中，X_{ij} 和 Y_{rj} 分别为 DMU_j 第 p 个子系统的投入和产出。

令 s_j^p 为 DMU_j 的第 p 个子系统的松弛变量，则等式（4—2）可表示为：

$$
\sum_{p=1}^{h} \left(\sum_{r=1}^{s} u_r Y_{rj}^p - \sum_{i=1}^{m} v_t X_{ij}^p + s_j^p \right) = 0 \tag{4—3}
$$

进一步可得出约束条件：

$$
\sum_{r=1}^{s} u_r Y_{rj}^p - \sum_{i=1}^{m} v_i X_{ij}^p + s_j^p = 0.\ p = 1.\ 2,\ \cdots,\ h \tag{4—4}
$$

由此可得到包含 p 个子系统的 DMU_j 的效率评价模型如下：

$$
\min \sum_{p=1}^{h} s_j^p \tag{4—5}
$$

$$
\text{s. t.}\begin{cases}\sum_{i=1}^{m} v_i,\ X_{ij}^p \geqslant 1 \\ \sum_{r=1}^{s} u_r Y_{rj}^p - \sum_{i=1}^{m} v_i X_{ij}^p + s_j^p = 0,\ p = 1,\ 2,\ \cdots,\ h \\ \sum_{r=1}^{s} u_r Y_{rj}^p - \sum_{i=1}^{m} v_i X_{ij}^p \leqslant 0,\ j = 1,\ 2,\ \cdots,\ n\end{cases}
$$

由于 DMU_j 的第 ω 个子系统有 $\sum_{i=1}^{m} v_i X_{ik}^{w} \neq 1$，因此其效率值并不是 $1-s_k^w$，而是 $1-\frac{s_k^w}{\sum_{i=1}^{m} v_i X_{ik}^{w}}$。

第一节　混合网络 DEA 模型

在实际生产过程中存在某些具有复杂网络结构的 DMU，其系统内的各子系统间往往是以串联和并联混合形式构成的。例如，在用水和废水处理的水资源集成系统中，用水子系统包含经济和社会两个平行的子部门，分别消耗水资源和资本，产出社会和经济效益。用水子系统中不可避免产生的废水等非期望产出将在第二阶段废水处理子系统中进行处理。因此，二者构成了一个混合网络结构的 DMU。这种情况下，基本的网络 DEA 模型已不再适用其效率评价。为了更准确地评价具有复杂网络结构 DMU 的效率，分析 DMU 各个部分对效率的影响程度，提出更具针对性的效率提升策略，本节构建了一个新型混合网络 DEA 模型。

一、模型构建

考虑有 j（$j=1$，2，…，J）个被评价的 DMU，每个 DMU_j 均由混合网络结构的集成两阶段系统构成。在第一阶段子系统中，有 i（$i=1$，2，…，I）个投入 x_{ij}^{EWU} 作为第一个子系统的投入，产生最终的期望产出 y_{pj}^{EWU} 和 m（$m=1$，2，…，M）个中间非期望产出 z_{mj}^{EWU}。第二阶段子系统有 s（$s=1$，2，…，S）个投入 x_{si}^{SWU}，获得 q（$q=1$，2，…，Q）个最终的期望产出 y_{qj}^{SWU}，并产生 n（$n=1$，2，…，N）个非期望产出 z_{nj}^{SWU}。每个投入向量对应一个由期望产出和非期望产出组合而成的产出集，投入向量是自由可处置的。此外，非期望产出 z_{mj}^{EWU} 和 z_{nj}^{SWU} 是期望产出 y_{pj}^{EWU} 和 y_{qj}^{SWU} 的副产品，即期望产出的产生一定伴随着非期望产出的产生。假设期望产出是自由可处置的，非期望产出是弱可处置的[54]。

第一阶段子系统产生的非期望产出作为第二阶段子系统的投入，表示为额外投入 x_{hj}^{WT}（$h=1$，2，…，H），产生最终的非期望产出 y_{tj}^{WT}（$t=1$，2，…，T）和期望产出 y_{rj}^{WT}（$r=1$，2，…，R）。第一阶段子系统的部分非期望产出能够在第二阶段子系统得到利用进而减少。最终的非期望产出 y_{tj}^{WT} 不会直接伴随着期望产出 y_{rj}^{WT} 而生成，y_{yj}^{WU} 被视为是该子系统的副产品。因此，假定最终的期望产出和非期望产出为自由或强可处置的。由于中间产出在两个连续阶段之间应保持一致连续性，因此假定 z_{mj}^{EWU} 和 z_{nj}^{SWU} 在第二阶段都被消耗了。

在混合网络系统中，投入和产出都具有很大的灵活性。因此，可以通过两种方式提高效率：在给定的投入水平下最大化期望产出或者在给定的期望产出水平下最小化投入。此外，在测量 DMU 效率时，决策者总希望使投入和期望产出尽可能地非径向变化，同时保持非期望产出不变，因此本节将建立一个非径向非导向的 DEA 模型。该模型可以同时优化投入和期望产出，并且将每个 DMU 投影到有效前沿面上的最远点。混合网络 DEA 模型的第一阶段模型如下所示：

$$\min\theta_0^{EWU}=\frac{1-\frac{1}{I}\sum_{i=1}^{I}s_{i0}^{-}/x_{i0}^{EWU}}{1+\frac{1}{P}\sum_{p=1}^{P}s_{p0}^{+}/y_{p0}^{EWU}} \tag{4-6}$$

$$\text{s. t.}\begin{cases}\sum_{j=1}^{J}\lambda_j x_{ij}^{EWU}=x_{i0}^{EWU}-s_{i0}^{-} & (4-6.1)\\ \sum_{j=1}^{J}\lambda_j y_{pj}^{EWU}=y_{p0}^{EWU}+s_{p0}^{+} & (4-6.2)\\ \sum_{j=1}^{J}\lambda_j z_{mj}^{EWU}=z_{m0}^{EWU} & (4-6.3)\\ \sum_{j=1}^{J}\lambda_j=1 & (4-6.4)\\ s_{i0}^{-},\ s_{i0}^{+},\ \lambda_j\geqslant 0 & (4-6.5)\end{cases}$$

$$\min\theta_0^{SWU}=\frac{1-\frac{1}{S}\sum_{s=1}^{S}\frac{s_{s0}^{-}}{x_{s0}^{SWU}}}{1+\frac{1}{Q}\sum_{q=1}^{Q}\frac{s_{q0}^{+}}{y_{q0}^{SWU}}} \tag{4-7}$$

$$\text{s. t.}\begin{cases}\sum_{j=1}^{J}\lambda_j' x_{sj}^{SWU}=x_{s0}^{SWU}-s_{s0}^{-} & (4-7.1)\\ \sum_{j=1}^{J}\lambda_j' y_{qj}^{SWU}=y_{q0}^{SWU}+s_{q0}^{+} & (4-7.2)\\ \sum_{j=1}^{J}\lambda_j' z_{nj}^{SWU}=z_{n0}^{SWU} & (4-7.3)\\ \sum_{j=1}^{J}\lambda_j'=1 & (4-7.4)\\ s_{s0}^{-},\ s_{q0}^{+},\ \lambda_j'\geqslant 0 & (4-7.5)\end{cases}$$

其中，θ_0^{EWU} 和 θ_0^{SWU} 分别是被评价 DMU 第一阶段两个子部门的效率；$\lambda=\{\lambda_j\}$ 是用于整合第一阶段第一子部门的非负乘数；$\lambda'=\{\lambda_j'\}$ 是用于整合第一阶段第二子部门的非负乘数；s_{i0}^{-}，s_{p0}^{+}，s_{so}^{-}，和 s_{q0}^{+} 分别是 x_{i0}^{EWU}，y_{p0}^{EWU}，x_{s0}^{SWU} 和 y_{q0}^{SWU} 的松弛变量。

基于式（4—6）和式（4—7），式（4—8）定义第一阶段的效率为：

$$\min\theta_0^{WU}=\omega^{EWU}\left(\frac{1-\frac{1}{I}\sum_{i=1}^{I}s_{i0}^{-}/x_{i0}^{EWU}}{1+\frac{1}{P}\sum_{p=1}^{P}s_{p0}^{+}/y_{p0}^{EWU}}\right)+\omega^{SWU}\left(\frac{1-\frac{1}{S}\sum_{s=1}^{S}s_{s0}^{-}/x_{s0}^{SWU}}{1+\frac{1}{Q}\sum_{q=1}^{Q}s_{q0}^{+}/y_{q0}^{SWU}}\right) \tag{4-8}$$

$$\text{s. t.}\begin{cases}Eqs. & (4-6.1\sim4-6.5)\\ Eqs. & (4-7.1\sim4-7.5)\end{cases}$$

其中，$\omega^{EWU}=\frac{x_{ij}^{EWU}}{x_{ij}^{EWU}+x_{sj}^{SWU}}$和$\omega^{SWU}=\frac{x_{ij}^{SWU}}{x_{ij}^{EWU}+x_{sj}^{SWU}}$分别代表第一阶段两个子部门的投入比例。

第二阶段的效率评价模型如下所示：

$$\min\theta_0^{WT}=\frac{1-\frac{1}{H+T}\left(\sum_{h=1}^{H}s_{h0}^{-}/x_{h0}^{WT}+\sum_{t=1}^{T}s_{t0}^{-}/y_{t0}^{WT}\right)}{1+\frac{1}{R}\sum_{r=1}^{R}s_{r0}^{+}/y_{rj}^{WT}} \tag{4-9}$$

$$\text{s. t.}\begin{cases}\sum_{j=1}^{J}\pi_j x_{hj}^{WT}=x_{h0}^{WT}-s_{h0}^{-} & (4-9.1)\\ \sum_{j=1}^{J}\pi_j z_{mj}^{EWU}=z_{m0}^{EWU} & (4-9.2)\\ \sum_{j=1}^{J}\pi_j z_{nj}^{SWU}=z_{n0}^{SWU} & (4-9.3)\\ \sum_{j=1}^{J}\pi_j y_{rj}^{WT}=y_{r0}^{WT}+s_{r0}^{+} & (4-9.4)\\ \sum_{j=1}^{J}\pi_j y_{tj}^{WT}=y_{t0}^{WT}-s_{t0}^{-} & (4-9.5)\\ \sum_{j=1}^{J}\pi_j=1 & (4-9.6)\\ s_{h0}^{-},\ s_{r0}^{+},\ s_{t0}^{-},\ \pi_j\geqslant 0 & (4-9.7)\end{cases}$$

其中，θ_0^{WT} 代表被评价 DMU 第二阶段的效率；$\pi=\{\pi_j\}$ 是用于整合第二阶段的非负乘数；s_{h0}^{-}，s_{r0}^{+} 和 s_{t0}^{-} 分别代表了 x_{h0}^{WT}，y_{r0}^{WT} 和 y_{t0}^{WT} 的松弛变量。

考虑到第一阶段和第二阶段之间中间产出的连续性，有如下约束：

$$\sum_{j=1}^{J}\lambda_j z_{mj}^{EWU}+\sum_{j=1}^{J}\lambda_j{}' z_{nj}^{SWU}=\sum_{j=1}^{J}\pi_j z_{mj}^{EWU}+\sum_{j=1}^{J}\pi_j z_{nj}^{SWU} \tag{4-10}$$

通过组合模型（4—8）、模型（4—9）和模型（4—10）可得到以下扩展的混合网络结构 DEA 模型：

$$\min\theta_0^{WUWT}=\alpha^{WU}\left(\omega^{EWU}\left(\frac{1-\frac{1}{I}\sum_{i=1}^{I}s_{i0}^{-}/x_{i0}^{EWU}}{1+\frac{1}{P}\sum_{p=1}^{P}s_{p0}^{+}/y_{p0}^{EWU}}\right)+\omega^{SWU}\left(\frac{1-\frac{1}{S}\sum_{s=1}^{S}s_{s0}^{-}/x_{s0}^{SWU}}{1+\frac{1}{Q}\sum_{q=1}^{Q}s_{q0}^{+}/y_{q0}^{SWU}}\right)\right)+$$

$$\alpha^{WT}\left(\frac{1-\frac{1}{H+T}\left(\sum_{h=1}^{H}s_{h0}^{-}/x_{h0}^{WT}+\sum_{t=1}^{T}s_{t0}^{-}/y_{t0}^{WT}\right)}{1+\frac{1}{R}\sum_{r=1}^{R}s_{r0}^{+}/y_{rj}^{WT}}\right)$$

$$\text{s. t.}\begin{cases}Eqs. & (4-6.1\sim4-6.5)\\ Eqs. & (4-7.1\sim4-7.5)\\ Eqs. & (4-9.1\sim4-9.7)\\ Eq. & (4-10)\end{cases}\tag{4-11}$$

其中，θ_0^{WUWT} 为混合网络系统的整体效率；α^{WU} 和 α^{WT} 分别代表第一阶段和第二阶段的权重，反映这两个子系统对混合网络系统的重要性，有 $\alpha^{WU}+\alpha^{WT}=1$。

二、模型求解

为了求解上述模型，本节采用 Charnes-Cooper 变换[55,56] 将上述非线性规划模型转换为线性规划模型。

令 $\mu=1/\left(1+1/P\sum_{p=1}^{P}s_{p0}^{+}/y_{p0}^{EWU}\right)$，$\gamma_j=\mu\lambda_j$，$\varepsilon_{i0}^{-}=\mu s_{i0}^{-}$，$\varepsilon_{p0}^{+}=\mu s_{p0}^{+}$，则模型（4—6）可以转换成模型（4—12）：

$$\min\rho_o^{EWU}=\mu-\frac{1}{I}\sum_{i=1}^{I}\varepsilon_{io}^{-}/x_{io}^{EWU}\tag{4-12}$$

$$\text{s. t.}\begin{cases}\mu+\frac{1}{P}\sum_{p=1}^{P}\varepsilon_{p0}^{+}/y_{p0}^{EWU}=1 & (4-12.1)\\ \sum_{j=1}^{J}\gamma_j x_{ij}^{EWU}=\mu x_{i0}^{EWU}-\varepsilon_{i0}^{-} & (4-12.2)\\ \sum_{j=1}^{J}\gamma_j y_{pj}^{EWU}=\mu y_{p0}^{EWU}+\varepsilon_{p0}^{+} & (4-12.3)\\ \sum_{j=1}^{J}\gamma_j z_{mj}^{EWU}=\mu z_{m0}^{EWU} & (4-12.4)\\ \sum_{j=1}^{J}\gamma_j=\mu & (4-12.5)\\ \varepsilon_{i0}^{-},\ \varepsilon_{p0}^{+},\ \gamma_j\geqslant 0 & (4-12.6)\end{cases}$$

同理，令 $\mu'=1/\left(1+1/Q\sum_{q=1}^{Q}s_{q0}^{+}/y_{q0}^{SWU}\right)$，$\gamma_j'=\mu'\lambda_j'$，$\varepsilon_{s0}^{-}=\mu' s_{s0}^{-}$，$\varepsilon_{q0}^{+}=\mu' s_{q0}^{+}$，则模型（4—7）可以转换为模型（4—13）：

$$\min\rho_0^{SWU}=\mu'-\frac{1}{S}\sum_{s=1}^{S}\frac{\varepsilon_{s0}^{-}}{x_{s0}^{SWU}}\tag{4-13}$$

$$\text{s. t.}\begin{cases}\mu'+\frac{1}{Q}\sum_{q=1}^{Q}s_{q0}^{+}/y_{q0}^{SWU}=1 & (4-13.1)\\ \sum_{j=1}^{J}\gamma_j' x_{sj}^{SWU}=\mu' x_{s0}^{SWU}-\varepsilon_{s0}^{-} & (4-13.2)\\ \sum_{j=1}^{J}\gamma_j' y_{qj}^{SWU}=\mu' y_{q0}^{SWU}+\varepsilon_{q0}^{+} & (4-13.3)\end{cases}$$

$$\text{s.t.}\begin{cases}\sum_{j=1}^{J}\gamma_j{}' z_{nj}^{SWU}=\mu' z_{n0}^{SWU} & (4-13.4)\\ \sum_{j=1}^{J}\gamma_j{}'=\mu' & (4-13.5)\\ \varepsilon_{s0}^{-},\ \varepsilon_{q0}^{+},\ \gamma_j' \geqslant 0 & (4-13.6)\end{cases}$$

第一阶段的线性 DEA 模型可以表示为模型（4－14）：

$$\min\rho_0^{WU}=\omega^{EWU}\left(\mu-\frac{1}{I}\sum_{i=1}^{I}\frac{\varepsilon_{i0}^{-}}{x_{i0}^{EWU}}\right)+\omega^{SWU}\left(\mu'-\frac{1}{S}\sum_{s=1}^{S}\frac{\varepsilon_{s0}^{-}}{x_{s0}^{SWU}}\right)\quad(4-14)$$

$$\text{s.t.}\begin{cases}Eqs.\quad(4-12.1\sim4-12.6)\\ Eqs.\quad(4-13.1\sim4-13.6)\end{cases}$$

类似地，令 $v=1/\left(1+(H+T)\left(\sum_{h=1}^{H}s_{h0}^{-}/x_{h0}^{WT}+\sum_{t=1}^{T}s_{t0}^{-}/y_{t0}^{WT}\right)\right)$，$\eta_j=v\pi_j$，$\varepsilon_{h0}^{-}=vs_{h0}^{-}$，$\varepsilon_{r0}^{-}=vs_{r0}^{+}$ 以及$\varepsilon_{t0}^{-}=vs_{t0}^{-}$，则模型（4—9）可以转化为模型（4—15）。

$$\min\rho_0^{WT}=v-\frac{1}{H+T}\left(\sum_{h=1}^{H}\varepsilon_{h0}^{-}/x_{h0}^{WT}+\sum_{t=1}^{T}\varepsilon_{t0}^{-}/y_{t0}^{WT}\right)\qquad(4-15)$$

$$\text{s.t.}\begin{cases}v+\frac{1}{R}\sum_{r=1}^{R}\varepsilon_{r0}^{+}/y_{rj}^{WT}=1 & (4-15.1)\\ \sum_{j=1}^{J}\eta_j x_{hj}^{WT}=vx_{h0}^{WT}-\varepsilon_{h0}^{-} & (4-15.2)\\ \sum_{j=1}^{J}\eta_j z_{mj}^{EWU}=vz_{m0}^{EWU} & (4-15.3)\\ \sum_{j=1}^{J}\eta_j z_{nj}^{SWU}=vz_{n0}^{SWU} & (4-15.4)\\ \sum_{j=1}^{J}\eta_j y_{rj}^{WT}=vy_{r0}^{WT}+\varepsilon_{r0}^{+} & (4-15.5)\\ \sum_{j=1}^{J}\eta_j y_{tj}^{WT}=vy_{t0}^{WT}-\varepsilon_{t0}^{-} & (4-15.6)\\ \sum_{j=1}^{J}\eta_j=v & (4-15.7)\\ \varepsilon_{h0}^{-},\ \varepsilon_{r0}^{+},\ \varepsilon_{t0}^{-},\ \eta_j\geqslant 0 & (4-15.8)\end{cases}$$

通过 Charnes-Cooper 变换可以将模型（4－11）转换为模型（4－16）进行最终求解。

$$\min\rho_0^{WUWT}=\alpha^{WU}\left(\omega^{EWU}\left(\mu-\frac{1}{I}\sum_{i=1}^{I}\frac{\varepsilon_{io}^{-}}{x_{io}^{EWU}}\right)+\omega^{SWU}\left(\mu'-\frac{1}{S}\sum_{s=1}^{S}\frac{\varepsilon_{so}^{-}}{x_{so}^{SWU}}\right)\right)+$$

$$\alpha^{WT}\left(v-\frac{1}{H+T}\left(\sum_{h=1}^{H}\frac{\varepsilon_{ho}^{-}}{x_{ho}^{WT}}+\sum_{t=1}^{T}\frac{\varepsilon_{to}^{-}}{y_{to}^{WT}}\right)\right)\qquad(4-16)$$

$$\text{s.t.}\begin{cases}\sum_{j=1}^{J}\gamma_j z_{mj}^{EWU}+\sum_{j=1}^{J}\gamma_j{}' z_{nj}^{SWU}=\sum_{j=1}^{J}\eta_j z_{mj}^{EWU}+\sum_{j=1}^{J}\eta_j z_{nj}^{SWU}\\ Eqs.\quad(4-12.1\sim4-12.6)\\ Eqs.\quad(4-13.1\sim4-13.6)\\ Eqs.\quad(4-15.1\sim4-15.8)\end{cases}$$

求解模型（4－16）可以得到最优解（ε_{i0}^{-*}，ε_{s0}^{-*}，ε_{h0}^{-*}，ε_{t0}^{-*}，ε_{p0}^{+*}，ε_{q0}^{+*}，ε_{r0}^{+*}）。基于最优解，可以得出被评价 DMU 的相关效率定义。

定义 4－1. 被评价 DMU_0 第一阶段第一子部门的效率为：

$$\rho_0^{EWU}=\frac{1-\frac{1}{I}\sum_{i=1}^{I}(\varepsilon_{i0}^{-})^{*}/x_{i0}^{EWU}}{1+\frac{1}{P}\sum_{p=1}^{P}(\varepsilon_{p0}^{+})^{*}/y_{p0}^{EWU}}$$

当且仅当 $\rho_0^{EWU}=1$ 时，被评价 DMU_0 第一阶段的第一子部门才称为有效。

定义 4－2. 被评价 DMU_0 第一阶段第二子部门的效率为：

$$\rho_0^{SWU}=\frac{1-\frac{1}{S}\sum_{S=1}^{S}(\varepsilon_{s0}^{-})^{*}/x_{s0}^{SWU}}{1+\frac{1}{Q}\sum_{q=1}^{Q}(\varepsilon_{q0}^{+})^{*}/y_{q0}^{SWU}}$$

当且仅当 $\rho_O^{SWU}=1$ 时，被评价 DMU_0 第一阶段的第二子部门才称为有效。

定义 4－3. 被评价 DMU_0 第一阶段的效率为：

$$\rho_0^{WU}=\frac{1}{2}\left(\frac{1-1\sum_{i=1}^{I}(\varepsilon_{i0}^{-})^{*}/x_{i0}^{EWU}}{1+\frac{1}{P}\sum_{p=1}^{P}(\varepsilon_{p0}^{+})^{*}/y_{p0}^{EWU}}\right)+\frac{1}{2}\left(\frac{1-\frac{1}{S}\sum_{s=1}^{S}(\varepsilon_{s0}^{-})^{*}/x_{s0}^{SWU}}{1+\frac{1}{Q}\sum_{q=1}^{Q}(\varepsilon_{q0}^{+})^{*}/y_{q0}^{SWU}}\right)$$

当且仅当 $\rho_0^{WU}=1$ 时，被评价 DMU_0 的第一阶段才称为有效。

定义 4－4. 被评价 DMU_0 第二阶段的效率为：

$$\rho_0^{WT}=\frac{1-\frac{1}{H+T}\left(\sum_{h=1}^{H}(\varepsilon_{h0}^{-})^{*}/x_{h0}^{WT}+\sum_{t=1}^{T}(\varepsilon_{t0}^{-})^{*}/y_{t0}^{WT}\right)}{1+\frac{1}{R}\sum_{r=1}^{R}(\varepsilon_{r0}^{+})^{*}/y_{rj}^{WT}}$$

当且仅当 $\rho_0^{WT}=1$ 时，被评价 DMU_0 的第二阶段才称为有效。

定义 4－5. 被评价 DMU_0 的系统效率为：

$$\rho_0^{WUWT}=\frac{\rho_0^{WU}+\rho_0^{WT}}{2}$$

其中，ρ_0^{WU} 和 ρ_0^{WT} 表示被评价 DMU_0 的第一阶段效率和第二阶段效率。当且仅当 $\rho_0^{WUWT}=1$ 时，DMU_0 为整体有效。

第二节　案例研究——用水和废水处理综合系统效率评价

水资源是经济、社会和生态发展中的一种有限而特殊的自然资源，在人类文明和技术进步中起着重要作用。如今，中国被称为“全球工厂”，意味着我国经济发展已经取得了巨大成就。在过去的30年中，经济的快速发展和城市化的加速在很大程度上导致了更大的用水量和废水排放量。用水效率低下进一步导致了严重的水资源污染问题，加剧了缺水危机。水资源系统的效率不仅受到用水（Water Use，WU）过程的影响，还受到废水处理（Wastewater Treatment，WT）过程的影响。因此，评价WUWT系统的效率已成为紧迫而必要的问题。

现有研究主要集中在WU系统的评价上，将WU子系统视为黑箱，将总耗水量视为投入，将总废水量视为非期望产出。实际上，总用水量包括农业、工业、家庭和生态环境的用水量，主要由经济和社会两类活动组成，分别支持经济发展和生活所需。为了准确地计算WU的效率，应基于经济和社会活动设计合理的指标，以改善传统的效率评价。因此，本节将WU子系统进一步细分为两个子类别：由农业和工业WU活动组成的经济性WU子类别及由家庭和生态环境WU活动组成的社会性WU子类别。

可见，WUWT系统具有混合网络结构，由串联、并联过程组合而成。因此，本节采用了扩展的混合网络结构两阶段DEA模型测量集成式WUWT系统的效率，考虑了各种投入、中间产出、期望产出和非期望产出，分别评价了经济和社会WU子部门、WU子系统和WT子系统的效率。根据详细的效率结果，决策者可以进一步识别并改善特定的低效率部门。

一、数据

数据来源于《中国统计年鉴》和《中国环境统计数据库》，本节选取了我国2006～2015年除西藏、澳门、香港和台湾地区之外其他省份的数据，具体指标如表4－1所示。

表4－1　数据指标

阶段		变量	单位
WU子系统	WU经济子部门	投入	
		经济发展的水资源消耗量（10^8）	立方米
		资金	亿元
		期望产出	
		GDP	亿元
		第二产业的比例	%
		非期望产出	
		经济废水排放	万吨

续表

阶段	变量	单位
WU 社会子部门	投入	
	社会发展的水资源消耗量（10^8）	立方米
	一般公共支出	亿元
	期望产出	
	城镇居民人均可支配收入	元
	城镇人口比重	%
	非期望产出	
	社会废水排放	万吨
WT 子系统	额外投入	
	WT 的总投入	万元
	期望产出	
	废水处理	万吨
	非期望产出	
	最终废水排放	万吨

在 WU 子系统中，经济和社会 WU 子部门消耗水和资本产生经济和社会效益，并产生废水这一非期望产出。随后，WT 子系统通过专用资金处理部分废水。WT 子系统的期望产出是处理后的废水，未经处理和难以处理的废水构成这一子系统的非期望产出。效率评价结果如表 4—2、附表 1 和附表 2 所示。

表 4—2　2006～2015 年 30 个省份 WUWT 系统的总体效率

省　份	2006	2007	2008	2009	2010	2011	2012	2013	2014	2015
北　京	0.78	0.71	0.98	0.97	0.97	0.95	0.88	0.93	1.00	1.00
天　津	0.83	0.83	0.78	0.95	0.73	0.77	0.82	0.77	0.75	0.72
河　北	0.84	0.63	0.55	0.47	0.53	0.53	0.51	0.52	0.53	0.56
山　西	0.57	0.56	0.56	0.46	0.50	0.51	0.49	0.47	0.47	0.41
内蒙古	0.36	0.39	0.40	0.39	0.41	0.39	0.52	0.31	0.38	0.10
辽　宁	0.63	0.56	0.51	0.48	0.52	0.67	0.63	0.82	0.86	0.90
济　南	0.47	0.40	0.39	0.38	0.39	0.43	0.46	0.50	0.44	0.40
黑龙江	0.47	0.49	0.40	0.34	0.34	0.37	0.36	0.36	0.37	0.35
上　海	0.90	0.71	0.68	0.70	0.79	0.81	0.99	0.84	0.81	1.00
江　苏	0.96	0.79	0.91	0.82	0.94	0.80	0.91	0.84	0.93	0.87
浙　江	0.93	0.93	0.92	0.84	0.83	0.74	0.74	0.71	0.68	0.68

续表

省 份	2006	2007	2008	2009	2010	2011	2012	2013	2014	2015
安 徽	0.47	0.40	0.40	0.40	0.41	0.38	0.37	0.38	0.39	0.39
福 建	0.89	0.94	0.83	0.74	0.59	0.66	0.57	0.55	0.54	0.52
江 西	0.46	0.45	0.42	0.38	0.41	0.40	0.41	0.40	0.40	0.41
山 东	0.59	0.68	0.73	0.68	0.74	0.71	0.71	0.73	0.82	1.00
河 南	0.51	0.49	0.51	0.48	0.53	0.57	0.55	0.53	0.55	0.53
湖 北	0.71	0.53	0.47	0.43	0.46	0.48	0.46	0.42	0.45	0.42
湖 南	0.53	0.46	0.42	0.38	0.40	0.40	0.42	0.40	0.41	0.41
广 东	1.00	1.00	0.93	0.80	0.71	0.87	0.95	1.00	1.00	1.00
广 西	1.00	0.81	0.77	0.45	0.49	0.40	0.45	0.40	0.37	0.35
海 南	0.82	1.00	0.97	0.51	0.96	0.60	0.47	0.92	0.58	1.00
重 庆	0.96	0.54	0.51	0.51	0.47	0.41	0.42	0.47	0.50	0.48
四 川	0.53	0.43	0.51	0.38	0.40	0.39	0.40	0.41	0.41	0.41
贵 州	0.36	0.35	0.33	0.35	0.32	0.31	0.32	0.30	0.33	0.33
云 南	0.41	0.45	0.39	0.32	0.29	0.32	0.34	0.36	0.36	0.38
陕 西	0.47	0.46	0.44	0.43	0.42	0.41	0.42	0.52	0.44	0.44
甘 肃	0.42	0.37	0.37	0.32	0.30	0.30	0.30	0.32	0.33	0.32
青 海	1.00	0.96	1.00	0.71	0.70	1.00	1.00	1.00	0.85	0.73
宁 夏	1.00	0.99	0.74	0.65	0.79	0.68	0.86	0.62	0.64	0.84
新 疆	0.35	0.33	0.30	0.32	0.32	0.34	0.32	0.32	0.32	0.31

表 4—2 为 2006～2015 年 30 个省份的总效率水平，北京、上海、广东、海南、青海和宁夏等地在某些年份的整体效率水平为 1，意味着这些省份达到效率水平前沿，成为其他省份的基准，说明这些省份在产生同等规模的城镇居民人均可支配收入时，需要的投入更少，产生的废水也更少。具体而言，北京和山东的总效率在评估期内呈上升趋势，而河北、山西、浙江、安徽、湖北、广西、重庆和新疆的效率呈明显的下降趋势。江苏、海南、青海和宁夏四省近十年的效率波动明显。大部分省份如辽宁、上海、江西、湖南、广东、四川、贵州、云南、陕西和甘肃的效率呈现先降后升的趋势，其他地区则先升后降。2009～2010 年各省表现不佳，可能是由于 2008 年的全球金融危机严重影响了我国的社会经济发展，降低了国内生产总值和城镇居民人均可支配收入。

附表 1 详细列出了 WU 和 WT 子系统的效率，可以发现，大部分省份的 WT 效率低于 WU 效率，表明有必要通过相应政策和技术提高 WT 子系统的效率。从总体上看，2006～2015 年，山西、黑龙江、福建、广西、湖北、湖南、重庆、甘肃、宁夏和新疆等省的 WU 效率呈逐年下降趋势；北京、河北、辽宁、江苏、安徽、江西、河南、广东、四川、贵州、云南和青海等省的 WU 效率先降后升。就 WT 子系统而言，其效率在 2006～2015 年有明显的负增长，如浙江、湖北、广西、重庆、四川和陕西等地的效率初期偏高，但随后呈现明显的逐年下降趋势。此外，2006～2015 年，天津、江苏、海南、青海和宁夏等地的 WT 效率涨跌不一。河北、辽宁、上海、广东、贵州和甘肃等地的 WT 效率在近几年呈现上升趋势，北京和山东呈现先升后降趋势。

附表 2 列出了 30 个省份 2006～2015 年的 WU 子系统经济和社会子部门的详细效率结果。经济 WU 子部门方面，北京、天津、上海、江苏、浙江、山东、广东和青海常处于效率前沿。山西、黑龙江、福建、江西、河南、湖北、广西、重庆、甘肃、青海、宁夏和新疆等省呈逐年下降趋势，天津、河北、辽宁、吉林、江苏、安徽、湖南、四川、贵州和云南效率呈先下降后上升趋势。大部分省份的经济 WU 子部门呈现出明显的下滑趋势，上海和山东呈现上升趋势，海南和北京有较大波动，其余省份的经济 WU 子部门效率呈先升后降的趋势。社会 WU 子部门方面，天津、上海、广东、海南、青海和宁夏等省的效率值在某些年份始终等于 1。30 个省的效率呈现五种不同的趋势：福建和湖北呈下降趋势，山东、河南、贵州和陕西呈上升趋势，天津、内蒙古、上海和黑龙江基本保持不变，海南的效率值在 0.71～1 间波动，其余 20 个省呈现先下降后上升趋势。

二、基于时间视角的分析

根据测算结果可以看出，2006～2015 年 30 个省份的总体效率、子系统效率及 WU 子系统的经济和社会效率呈现不同的变化趋势。图 4－3 描绘了部分省份子系统的效率变化趋势。

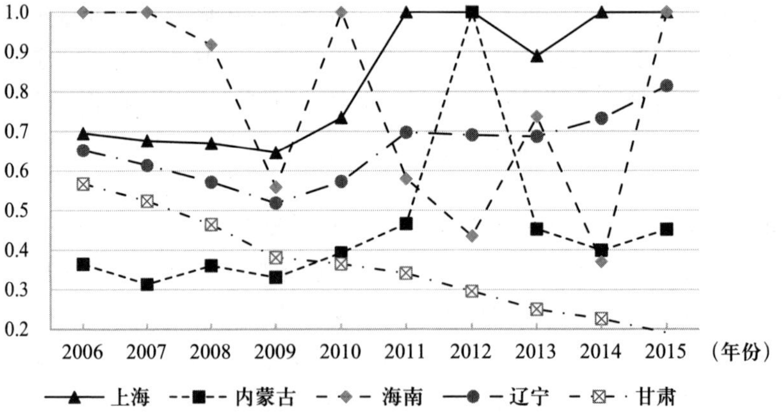

(a) 经济WU效率

图 4－3　2006～2015 年部分省份的效率变化趋势

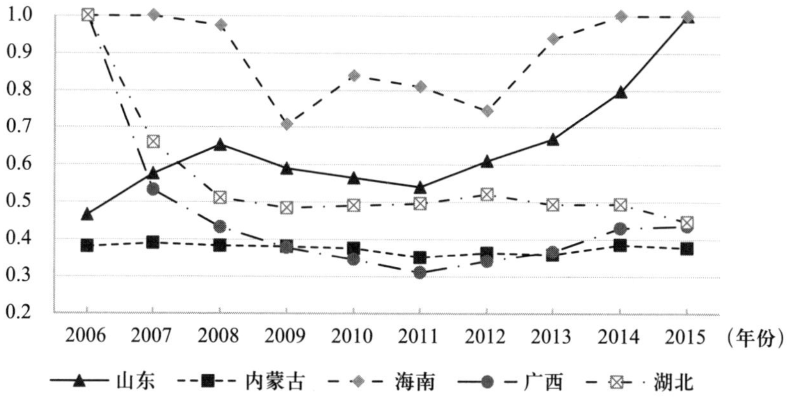

(b) 社会WU效率

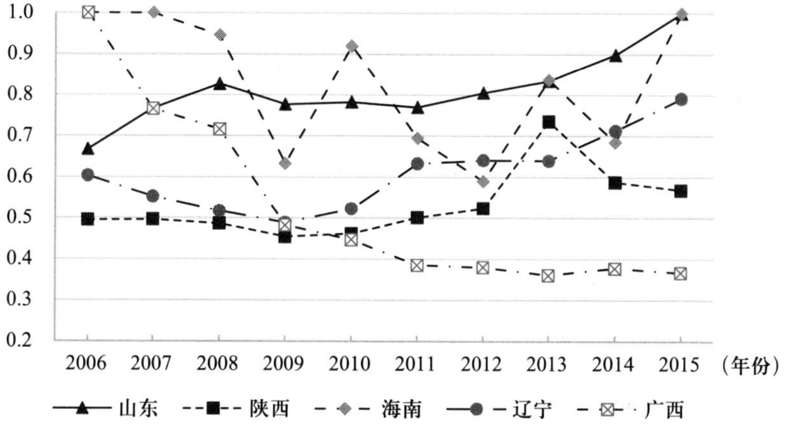

(c) WU效率

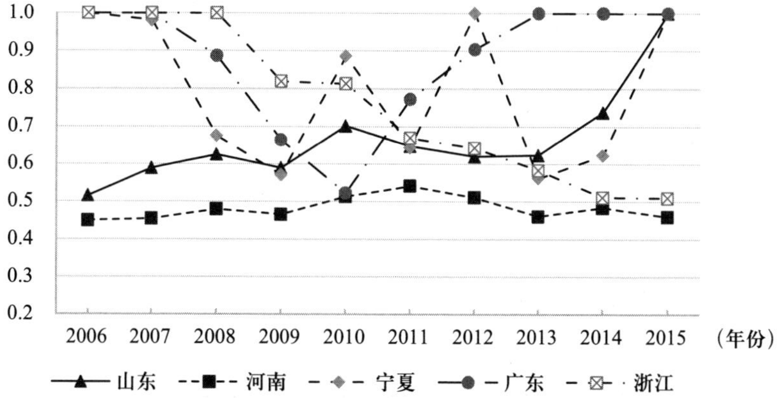

(d) WT效率

图 4－3　2006～2015 年部分省份的效率变化趋势（续）

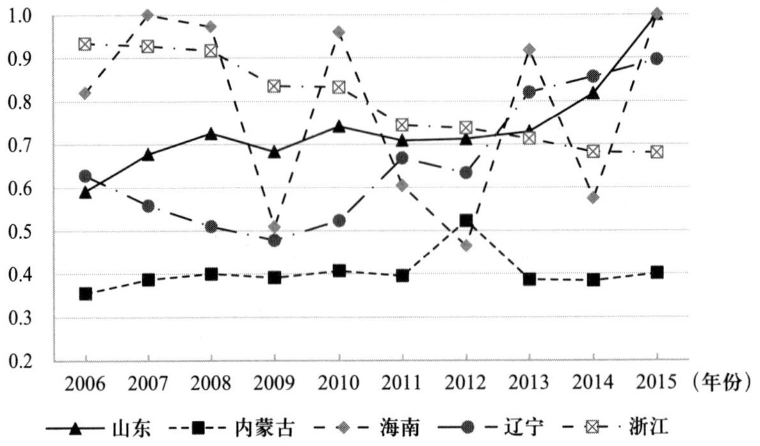

(e) 总体效率

图 4－3 2006～2015 年部分省份的效率变化趋势（续）

图 4－3 展示了每一种变化趋势的代表性省份。比较经济 WU 子部门和社会 WU 子部门可以发现，2006～2011 年，经济 WU 子部门的表现好于社会 WU 子部门。2011 年后，社会 WU 子部门的效率开始反超。

三、区域视角的分析

中国各地区的 WU、WT 系统效率间存在较大的差异。部分省份在所有阶段中都表现良好。例如，广东有多半时间处于有效前沿面，除 2009 年和 2010 年外，其经济 WU 子部门在研究期间均有效，社会 WU 子部门和 WT 子系统在研究期间的表现也不差。北京和青海也呈现出类似的情况。相比之下，部分省份的子系统却表现不佳。以甘肃为例，在研究期间，其 WU 子系统的经济和社会子部门均表现不佳，导致 WU 子系统效率值偏低，WT 子系统效率值低于各省的平均水平。云南、新疆有类似的情况。北京、天津、上海、江苏、山东、广东、海南、青海和宁夏等省份在多个年份处于有效前沿，河北、吉林、黑龙江、安徽、江西、河南、湖南、四川、贵州、云南、甘肃和新疆在 WU 子系统和 WT 子系统均表现不佳。

四、30 个省份的整体效率分析

结合表 4－2 可以看出，北京、上海、山东、广东和海南处于有效前沿。天津、江苏、浙江、青海、辽宁、宁夏和福建等地的总体效率处于中等水平。总体来说，西部地区的效率水平较低，东部地区经济发展较好的省份往往具有较高的综合效率水平。

此外，可以看出，辽宁中南、京津唐、沪宁杭和珠江三角洲四大工业区内各省区的效率总体水平较高。工业区有助于区域内省份的经济发展，产生较高的WU经济效率。此外，拥有大型工业区的省份会在WT子系统上投入更多的资金和精力，大型工业区往往会提供集中式污水处理场，具有较高的WT效率。

五、子系统和子部门的效率分析

以2015年为例，本节将探讨WU子系统与WT子系统之间的效率差距。

图4—4是30个省份的WU子系统经济和社会子部门以及WU子系统的详细效率。从图中可以看出，30个省份的WU子系统效率差异明显，其低效原因来自不同的子部门，社会子部门是大多数省份潜在的改进方向。具体可以看出，北京、上海、山东、广东和海南等地的WU子系统具有较强的效率优势。江苏的WU经济子部门有效，但由于WU社会子部门效率较低，导致了WU子系统的低效。类似地，青海和宁夏的WU社会子部门有效，但由于WU经济子部门效率值不高，导致其WU子系统的低效。这表明当且仅当WU子系统中经济和社会子部门均有效时，WU子系统才是有效的。

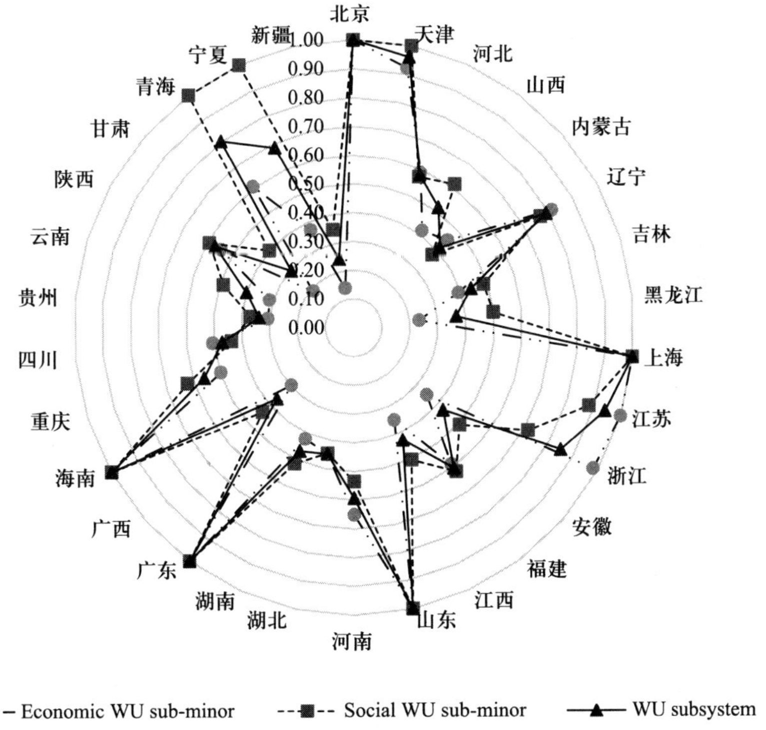

图4—4 2015年WU经济子部门、WU社会子部门和WU子系统的效率

图 4—5 是 2015 年 30 个省份的 WU 和 WT 子系统及综合系统的效率情况。可以看出，大部分省份的 WU 效率值高于 WT 效率值，总效率值介于 WU 效率值和 WT 效率值之间。北京、上海、山东、广东和海南总体上是有效的，其 WU 子系统和 WT 子系统都是有效的。辽宁和宁夏的 WT 子系统是有效的，但由于 WU 子系统的无效，导致辽宁省 WU、WT 系统整体是无效的。这表明当且仅当 WU 和 WT 子系统都有效时，集成的 WU、WT 系统才是有效的。

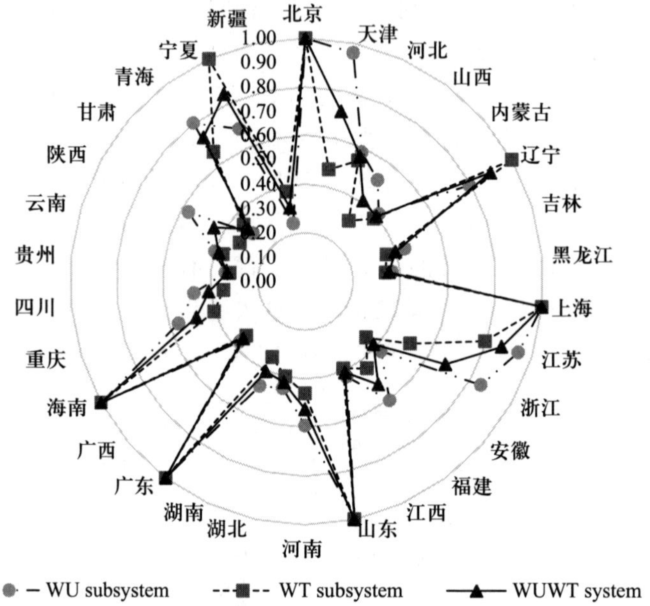

图 4—5 2015 年 WU 子系统、WT 子系统和综合 WUWT 系统的效率

六、与传统黑箱 DEA 模型的比较

本节将上述模型与传统的黑箱 DEA 模型进行比较。表 4—3 显示了采用传统黑箱 DEA 模型得出的 2006～2015 年 30 个省份的效率结果。对比表 4—2 和表 4—3 可以看出，传统黑箱 DEA 模型得到的效率值大多高于本节建立的混合网络 DEA 模型。由于黑箱 DEA 模型忽略了系统的中间过程，直接利用原始投入和产出对整个系统进行效率评价，其约束条件较少，可行域也相应扩大。因此，黑箱 DEA 模型往往高估了效率值。黑箱 DEA 模型的生产可能集为 $P=\{(X,Y)\}$，而混合网络 DEA 模型的生产可能集为 $p=\{(X,Z,W,Y):(X,Z)\in P_1,(W,Y)\in P_2,(Z,W)\in\Lambda\}$，其中 P_1 和 P_2 分别是第一阶段和第二阶段的生产可能集，这意味着在第一阶段用 X 生产 Z，在第二阶段用 W 生产 Y。Z 和 W 满足关系 Λ。根据实际的生产机理，该集合为 $\Lambda=\{(Z,W):Z>W\}$，这意味

着第一阶段的部分产出在第二阶段是自由处置的。由于生产可能集的不同，两种模型的有效前沿面也不同。在这种情况下，黑箱 DEA 模型有时也会低估效率值。

表 4—3　由黑箱 DEA 模型得出的 2006～2015 年 30 个省份的效率

省份	2006	2007	2008	2009	2010	2011	2012	2013	2014	2015
北京	1.00	1.00	1.00	0.89	1.00	1.00	1.00	1.00	1.00	1.00
天津	1.00	1.00	1.00	1.00	1.00	1.00	1.00	1.00	1.00	1.00
河北	0.71	0.63	0.58	0.48	0.53	0.58	0.58	0.61	0.63	0.65
山西	0.44	1.00	1.00	0.43	0.44	0.66	0.51	0.44	0.39	0.36
内蒙古	0.35	0.39	0.40	0.40	0.40	0.73	1.00	1.00	0.60	1.00
辽宁	0.51	0.49	0.53	0.50	0.63	0.82	0.83	1.00	1.00	1.00
济南	0.38	0.37	0.38	0.37	0.38	0.42	0.45	0.52	0.48	0.40
黑龙江	0.43	0.49	0.41	0.36	0.36	0.38	0.34	0.36	0.41	0.39
上海	1.00	1.00	0.82	1.00	1.00	1.00	1.00	1.00	1.00	1.00
江苏	1.00	0.86	1.00	0.73	0.82	0.82	1.00	1.00	1.00	1.00
浙江	1.00	1.00	1.00	0.85	0.93	1.00	1.00	1.00	1.00	1.00
安徽	0.37	0.36	0.33	0.31	0.34	0.39	0.41	0.43	0.44	0.40
福建	1.00	1.00	1.00	0.66	0.70	0.64	0.64	0.61	0.63	0.62
江西	0.35	0.33	0.34	0.31	0.33	0.32	0.33	0.34	0.34	0.32
山东	1.00	1.00	1.00	0.96	1.00	1.00	1.00	1.00	1.00	1.00
河南	0.45	0.46	0.51	0.44	0.66	1.00	0.89	0.82	0.58	0.55
湖北	1.00	1.00	0.49	0.41	0.46	0.47	0.50	0.48	0.53	0.49
湖南	0.36	0.35	0.35	0.31	0.35	0.38	0.41	0.41	0.45	0.44
广东	1.00	1.00	1.00	1.00	1.00	1.00	1.00	1.00	1.00	1.00
广西	0.32	0.28	0.27	0.26	0.28	0.29	0.31	0.32	0.32	0.32
海南	1.00	1.00	1.00	0.68	0.85	1.00	1.00	1.00	1.00	1.00
重庆	0.48	0.37	0.40	0.42	0.47	0.43	0.43	0.46	0.50	0.50
四川	0.33	0.30	0.29	0.25	0.32	0.42	0.46	0.48	0.43	0.43
贵州	0.32	0.34	0.31	0.35	0.37	0.34	0.36	0.33	0.31	0.32
云南	0.37	0.36	0.34	0.30	0.28	0.29	0.31	0.31	0.31	0.31
陕西	0.43	0.38	0.36	0.37	0.38	0.43	0.51	0.55	0.55	0.47

续表

省份	2006	2007	2008	2009	2010	2011	2012	2013	2014	2015
甘肃	0.47	0.43	0.43	0.37	0.36	0.34	0.34	0.38	0.38	0.36
青海	1.00	1.00	1.00	1.00	1.00	1.00	1.00	1.00	1.00	1.00
宁夏	1.00	1.00	1.00	0.85	0.90	1.00	1.00	1.00	1.00	1.00
新疆	0.39	0.37	0.36	0.31	0.31	0.32	0.34	0.32	0.33	0.33

此外，黑箱DEA模型得出的结果中有更多的DMU处于有效前沿面上。对比表明，混合网络结构的DEA模型对综合WU、WT系统的效率评价具有更强的区分性，该模型充分考虑了DMU的内部结构，分别探讨了WU经济子部门、WU社会子部门和WT子系统的详细效率，有助于决策者找到具体的无效原因，给出更实际的建议。

七、结论

根据分析结果可以得出以下结论。从时间维度看：①大部分省份的WU经济子部门效率呈逐年下降或先降后升的趋势；②大部分省份的WU社会子部门的效率保持不变或先降后升；③2006～2011年，各省份WU经济子部门的效率始终高于WU社会子部门效率，2012年以来，WU社会子部门的效率值有所提高；④大部分省份的WU子系统呈先降后升或逐渐下降的趋势；⑤WT子系统效率在2006～2015年波动明显；⑥WU子系统的效率往往优于WT子系统，表明我国应更加重视污水处理技术，促进废水的循环利用，走可持续发展和循环经济的道路。

从区域维度看：①北京、上海和广东等经济发达省份的总体效率较高；②海南、青海和宁夏等地有个别年份处于有效前沿；③河北、吉林、黑龙江、安徽、江西、河南、湖南、四川、贵州、云南、甘肃和新疆等省的效率较差；④与大多数省份相比，北京、天津和上海三个直辖市的效率综合竞争力较高；⑤我国四大工业区所在省份的整体效率较高。

为了提高整体效率，应重视各子系统的效率提升；为了提高子系统的效率，必须同时关注各子部门的效率提升。通过与传统的黑箱DEA模型进行比较，验证了混合网络模型具有更强的区分性和实用性。

第五章 多周期系统的绩效评价

第一节 简单多周期系统的绩效评价

传统 DEA 模型和多阶段 DEA 模型均是静态模型，这些模型只能用来评价 DMU 在某一时间点的效率值，缺乏对 DMU 效率持续性、动态性的考虑。然而，现实中 DMU 的生产运行是连续不间断的，在连续的时期间存在着结转活动，将整个生产运行过程连成一个动态的整体。此外，不论是统筹优化还是运行决策都需要站在宏观的立场，从长期的视角纵观 DMU 的运行情况，评价 DMU 整体及各时期效率，从而做出科学、合理的长期规划。为此，动态 DEA 模型逐渐受到学者的关注，也逐渐应用于各个领域。本节主要对两种动态 DEA 模型进行介绍。

一、DEA-Malmquist 模型

Malmquist 指数最初由学者 Malmquist 于 1953 年提出，Rolf 和 Fare 等（1994）将 Malmquist 指数与 DEA 理论相结合[57]。时至今日，DEA-Malmquist 模型已经被广泛应用于各行业生产效率的测算中，其模型构建过程如下：

DMU 的投入项和产出项分别用 n 和 m 表示，$x_i=(x_{i1},\cdots,x_{in})$ 和 $y_i=(y_{i1},\cdots,y_{in})$ 分别表示第 i 个 DMU 的投入和产出向量，$P(x)$ 是生产可能集，则如下公式表示 DMU_0 在第 t 时期与生产前沿面之间的距离：

$$d_0^t(x_t,y_t)=inf\{\lambda_t:(x_t,y_t\mid\lambda_t)\in P(x_t)\}$$

该 DMU 通过改变投入要素的比例使其产出水平与处于生产前沿面的 DMU 一致，该比例表示为 $\lambda_t\in(0,1)$。

在规模报酬不变（Constant Returns to Scale，CRS）的情况下，分别以第 t 和 $t+1$ 时期的技术水平 T_t 和 T_{t+1} 作为基准，则第 t 和 $t+1$ 时期的全要素生产率可以用以下公式表示：

$$M_0^t(x_t,y_t,x_{t+1},y_{t+1})=\frac{d_0^t(x_{t+1},y_{t+1}\mid CRS)}{d_0^t(x_t,y_t\mid CRS)}$$

$$M_0^{t+1}(x_t,y_t,x_{t+1},y_{t+1})=\frac{d_0^{t+1}(x_{t+1},y_{t+1}\mid CRS)}{d_0^{t+1}(x_t,y_t\mid CRS)}$$

其中，(x_t, y_t) 和 (x_{t+1}, y_{t+1}) 分别表示在 t 和 $t+1$ 时期 DMU_0 的投入产出向量组合；d_0^t 和 d_0^{t+1} 分别表示 t 和 $t+1$ 时期 DMU_0 的距离函数，CRS 表示在规模报酬不变情况下计算距离。

那么，DEA-Malmquist 指数可以由以上公式的几何平均数计算得出，这一指数反映了全要素生产率在连续时期内的变动情况。

$$M_0(x_t, y_t, x_{t+1}, y_{t+1}) = \sqrt{M_0^t(x_t, y_t, x_{t+1}, y_{t+1}) \cdot M_0^{t+1}(x_t, y_t, x_{t+1}, y_{t+1})}$$

若 $M_0(x_t, y_t, x_{t+1}, y_{t+1})>1$，表示全要素生产率在 t 到 $t+1$ 时期有所增长；若 $M_0(x_t, y_t, x_{t+1}, y_{t+1})<1$，表示全要素生产率在 t 到 $t+1$ 时期有所下降。

此外，DEA-Malmquist 指数可转化为效率指数（记作 EC）和技术进步指数（记作 TP）的乘积，如下公式所示：

$$M_0(x_t, y_t, x_{t+1}, y_{t+1}) = EC \times TP$$

$$EC = \frac{d_0^{t+1}(x_{t+1}, y_{t+1} \mid CRS)}{d_0^t(x_t, y_t \mid CRS)}$$

$$TP = \sqrt{\frac{d_0^t(x_{t+1}, y_{t+1} \mid CRS)}{d_0^{t+1}(x_{t+1}, y_{t+1} \mid CRS)} \times \frac{d_0^t(x_t, y_t \mid CRS)}{d_0^{t+1}(x_t, y_t \mid CRS)}}$$

其中，EC 指的是 t 时期 DMU_0 与生产前沿面之间的距离与 $t+1$ 时期的距离之比，衡量不同时期相对效率的变化。若 $EC>1$，表明在研究期间 DMU 的效率有所改善；$EC<1$，表示效率有所下降。TP 衡量 DMU 生产技术的创新程度，$TP>1$ 和 $TP<1$ 分别表示 DMU 技术的进步和退步。

同理，当规模报酬可变（Variable Returns to Scale，VRS）时，效率指数可以分解为技术效率指数（记作 PC）和规模效率指数（记作 SC），即

$$EC = PC \times SC$$

$$PC = \frac{d_0^{t+1}(x_{t+1}, y_{t+1} \mid VRS)}{d_0^t(x_t, y_t \mid VRS)}$$

$$SC = \frac{d_0^{t+1}(x_{t+1}, y_{t+1} \mid CRS) / d_0^{t+1}(x_{t+1}, y_{t+1} \mid VRS)}{d_0^t(x_t, y_t \mid CRS) / d_0^t(x_t, y_t \mid VRS)}$$

其中，VRS 表示在规模报酬可变情况下计算距离。

综上，可以得出 DEA-Malmquist 指数的表达式为：

$$M_0(x_t, y_t, x_{t+1}, y_{t+1}) = PC \times SC \times TP$$

二、多周期 SBM－DEA 模型

动态 SBM-DEA 模型由 Tone 和 Tsutsui 提出，此后动态 SBM-DEA 模型得到了不断的改进，并广泛应用于各个行业的效率评价。动态 SBM-DEA 模型有三

种导向：投入导向、产出导向和非导向模型。投入导向模型在保障当前产出至少不变的情况下尽可能减少投入。在现实大多数行业的生产运行过程中，订单驱动生产是最主要的运营模式，这意味着生产目标（产出）是明确的且事先已知的，决策往往围绕减少实现这些目标所需的投入而进行[58]。本节主要对投入导向型SBM-DEA模型进行介绍，其基本模型如下所示：

$$\theta_o^* = \min \frac{1}{T}\sum_{t=1}^{T} w^t \left[1 - \frac{1}{N+K}\left(\sum_{n=1}^{N} \frac{w_n^- s_{nt}^-}{x_{n0t}} + \sum_{k=1}^{K} \frac{s_{kt}}{z_{ko0}}\right)\right] \quad (5-1)$$

$$\text{s.t.}\begin{cases} x_{n0t} = \sum_{m=1}^{M} \lambda_m^t x_{nmt} + s_{nt}^- (n=1, \cdots, N;\ t=1, \cdots, T) & (5-1.1) \\ y_{s0t} = \sum_{m=1}^{M} \lambda_m^t y_{smt} - s_{st}^+ (s=1, \cdots, S;\ t=1, \cdots, T) & (5-1.2) \\ z_{k0t} = \sum_{m=1}^{M} \lambda_m^t z_{kmt} + s_{kt} (k=1, \cdots, K;\ t=1, \cdots, T) & (5-1.3) \\ \sum_{m=1}^{M} \lambda_m^t z_{kmt} = \sum_{m=1}^{M} \lambda_m^{t+1} z_{kmt} (k=1, \cdots, K;\ t=1, \cdots, T-1) & (5-1.4) \\ \sum_{m=1}^{M} \lambda_m^t = 1 (t=1, \cdots, T) & (5-1.5) \\ \lambda_m^t \geqslant 0,\ s_{nt}^- \geqslant 0,\ s_{st}^+ \geqslant 0,\ s_{kt} \geqslant 0 (k=1, \cdots, K,\ t=1, \cdots, T) & (5-1.6) \end{cases}$$

其中，$\lambda_m^t \in R^m (t=1, \cdots, T)$表示第$t$时期的强度向量，$s_{nt}^-$，$s_{kt}$，$s_{mt}^+$分别表示$t$时期投入变量、结转变量和产出变量的松弛变量。约束条件（5－1.1）表示第n个投入的参考集不超过其潜在投入。类似地，约束（5－1.2）表示第s个产出不小于其潜在值。此外，结转活动的限制条件和连续性表示为约束条件（5－1.3）和约束条件（5－1.4）。最后，约束条件（5－1.5）表示规模报酬可变的假设，约束（5－1.6）给出了变量的可行区间。

此外，变量w^t和w_n^-是式（5－1）中t时期和投入n的权重，分别满足以下条件：

$$\sum_{t=1}^{T} w^t = T,\ \sum_{n=1}^{N} w_n^- = N \quad (5-2)$$

本节假设所有的权重都相等，即$w^t = 1$（$t=1, 2, \cdots, T$）和$w_n^- = 1$（$n=1, 2, \cdots, N$）。等式（5－1）中方括号内的表达式表示t时期DMU_0的效率。括号内的值分布在［0，1］，当所有松弛变量等于0时取最大值。θ_0^*可视为所有时期效率的加权平均值，也分布在［0，1］。

假设模型（5－1）和模型（5－2）的一组最优解是$\{\lambda_0^{t^*}\}$，$\{s_{0t}^{-^*}\}$，$\{s_{0t}^*\}$，$\{s_{0t}^{+^*}\}$，那么基于投入导向SBM-DEA模型得出的各时期的效率值可以描述如下：

$$\theta_{0t}^* = 1 - \frac{1}{N+K}\left(\sum_{n=1}^{N} \frac{w_n^- s_{n0t}^{-^*}}{x_{n0t}} + \sum_{k=1}^{K} \frac{s_{kt}^*}{z_{k0t}}\right) \quad (5-3)$$

其中，θ_{0t}^{*} 即 t 时期 DMU_0 的效率值。若 $\theta_{0t}^{*}=1$，$s_{n0t}^{-*}=0$，$s_{k0t}^{*}=0$，则 DMU_0 在 t 时期有效。同样，当 $\theta_0^{*}=1$，$s_{n0t}^{-*}=0$（$t=1$，2，…，T），$s_{k0t}^{*}=0$（$t=1$，2，…，T）时，DMU_0 在整个时期内有效。

三、案例研究——中国集成电路产业的绩效评价与预测

集成电路产业作为半导体产业的分支，包括集成电路设计、晶圆制造和集成电路封装与测试三大环节，是国家的基础性、战略性和先导性产业。随着全球信息化和网络化的快速发展，集成电路产业不仅成为一个国家经济和产业实力的重要标志，并且对国家国防建设和信息安全起着关键作用。20 世纪 60 年代以来，随着集成电路产业链的国际转移和政府的大力支持，我国集成电路产业从无到有，时至今日取得了长足的进步。然而，与美国等技术发达国家相比，我国集成电路产业起步较晚，发展还很不完善。特别是“中兴禁令”后，中美在集成电路产业发展水平上的差距凸显。

目前，我国集成电路产业存在自给率低、核心产品依赖进口等问题，一定程度上阻碍了产业的进一步发展。绩效不仅是衡量集成电路产业目前发展水平和运行状况的重要标准，也是推动集成电路产业进一步发展的基础。对绩效进行科学的衡量和正确的评价可以帮助决策者清楚地了解当前的发展水平，并可以通过对绩效的分析找出当前经营过程中存在的不足。因此，分析我国集成电路产业的绩效，寻找提高产业绩效和竞争力的途径，是提高国家信息安全水平的重要保证，也是推动国家信息技术产业和高端制造业转型升级的根本要求。

本节采用动态 DEA 模型对 2008～2017 年中国和美国集成电路企业的绩效进行评价，通过投影分析找出运营效率低下的根源。随后运用灰色预测模型 GM（1，1）对我国集成电路产业的未来绩效进行预测，为确定我国集成电路产业的发展趋势提供参考。

（一）研究框架

本部分的研究重点是集成电路企业的绩效评价。假设 T 时期（$t=1$，2，…，T）有 M 个 DMU（$m=1$，2，…，M），每一个 DMU 对应集成电路产业的一个企业。每个 DMU 有 N 种投入（$n=1$，2，…，N），包括总资产、劳动力和运营费用，及 S 种产出（$s=1$，2，…，S），包括运营收入等。令变量 x_{nmt} 和 y_{smt} 分别表示在 t 时期 DMU_m 的投入和产出值。此外，DMU 的总负债等结转变量在生产和经营过程中具有双重作用，既可以看作当前时期的产出，也可以看作下一时期的投入，将前后周期连接起来形成一个动态的连续过程。结转变量可以用 z_{kmt}（$k=1$，2，…，K，$m=1$，2，…，M，$t=1$，2，…，T）表示，其中，k 表示结转变量的数量。绩效对政策调整具有重要参考价值，一定程度上决定了

未来业务的调整方向。因此，可以通过 DMU 的动态连续过程预测未来一段时间内的投入、产出和结转变量，进而对企业的未来绩效进行预测评价。图 5－1 总结了集成电路企业绩效评价及预测的框架。

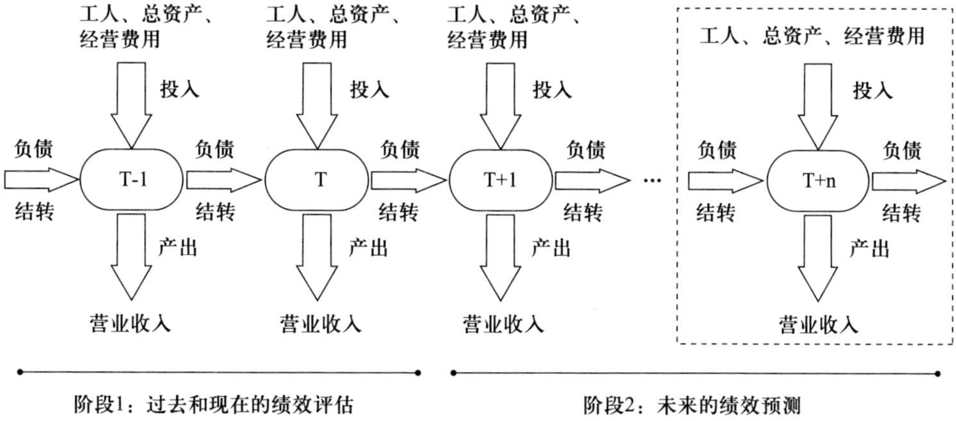

图 5－1　集成电路企业绩效评价及预测框架

（二）灰色预测方法

本部分的主要研究目标是对集成电路企业未来生产经营过程中的投入、产出和结转变量进行预测，进而对集成电路企业未来的绩效做出科学的预测。本节采用了 GM（1，1）灰色预测模型，其原始序列 F 如下：

$$F=[F(1),\ F(2),\ F(3),\ \cdots,\ F(T)]\quad (T\geqslant 4) \tag{5-4}$$

其中，F 是非负序列，T 是时期数。序列长度应不小于 4 以确保预测结果的准确性。

在预测过程中，为了获得更多的信息来建立模型、削弱变化趋势，需要通过累积生成操作在原始序列中添加数据，生成的新序列 F' 如下：

$$F'=[F'(1),\ F'(2),\ F'(3),\ \cdots,\ F'(T)]\quad (T\geqslant 4) \tag{5-5}$$

其中，

$$F'(t)=\sum\nolimits_{i=1}^{t}F(i)\quad (t=1,\ \cdots,\ T) \tag{5-6}$$

那么，GM（1，1）的灰色微分方程可以定义如下：

$$F(t)+aH'(t)=b\quad (t=2,\ \cdots,\ T) \tag{5-7}$$

其中，F（t）为灰色导数，H'（t）称为背景值，$H'(t)=[pF'(t)+pF'(t-1)]$，p 值分布在 [0，1] 之间，一般取 0.5。a 和 b 分别代表发展系数和驱动系数。

因此，可以建立如下的白化微分方程：

$$\frac{dF'(t)}{dt}+aF'(t)=b \tag{5-8}$$

通过上述方程，参数 a 和 b 的最小二乘估计可表示为：

$$\begin{bmatrix}a\\b\end{bmatrix}=(B^TB)^{-1}B^TY \tag{5-9}$$

其中，

$$B=\begin{bmatrix}-H'(2) & 1\\-H'(3) & 1\\ \vdots & \vdots\\-H'(n) & 1\end{bmatrix}\quad Y=\begin{bmatrix}F(2)\\F(3)\\ \vdots\\F(n)\end{bmatrix} \tag{5-10}$$

通过式（5—11）可以求出 t 时期 $F'(t)$ 的时间响应解：

$$F_p'(t+1)=\left[F(1)-\frac{b}{a}\right]e^{-at}+\frac{b}{a}\quad(t=1,\ \cdots,\ T) \tag{5-11}$$

最后，为了得到原始数据在 $t+1$ 时期的预测值，可以使用逆累积生成运算构造如下灰色模型：

$$F_P(t+1)=\left[F(1)-\frac{b}{a}\right]e^{-at}(1-e^{a})\quad(t=1,\ \cdots,\ T) \tag{5-12}$$

(三) 数据

据统计，目前中国和美国共有 80 余家与集成电路产品相关的上市企业。考虑到数据的可获得性，本节选取 61 家企业作为样本，包括 21 家中国企业和 40 家美国企业。为了进一步探讨不同企业的绩效水平，将样本分为三类：集成电路设计（D）、晶圆制造（F）和集成电路封测（P）。从表 5—1 可以看出，大多数企业主要从事集成电路设计环节，从事晶圆制造和集成电路封装与测试的企业相对较少。

表 5—1 样本企业

类别	美国公司		中国公司
集成电路设计（D）	模拟设备公司	最大线性公司	全赢科技有限公司（AWTC）
	安巴利亚公司	新光电子公司	北京小成科技股份有限公司（BXTS）
	先进微型设备公司	英伟达公司	大唐电信技术有限公司（DTTC）
	阿尔法欧米茄半导体有限公司	诺威公司	杭州思兰微电子有限公司（HSMC）
	博通私人有限公司	NXP 半导体	信息技术有限公司（ICL）
	塞瓦公司	O2MICRO 国际有限公司	英根半导体有限公司（ISCL）
	卷云逻辑公司	电力集成公司	江苏纵益有限公司（JZCL）

续表

类别	美国公司		中国公司
集成电路设计（D）	赛普拉斯半导体公司	像素作品公司	国家技术公司（NTI）
	数字信号处理集团公司	快速逻辑公司	青岛东软通信技术有限公司（QECT）
	Himax 技术公司	Rambus 公司	上海贝岭有限公司（SBCL）
	集成设备技术公司	西格玛设计公司	上海财富科技集团有限公司（SFTC）
	英特尔	硅运动技术公司	深圳市古迪克斯科技有限公司（SGTC）
	英菲公司	硅实验室公司	华富电子有限公司（SWEL）
	莱迪思半导体公司	森特公司	统一集团国信微电子有限公司（UGMC）
	梅拉诺克斯科技有限公司	Stmicro 电子公司	珠海奥博塔航天科技有限公司（ZOAS）
	MoSys 公司	Skyworks 解决方案公司	
	马维尔科技集团有限公司	Xilinx 公司	
	Maxim 集成产品公司		
晶圆制造（F）	二极管公司		国际半导体制造公司（SMIC）
	塔式半导体有限公司		台湾半导体制造有限公司（TSMC）
	美光科技股份有限公司		
集成电路封测（P）	安科科技股份有限公司		中国晶圆级 Csp 有限公司（CWLC）
	Cohu 公司		江苏长江电子科技有限公司（JCET）
			天水华天科技有限公司（THTC）
			同福微电子有限公司（TFMC）

参照以往研究，本节选择劳动力数量、总资产和经营费用作为投入变量。负债总额作为结转变量，其变动不仅可以作为当前时期的产出，也可以作为下一时期的投入。各企业的投入、产出和结转变量的数据主要来源于万得数据库和上市企业网站，数据的描述性统计如表 5－2 所示。

表 5—2　数据集的描述性统计

类别	指标	单位	最小值	最大值	平均值	标准差
投入	总资产	十亿美元	0.14	1232.49	40.24	128.06
	劳动力数量	人	24	107600	6347.73	14990.67
	经营费用	十亿美元	0.07	446.27	18.48	52.74
产出	营业收入	十亿美元	0.04	627.61	23.00	72.14
结转	负债总额	百万美元	0.99	53364	1570.71	5016.34

(四) 中美集成电路企业绩效分析

各企业的绩效计算结果如附表 3 所示。可以看出，不同企业的绩效表现存在显著不均。低效企业在生产过程中缺乏先进的管理体系、科学的发展模式和强大的技术研发能力。同时，中美两国企业在绩效水平上也存在差距。结果显示，有 15 家企业的绩效在 2008～2017 年始终为 1，其中有 11 家美国企业，仅有 4 家中国企业。有 10 家企业的绩效在 2008～2017 年始终低于 0.6，其中 9 家是中国企业，仅 1 家美国企业。

此外，为了深入了解中美两国在集成电路产业的差距，图 5—2 对 2008～2017 年各企业的整体绩效进行了比较。总体来看，美国企业的平均绩效为 0.886，而中国企业的平均绩效仅为 0.685，差距为 0.201。一方面，中国企业中仅 4 家企业的整体绩效为 1，约占 19%，而美国企业中有 11 家企业整体绩效为 1，约占 27.5%；另一方面，约 42.9%的中国企业整体绩效低于 0.6，而美国企业中整体绩效低于 0.6 的仅占 1.6%。从以上比较可以看出，虽然中美集成电路企业的平均绩效仅相差 0.201，但整体发展水平上仍存在较大差距，中国集成电路企业的绩效仍有巨大的提升潜力。

图 5—3 是 2008～2017 年中美集成电路企业平均绩效的变化趋势。结果表明，2008～2017 年中美两国企业的平均绩效呈波动趋势，美国企业的平均绩效始终高于中国企业。具体看，2008～2014 年，美国集成电路企业的平均绩效呈现波动上升趋势，从 0.829 上升至 0.942。相比之下，2008～2014 年中国企业的绩效始终在 0.676～0.716 间徘徊。2014 年以后，绩效水平明显下降，从 2014 年的 0.716 下降到 2017 年的 0.637。此外，中美集成电路企业的绩效变化趋势相似，表明中美集成电路企业均受到全球市场因素的影响。中美企业之间的效率水平差距表明，中国集成电路企业在技术和管理能力方面存在不足。一方面，我国集成电路产业起步较晚，处于追赶阶段，与美国相比，缺乏先进的管理体制和经验；另一方面，我国集成电路产业的技术水平相对较低，许多核心技术仍然依赖一些技术发达的国家，在国际竞争中处于劣势，导致效率水平较低。因此，为了

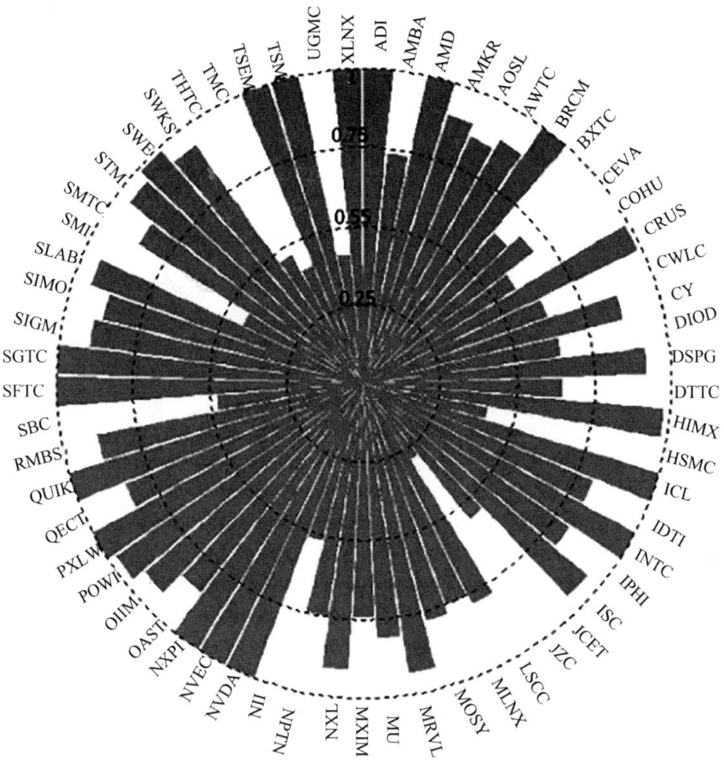

图 5－2 2008～2017 年样本企业整体绩效

缩小差距，提高我国集成电路产业的绩效水平，需要更多的配套政策支持，如财政补贴、税收减免等。合理的财政支持和税收减免政策不仅可以减轻集成电路企业的负担，还可以激发企业活力，使其在高新技术研发和管理体制的完善上投入更多的资金，加快产品更新和效率改进。此外，决策者应重视与高校的有效互动，加强校企合作，引进具备较强创新能力的高素质人才。同时，低效企业应积极与龙头企业建立战略合作伙伴关系，引进先进技术和管理经验，从而促进绩效的提升。

从图 5－4 可以看出，2008～2017 年我国集成电路封装与测试环节的平均绩效在三个类别中最低，与其他两个类别的绩效差距较大。集成电路设计和晶圆制造环节的绩效水平相似，都保持在 0.71 左右。另外，与美国同类企业相比，我国集成电路封装与测试和集成电路设计企业的绩效与美国企业有显著差异，而晶圆制造企业的绩效得分与美国同类企业相对接近。可见，中美在集成电路产业绩效水平上的差距主要体现在集成电路封装与测试和集成电路设计这两大环节上。

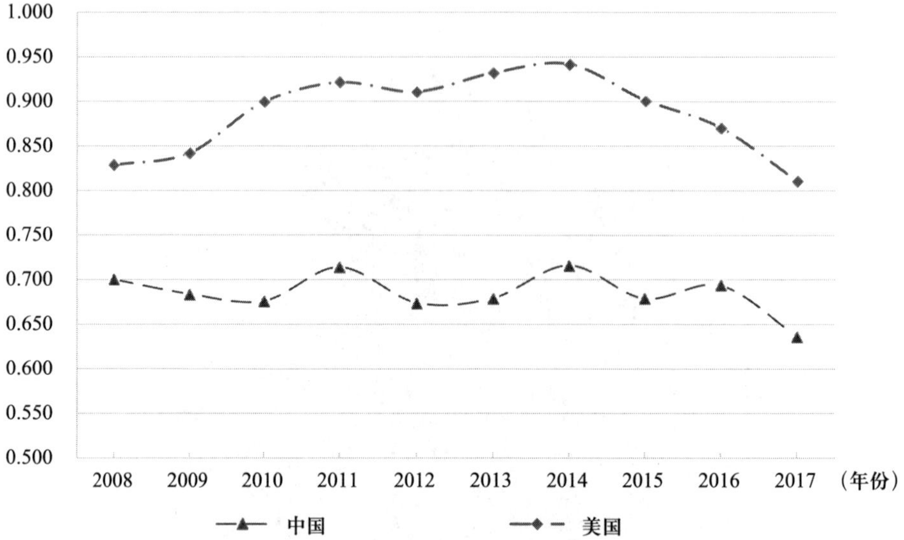

图 5－3　2008～2017 年中美集成电路企业平均绩效

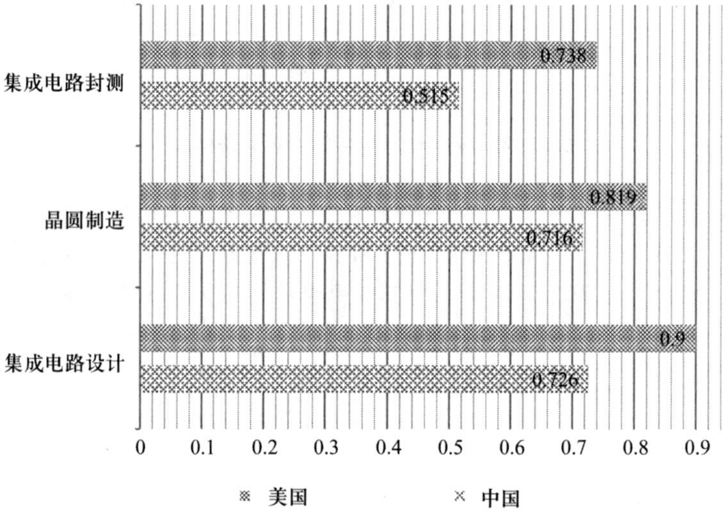

图 5－4　集成电路产业三大环节平均绩效

（五）我国集成电路产业绩效低下的原因分析

为了找出绩效低下的根本原因，促进我国集成电路产业的又好又快发展，本节对投入/结转变量与有效前沿面的差距进行研究，结果如表 5－3 所示。投影表示投入/结转变量投影到有效前沿面上的距离。当投影为正值时，意味着需要增加该项投入/结转变量；相反，则需要减少投入/结转变量。如果投影等于零，意味着当前项不需要增加或减少，已经达到有效状态。

从表5－3可以看出，大多数企业投入变量的投影呈负值。具体来看，有7家企业的总资产冗余超过50％，这些企业应在生产经营过程中减少总资产投资，如统一集团国信微电子有限公司、同福微电子有限公司和江苏纵益有限公司应分别减少64.47％、56.38％和80.67％的总资产投资。总资产的冗余也在一定程度上反映出我国集成电路产业的产能过剩和投资结构不合理。作为技术密集型产业，集成电路企业应该重视核心技术的研发，依靠自身的技术积累，遵循市场规律，增强产品竞争力，扩大市场份额。在劳动力方面，大部分企业的劳动力投入过剩，如天水华天科技有限公司、同福微电子有限公司和中国晶圆级Csp有限公司分别需要减少91.96％、89.55％和55.27％的劳动力投入。在经营费用方面，2008～2017年经营费用冗余排名前5位的企业分别是江苏纵益有限公司、国智科技股份有限公司、上海贝岭有限公司、天水华天科技有限公司和半导体制造国际公司，这些企业在经营费用方面的冗余大多在20％～40％。综上所述，我国集成电路产业的生产经营过程存在大量的投入冗余，导致绩效水平低下。与总资产和劳动力导致的低效率相比，经营费用造成的低效率程度相对较低。这主要是因为我国大多数集成电路企业规模小、结构单一，所需的经营费用较少，冗余度相对较小。相反，我国廉价劳动力丰富，劳动力投入成本低，导致大量的劳动力冗余，进而造成效率低下。

在结转变量方面，大多数企业结转变量的投影距离为负值，平均值为－37.13％。几乎一半企业的结转变量冗余超过50％，江苏纵益有限公司的负债冗余为－86.68％，杭州思兰微电子有限公司为－77.91％，同福微电子有限公司为－75.09％，统一集团国信微电子有限公司为－63.96％，以上企业应重视负债水平的降低以提高绩效水平。

表5－3　各企业投入/结转变量的投影距离

企业	类别	总资产（％）	劳动力数量（％）	经营费用（％）	负债总额（％）
全赢科技有限公司	D	－15.18	－21.07	－1.08	－6.53
北京小成科技股份有限公司	D	－40.17	－39.48	－13.48	－50.73
中国晶圆级Csp有限公司	P	－45.24	－55.27	－10.97	－46.73
大唐电信科技有限公司	D	－23.28	－48.53	－15.52	－52.97
杭州思兰微电子有限公司	D	－60.10	－73.81	－23.91	－77.91
信息技术有限公司	D	0	0	0	0

续表

企业	类别	总资产（%）	劳动力数量（%）	经营费用（%）	负债总额（%）
英根半导体有限公司	D	−13.13	−6.90	−0.65	−0.93
江苏长江电子科技有限公司	P	−29.96	−75.42	−16.62	−58.40
江苏纵益有限公司	D	−80.67	−74.73	−43.83	−86.68
国家技术公司	D	−61.95	−48.36	−36.00	−46.90
青岛东软通信技术有限公司	D	−26.91	−20.66	−8.51	−9.01
半导体制造国际公司	F	−53.88	−65.53	−24.68	−83.06
上海贝岭有限公司	D	−63.64	−51.16	−33.59	−53.47
上海财富科技集团有限公司	D	0	0	0	0
深圳市古迪克斯科技有限公司	D	0	0	0	0
华富电子有限公司	D	−1.35	−0.75	−3.33	0
台湾半导体制造有限公司	F	0	0	0	0
天水华天科技有限公司	P	−44.66	−91.96	−25.03	−58.12
同福微电子有限公司	P	−56.38	−89.55	−23.01	−75.09
统一集团国信微电子有限公司	D	−64.47	−82.04	−24.24	−63.96
珠海奥博塔航天科技有限公司	D	−16.69	−15.73	−10.83	−17.86
平均数		−33.35	−41.03	−15.09	−37.13

表5—4是各环节分析了投入/结转变量的投影情况。具体来看，集成电路封装与测试环节在总资产、劳动力数量、运营费用和负债总额方面的冗余程度最高。集成电路设计和晶圆制造环节在总负债方面的冗余程度存在显著差异。三大环节在经营费用方面的投资冗余度相对较小。

表5—4　各环节投入/结转变量的投影距离

类别	数量	总资产（%）	劳动力数量（%）	经营费用（%）	负债总额（%）
集成电路设计	15	−31.23	−32.21	−14.33	−31.13
晶圆制造	2	−26.94	−32.76	−12.34	−41.53
集成电路封装与测试	4	−44.06	−78.05	−18.91	−59.59

（六）灰色模型预测结果

为了预测我国集成电路产业的未来发展趋势，本节采用 GM（1，1）模型预测了未来五年的投入、产出和结转变量，并采用动态 DEA 模型计算了未来五年的绩效值，采用平均绝对百分率误差（Mean Absolute Percent Error，MAPE）对 GM（1，1）进行精度预测。MAPE 值越小，表明预测值越合理[59]。MAPE 可以采用如下公式计算：

$$MAPE(\%)=\frac{1}{T}\sum_{t=1}^{T}\left|\frac{Actual_t-Forecast_t}{Actual_t}\right| \quad (5-13)$$

其中，$Actual_t$ 和 $Forecast_t$ 分别表示 t 的实际值和预测值。MAPE 值小于 10%，则认为预测是高度准确的；MAPE 值在 10%～30%时是良好的准确度；MAPE 值超过 50%则是不准确的预测[60]。表 5－5 是预测精度水平，大多数企业的预测值具有较高的准确性，平均 MAPE 值为 11.18%。

表 5－5　2008～2017 年中国企业效率预测的平均 MAPE 值

公司	平均 MAPE（%）	公司	平均 MAPE（%）
全赢科技有限公司	13.24	半导体制造国际公司	8.67
北京小成科技股份有限公司	8.4	上海贝岭有限公司	14.14
中国晶圆级 Csp 有限公司	12.5	上海财富科技集团有限公司	10.25
大唐电信科技有限公司	23.52	深圳市古迪克斯科技有限公司	8.59
杭州思兰微电子有限公司	8.8	华富电子有限公司	9.92
信息技术有限公司	10.32	台湾半导体制造有限公司	5.48
英根半导体有限公司	9.63	天水华天科技有限公司	6.84
江苏长江电子科技有限公司	10.22	同福微电子有限公司	15.88
江苏纵益有限公司	9.32	统一集团国信微电子有限公司	10.61
国家技术公司	13.28	珠海奥博塔航天科技有限公司	15.6
青岛东软通信技术有限公司	9.66		

表 5－6 是 2018～2022 年 21 家中国企业的绩效预测结果。从表中可以看出，2018～2022 年有 8 家企业的绩效水平始终为 1。另外，珠海奥博塔航天科技有限公司、华富电子有限公司、英根半导体有限公司和江苏长江电子科技有限公司等公司的绩效水平在未来五年内将由低效向高效转变。中国晶圆体 Csp 有限公司以 0.678 的绩效水平位列第九，表明中国集成电路产业存在明显的两极分化现象。从整体来看，超过一半企业的绩效值分布在 0.45～0.67。这 21 家企业未来五年的平均绩效在 0.722 左右，未来五年我国集成电路产业的绩效提升并不显著，中

国集成电路产业的发展仍任重道远。

表 5-6　2018～2022 年中国集成电路企业的效率预测结果

公司	类别	2018	2019	2020	2021	2022	总体
全赢科技有限公司	D	0.573	0.560	0.532	0.500	0.472	0.527
北京小成科技股份有限公司	D	0.610	0.609	0.606	0.601	0.595	0.604
中国晶圆级 Csp 有限公司	P	0.696	0.682	0.670	0.667	0.665	0.678
大唐电信科技有限公司	D	0.538	0.538	0.540	0.542	0.545	0.541
杭州思兰微电子有限公司	D	0.453	0.435	0.443	0.453	0.463	0.450
信息技术有限公司	D	1	1	1	1	1	1
英根半导体有限公司	D	1	1	1	1	1	1
江苏长江电子科技有限公司	P	1	1	1	1	1	1
江苏纵益有限公司	D	0.358	0.369	0.379	0.385	0.385	0.375
国家技术公司	D	0.590	0.616	0.634	0.638	0.632	0.622
青岛东软通信技术有限公司	D	0.628	0.683	0.645	0.614	0.613	0.657
半导体制造国际公司	F	0.461	0.454	0.447	0.440	0.438	0.447
上海贝岭有限公司	D	0.633	0.651	0.646	0.673	0.679	0.656
上海财富科技集团有限公司	D	1	1	1	1	1	1
深圳市古迪克斯科技有限公司	D	1	1	1	1	1	1
华富电子有限公司	D	1	1	1	1	1	1
台湾半导体制造有限公司	F	1	1	1	1	1	1
天水华天科技有限公司	P	0.493	0.487	0.510	0.504	0.496	0.498
同福微电子有限公司	P	0.583	0.565	0.536	0.581	0.604	0.574
统一集团国信微电子有限公司	D	0.535	0.530	0.513	0.489	0.572	0.528
珠海奥博塔航天科技有限公司	D	1	1	1	1	1	1
平均		0.721	0.723	0.719	0.718	0.722	0.722

图 5-5 为各企业的历史绩效值和预测绩效值，可以看出大部分预测绩效值高于历史绩效值，大多数企业将在未来五年提高绩效水平。有少数企业的预测绩效值低于历史水平，若维持原有生产经营状况，这些企业未来五年的绩效水平不会提升，因此现阶段的生产经营活动还有很大的改进空间。此外，信息技术有限公司、上海财富科技集团有限公司、深圳市古迪克斯科技有限公司和半导体制造

国际公司四家企业的预测绩效始终为 1，即始终保持有效状态。

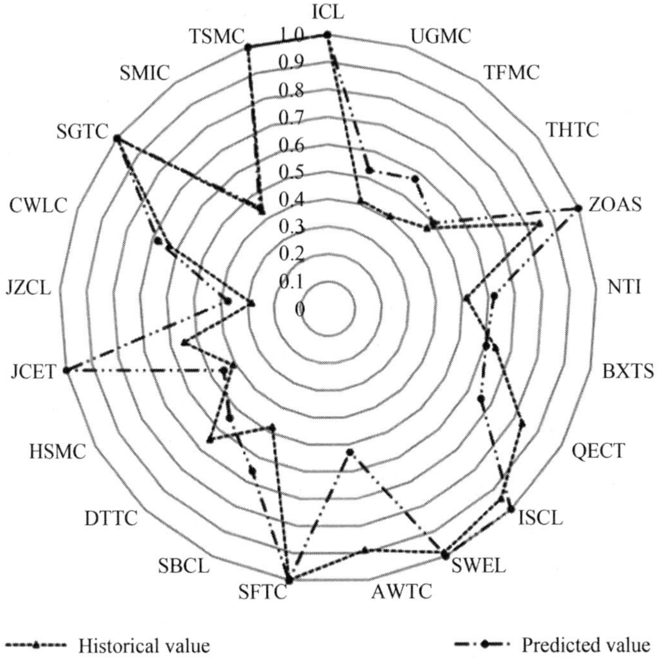

图 5—5 历史绩效值和预测绩效值

图 5—6 展示了 2017～2022 年中国集成电路企业的预测绩效变化趋势。随着时间的推移，各企业的预测绩效变化趋势存在显著差异。有 6 家企业始终保持有效状态，大多数公司发展平缓。其中，天水华天科技有限公司和杭州思兰微电子有限公司分别保持 0.5 和 0.45。值得注意的是，在未来的生产经营过程中，有 5 家企业虽然没有达到有效水平，但其绩效水平稳步提高。另有 4 家企业的绩效水平逐年下降。根据图 5—6 的预测结果，决策者不仅可以清晰地识别未来五年的绩效变化趋势，还可以为政策调整提供重要参考。例如，绩效增长缓慢甚至出现负增长的低效企业可以根据绩效及时调整生产经营政策，减少投入冗余，从而提高绩效水平。

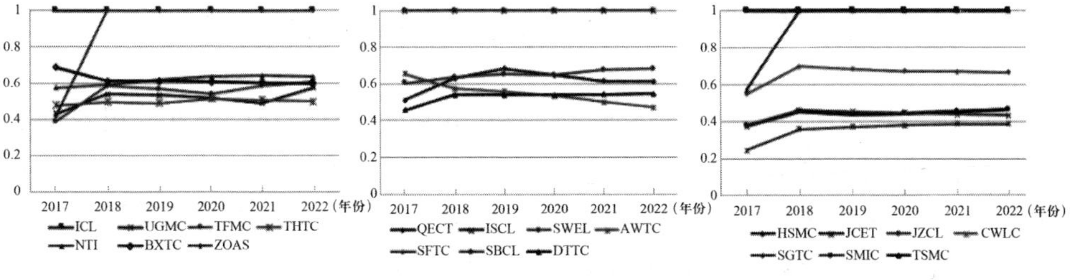

图 5—6 2017～2022 年中国集成电路企业的预测绩效变化趋势

(七) 结论和政策建议

目前，集成电路产业的发展已引起世界各国的广泛关注。在此背景下，本节采用动态 DEA 模型对 2008～2017 年集成电路产业的 61 家中美上市公司进行了绩效评价，并运用投影分析法对我国集成电路产业效率低下的原因进行了分析。最后，运用 GM（1，1）模型对中国集成电路企业的投入、产出和结转变量进行预测，以此对各企业未来五年的经营绩效进行预测。根据预测绩效值，决策者可以及时有效地调整生产经营策略。

首先，从整体表现看，2008～2017 年我国集成电路企业的绩效在 0.637～0.716 波动，中国和美国在集成电路产业上存在着较大差距，其中集成电路封装与测试环节的差距最为明显。因此，相关决策者需要更加关注未来生产经营策略和计划的完善以促进绩效的提高。其次，根据投影分析结果可以发现，造成我国集成电路产业整体绩效不佳的关键因素是投入变量的冗余，尤其是劳动力的投入冗余。从行业类别来看，集成电路封装与测试的投入冗余度高于其他两大环节。最后，预测结果表明，未来五年我国集成电路产业的绩效总体上呈现上升态势，集成电路封装与测试的绩效改善相对明显，但总体上增长速度不大。这表明中美集成电路产业上的差距很难在短时间内消除，中国集成电路产业的发展还需要更多的政策、技术等方面的支持。

为了提高我国集成电路产业的整体绩效水平，首先，决策者应关注到总资产和负债的严重冗余，集成电路产业作为技术和资金密集型产业，决策者应重视优化投资结构，加大自主研发力度，努力掌握核心技术。此外，集成电路产业的发展离不开持续稳定的产业政策支持。各级政府要加快财税扶持政策的颁布实施，扶持集成电路产业发展。其次，根据投影分析结果，劳动力投入过剩是导致我国集成电路产业绩效低下的另一个因素，而高端技术研发人才是提升产业竞争力的重要保障。决策者应注重与高校、科研机构的有效互动，加强高校产业合作，引进综合素质高、创新能力强的人才，在生产过程中更注重劳动投入的质量而不是数量。最后，决策者应结合未来绩效预测结果，充分认识现阶段企业的经营状况，及时发现发展过程中存在的问题，并不断调整生产经营策略，提高业绩水平。

第二节　含有积累效应的多周期系统的绩效评价

DMU 的生产运行过程往往由多个跨时期的实践活动组成。因此，以往多个时期的技术投入通过不断积累可能在未来某个时期实现技术创新，过去获取的专利成果也可在未来每个时期的生产过程中使用[61]。技术的积累效应和演进过程将伴随着整个生产过程，不仅会影响单个时期的效率，也会对整个生产运行过程的效率产生影响。然而，大多数 DEA 模型并没有将积累效应纳入到 DMU 的效率评价中。

基于此，本节将介绍一种新的多周期 DEA 模型，将技术积累效应纳入动态效率评价中，在一定程度上克服现有模型的不足，突出技术积累效应在 DMU 效率评价中的重要性，正确全面地识别 DMU 的运行状况，为促进效率提升提供有价值的信息。

技术的发展是一个不断积累的过程。在现实生产实践过程中，前期的技术投入通过不断积累的过程，可能在后期实现技术创新。技术创新既是技术积累的阶段性成果，也是技术进步的标志。由于技术创新的数量是非负整数，且考虑到研发成果的不确定性可能导致技术创新数量具有离散性，因此假设技术创新数量服从泊松分布。用参数 λ 表示 t 时期发生的技术创新事件的平均数。因此，在 t 时期内观察到 k 个技术创新事件的概率可以定义如下：

$$P(k) = e^{-\lambda} \frac{\lambda^k}{k!} \tag{5-14}$$

当 $k=0$ 时，P（0）表示在给定时期内没有观测到任何技术创新事件的概率。其概率如下所示：

$$P(0) = e^{-\lambda} \frac{\lambda^0}{0!} = e^{-\lambda} \tag{5-15}$$

根据式（5－15），在给定的 t 时期内，DMU 不产生任何技术创新的概率可以定义如下：

$$\eta_{mnt} = e^{-\lambda(t)} \tag{5-16}$$

基于式（5－16）可以定义在给定的 t 时期内至少实现一项技术创新的概率为 $1-\eta_{mnt}$。η_{mnt} 和 $1-\eta_{mnt}$ 这两个变量决定了考虑技术积累效应时 DMU 的结转变量的权重。

DMU 的技术积累主要由两方面构成：DMU 的相对技术水平，表现为以往的结转变量 $z_{in(t-q)}$（$i=1$，…，I；$n=1$，…，N；$q=1$，…，$t-1$）的动态演化；DMU 生产过程中的直接技术投入 $\beta_{n(t-q)}$（$n=1$，…，N；$q=1$，…，$t-1$），随时间呈指数形式积累。因此，DMU 技术积累的连续过程 λ（t）可以定义为：

$$\lambda(t) = \sum_{q=1}^{t-1} \left(1 + \frac{\beta_{o,\ t-q}}{\max_n \{\beta_{n,\ t-q}\}}\right)^q \frac{z_{io(t-q)}}{\max_n \{z_{in(t-q)}\}} \tag{5-17}$$

其中，q（$q=1$，…，$t-1$）代表技术积累的时期；$\max_n \{\beta_{n,t-q}\}$ 指 DMU 技术投入的最大数量，限制了技术投入过程的相对强度 $\frac{\beta_{o,t-q}}{\max_n \{\beta_{n,t-q}\}}$。同样地，$\max_n \{z_{in(t-q)}\}$ 定义了 DMU 的最高技术水平，限制了技术积累过程的相对强度 $\frac{z_{io(t-q)}}{\max_n \{z_{in(t-q)}\}}$。

一、考虑技术积累效应的动态 DEA 模型

通常情况下，动态 DEA 模型可分为投入导向、产出导向和非导向模型。在实际的生产过程中，决策者更倾向于减少实现生产目标所需要的投入。因此，本节采用投入导向的动态 DEA 模型来评价 DMU 的效率，该模型在至少维持当前产出水平不变的情况下，尽可能减少投入。此外，将专利视为上一时期的相对技术水平和当前时期的技术投入以反映投入方向的技术积累效应。因此，考虑技术积累效应的投入导向动态 DEA 模型得出的 DMU 综合效率定义如下：

$$\theta_o^* = \min \frac{1}{T}\sum\nolimits_{t=1}^{T} w^t \left[1 - \frac{1}{M+I}\left(\sum\nolimits_{m=1}^{M} \frac{w_m^- s_{mt}^-}{x_{mot}} + \sum\nolimits_{i=1}^{I} \frac{\hat{s}_{it}}{z_{iot}}\right)\right] \quad (5-18)$$

其中，$\hat{s}_{it} = \frac{s_{it}}{[(1-\eta_{mot})\varepsilon + \eta_{mot}]}$代表技术积累情况下结转变量的过剩量。$\frac{w_m^- s_{mt}^-}{x_{mot}}$表示 t 时期投入 m 的相对过剩率（投入无效率）。$\frac{\hat{s}_{it}}{z_{iot}}$定义了 t 时期结转变量 i 的相对过剩率。

式（5－18）通过比较所有投入变量和结转变量相对有效前沿的平均无效程度来定义 DMU_o 的综合效率，记作 θ_o^*，θ_o^* 的值在 0～1，当 $\theta_o^*=1$ 时，DMU_o 为总体有效。

DMU 的生产运作过程满足如下约束。首先，向量 $\mu_n^t \in R^n$（$t=1，\cdots，T$）为 t 时期的强度向量，s_{mt}^- 代表投入冗余。投入 m 的潜在水平不应超过当前投入水平，且投入的相对过剩被视为无效，则投入变量的约束条件可定义为如下等式：

$$x_{mot} = \sum\nolimits_{n=1}^{N} \mu_n^t x_{mnt} + s_{mt}^- (m=1, \cdots, M; t=1, \cdots, T) \quad (5-19)$$

类似地，定义松弛变量 s_{nt}^+ 来表示产出不足。产出 s 的参考集不应小于当前产出值，且产出的相对不足被视为无效，则产出变量的约束条件可定义为如下等式：

$$y_{sot} = \sum\nolimits_{n=1}^{N} \mu_n^t y_{snt} - s_{nt}^+ (s=1, \cdots, S; t=1, \cdots, T) \quad (5-20)$$

令 $[(1-\eta_{mot})\varepsilon+\eta_{mot}]$ 表示考虑技术积累效应时 DMU 现阶段技术水平的权重。同时，定义一个外生参数 ε 表示 DMU 的技术创新能力，$\varepsilon>1$。由于结转变量的参考集不应低于其观测值，则其约束可定义为如下等式：

$$[(1-\eta_{mot})\varepsilon + \eta_{mot}] z_{iot} = \sum\nolimits_{n=1}^{N} \mu_n^t [(1-\eta_{mnt})\varepsilon + \eta_{mnt}] z_{int} + s_{it} (i=1, \cdots, I; t=1, \cdots, T) \quad (5-21)$$

动态 DEA 模型的重要意义在于连接两个时期之间的结转变量是一致连续的。

因此，对结转变量定义如下约束以保证其一致连续性：

$$\sum_{n=1}^{N}\mu_n^t z_{int}=\sum_{n=1}^{N}\mu_n^{t+1}z_{int}(i=1,\cdots,I;t=1,\cdots,T-1) \quad (5-22)$$

假设 DMU 在生产过程中的规模报酬是可变的，相应的约束定义如下：

$$\sum_{n=1}^{N}\mu_n^t=1(t=1,\cdots,T) \quad (5-23)$$

其他变量的逻辑约束（可行区间）如下：

$$\mu_n^t\geqslant 0,\ s_{mt}^-\geqslant 0,\ s_{nt}^+\geqslant 0,\ s_{it}\geqslant 0(i=1,\cdots,I;t=1,\cdots,T) \quad (5-24)$$

式（5—18）中的 w^t 和 w_m^- 分别是 t 时期和投入 m 的权重，由其相对重要性确定，满足以下条件：

$$\sum_{t=1}^{T}w^t=T,\ \sum_{m=1}^{M}w_m^-=M \quad (5-25)$$

本节假设所有时期和所有投入都同等重要，因此有 $w^t=1$（$t=1,\cdots,T$）和 $w_m^-=1$（$m=1,\cdots,M$）。根据投入变量和结转变量的相对无效程度，式（5—18）方括号内的部分定义了 t 时期 DMU_o 的相对效率，该效率值分布在[0，1]。若所有松弛变量都等于 0，则效率值为 1。θ_o^* 是整个生产运作过程的平均效率值，定义为 DMU_o 的综合效率。

满足上述约束条件的一组最优解为 $\{\mu_o^{t^*},s_{ot}^{-^*},s_{ot}^{+^*},s_{ot}^*\}$，则 t 时期的效率为：

$$\theta_{ot}^*=1-\frac{1}{M+I}\left(\sum_{m=1}^{M}\frac{w_m^-s_{mot}^{-^*}}{x_{mot}}+\sum_{i=1}^{I}\frac{\hat{s}_{it}^*}{z_{iot}}\right) \quad (5-26)$$

其中，θ_{ot}^* 是 t 时期 DMU_o 的效率值。若 $s_{mot}^{-^*}=0$（$m=1,\cdots,M$），$s_{iot}^*=0$（$i=1,\cdots,I$）且 $\theta_{ot}^*=1$，则称 DMU_o 在 t 时期为 DEA 有效。同样地，若 $s_{mot}^{-^*}=0$（$m=1,\cdots,M$；$t=1,\cdots,T$），$s_{iot}^*=0$（$i=1,\cdots,I$；$t=1,\cdots,T$）且 $\theta_o^*=1$，则称 DMU_o 整体有效。

二、案例研究——考虑技术积累效应的电力能源产业生产效率研究

电力能源作为一种清洁、高效的基础能源，是现代社会可持续发展中不可或缺的生产要素和物质基础。电力产业作为能源产业的重要组成部分，是促进社会、经济发展的重要驱动产业，其发展进程与国民经济发展息息相关，二者相互促进，彼此影响。1978 年以来，我国电力能源产业实现了跨越式的发展，基本满足了我国经济社会发展和人民生活水平提升对电力能源的迫切需求，也为我国工业化进程的快速推进提供了强有力的支撑。近年来，随着能源危机和环境污染问题的日益严重，全球电力能源产业大调整、大变革已经成为新时代的要求。我

国电力能源产业“高投入、高能耗”的发展现状不仅给自然资源带来了巨大的压力，也造成了严重的经济浪费。因此，科学合理地研究分析电力能源产业的生产效率，探索有效的生产效率提升路径，不仅是确保我国能源安全的迫切需要，也是促进我国可持续发展的关键所在。

当前，我国正处于转变经济发展方式的攻坚时期，推动电力能源产业转型升级，实现电力能源产业向高效、清洁、低碳、多元化的方向发展已经成为新时代的需要。技术的发展进步作为推动电力能源产业转型升级的关键要素，在提高生产效率和推动产业转型升级中的作用受到越来越多的关注。在实际生产过程中，技术的发展进步是一个不断积累的过程，这一过程伴随着电力能源生产过程的始终。持续的积累过程不仅影响到每个时期的生产效率，也影响到整个运作过程的整体效率。因此，在电力能源产业生产效率的评价和研究中纳入技术积累效应，可以及时发现生产运行过程中存在的问题，为制定科学合理的发展战略提供决策依据，推动产业转型升级，实现更好更快发展。

从宏观层面上讲，不同地区在经济发展、生活方式和地理位置等方面存在着较大差异，一定程度上给区域政策的制定和执行及区域间产业的协调发展带来了困难和不确定性。此外，电力能源产业的生产效率会受到许多来自社会环境、经济发展和政府政策等多方面因素影响。因此，研究提升电力能源产业生产效率的驱动因素，探索区域间生产效率的相关性，对制定科学合理的效率提升路径及区域合作政策具有重要的参考意义。

对大多数国家而言，充足的电力能源供应是经济发展的关键基础，而提升电力能源产业的生产效率是电力能源充足供应的前提保障。纵观国内外关于电力能源产业生产效率的研究，首先，从研究方法上看，大多数研究均采用静态的方法，忽略了生产过程的连续性。其次，从投入产出的角度看，虽然以往研究选取的投入、产出指标种类很多，但都忽略了生产过程中的技术积累效应。在电力能源的生产过程中，前期的技术投入通过不断积累在后期实现技术创新，前期获得的专利成果在未来生产过程中同样适用。然而，现有的动态 DEA 模型仅仅将结转变量看作连接相邻时期的活动，忽略了驱动创新的技术积累过程。在当前世界范围内电力能源产业结构转型升级的新形势下，有必要将技术积累效应纳入生产效率评价中，为决策者提供更符合实际生产运作过程的信息。

此外，现有研究很少从省级层面对电力能源产业生产效率背后的驱动因素进行深入探讨。以往学者大都采用全局回归、LMDI 和 STIRPAT 等方法对国家的电力能源生产效率进行探究，没有进一步分析各地区的空间差异带来的影响。我国是个幅员辽阔的大国，受经济发展水平、产业分布及资源禀赋等因素的影响，区域间发展水平差异较大。因此，在研究电力能源产业生产效率驱动因素的过程中，应充分考虑空间特征，确保分析结果更加合理，有助于确定我国电力能源产业生产效率的提升路径及不同区域间的合作机制。

基于此，本节利用考虑技术积累效应的动态 DEA 模型评价区域电力能源产业的生产效率，为决策者正确识别当前电力能源产业的生产运行状况提供有力的科学依据。同时，在考虑技术溢出效应的前提下，研究不同区域电力能源产业生产效率的相关关系，探索生产效率的驱动因素，为制定科学合理的提升路径及区域间合作路径、制定可持续发展宏观政策提供参考。

（一）评价指标的选取——R 聚类分析

电力能源产业的生产效率评价有多个标准，每个标准下都有大量指标，指标的独立属性使得样本难以在高维的空间中形成聚类。因此，根据电力能源产业生产过程的特点，选择能够正确描述、反映和衡量电力能源产业生产过程的运行特征的评价指标是非常必要的。

在目前大多数效率评价研究中，评价指标的选择往往通过定性方法或专家打分而确定，现有选择方法较主观，且缺乏有效性检验，会对最终的评价结果产生影响。聚类分析是根据某些特定属性将评价指标进行分割归类，得出若干个子集或簇的统计分析技术。R 聚类分析是一种分层的数据挖掘算法，通过对样本集的特征进行聚类以减少变量的数量，达到降维的目的。图 5－7 描述了 R 聚类技术的指标选取过程。

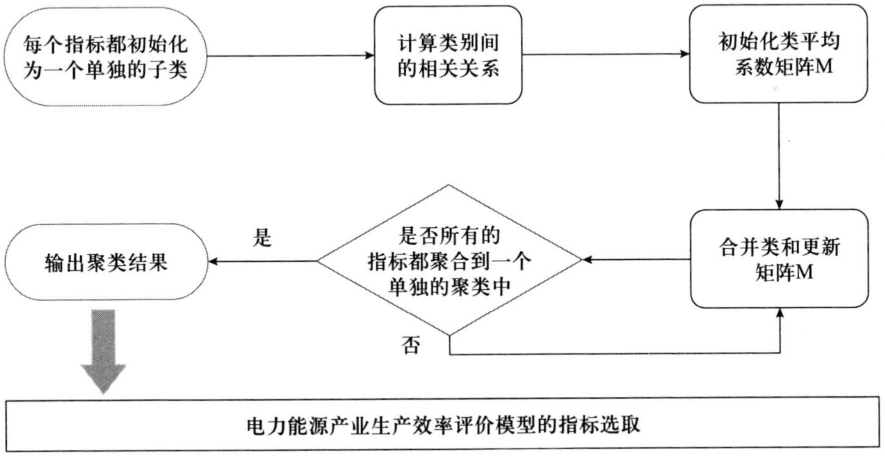

图 5－7　R 聚类技术的指标选取过程

本节采用 R 聚类技术对相似的指标进行筛选，实现评价指标的选取。通过 R 聚类技术可以根据评价指标间的相似关系将评价指标聚类，找出影响生产效率的主要指标，该方法在指标选取上具有很大的优势。假设 C_a 和 C_b 分别为两个聚类类别，那么 $R_{a,b}$ 则表示 a 类别和 b 类别的平均相关系数，由式（5—27）求出。

$$R_{a,b}=\frac{1}{|C_a||C_b|}\sum_{s_i\in c_a}\sum_{s_j\in c_b}P_{ij} \tag{5—27}$$

其中，P_{ij} 表示 C_a 和 C_b 两个聚类类别中相应指标间的皮尔森系数，由公式（5—28）给出。

$$P_{ij}=\frac{\sum_i(x_i-\bar{x})(y_i-\bar{y})}{\sqrt{\sum_i(x_i-\bar{x})^2\sum_i(y_i-\bar{y})^2}} \tag{5—28}$$

电力能源产业生产效率的评价指标包括经济、社会、资源、环境等多个方面，强调效率评价的全面性和综合性，确保效率评价结果的科学性和合理性。参照已有的效率评价体系，并结合实际生产过程的特点，本节构建的评价指标体系如表 5—7 所示。其中，5 个一级评价指标（包括 31 个次级指标）被重新组织成 3 个类别：经济、社会、资源与能源，以实现电力能源产业生产效率的全面分析。

表 5—7　电力能源产业生产效率评价指标体系

类别	一级指标		次级指标
经济	C1	产业运营投入	固定资产投资、管理费用、工人工资、设备维护运营费、销售费用、财务费用、累计折旧、主营业务成本、技术研发投入、无形资产摊销
	C2	产业运营收入	所有者权益总额、销售收入、实收资本、工业生产总值、资产负债率、未分配利润、净资产利润率
资源与能源	C3	原始资源消耗	能源合计消耗、煤炭消耗、原油消耗、天然气消耗、电力能源消耗、发电标准煤耗率
	C4	能源资源产出	总发电量、城市供电量、乡村供电量、生活供电量、工业供电量
社会	C5	社会责任	雇佣劳动力数量、获取专利数、企业社会形象

由于评价指标过多，且不同指标间相关性较高，给效率评价带来很大不便。因此，本节采用 R 聚类方法对评价指标进行筛选。以经济指标为例，采用 R 聚类技术得到的聚类结果如图 5—8 所示。

从图 5—8 可以看出，工业总产值与销售收入、所有者权益、实收资本、净资产利润率和资产负债率等指标高度相关，工业总产值可以有效代表其他指标。根据投入和产出指标间的冗余度尽可能小、相关性尽可能大的原则，其他类型的评价指标也可以进行类似的处理。最后，综合 R 聚类分析的结果和数据的可用性，可确定出效率评价的投入和产出指标，如表5—8所示。具体来看，投入指标包括固定资产总额、劳动力、能源消耗和技术研发投资。其中，固定资本总额作为电力能源生产过程中的资本投入；劳动力指生产过程中所有组织的所有员工；能源消耗作为一种能源投入，包括石油、天然气和煤炭等各类能源，并根据能量折算标准转换为吨标煤量；产业总产值和发电量为期望产出；专利作为结转变量。

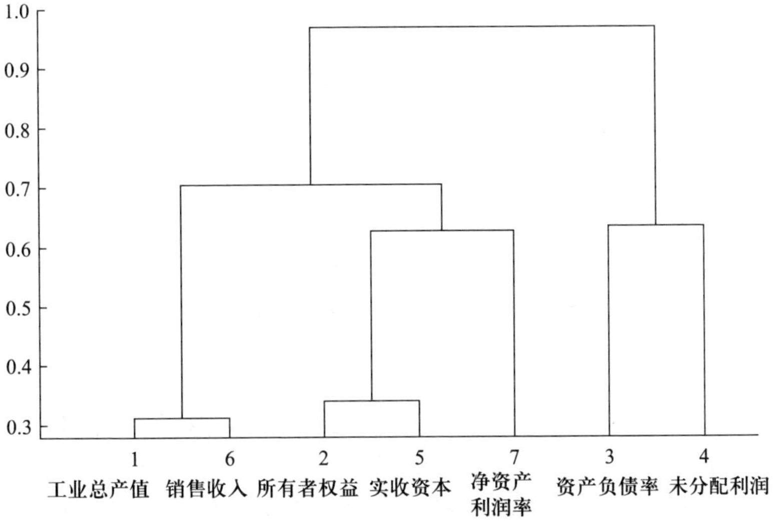

图5—8 经济指标的R聚类分析结果

表5—8 变量的描述性统计

种类	名称	单位	平均值	标准差	最小值	最大值
投入	固定资产总额	亿元	484.47	567.77	8.10	2644.33
	劳动力	百万人	4.46	5.14	0.11	22.95
	能源消耗	百万吨	90.01	56.64	5.91	234.56
	技术研发投资	亿元	25.96	49.02	0.04	490.08
产出	产业总产值	亿元	734.86	653.89	27.84	3265.09
	发电量	亿千瓦时	99.56	24.89	34.00	192.00
结转变量	专利	个	966.02	23025.97	7.00	236918

（二）问题描述及符号说明

在该案例中，每个省份为一个DMU，每个DMU在每个时期都有M（$m=1, \cdots, M$）种投入，包括固定资产总额（C）、劳动力（L）和能源消耗（E）。S（$s=1, \cdots, S$）种产出包括产业总产值和发电量。令x_{mnt}和y_{snt}分

别表示 DMU_n（$n=1$，…，N）在第 t（$t=1$，…，T）时期的投入和产出值。专利这一结转变量不仅是上一时期生产活动中的产出，也是当前时期生产活动的投入，具有连接连续时期的纽带作用。令 z_{int} 表示 DMU_n（$n=1$，…，N）在第 t（$t=1$，…，T）时期的结转变量。该问题的框架如图 5－9 所示。

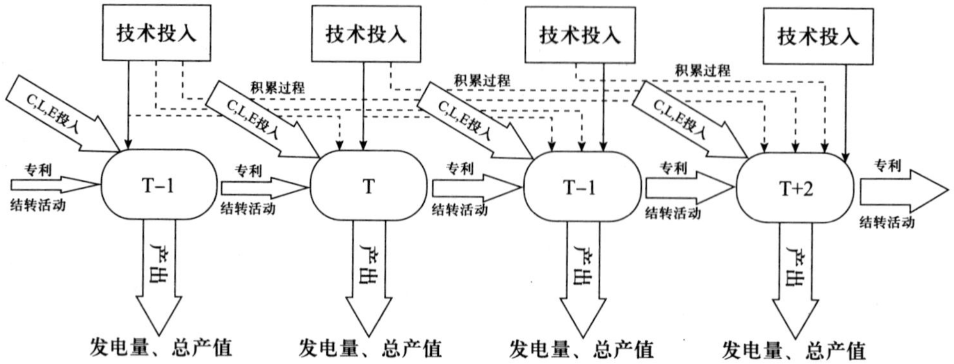

图 5－9　考虑技术积累效应的电力能源产业生产效率评价框架

（三）数据

考虑到数据的可获取性，本节选取除香港、澳门、西藏和台湾等地区以外的 30 个省份作为研究对象，从《中国统计年鉴》《中国科技统计年鉴》《中国能源统计年鉴》《中国电力年鉴》及万得数据库中获取了各省份 2008～2017 年的相关指标数据，表 5－8 列出了投入、产出和结转变量的描述性统计特征。可以看出，同一个变量的最大值可能是最小值的 100 多倍，产出指标的标准差较大，意味着不同省份的产业生产状况存在显著不均衡，深入分析各省份的电力能源产业生产效率对该产业的进一步协调发展至关重要。

（四）中国省级电力能源产业生产效率分析

中国 30 个省份的电力能源产业生产效率如表 5－9 所示。从表中可以看出，我国不同省份电力能源产业的生产效率水平差距较大。2008～2017 年，全国只有北京和江苏两个地区的生产效率值始终等于 1，为 DEA 有效地区。北京和江苏经济发达且地理位置优越，为提高电力能源产业生产效率提供了技术和经济支持。此外，上海电力能源产业的生产效率为 0.97，排名第三。中国大多数省份的生产效率并不高，甚至有 8 个省份的生产效率低于 0.5。其中，生产效率最低的省份是宁夏，其效率值在评估期内甚至没有明显的波动。由于宁夏的电力基础设施薄弱且缺乏提高电力能源生产效率的意识，导致其生产效率始终维持在较低水平。

表 5—9　2008～2017 年各省份电力能源产业考虑技术积累的生产效率

省份	2008	2009	2010	2011	2012	2013	2014	2015	2016	2017	综合效率
北京	1.00	1.00	1.00	1.00	1.00	1.00	1.00	1.00	1.00	1.00	1.00
天津	0.51	0.63	0.66	0.71	0.52	0.64	0.65	1.00	1.00	1.00	0.73
河北	0.50	0.59	0.53	0.52	0.50	0.56	0.56	0.64	0.51	0.49	0.54
山西	0.39	0.53	0.46	0.43	0.45	0.49	0.45	0.42	0.34	0.32	0.43
内蒙古	0.31	0.35	0.35	0.37	0.38	0.38	0.54	0.57	0.38	0.38	0.40
辽宁	0.31	0.45	0.43	0.57	0.65	0.66	0.63	0.67	0.65	0.68	0.57
吉林	0.40	0.50	0.47	0.52	0.54	0.61	0.66	0.69	0.68	0.62	0.57
黑龙江	0.51	0.57	0.53	0.52	0.53	0.60	0.57	0.65	0.60	0.46	0.55
上海	1.00	1.00	1.00	1.00	1.00	1.00	1.00	0.70	1.00	1.00	0.97
江苏	1.00	1.00	1.00	1.00	1.00	1.00	1.00	1.00	1.00	1.00	1.00
浙江	0.61	1.00	0.74	0.77	0.78	1.00	1.00	1.00	1.00	0.75	0.87
安徽	0.44	0.57	0.50	0.59	0.56	0.61	0.67	0.72	0.66	0.60	0.59
福建	0.62	0.65	0.65	0.44	0.46	0.76	1.00	0.98	0.80	0.87	0.72
江西	0.53	0.57	0.54	0.56	0.61	0.66	0.77	0.77	0.75	0.70	0.65
山东	1.00	0.85	0.82	0.80	0.71	0.67	0.64	0.76	0.58	0.58	0.74
河南	0.51	0.61	0.63	0.63	0.60	0.59	0.65	0.69	0.56	0.55	0.60
湖北	0.53	0.58	0.57	0.57	0.62	0.69	0.76	0.77	0.68	0.72	0.65
湖南	0.50	0.62	0.57	0.55	0.38	0.79	0.85	0.88	0.89	0.81	0.68
广东	0.80	1.00	1.00	0.52	1.00	1.00	1.00	1.00	1.00	1.00	0.93
广西	0.59	0.72	0.68	0.75	0.65	0.75	0.92	0.83	0.66	0.72	0.73
海南	0.41	0.42	0.38	0.35	0.33	0.35	0.36	0.34	0.33	0.33	0.36
重庆	0.53	0.62	0.63	0.85	0.80	1.00	0.76	0.79	0.79	0.83	0.77
四川	0.51	0.55	0.56	0.68	0.70	0.66	0.82	0.67	0.80	0.85	0.68
贵州	0.30	0.31	0.31	0.31	0.31	0.30	0.33	0.40	0.41	0.43	0.34
云南	0.35	0.37	0.38	0.38	0.39	0.42	0.45	0.49	0.52	0.60	0.44
陕西	0.45	0.47	0.47	0.52	0.50	0.51	0.55	0.64	0.48	0.46	0.51
甘肃	0.34	0.37	0.34	0.34	0.35	0.36	0.36	0.38	0.37	0.36	0.36
青海	0.37	0.41	0.47	0.43	0.41	0.46	0.44	0.45	0.41	0.41	0.43

续表

省份	2008	2009	2010	2011	2012	2013	2014	2015	2016	2017	综合效率
宁夏	0.28	0.27	0.28	0.29	0.28	0.30	0.28	0.28	0.27	0.27	0.28
新疆	0.66	0.75	0.52	0.69	0.66	0.57	0.58	0.42	0.49	0.50	0.58

评估期内各省份电力能源产业的综合生产效率如图 5－10 所示。从整体上看，全国电力能源产业的生产效率总体偏低，平均生产效率为 0.62，有 27%的省份的生产效率低于 0.5，各省份之间的综合生产效率存在显著差异。除北京、上海、江苏和广东四个地区的综合生产效率相对较高以外，其他省份的效率值均处于较低水平，表明当前我国电力能源产业生产效率的总体水平远没有达到预期标准，仍存在较大的提升空间。

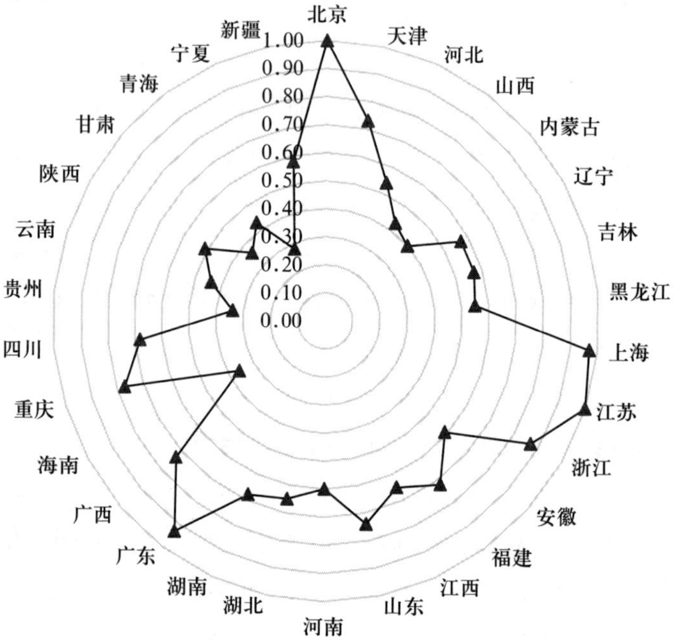

图 5－10　2008～2017 年各省份整体电力能源产业生产效率

图 5－11 进一步展示了 2008～2017 年不同省份电力能源产业生产效率的变化趋势。从图中可以看出，天津、辽宁、云南和贵州等地区的生产效率不断提高，山东的生产效率近年来呈现下降态势，效率最高的省份每一年的生产效率都相对稳定地维持在较高水平。

此外，为了便于比较区域间电力能源产业的生产效率，本节将我国 30 个省份按行政区域划分为东北、华北、华东、中南、西北和西南六大区域，如表

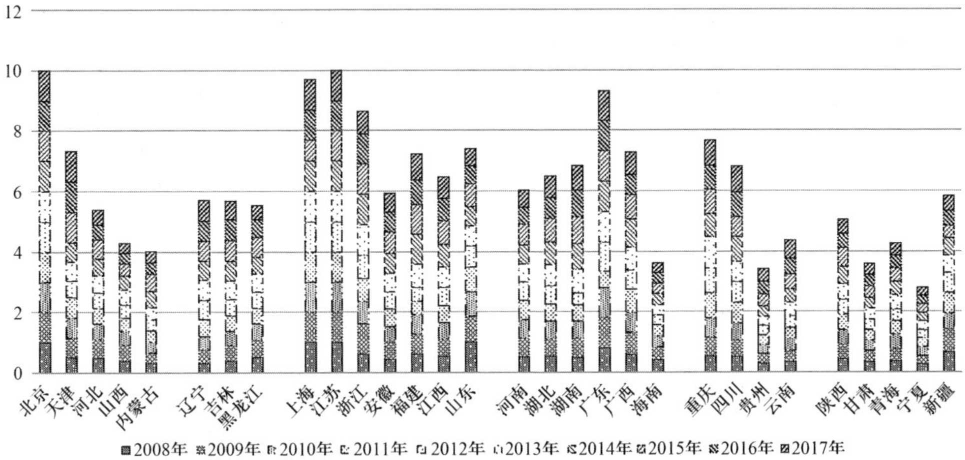

图 5－11　2008～2017 年各省份电力能源产业生产效率变化

5－10 所示。东部地区地理位置优越，是我国经济最发达的地区。中部地区包括华北、中南地区，人力资源丰富，农业发展水平较高。西北、西南地区是我国人口密度最低、自然条件较差的欠发达地区。

表 5－10　地区分类

地区	省份
华北地区	北京、天津、河北、山西、内蒙古
东北地区	辽宁、吉林、黑龙江
华东地区	上海、江苏、浙江、安徽、福建、江西、山东
中南地区	河南、湖北、湖南、广东、广西、海南
西南地区	重庆、四川、贵州、云南
西北地区	陕西、甘肃、青海、宁夏、新疆

表 5－11 总结了不同地区电力能源产业的平均生产效率。可以看出，不同地区电力能源产业的生产效率存在明显差异。华东地区是 6 个地区中生产效率最高的地区，为 0.79。该地区经济和技术发展水平较高，效率提升意识较强。除华东地区外，中南地区的生产效率最高，为 0.66。西南地区、华北地区和东北地区的生产效率在 0.56～0.62。西北地区的生产效率最低，为 0.43。西部地区的生产效率低于全国平均水平，由于西部地区矿产资源丰富，电力能源生产部门可以获得相对便宜的资源，因而缺乏节约能源和提高生产效率的动力。同时，相对落后的技术经济水平也限制了西部地区电力能源生产效率的提高。

表 5—11　不同地区电力能源产业平均生产效率

地区	2008	2009	2010	2011	2012	2013	2014	2015	2016	2017	总效率
华北地区	0.54	0.62	0.60	0.61	0.57	0.61	0.64	0.73	0.65	0.64	0.62
东北地区	0.41	0.51	0.48	0.54	0.57	0.62	0.662	0.67	0.64	0.59	0.56
华东地区	0.74	0.81	0.75	0.74	0.73	0.81	0.87	0.85	0.83	0.79	0.79
中南地区	0.56	0.66	0.64	0.56	0.60	0.70	0.76	0.75	0.69	0.69	0.66
西南地区	0.42	0.46	0.47	0.56	0.55	0.61	0.59	0.59	0.63	0.68	0.56
西北地区	0.42	0.45	0.42	0.45	0.44	0.44	0.44	0.43	0.40	0.40	0.43

图 5—12 为 2008～2017 年各地区电力能源产业生产效率的变化趋势。可以看出，华北、华东和东北地区的电力能源生产效率呈现不同程度的上升趋势，西北地区的生产效率持续稳定在 0.4～0.45，其他地区的生产效率没有明显的变化，一直维持在较低水平，一定程度上造成我国地区之间生产效率的差距不断扩大，进一步加剧了我国电力能源产业发展和变革的不平衡。与华东、华北地区相比，其他地区的效率均有待提高，尤其是西北地区。相关政府部门应该积极采取财政补贴、技术支持和税收减免等优惠政策，鼓励低效率省份的电力能源产业发展，促进经济与社会的协调发展。

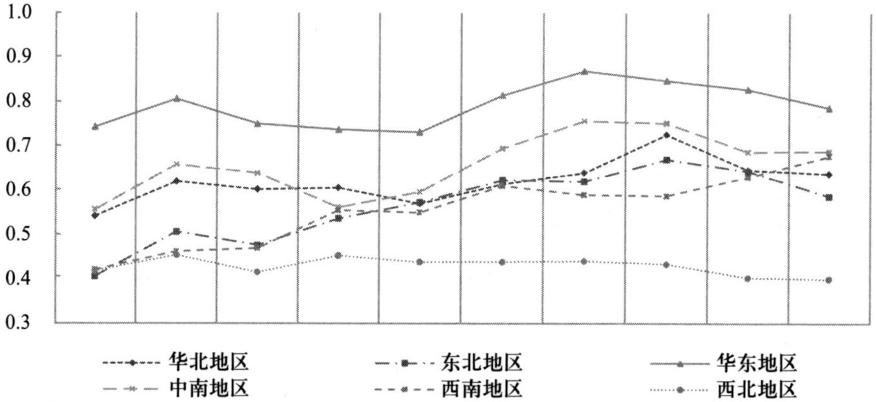

图 5—12　2008～2017 年各地区电力能源产业生产效率变化趋势

（五）电力能源产业生产效率驱动因素分析

随着提高电力能源生产效率，实现电力能源产业绿色、高效、可持续发展的诉求不断提高，在宏观层面上确定电力能源产业生产效率的改善路径成为政府部门的重点关注问题。如何提升电力能源产业的生产效率，减少生产过程中的资源投入，形成产业绿色高效的发展路径，已成为当前产业发展的巨大挑战。从宏观层面上看，电力能源产业生产效率的提高涉及政府政策、经济环境和社会发展等多个方面的因素。此外，由于我国地域辽阔，地理位置的差异性造成了地区之间经济发展、资源禀赋的不均衡，一定程度上给电力能源产业发展政策的制定和执行以及区域间电力能源产业的协调发展带来了困难和不确定性。因此，研究中国电力能源产业生产效率的空间特征，缩小地区之间的效率差异是实现我国电力能源产业高效可持续发展的基础。因此，本节在考虑技术积累效应的前提下，采用空间计量分析探究我国电力能源产业生产效率的驱动因素，分析、研究各驱动因素与生产效率在空间上的联系与影响，为缩小区域间生产效率的差距和促进经济社会的均衡发展提供可能的合作机制和效率提升路径。

一般来说，空间计量分析分为两个步骤。首先，利用空间相关系数检验空间自相关的存在性，只有当空间自相关存在时，才需要进行空间计量分析。其次，在空间自相关的情况下，应选择适当的空间计量模型检验因变量和解释变量之间的关系。

1. 空间相关性分析

由于我国各省份地理位置、经济发展水平和产业政策偏向的差异，各地区电力能源产业的生产效率存在着显著不同。不同省份之间可能存在空间相关性，即某个省份的区位因素不仅会影响本省电力能源产业的生产效率，也会影响邻近省域的生产效率。同时，考虑到技术溢出效应的影响，某一省份的生产效率可能在一定程度上影响邻近省份的生产效率。因此，本节采用空间自相关分析模型探讨不同地区间电力能源产业生产效率的空间相关性。

1950 年，统计学家 Patrick Moran 首次提出了全局臭兰（Moran）指数，此后该指标作为空间计量分析中的一个常用统计量，被用于考察研究对象在不同区域间是否存在地理空间维度的空间相关性，并确定空间上邻接或邻近区域之间的关联形式。Moran 指数将统计数据与地理位置相结合，可以有效地突出研究对象与其他变量之间的空间关系。Moran 指数的计算如下所示：首先，引入一个空间权重矩阵，将研究对象的空间相对位置信息以数值的方式表示，具体如下：

$$w_{ab}=\begin{bmatrix} w_{11} & \cdots & w_{b1} \\ \vdots & \ddots & \vdots \\ w_{a1} & \cdots & w_{nn} \end{bmatrix} \tag{5-29}$$

其中，a，b 分别代表不同的省份，w_{ab} 表示 a，b 两个省份之间的空间权重。如果这两个地区是相邻的，意味着这两个地区有共同的边界，那么 $w_{ab}=1$；否则，$w_{ab}=0$。

为了检验中国不同省份之间电力能源产业生产效率的空间相关关系，采用

Moran 指数解释不同省份之间生产效率的空间特征，其计算公式如下：

$$M = \frac{\sum_{a=1}^{n} \sum_{b}^{n} w_{ab}(\theta_a - \bar{\theta})(\theta_b - \bar{\theta})}{K^2 \sum_{a=1}^{n} \sum_{b=1}^{n} w_{ab}} \tag{5-30}$$

其中，M 表示全局 Moran 指数，K 是一组空间权重，全局 Moran 指数的范围是［－1，1］。θ_a 和 θ_b 分别代表 a 省份和 b 省份电力能源产业的生产效率。$\bar{\theta}$ 是各地区电力能源产业生产效率的平均值。M 代表 a 省份和 b 省份电力能源产业生产效率之间的相关性。如果 M 显著为正，则表示生产效率高的区域被生产效率高的省份包围，生产效率低的区域被生产效率低的省份包围。如果 M 显著为负，表示生产效率低的区域被生产效率高的省份包围，生产效率高的区域被生产效率低的省份包围。如果 M 接近 0，那么不同省份间电力能源产业的生产效率不存在相关关系。

虽然全局 Moran 指数可以有效地衡量集聚的总体水平，观测变量的全局相关性，即判断观测对象是否在空间上存在聚集或分散现象。但全局 Moran 指数不能定义空间聚类的具体结构，不能描述各区域的空间分布特征和相互关系。因此，采用局部 Moran 指数分析每个省份与其邻近省份电力能源产业生产效率的空间差异程度。作为全局 Moran 指数的分解，局部 Moran 指数可以检测出局部区域空间自相关的具体模式和局部空间特征，其具体表达式如下：

$$M_a = \frac{(\theta_a - \bar{\theta})}{K^2} \sum_{b=1}^{n} w_{ab}(\theta_b - \bar{\theta}) \tag{5-31}$$

其中，M_a 表示 a 地区的局部 Moran 指数，根据该指标可以得到各地区电力能源产业生产效率的聚集图，即局部 Moran 指数散点图。

根据不同象限可以将其划分为四个部分：第一象限表示高－高聚类，第二象限表示低－高聚类，第三象限表示低－低聚类，第四象限表示高－低聚类。其中，高－高（低－低）聚类表示高（低）效率省份和高（低）效率省份聚集，低－高（高－低）聚类则表示低（高）效率省份和高（低）效率省份聚集。在局部 Moran 指数散点图中，分布在第一和第三象限的点之间存在正相关关系，分布在第二和第四象限的点之间存在负相关关系。

2. 空间计量经济分析

通常情况下，如果研究对象具有空间关联特征，则需要考虑研究对象之间在空间层面的相互作用力。传统的计量经济模型没有考虑研究对象之间的空间关联性，在此基础上，本节构建了空间经济计量模型以提高结果的准确性和稳健性。空间计量经济模型可以看作是一般计量回归模型的拓展，考虑了研究对象间的空间效应。空间滞后模型（Spacial Lag Model，SLM）和空间误差模型（Spacial Error Model，SEM）是最常用的两种空间计量模型。两种模型的主要区别在于将空间自相关引入回归方程的方式不同。本节分别采用 SLM 模型和 SEM 模型检验解释变量的空间相关性，验证邻近省份电力能源产业生产效率对观测省份生产效率的影响。SLM 模型如下所示：

$$y = \rho wy + X\beta + \varepsilon \tag{5-32}$$

其中，y 表示因变量的向量，X 表示解释变量的向量，w 代表空间权重矩阵，wy 表示空间滞后因变量的向量，ρ 表示空间回归系数，反映因变量的空间自相关。β 是一个参数向量，反映解释变量对因变量的影响，ε 是扰动项的向量。

SEM 模型如下所示：

$$\begin{cases} y = X\beta + \varepsilon \\ \varepsilon = \lambda w\varepsilon + \mu \end{cases} \tag{5-33}$$

其中，λ 表示误差项的空间自相关系数，反映邻近区域残差对观测区域残差的影响，μ 表示干扰项的向量。其他变量和参数的含义与模型（5—32）中的解释相同。

本节以 2008～2017 年中国 30 个省份电力能源产业的面板数据为因变量。在现有文献和数据的基础上，选取 6 个社会经济指标作为解释变量研究中国省级电力能源产业生产效率的驱动因素，各变量的具体解释如下：

（1）各省份人均国内生产总值（$pcgdp$）即各省份每年的国内生产总值除以总人口数。人均国内生产总值是衡量和把握一个国家或地区宏观经济运行状况的有效工具，作为一个国家或地区经济发展水平的代表被广泛应用于各类研究中。为了识别电力能源产业生产效率与当地经济发展水平之间的关系，本节将省级人均国内生产总值纳入回归模型。

（2）产权结构（is）指不同产权类型之间或同一产权类型内部的关系。研究普遍认为相对较高的市场开放程度可以促进管理水平的提升，为产业发展提供足够的资源。为了确定电力能源产业生产效率与市场化程度的关系，本节将国有控股电力能源企业占电力能源产业总产值的比例记作产权结构引入回归模型中。

（3）技术进步（td）对生产效率水平的提高有积极的影响。技术水平的提高不仅能够优化生产过程，改进生产方式，还能够促进生产效率的进一步提升。因此，采用电力能源产业的研究和试验产出占电力能源产业总产值的比例表示技术进步的程度。

（4）外商投资（fv）为改变落后的生产方式带来先进的技术和管理经验，提高生产效率水平。因此，以外商、港澳台商人的投资值在电力能源产业生产总产值中的占比反映外商投资。

（5）劳动生产率（lp）的提高在一定程度上意味着电力能源生产过程中投入资源浪费的减少，因此采用电力能源产业总产值与所有组织中雇员数量的比率衡量劳动生产率。

(6) 能源消费结构 (*ecs*) 因不同地区的资源禀赋不同而不同，不同种类燃料所生产的能量也不尽相同。因此，引入煤炭消费总量在能源消费总量中所占的比重衡量电力能源产业的能源消费结构。

根据以上变量，分别构建如下的 SLM 模型 (5－34) 和 SEM 模型 (5－35) 模型：

$$\begin{cases} \theta_{it} = \beta_0 + \rho \sum_{b=1}^{30} w_{ij}\theta_{it} + \beta_1 pcgdp_{it} + \beta_2 is_{it} + \beta_3 td_{it} + \beta_4 fv_{it} + \beta_5 lp_{it} + \beta_6 ecs_{it} + \varepsilon_{it} \\ \varepsilon_{it} \sim N(0, \sigma_{it}^2) \end{cases} \tag{5－34}$$

$$\begin{cases} \ln\theta_{nt} = \beta_0 + \beta_1 pcgdp_{it} + \beta_2 is_{it} + \beta_3 td_{it} + \beta_4 fv_{it} + \beta_5 lp_{it} + \beta_6 ecs_{it} + \varepsilon_{it} \\ \varepsilon_{it} = \lambda \sum_{j=1}^{30} w_{ij}\varepsilon_{it} + \varphi_{it}, \ \varphi_{it} \sim N(0, \sigma_{it}^2) \end{cases} \tag{5－35}$$

其中，ρ 为空间回归系数，表示邻近区域电力能源产业生产效率对观测区域的影响，λ 为空间误差系数，表示邻近区域残差对观测区域残差的影响，w_{ij} 为空间权重矩阵，φ_{it} 是随机误差项，遵循正态分布。

3. 中国区域电力能源产业生产效率空间相关关系分析

中国地域辽阔，地区之间经济发展、资源分布不均衡，通过缩小地区之间的差异帮助电力能源产业生产效率低的省份提高效率是有效且必要的。因此，本节通过分析各地区电力能源产业生产效率的空间相关关系及各驱动因素与电力能源产业生产效率之间在空间上的联系与影响，为相关政策建议提供科学依据。

通过 Stata 软件对 2008～2017 年我国电力能源产业生产效率的全局 Moran 指数进行测算，并对其显著性进行检验，结果如表 5－12 所示。

表 5－12　中国电力能源产业生产效率全局 Moran 指数及显著性检验

年份	Moran 指数	Z 统计量	P 值
2008	0.056	1.275	0.101
2009	0.106	1.945	0.026
2010	0.091	1.760	0.039
2011	0.151	1.332	0.033
2012	0.106	2.381	0.026
2013	0.124	2.190	0.014
2014	0.183	2.993	0.001
2015	0.208	3.338	0.000

续表

年份	Moran 指数	Z 统计量	P 值
2016	0.154	2.578	0.005
2017	0.095	1.780	0.038

如表 5—12 所示，除 2008 年外，大多数省份生产效率的全局 Moran 指数都通过了显著性检验，表明我国各省份电力能源产业的生产效率在空间分布上存在正向的空间聚集性，即电力能源产业生产效率较高（较低）的省份，其邻近的省份通常具有较高（较低）的生产效率。从表中可以看出，全局 Moran 指数在 1%的显著水平下为正，说明我国省级电力能源产业的生产效率在观测期内的空间集聚较为明显。此外，全局 Moran 指数随时间的推移存在稳定的相关性，进一步验证了省域之间电力能源产业生产效率的变化受到空间相关性因素的影响。同时，我国各省份间电力能源产业生产效率存在的显著空间相关关系，一定程度上验证了电力能源产业技术溢出效应的存在。因此，应加强不同区域间电力能源产业的交流合作，充分利用电力能源生产过程中的技术溢出效应，邻近省份间借鉴先进技术，从而推动我国区域间电力能源产业的协调发展和整体产业结构的转型升级。

本节进一步采用局部 Moran 指数确定具体的空间聚集类型。如图 5—13 所示，横坐标表示标准化后的电力能源产业生产效率，纵坐标表示经过空间矩阵加权后的生产效率，即相应的空间滞后量，图中的圆点表示各省份，横纵坐标轴交叉形成了四个象限，分别代表观测省份与其相邻省份之间的空间关系。

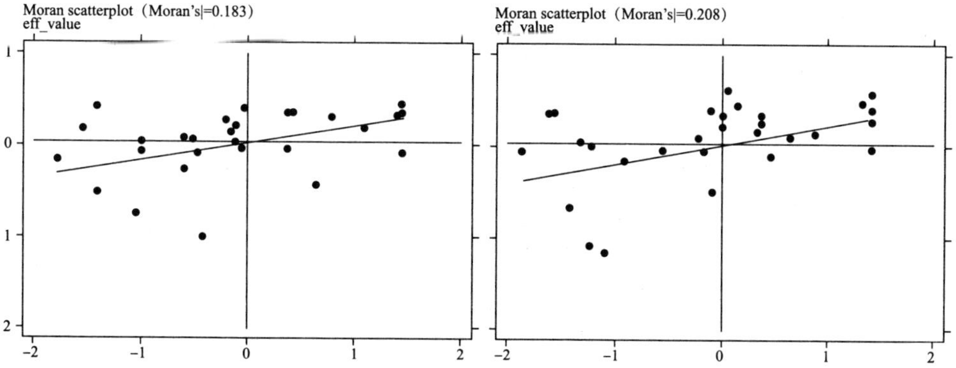

图 5—13　电力能源产业生产效率散点图

结果显示，2014 年，全国 30 个省份中有 10 个省份位于第一象限（H-H 聚类），9 个省份位于第二象限（L-H 聚类），8 个省份位于第三象限（L-L 聚类），3 个省份位于第四象限（H—L 聚类），其中，处在第一象限和第三象限的省份占总数的 33.3%

和26.7%。2015年，所有观测的省份中有13个省份属于H-H聚类，7个省份属于L-H聚类，8个省份属于L-L聚类，2个省份属于H-L聚类，其中，属于H-H聚类和L-L聚类的省份占总数的43.3%和26.7%。可见，我国大部分省份的生产效率具有正向的空间相关性，其空间分布格局随时间的推移也存在一定的变化。

为了更好地了解中国各省电力能源产业生产效率的空间分布，选用2015年的数据结果绘制省域电力能源产业生产效率的LISA（Local Indicators of Spatial Association）集聚图及其显著性地图，以更加直观的方式展示省域之间的空间相关关系，反映各个地区局部空间相关性类型及其分布概况。相关数据显示，大部分省份之间存在显著的空间正相关（H-H聚类和L-L聚类）。其中，中部地区和东部沿海地区的集聚类型以H-H集聚为主，包括江苏、上海、浙江和福建等省份。这些省份的经济发展、技术水平较高，电力能源产业的生产效率高，通过溢出效应带动周边省份电力能源产业生产效率的提高，形成H-H聚类。L-L聚类主要集中在中国西北地区，包括青海、甘肃、新疆和宁夏。在产业结构转型升级的新形势下，西北地区产业缺乏技术创新和充足的资本投资意识及技术积累意识，导致该地区电力能源产业的生产效率低下。此外，虽然广东、重庆等地区电力能源产业的生产效率相对较高，但由于缺乏有效的合作机制，周边地区并没有表现出很强的空间溢出效应。因此，对于生产效率较低的省份，决策者应考虑最大化技术的潜在空间溢出效应，加强省份之间的合作学习，共同提高生产效率，促进区域间电力能源产业的协调发展。

根据相关检验结果，本节选用固定效应模型（Fixed Effects，FE）对电力能源产业生产效率进行空间计量分析，结果如表5－13所示。在SLM模型和SEM模型估计中，所有空间自相关系数ρ和λ在1%水平上具有统计显著性，表明区域电力能源产业的生产效率存在明显的空间自相关关系，即电力能源产业的生产效率受到当地社会经济水平和邻近省份的空间溢出效应的影响。

表5－13　空间计量分析结果

影响因素	SLM		SEM	
	系数	P值	系数	P值
pcgdp	0.178	0.010	0.177	0.041
is	−0.051	0.048	0.050	0.036
td	0.098	0.054	0.089	0.023
fv	0.038	0.169	0.047	0.127
lp	0.033	0.135	0.029	0.172
ecs	−0.046	0.005	−0.035	0.020

从表5—13的估计结果可以看出，对于FE SLM模型，电力能源产业的生产效率受到各地区生产总值的正向影响，经济水平增长1%，生产效率将上升0.178%。此外，产权结构对生产效率的影响为负，回归系数为—0.051。由于国有企业有充足的资本和有保障的高管薪酬，因此，国有企业提高电力能源生产效率的动机较弱。可见，应加大市场开放力度，促进资源的优化配置，进而提高电力能源生产效率。技术发展水平对生产效率有显著的正向影响。较高的技术发展水平有助于优化电力能源的生产过程，从而降低资源消耗，提高生产效率。因此，相关部门应加大技术研发投入力度，提升电力能源生产过程中的技术水平，从而提升电力能源生产效率。能源消费结构对生产效率有显著的负向影响，其回归系数为—0.046。由此可得，电力能源生产过程中煤耗每降低1%，电力能源生产效率可提高4.6%。随着人们对环境和健康的日益关注，清洁能源、天然气和核能等可再生能源已成为煤炭的有效替代品。煤炭在电力能源生产的总能源消耗占比已经从1965年的87.1%下降到2016年的61.8%。因此，避免直接燃烧煤炭，使用其他清洁燃料是提高电力能源产业生产效率的有效方法。最后，外商投资和劳动生产率对电力能源产业生产效率的影响不显著。一方面，可能是因为外商投资主要集中在低技术含量的生产环节，但我国电力能源企业在追求创新的驱动下，正朝着高质量、技术密集的方向发展，因此，外商投资的作用已不显著；另一方面，管理经验和技术进步对劳动生产率因素有一定的挤出效应。

（六）结论及政策建议

通过对2008～2017年我国区域电力能源产业生产效率的研究及分析，可以得出以下几点结论：在考虑技术积累效应的前提下，我国大部分省份电力能源产业的生产效率在2008～2017年有所提高，但总体效率处于较低水平。同时，我国各省份间的生产效率水平极不均衡，生产效率较高的省份多集中在华东地区，生产效率较低的省份多集中在西北地区。根据Moran指数及散点图的结果可以看出，我国区域电力能源产业的生产效率呈现稳定的空间相关性。其中，大部分省份的生产效率呈现出正向空间相关关系。东部沿海地区主要表现为高—高聚类，西北地区主要表现为低—低聚类。东部地区生产效率较高的省份对周边省份具有正向溢出效应。此外，Moran指数结果表明省份间存在较强的空间自相关关系。因此，加强相关关系强的省份之间的合作，有利于这些省份电力能源产业生产效率的共同提高；此外，我国省级电力能源产业部门在生产过程中对技术积累的重视程度不够，将积累的技术投入和专利转化为后期能源产出的能力相对较弱。不同省份之间的技术积累程度不同，从空间上加剧了生产效率的分散化，导致省级生产效率和经济社会发展的不平衡；对生产效率的潜在驱动因素的估计结果表明，地区生产总值、技术发展水平和能源消费结构对生产效率有显著的正向影响，产权结构对生产效率有负向影响。经济发展水平、技术发展水平和能源消费结构是提高不同省份间生产效率的主要因素。因此，为了进一步提高我国电力能源产业的生产效率，在制定生产效率改进路径及相关宏观政策时要考虑驱动因素的影响。

为了提高我国电力能源产业的生产效率，促进经济社会均衡发展，本节提出以下政策建议。科学技术是第一生产力。政府部门要加强对基础研究和技术开发工作的资金投入，重点培养实用创新人才和高技能产业人才，建立完善的技术人才激励机制，加强技术人才的绩效考核机制，使知识价值与经济价值相吻合。为了缩小生产效率的差距，促进各省之间社会经济的协调发展，各省政府和相关企业应最大限度地利用技术的空间溢出效应，加强各省之间的合作。

考虑到中国各地区电力能源产业的生产效率存在显著的空间差异，必须根据不同地区的实际情况区别对待并灵活制定生产效率提升政策。此外，效率提升政策还应与各地区生产效率的长期变化趋势相一致。例如，目前华东、中南地区电力能源产业的生产效率相对较高，而西南、西北地区的生产效率较低。考虑到地区间生产效率的差异化，政府应着重加强提升西南、西北地区的生产效率，促进地区的电力能源产业发展。

应转变电力能源产业的发展方式，进一步深化体制改革。所有电力能源企业都要致力于优化产权结构，调整组织结构，合理化生产规模，以提高生产效率。目前，我国电力能源产业的技术转化能力较弱，生产过程中没有充分利用技术积累。因此，决策者应更加重视生产过程中的技术积累效应，优化积累转化机制，推动技术投入和专利转化为产业产出，为提高生产效率和社会进步做出贡献。

考虑到地区生产总值、技术发展水平、产权结构和能源消费结构等因素对本省和邻省电力能源产业的生产效率均有显著的驱动作用。政府机构应该促进信息、技术、人才和其他资源的跨省共享和交流，并推出相应的政策促进电力能源产业的跨省发展。考虑到我国各省电力能源产业的生产效率存在空间集聚现象，在制定效率提升政策时应充分考虑到空间自相关效应的重要性，结合不同省份间的空间相关关系，加强省际合作，共同提高生产效率，进一步促进区域间电力能源产业的协调发展。

第三节　多周期网络结构系统的绩效评价

网络 DEA 模型明晰了 DMU 内部复杂结构的层次问题，一定程度上弥补了传统 DEA 模型无法测量系统内部效率的不足。然而，普通的网络 DEA 模型多是对静态的节点数据进行测度，没有考虑到面板数据在不同时期之间的联系，也没有考虑到 DMU 在生产运行过程中的连续性。因此，若要对 DMU 的跨周期效率进行评价，需要运用动态 DEA 模型。动态结构通过结转活动连接相邻的两个周期，可视为在时间维度上的串联结构。

同时，考虑 DMU 内部结构的多阶段性和其运行过程的多周期性时，网络 DEA 模型和动态 DEA 模型结合形成了动态网络 DEA 模型。在网络结构中，节点之间的连接变量（link）即中间产出，体现出 DMU 的多阶段结构；在时间维度上，两个时期之间的结转活动（carry-over）体现了 DMU 运行过程的动态性。

（1）模型构建。如图 5－14 所示，假设动态网络系统有 n（$j=1, 2, \cdots, n$）个 DMU，由 h 个子系统串联而成。X_{ij}^{t} 和 Y_{rj}^{t} 分别为系统的投入和产出向量，分别表示 t 时期 DMU_j 的第 i 个投入向量和第 r 个产出向量。$Z_{lj}^{(P)t}$ 为 DMU_j 在第 t 时期第 p（$p=1, 2, \cdots, h-1$）阶段的第 l（$l=1, 2, \cdots, q$）个中间产出，既作为第 p 阶段的产出，又作为第 $p+1$ 阶段的投入，阶段 h 的产出即系统的最终产出。

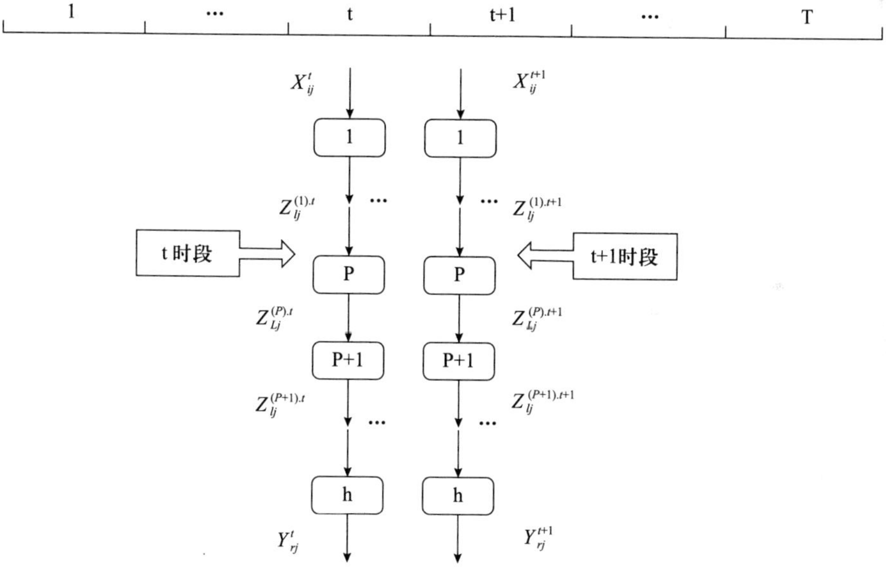

图 5－14　动态网络结构

记第 t 时期投入和产出的权系数分别为 u_r' 和 v_i'，第 p（$p=1, 2, \cdots, h-1$）阶段的第 l（$l=1, 2, \cdots, q$）个中间产出的权系数为 $\omega_l^{(p),t}$，则 DMU_k 在第 t 时期的效率评价模型如下：

$$E_k' = \max \sum_{r=1}^{6} u_r' Y_{rk}' \tag{5-36}$$

$$
\text{s.t.}\begin{cases}
\sum_{i=1}^{m} v_t' X_{ik}' = 1 \\
\sum_{r=1}^{'} u_r' Y_{rj}' - \sum_{i=1}^{m} v_t' X_{ij}' \leqslant 0 \\
\sum_{l=1}^{4} \omega_i^{(t)'} Z_{lj}^{(l)t} - \sum_{t=1}^{m} v_t' X_{ij}' \leqslant 0 \\
\sum_{l=1}^{4} \omega_l^{(p)'} Z_{lj}^{(p)'} - \sum_{l=1}^{m} \omega_l^{(p-1)'} Z_{ly}^{(p-1)'} \leqslant 0,\ p=2,3,\cdots,h-1 \\
\sum_{r=1}^{s} u_r' Y_n' - \sum_{l=1}^{m} \omega_l^{(p-1)'} Z_{lj}^{(p-1)'} \leqslant 0,\ p=2,3,\cdots,h-1 \\
u_r',\ v_t',\ \omega_l^{(p)'} \geqslant \varepsilon,\ r=1,2,\cdots,s;\ i=1,2,\cdots,m; \\
p=1,2,\cdots,h-1;\ j=1,2,\cdots,n
\end{cases}
$$

由上述模型可得到最优解 u_r^{t*}，v_i^{t*} 和 $\omega_l^{(p).t*}$，则 DMU 各子阶段的效率表达式为：

$$
E_k^{(1)} = \frac{\sum_{l=1}^{4} \omega_i^{(l)t**} Z_{lk}^{(l)t}}{\sum_{i=1}^{m} v_i^{'*} X_{ik}'} \tag{5-37}
$$

(2) 考虑 link 与 carry-over 的动态网络 DEA 模型。学者 Färe 和 Grosskopf 提出网络结构由若干个节点（division）组成，节点之间由 link 变量连接而成。之后，Färe 和 Grosskopf 深化了网络结构，将时间因素与网络结构结合，引入结转变量作为不同时期之间的联结变量，并称之为动态结构，用于刻画现实中各种行业的动态运行结构[62]。例如，金融行业中的不良贷款和税前利润可分别视为非期望结转变量和期望结转变量。

在此基础上，Tone 提出了 SBM 方法解决此类动态网络结构的效率评价问题，动态网络结构如图 5－15 所示。

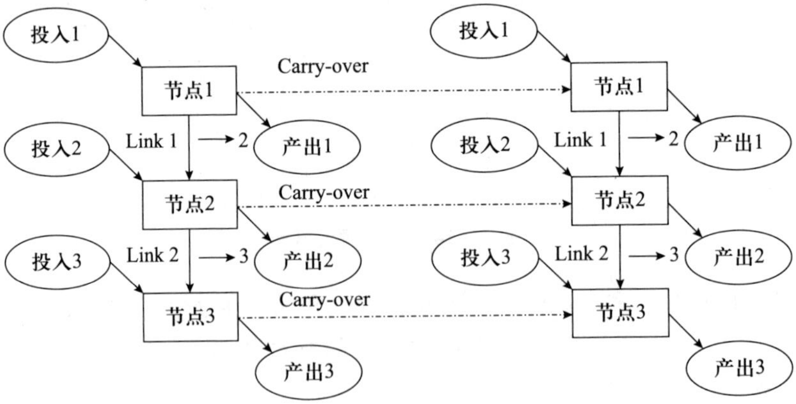

图 5－15　包含 link 和 carry-over 的动态网络结构

假设动态网络结构包含 n （$j=1, 2, \cdots, n$） 个 DMU，每个 DMU 包括 k （$k=1, 2, \cdots, K$） 个节点，每个节点有 t （$t=1, 2, \cdots, T$） 个时期。投入和产出变量分别为 $x'_{ijk} \in R_+$ （$i=1, 2, \cdots, m_k, j=1, 2, \cdots, n, k=1, 2, \cdots, K$） 和 $y'_{rjk} \in R_+$ （$r=1, 2, \cdots, r_k, j=1, 2, \cdots, n, k=1, 2, \cdots, K$），其中 m_k 和 r_k 分别表示节点 k 的第 m 个投入和第 r 个产出。此外，（kh） 表示节点 k 与节点 h 之间的连接关系，用 $z'_{j(kh)_l} \in R_+$ （$l=1, 2, \cdots, L, j=1, 2, \cdots, n, z'_{j(kh)_l} \in L_{kh}$） 表示 link 变量，其中 l 表示 link 的数量，l_{kh} 表示 link 的集合。z_{jkl}^{tj+1} 表示 DMU_j 在节点 k 处连接 t 和 $t+1$ 时期的 carry-over 变量。link 变量可分为四种类型：①期望变量：指某一阶段期望得到的产出，link 值越大越好；②非期望变量：指某一阶段不希望得到的产出，link 值越小越好；③可自由支配变量：不受约束，link 值可任意变化；④不可任意支配的变量：受到强制约束，link 值保持不变。根据 link 的四种分类，可以得到下列等式：

$$z'_{0(kh)out} = \sum_{j=1}^{n} z'_{0(kh)out}\lambda'_k - s'_{0(kh)out}, \ (\forall (kh)out = l, \cdots, linkout_k, \ \forall t)$$

$$z'_{0(kh)in} = \sum_{j=1}^{n} z'_{0(kh)in}\lambda'_k + s'_{0(kh)in}, \ (\forall (kh)in = l, \cdots, linkin_k, \ \forall t)$$

$$z'_{0(kh)free} = \sum_{j=1}^{n} z'_{0(kh)free}\lambda'_k + s'_{0(kh)free}, \ (\forall (kh)free, \ \forall t)$$

$$z'_{0(kh)fix} = \sum_{j=1}^{n} z'_{0(kh)fix}\lambda'_k, \ (\forall (kh)fix, \ \forall t)$$

因此，生产可能集 $P' = \{(x'_{ijk}, y'_{ijk}, z'_{j(kh)_l}, z'_{jk_l})\}$ （$t=1, 2, \cdots, T$） 可定义为：

$$x'_{ijk} \geqslant \sum_{j=1}^{n} x'_{ijk}\lambda'_{jk} (\forall k, \ \forall t)$$

$$y'_{ijk} \leqslant \sum_{j=1}^{n} y'_{ijk}\lambda'_{jk} (\forall k, \ \forall t)$$

$$z'_{j(kh)_l} \geqslant, =, \leqslant \sum_{j=1}^{n} z'_{j(kh)_l}\lambda'_{jk} (\forall (kh)_l, \ \forall t)$$

$$z_{jk_l}^{(t, t+l)} \geqslant, =, \leqslant \sum_{j=1}^{n} z_{jk_l}^{(t, t+l)}\lambda'_{jk} (\forall k_l, \ \forall k, t=1, \cdots, T-1) \tag{5—38}$$

DMU_k 在 t 时期的效率如下：

$$\min h'_0 = \frac{1 - \dfrac{1}{m + n_{linkin} + n_{bad}}\left(\sum_{i=1}^{m} \dfrac{s'_{l0}}{x'_{l0}} + \sum_{(kh)_l=1}^{linkin} \dfrac{s'_{0(kh)_l in}}{z'_{0(kh)_l in}} + \sum_{k_l=1}^{nbad} \dfrac{s_{0k_l bad}^{(t, t+l)}}{z_{0k_l bad}^{(t, t+l)}}\right)}{1 + \dfrac{1}{r + n_{linkout} + n_{good}}\left(\sum_{s=1}^{r} \dfrac{s'_{s0}}{y'_{l0}} + \sum_{(kh)_l=1}^{linkout} \dfrac{s'_{0(kh)_l out}}{z'_{0(kh)_l out}} + \sum_{k_l=1}^{ngood} \dfrac{s_{0k_l good}^{(t, t+l)}}{z_{k_l good}^{(t, t+l)}}\right)} \tag{5—39}$$

一、基于双前沿的多周期网络 SBM-DEA 模型

采用动态网络 DEA 模型对具有复杂结构的 DMU 进行效率评价，能够准确

刻画 DMU 的内部复杂结构，从不同阶段和不同时期对 DMU 的效率进行综合评价。现有的动态网络 DEA 模型往往假定决策者对当前的生产经营过程持乐观态度，以此计算 DMU 与有效前沿面之间的距离。因此，评价所得的效率值被称为乐观效率。当 DMU 结构较为复杂、数目相对较多时，基础的动态网络 DEA 模型不能有效解决多个 DMU 同时位于有效前沿面上的情况，无法进行更具体的排名。

基于此，为了提高动态网络 DEA 模型的区分度，本节搭建了双前沿动态网络 SBM-DEA 模型。双前沿动态网络 SBM-DEA 模型分别从乐观前沿面和悲观前沿面两个角度对 DMU 进行评价，综合乐观效率和悲观效率的几何平均值得到 DMU 的综合效率，实现更加公正、客观的评价[63]。

（一）模型搭建

假设有 $n(j=1, 2, \cdots, n)$ 个 DMU，每个 DMU 有 $m(i=1, 2, \cdots, m)$ 个投入和 $s(r=1, 2, \cdots, s)$ 个产出，x_{ij} 和 y_{rj} 分别表示第 j 个 DMU 的第 i 种投入和第 r 种产出。那么，SBM 模型可表示为模型（5—40）：

$$\min\rho=\frac{1-\frac{1}{m}\sum_{i=1}^{m}\frac{s_i^-}{x_{io}}}{1+\frac{1}{s}\sum_{r=1}^{s}\frac{s_r^+}{y_{ro}}} \tag{5—40}$$

$$\text{s. t.}\begin{cases}x_{io}=\sum_{j=1}^{n}x_{ij}\lambda_j+s_i^-(i=1, 2, \cdots, m)\\ y_{ro}=\sum_{j=1}^{n}y_{rj}\lambda_j-s_r^+(r=1, 2, \cdots, s)\\ \lambda_j, s_i^-, s_r^+\geqslant 0; j1, 2, \cdots, n\end{cases}$$

其中，λ_j 表示 DMU_j 的权重，s_i^- 和 s_r^+ 分别代表 DMU 第 i 种投入和第 r 种产出的松弛量。目标函数 ρ 满足 $0\leqslant\rho\leqslant 1$。

求解模型（5—40）可得最优解 ρ^*，s_i^{-*}，s_r^{+*}，λ_j^*（$i=1, \cdots, m$；$r=1, \cdots, s$；$j=1, \cdots, n$），若有 $\rho^*=1$，$s_i^{-*}=0$，$s_r^{+*}=0$，那么该 DMU 是 SBM 有效的，否则为 SBM 非有效的。对于 SBM 非有效的 DMU 有如下改善方案：

$$x_{i0}=\sum_{j=1}^{n}x_{ij}\lambda_j^*+s_i^{-*}(i=1, \cdots, m),$$

$$y_{r0}=\sum_{j=1}^{n}y_{rj}\lambda_j^*-s_r^{+*}(r=1, \cdots, s).$$

上述表达式也称为 DMU 在有效前沿面上的投影，表示如下：

$$x_{i0}^*\leftarrow x_{i0}-s_i^{-*}(i=1, \cdots, m),$$

$$y_{r0}^*\leftarrow y_{r0}+s_r^{+*}(r=1, \cdots, s).$$

说明 DMU_0 的投入 $x_{i0}(i=1, \cdots, m)$ 应减少 $s_i^{-*}(i=1, \cdots, m)$，产出 y_{r0}（$r=1, \cdots, s$）应增加 s_r^{+*}（$r=1, \cdots, s$）以达到最优。

（二）网络 SBM-DEA 模型

网络 DEA 模型将 DMU 的运营过程拆解为若干个子环节，深入剖析 DMU 的内部结构，对整个系统和各子环节的效率进行全面的评价。网络 SBM 模型对各个阶段的重要性赋予不同的权重，进而求得整个系统的综合效率。本节将非期望产出变量纳入基础的网络 SBM 模型中，将系统分为 K 个串联阶段，令 x_{ij}^{k} 表示第 j（$j=1$，…，n）个 DMU 在第 k（$k=1$，…，K）阶段的第 i（$i=1$，…，m）种投入，y_{rj}^{k} 表示第 j 个 DMU 在第 k 阶段的第 r（$r=1$，…，s）种期望产出，b_{pj}^{k} 表示第 j 个 DMU 在第 k 阶段的第 p（$p=1$，…，P）种非期望产出，z_{lj}^{kh} 表示第 j 个 DMU 在 k 阶段和 h 阶段之间的第 l 个中间产出，z_{lj}^{kh} 由 k 阶段产生并作为 h 阶段的投入。那么含有非期望产出的非导向网络 SBM 模型可表示为如下模型：

$$\min\rho_0=\frac{\sum_{k=1}^{K}w^k\left[1-\frac{1}{m_k}\left(\sum_{i=1}^{m_k}\frac{s_i^{k-}}{x_{i0}^{k}}\right)\right]}{\sum_{k=1}^{K}w^k\left[1+\frac{1}{r_k+p_k}\left(\sum_{i=1}^{r_k}\frac{s_r^{kg+}}{y_{r0}^{k}}+\sum_{p=1}^{P_k}\frac{s_p^{kb+}}{b_{p0}^{k}}\right)\right]} \tag{5—41}$$

$$\text{s. t.}\begin{cases}x_{i0}^{k}=\sum_{j=1}^{n}x_{ij}^{k}\lambda_j^k+s_i^{k-}(i=1,\ \cdots,\ m;\ k=1,\ \cdots,\ K)\\ y_{r0}^{k}=\sum_{j=1}^{n}y_{rj}^{k}\lambda_j^k-s_r^{kg+}(r=1,\ \cdots,\ s;\ k=1,\ \cdots,\ K)\\ b_{p0}^{k}=\sum_{j=1}^{n}b_{pj}^{k}\lambda_j^k+s_p^{kb+}(l=1,\ \cdots,\ L;\ k=1,\ \cdots,\ K)\end{cases}$$

$$\text{s. t.}\begin{cases}z_{l0}^{kh}=\sum_{j=1}^{n}z_{lj}^{kh}\lambda_j^k(l=1,\ \cdots,\ L;\ \forall kh)\\ z_{l0}^{kh}=\sum_{j=1}^{n}z_{lj}^{kh}\lambda_j^h(l=1,\ \cdots,\ L;\ \forall kh)\\ \sum_{j=1}^{n}\lambda_j^h=1(k=1,\ \cdots,\ K)\\ \lambda_j^k,\ s_i^{k-},\ s_r^{kg+},\ s_p^{kb+}\geqslant 0,\ (\forall k,\ j,\ i,\ r,\ p)\end{cases}$$

模型（5—41）假定规模报酬可变，若去掉约束条件 $\sum_{j=1}^{n}\lambda_j^k=1(k=1,\ \cdots,\ K)$，模型可转换为规模报酬不变情况下的评价。$s_i^{k-}$，$s_r^{kg+}$ 和 s_p^{kb+} 分别代表 DMU 的第 i 种投入，第 r 种期望产出和第 p 种非期望产出的松弛变量。目标函数中 w^k 代表阶段 k 的相对重要程度，满足 $\sum_{k=1}^{K}w^k=1$，$w^k\geqslant 0(\forall k)$。

根据模型（5—41）可求得最优解 ρ_o^*，λ_j^{k*}，s_i^{k-*}，s_r^{kg+*}，s_p^{kb+*}。若 $\rho_o^*=1$，$s_i^{k-*}=0$，$s_r^{kg+*}=0$，$s_p^{kb+*}=0$，那么被评价 DMU 是 SBM 有效的；反之，该 DMU 是 SBM 非有效的。根据模型（5—41）的约束条件可得该 DMU 在有效前沿面上的投影，即其具体的改善措施：

$$x_{i0}^{k*}\leftarrow x_{i0}^{k}-s_i^{k-*}(i=1,\ \cdots,\ m;\ k=1,\ \cdots,\ K),$$

$$y_{r0}^{k*}\leftarrow y_{r0}^{k}+s_r^{kg+*}(r=1,\ \cdots,\ s;\ k=1,\ \cdots,\ K),$$

$$b_{p0}^{k*} \leftarrow b_{p0}^{k} - s_p^{kb+*} (p=1, \cdots, P; k=1, \cdots, K).$$

上述公式表明，被评价 DMU 需要减少 s_i^{k-*} 的投入，增加 s_r^{kg+*} 的产出，同时减少 s_p^{kb+*} 的非期望产出以实现有效。

在求得最优解 ρ_0^*，λ_j^{k*}，s_i^{k-*}，s_r^{kg+*}，s_p^{kb+*} 后，可得被评价 DMU 各阶段的效率值，计算公式如下所示：

$$\rho_k = \frac{1-\frac{1}{m_k}\left(\sum_{i=1}^{m_k}\frac{s_i^{k-*}}{x_{io}^k}\right)}{1+\frac{1}{r_k+p_k}\left(\sum_{i=1}^{r_k}\frac{s_r^{kg+*}}{y_{ro}^k}+\sum_{p=1}^{P_k}\frac{s_p^{kb+*}}{b_{po}^k}\right)} (k=1, \cdots, K) \quad (5-42)$$

（三）双前沿 SBM-DEA 模型

1. 基于乐观前沿面的 SBM-DEA 模型

假设有 $n(j=1, 2, \cdots, n)$ 个 DMU，每个 DMU 有 $m(i=1, 2, \cdots, m)$ 个投入和 $s(r=1, 2, \cdots, s)$ 个产出，x_{ij} 和 y_{rj} 分别表示第 j 个 DMU 的第 i 种投入和第 r 种产出。那么，基于乐观前沿面的 SBM-DEA 模型如下所示：

$$\min\rho_0 = \frac{1-\frac{1}{m}\sum_{i=1}^{m}\frac{s_i^-}{x_{i0}}}{1+\frac{1}{s}\sum_{r=1}^{s}\frac{s_r^+}{y_{r0}}} \quad (5-43)$$

$$\text{s.t.}\begin{cases} x_{i0} = \sum_{j=1}^{n} x_{ij}\lambda_j + s_i^- (i=1, 2, \cdots, m) \\ y_{r0} = \sum_{j=1}^{n} y_{rj}\lambda_j - s_r^+ (r=1, 2, \cdots, s) \\ \lambda_j, s_i^-, s_r^+ \geqslant 0; j=1, 2, \cdots, n \end{cases}$$

根据模型（5－43）可求得最优解 ρ_0^*，s_i^{-*}，s_r^{+*}，λ_j^* （$i=1, \cdots, m$；$r=1, \cdots, s$；$j=1, \cdots, n$），若有 $\rho_0^*=1$，$s_i^{-*}=0$，$s_r^{+*}=0$，那么该 DMU 是乐观有效的，否则为乐观非有效的。乐观有效的 DMU 共同构成乐观生产前沿面，即有效生产前沿面。

2. 基于悲观前沿面的 SBM-DEA 模型

基于悲观前沿面的 SBM-DEA 模型如下所示：

$$\max\varphi_0 = \frac{1+\frac{1}{m}\sum_{i=1}^{m}\frac{s_i^+}{x_{i0}}}{1-\frac{1}{s}\sum_{r=1}^{s}\frac{s_r^-}{y_{r0}}} \quad (5-44)$$

$$\text{s.t.}\begin{cases} x_{i0} = \sum_{j=1}^{n} x_{ij}\lambda_j - s_i^+ (i=1, 2, \cdots, m) \\ y_{r0} = \sum_{j=1}^{n} y_{rj}\lambda_j + s_r^- (r=1, 2, \cdots, s) \\ \lambda_j, s_i^-, s_r^+ \geqslant 0; j=1, 2, \cdots, n \end{cases}$$

其中，$\varphi_0 \geqslant 1$。

根据模型（5－44）可求得最优解 φ_0^*，s_i^{-*}，s_r^{+*}，λ_j^*（$i=1，\cdots，m$；$r=1，\cdots，s$；$j=1，\cdots，n$），若有 $\varphi_0^*=1$，$s_i^{-*}=0$，$s_r^{+*}=0$，那么该 DMU 是悲观无效的，否则为悲观非无效的。悲观无效的 DMU 并不一定是乐观有效的，悲观无效的 DMU 共同构成了悲观生产前沿面，即无效生产前沿面。

3. 综合效率

根据乐观效率和悲观效率的定义，DMU 可以分为三种类型：乐观有效 DMU、悲观无效 DMU 和不确定 DMU。如图 5－16 所示，不确定 DMU 位于有效生产前沿面和无效生产前沿面间，既不是乐观有效的，也不是悲观无效的。例如，DMU A 相对有效生产前沿面是乐观有效的，相对无效生产前沿面是悲观非无效的；DMU B 相对有效生产前沿面是乐观非有效的，相对无效生产前沿面是悲观非无效的；DMU C 相对有效生产前沿面是乐观非有效的，相对无效生产前沿面是悲观非无效的，因此，DMU C 是不确定的。

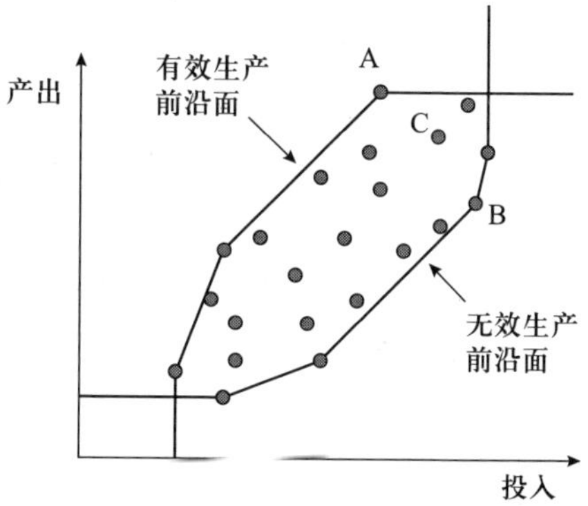

图 5－16 基于单个投入产出的有效和无效生产前沿面

乐观效率和悲观效率是基于不同的角度求得的，两种效率不可替代，在评价 DMU 的效率时需综合考虑乐观效率和悲观效率。王应明等（2011）提出了一种计算 DMU 综合效率的方法，即利用乐观效率与悲观效率的几何平均数表示该 DMU 的综合效率，依此对 DMU 进行排序，进一步分析 DMU 效率低下的原因并提出改善意见，综合效率表示如下：

$$\theta_j=\sqrt{\rho_j^* \cdot \varphi_j^*}\ (j=1，\cdots，n) \tag{5-45}$$

（四）可持续供应链综合效率评价模型

本节以具有复杂网络结构的可持续供应链为例，介绍双前沿动态网络 SBM-DEA 模型，用于评价 DMU 的综合效率。

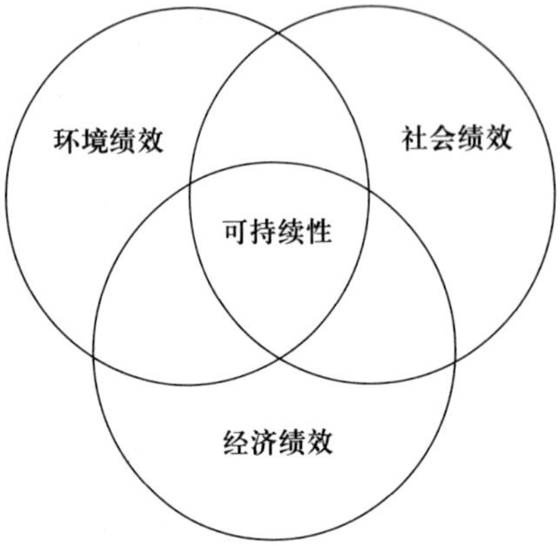

图 5－17　三重底线与可持续性

可持续供应链管理是传统供应链管理和可持续发展理念的融合，是当代新兴的管理模式。过去几十年里，全球经济的迅猛发展给生态环境带来了严重破坏，同时社会问题也逐步凸显。因此，如图 5－17 所示，评价可持续供应链的绩效时不仅要考虑经济绩效，还需考虑环境绩效和社会绩效。供应链的可持续性体现在企业充分利用现有资源实现经济收益的同时控制对环境的污染和对社会发展的影响，寻求三者的平衡点。

1. 经济绩效

企业经营的目的是实现财务目标，为利益相关者谋求最大的利润。因此，对可持续供应链进行绩效评价时最基础的是对经济绩效的评价，应选取经济方面的指标反映可持续供应链的经济绩效。

2. 环境绩效

环境绩效的评价指标应体现出企业生产运营对环境的影响程度或企业在环境保护、生态设计等方面所做的努力，例如污染物的排放量、治理环境污染的费用等。

3. 社会绩效

企业在谋求利益最大化的同时需要对员工、消费者承担相应的社会责任，例如企业为慈善事业、员工的健康和生命安全以及消费者的合法权益等付出的成本。

4. 可持续供应链评价指标选取

根据供应链各阶段的职能可以将供应链划分为供应商、制造商和销售商三个阶段，便于准确定位供应链效率低下的阶段。

供应商是可持续供应链的起点，追求以最低的成本为制造商提供高质量的原材料。供应商的投入指标有员工健康成本和其他成本。员工健康成本作为社会指标，代表供应商每年为维护员工健康付出的成本。其他成本属于经济指标，涵盖供应商在经济方面的成本。供应商与制造商之间的中间产出是供应商提供的原材料价值，是供应商阶段的产出变量，同时作为制造商阶段的投入。供应商对环境的影响程度采用污染治理费用衡量，代表供应商每年为治理环境污染支付的费用。

制造商是可持续供应链的中间环节，该阶段的目标是以最低的成本生产出满足消费者需求的产品。制造商的投入指标是员工健康成本和其他成本。制造商与销售商之间的中间产出是制造商生产的产品产值，是制造商阶段的产出变量，同时作为销售商阶段的投入变量。制造商对环境的影响程度采用污染治理费用衡量，代表制造商每年为治理环境污染支付的费用。

销售商是可持续供应链的最终环节，该阶段的目标是以尽可能低的销售成本实现尽可能高的销售额，并且提升顾客的满意度。销售商的投入变量有员工健康成本和其他成本，产出变量有顾客满意度和销售收入。顾客满意度是社会指标，代表顾客对销售商服务的满意程度，用李克特量表衡量，具体如表 5－14 所示。销售收入是经济指标，代表销售商每年的收入。

表 5－14　顾客满意度的李克特量表

值	顾客满意度
9	非常满意
7	比较满意
5	一般
3	不满意
1	非常不满意
2，4，6，8	介于两个满意度之间

在实际应用中，可持续供应链不仅有空间的分阶段性，还具有时间上的延续性，某一时期的产出会对下一时期产生影响。因此，将待收账款这一期望结转变量和负债这一非期望结转变量纳入评价指标体系中。单时期的可持续供应链结构和动态可持续供应链结构分别如图 5－18 和图 5－19 所示。

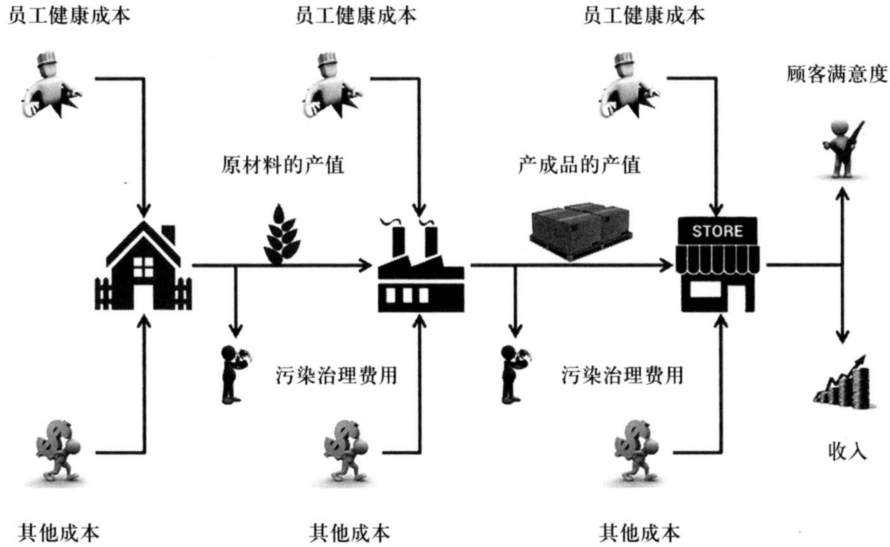

图 5－18　单时期的可持续供应链结构

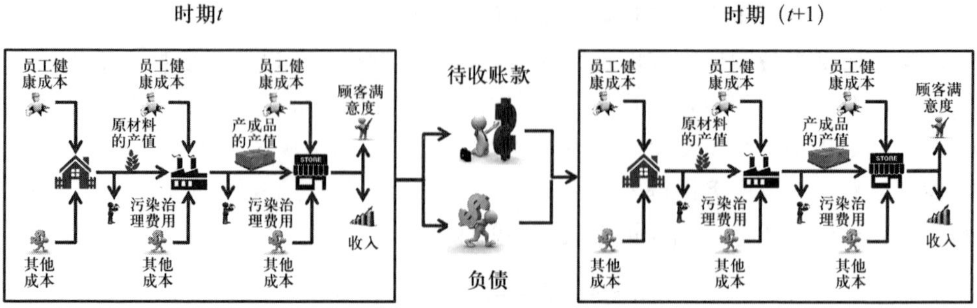

图 5—19　动态可持续供应链结构

5. 模型构建

可持续供应链绩效评价指标的变量符号如表 5—15 所示。

表 5—15　可持续供应链的评价指标

阶段	指标	符号	符号含义
供应商	员工健康成本	$x_{aj}^{(S,t)}$	t 时期可持续供应链 j 供应商阶段的投入
	其他成本	$x_{bj}^{(S,t)}$	t 时期可持续供应链 j 供应商阶段的投入
	污染治理费用	$\overset{\approx}{b}{}_j^{(S,t)}$	t 时期可持续供应链 j 供应商阶段的非期望产出
制造商	原材料价值	$Z_j^{(SM,t)}$	t 时期可持续供应链 j 供应商和制造商之间的中间产出
	待收账款	$c_{jgood}^{(S,t(t+1))}$	t 时期可持续供应链 j 供应商的期望产出
	负债	$c_{jbad}^{(S,t(t+1))}$	t 时期可持续供应链 j 供应商阶段的非期望产出
	员工健康成本	$x_{aj}^{(M,t)}$	t 时期可持续供应链 j 制造商阶段的投入
	其他成本	$x_{bj}^{(M,t)}$	t 时期可持续供应链 j 制造商阶段的投入
	污染治理费用	$\overset{\approx}{b}{}_j^{(M,t)}$	t 时期可持续供应链 j 制造商阶段的非期望产出
	产成品产值	$Z_j^{(MD,t)}$	t 时期可持续供应链 j 制造商和销售商之间的中间产出
	待收账款	$c_{jgood}^{(M,t(t+1))}$	t 时期可持续供应链 j 制造商阶段的期望产出
	负债	$c_{jbad}^{(M,t(t+1))}$	t 时期可持续供应链 j 制造商阶段的非期望产出
销售商	员工健康成本	$x_{aj}^{(D,t)}$	t 时期可持续供应链 j 销售商阶段的投入
	其他成本	$x_{bj}^{(D,t)}$	t 时期可持续供应链 j 销售商阶段的投入
	收入	$y_{aj}^{(D,t)}$	t 时期可持续供应链 j 销售商阶段的期望产出
	顾客满意度	$\overset{\approx}{y}{}_{bj}^{(D,t)}$	t 时期可持续供应链 j 销售商阶段的期望产出

续表

阶段	指标	符号	符号含义
	污染治理费用	$\tilde{\tilde{b}}_j^{(D,t)}$	t 时期可持续供应链 j 销售商阶段的非期望产出
	待收账款	$c_{jgood}^{(D,t(t+1))}$	t 时期可持续供应链 j 销售商阶段的期望产出
	负债	$c_{jbad}^{(D,t(t+1))}$	t 时期可持续供应链 j 销售商阶段的非期望产出

基于乐观前沿面的动态网络 SBM-DEA 模型如下所示：

$$\rho_0=\min\frac{\sum_{t=1}^{T}w^t\begin{bmatrix}w^S\left[1-\frac{1}{3}\left(\frac{s_a^{(S,t)-}}{x_{a0}^{(S,t)}}+\frac{s_b^{(S,t)-}}{x_{b0}^{(S,t)}}+\frac{s_{bad}^{(S,t(t+1))}}{c_{0bad}^{(S,t(t+1))}}\right)\right]+\\w^M\left[1-\frac{1}{3}\left(\frac{s_a^{(M,t)-}}{x_{a0}^{(M,t)}}+\frac{s_b^{(M,t)-}}{x_{b0}^{(M,t)}}+\frac{s_{bad}^{(M,t(t+1))}}{c_{0bad}^{(M,t(t+1))}}\right)\right]+\\w^D\left[1-\frac{1}{3}\left(\frac{s_a^{(D,t)-}}{x_{a0}^{(D,t)}}+\frac{s_b^{(D,t)-}}{x_{b0}^{(D,t)}}+\frac{s_{bad}^{(D,t(t+1))}}{c_{0bad}^{(D,t(t+1))}}\right)\right]\end{bmatrix}}{\sum_{t=1}^{T}w^t\begin{bmatrix}w^S\left[1+\frac{1}{3}\left(\frac{s^{(S,t)}}{b_0^{(S,t)}}+\frac{s^{(SM,t)}}{z_0^{(S,t)}}+\frac{s_{good}^{(S,t(t+1))}}{c_{0good}^{(S,t(t+1))}}\right)\right]+\\w^M\left[1+\frac{1}{3}\left(\frac{s^{(M,t)}}{b_0^{(M,t)}}+\frac{s^{(MD,t)}}{z_0^{(M,t)}}+\frac{s_{good}^{(M,t(t+1))}}{c_{0good}^{(M,t(t+1))}}\right)\right]+\\w^D\left[1+\frac{1}{3}\left(\frac{s_a^{(D,t)+}}{y_{a0}^{(D,t)}}+\frac{s_b^{(D,t)+}}{y_{b0}^{(D,t)}}+\frac{s_{good}^{(D,t(t+1))}}{c_{0good}^{(D,t(t+1))}}\right)\right]\end{bmatrix}} \tag{5-46}$$

$$\text{s. t.}\begin{cases}x_{i0}^{(k,t)}=\sum_{j=1}^{n}x_{ij}^{(k,t)}\lambda_j^{(k,t)}+s_i^{(k,t)-}(i=a,\ b;\ k=S,\ M,\ D)\\y_{r0}^{(D,t)}=\sum_{j=1}^{n}y_{rj}^{(D,t)}\lambda_j^{(D,t)}-s_r^{(D,t)+}(r=a,\ b)\\b_0^{(k,t)}=\sum_{j=1}^{n}b_j^{(k,t)}\lambda_j^{(k,t)}+s^{(k,t)}(k=S,\ M)\\z_0^{(SM,t)}=\sum_{j=1}^{n}z_j^{(SM,t)}\lambda_j^{(S,t)}-s^{(SM,t)}\\z_0^{(MD,t)}=\sum_{j=1}^{n}z_j^{(MD,t)}\lambda_j^{(M,t)}-s^{(MD,t)}\\c_{0good}^{(k,t(t+1))}=\sum_{j=1}^{n}c_{jgood}^{(k,t(t+1))}\lambda_j^{(k,t)}-s_{good}^{(k,t(t+1))}(k=S,\ M,\ D)\\c_{0bad}^{(k,t(t+1))}=\sum_{j=1}^{n}c_{jbad}^{(k,t(t+1))}\lambda_j^{(k,t)}+s_{bad}^{(k,t(t+1))}(k=S,\ M,\ D)\\\sum_{j=1}^{n}\lambda_j^{(k,t)}=1(k=S,\ M,\ D)\\\lambda_j^{(k,t)}\geqslant 0;\ s_i^{(k,t)-},\ s_r^{(D,t)+},\ s^{(SM,t)},\ s^{(MD,t)},\ s_{good}^{(k,t(t+1))},\ s_{bad}^{(k,t(t+1))}\geqslant 0,\\t=1,\ \cdots,\ T\end{cases}$$

其中，ρ_0 表示可持续供应链的乐观效率，$s_i^{(k,t)-}$（$k=S$，M，D；$i=a$，b）代表投入变量的松弛变量，$s_r^{(D,t)+}$（$r=a$，b）代表产出变量的松弛变量，$s^{(SM,t)}$ 和 $s^{(MD,t)}$ 分别代表供应商和制造商阶段及制造商和销售商阶段之间的中间产出的松弛变量，$s_{good}^{(k,t(t+1))}$ 和 $s_{bad}^{(k,t(t+1))}$（$k=S$，M，D）分别代表期望结转变量和非期望结转变量的松弛变量。

根据模型可求得最优解 ρ_o^*，$\lambda_j^{(k,t)*}$，$s_i^{(k,t)-*}$，$s_r^{(D,t)+*}$，$s^{(SM,t)*}$，$s^{(MD,t)*}$，$s_{good}^{(k,t(t+1))*}$，$s_{bad}^{(k,t(t+1))*}$，其中 $k=S$，M，D；$i=a$，b；$r=a$，b；$j=1$，…，n；$t=1$，…，T。

定义 5－1. 当 $\rho_0^*=1$，且 $\lambda_j^{(k,t)*}$，$s_i^{(k,t)-*}$，$s_r^{(D,t)+*}$，$s^{(SM,t)*}$ $s^{(MD,t)*}$，$s_{good}^{(k,t(t+1))*}$，$s_{bad}^{(k,t(t+1))*}$ 均等于 0 时，该供应链是乐观有效的，其中 $k=S$，M，D；$i=a$，b；$r=a$，b；$j=1$，…，n；$t=1$，…，T；否则，该供应链是乐观非有效的。

定义 5－2. 供应商的乐观效率为

$$\rho_0^{S*}=\frac{\sum_{t=1}^{T}w^t\left[1-\frac{1}{3}\left(\frac{s_a^{(S,\ t)-*}}{x_{a0}^{(S,\ t)}}+\frac{s_b^{(S,\ t)-*}}{x_{b0}^{(S,\ t)}}+\frac{s_{bad}^{(S,\ t(t+1))*}}{c_{0bad}^{(S,\ t(t+1))}}\right)\right]}{\sum_{t=1}^{T}w^t\left[1+\frac{1}{3}\left(\frac{s^{(S,\ t)*}}{b_0^{(S,\ t)}}+\frac{s^{(SM,\ t)*}}{z_0^{(S,\ t)}}+\frac{s_{good}^{(S,\ t(t+1))*}}{c_{0good}^{(S,\ t(t+1))}}\right)\right]};$$

制造商的乐观效率为

$$\rho_0^{M*}=\frac{\sum_{t=1}^{T}w^t\left[1-\frac{1}{3}\left(\frac{s_a^{(M,\ t)-*}}{x_{a0}^{(M,\ t)}}+\frac{s_b^{(M,\ t)-*}}{x_{b0}^{(M,\ t)}}+\frac{s_{bad}^{(M,\ t(t+1))*}}{c_{0bad}^{(M,\ t(t+1))}}\right)\right]}{\sum_{t=1}^{T}w^t\left[1+\frac{1}{3}\left(\frac{s^{(M,\ t)*}}{b_0^{(M,\ t)}}+\frac{s^{(MD,\ t)*}}{z_0^{(M,\ t)}}+\frac{s_{good}^{(M,\ t(t+1))*}}{c_{0good}^{(M,\ t(t+1))}}\right)\right]};$$

销售商的乐观效率为

$$\rho_0^{D*}=\frac{\sum_{t=1}^{T}w^t\left[1-\frac{1}{3}\left(\frac{s_a^{(D,\ t)-*}}{x_{a0}^{(D,\ t)}}+\frac{s_b^{(D,\ t)-*}}{x_{b0}^{(D,\ t)}}+\frac{s_{bad}^{(D,\ t(t+1))*}}{c_{0bad}^{(D,\ t(t+1))}}\right)\right]}{\sum_{t=1}^{T}w^t\left[1+\frac{1}{3}\left(\frac{s_a^{(D,\ t)+*}}{y_{a0}^{(D,\ t)}}+\frac{s_b^{(D,\ t)+*}}{y_{b0}^{(D,\ t)}}+\frac{s_{good}^{(D,\ t(t+1))*}}{c_{0good}^{(D,\ t(t+1))}}\right)\right]};$$

t 时期的综合乐观效率为 $\rho_0^{t*}=\dfrac{\left[\begin{array}{l} w^S\left[1-\dfrac{1}{3}\left(\dfrac{s_a^{(S,t)-*}}{x_{a0}^{(S,t)}}+\dfrac{s_b^{(S,t)-*}}{x_{b0}^{(S,t)}}+\dfrac{s_{bad}^{(S,t(t+1))*}}{c_{0bad}^{(S,t(t+1))}}\right)\right]+ \\ w^M\left[1-\dfrac{1}{3}\left(\dfrac{s_a^{(M,t)-*}}{x_{a0}^{(M,t)}}+\dfrac{s_b^{(M,t)-*}}{x_{b0}^{(M,t)}}+\dfrac{s_{bad}^{(M,t(t+1))*}}{c_{0bad}^{(M,t(t+1))}}\right)\right]+ \\ w^D\left[1-\dfrac{1}{3}\left(\dfrac{s_a^{(D,t)-*}}{x_{a0}^{(D,t)}}+\dfrac{s_b^{(D,t)-*}}{x_{b0}^{(D,t)}}+\dfrac{s_{bad}^{(D,t(t+1))*}}{c_{0bad}^{(D,t(t+1))}}\right)\right] \end{array}\right]}{\left[\begin{array}{l} w^S\left[1+\dfrac{1}{3}\left(\dfrac{s^{(S,t)*}}{b_0^{(S,t)}}+\dfrac{s^{(SM,t)*}}{z_0^{(S,t)}}+\dfrac{s_{good}^{(S,t(t+1))*}}{c_{0good}^{(S,t(t+1))}}\right)\right]+ \\ w^M\left[1+\dfrac{1}{3}\left(\dfrac{s^{(M,t)*}}{b_0^{(M,t)}}+\dfrac{s^{(MD,t)*}}{z_0^{(M,t)}}+\dfrac{s_{good}^{(M,t(t+1))*}}{c_{0good}^{(M,t(t+1))}}\right)\right]+ \\ w^D\left[1+\dfrac{1}{3}\left(\dfrac{s_a^{(D,t)+*}}{y_{a0}^{(D,t)}}+\dfrac{s_b^{(D,t)+*}}{y_{b0}^{(D,t)}}+\dfrac{s_{good}^{(D,t(t+1))*}}{c_{0good}^{(D,t(t+1))}}\right)\right] \end{array}\right]}$。

类似地，基于悲观前沿面的 SBM-DEA 模型如下所示：

$$\varphi_0=\max\frac{\sum_{t=1}^{T}w^t\left[\begin{array}{l} w^S\left[1+\dfrac{1}{3}\left(\dfrac{s_a^{(S,\ t)+}}{x_{a0}^{(S,\ t)}}+\dfrac{s_b^{(S,\ t)+}}{x_{b0}^{(S,\ t)}}+\dfrac{s_{bad}^{(S,\ t(t+1))}}{c_{0bad}^{(S,\ t(t+1))}}\right)\right]+ \\ w^M\left[1+\dfrac{1}{3}\left(\dfrac{s_a^{(M,\ t)+}}{x_{a0}^{(M,\ t)}}+\dfrac{s_b^{(M,\ t)+}}{x_{b0}^{(M,\ t)}}+\dfrac{s_{bad}^{(M,\ t(t+1))}}{c_{0bad}^{(M,\ t(t+1))}}\right)\right]+ \\ w^D\left[1+\dfrac{1}{3}\left(\dfrac{s_a^{(D,\ t)+}}{x_{a0}^{(D,\ t)}}+\dfrac{s_b^{(D,\ t)+}}{x_{b0}^{(D,\ t)}}+\dfrac{s_{bad}^{(D,\ t(t+1))}}{c_{0bad}^{(D,\ t(t+1))}}\right)\right] \end{array}\right]}{\sum_{t-1}^{T}w^t\left[\begin{array}{l} w^S\left[1-\dfrac{1}{3}\left(\dfrac{s^{(S,\ t)}}{b_0^{(S,\ t)}}+\dfrac{s^{(SM,\ t)}}{z_0^{(S,\ t)}}+\dfrac{s_{good}^{(S,\ t(t+1))}}{c_{0good}^{(S,\ t(t+1))}}\right)\right]+ \\ w^M\left[1-\dfrac{1}{3}\left(\dfrac{s^{(M,\ t)}}{b_0^{(M,\ t)}}+\dfrac{s^{(MD,\ t)}}{z_0^{(M,\ t)}}+\dfrac{s_{good}^{(M,\ t(t+1))}}{c_{0good}^{(M,\ t(t+1))}}\right)\right]+ \\ w^D\left[1-\dfrac{1}{3}\left(\dfrac{s_a^{(D,\ t)-}}{y_{a0}^{(D,\ t)}}+\dfrac{s_b^{(D,\ t)-}}{y_{b0}^{(D,\ t)}}+\dfrac{s_{good}^{(D,\ t(t+1))}}{c_{0good}^{(D,\ t(t+1))}}\right)\right] \end{array}\right]} \tag{5-47}$$

$$\text{s. t.}\begin{cases} x_{i0}^{(k,\ t)}=\sum_{j=1}^{n}x_{ij}^{(k,\ t)}\lambda_j^{(k,\ t)}-s_i^{(k,\ t)+}(i=a,\ b;\ k=S,\ M,\ D) \\ y_{r0}^{(D,\ t)}=\sum_{j=1}^{n}y_{rj}^{(D,\ t)}\lambda_j^{(D,\ t)}+s_r^{(D,\ t)-}(r=a,\ b) \\ b_0^{(k,\ t)}=\sum_{j=1}^{n}b_j^{(k,\ t)}\lambda_j^{(k,\ t)}-s^{(k,\ t)}(k=S,\ M) \\ z_0^{(SM,\ t)}=\sum_{j=1}^{n}z_j^{(SM,\ t)}\lambda_j^{(M,\ t)}-s^{(SM,\ t)} \\ z_0^{(MD,\ t)}=\sum_{j=1}^{n}z_j^{(MD,\ t)}\lambda_j^{(D,\ t)}-s^{(MD,\ t)} \\ c_{0good}^{(k,\ t(t+1))}=\sum_{j=1}^{n}c_{jgood}^{(k,\ t(t+1))}\lambda_j^{(k,\ t)}+s_{good}^{(k,\ t(t+1))}(k=S,\ M,\ D) \\ c_{0bad}^{(k,\ t(t+1))}=\sum_{j=1}^{n}c_{jbad}^{(k,\ t(t+1))}\lambda_j^{(k,\ t)}-s_{bad}^{(k,\ t(t+1))}(k=S,\ M,\ D) \end{cases}$$

$$\text{s. t.}\begin{cases}\sum_{j=1}^{n}\lambda_j^{(k,\ t)}=1(k=S,\ M,\ D)\\ \lambda_j^{(k,\ t)}\geqslant 0;\ s_i^{(k,\ t)-},\ s_r^{(D,\ t)+},\ s^{(SM,\ t)},\ s^{(MD,\ t)},\ s_{good}^{(k,\ t(t+1))},\ s_{bad}^{(k,\ t(t+1))}\geqslant 0;\\ t=1,\ \cdots,\ T\end{cases}$$

其中，φ_0 表示可持续供应链的悲观效率，$s_i^{(k,t)+}$（$k=S$，M，D；$i=a$，b）代表投入变量的松弛变量，$s_r^{(D,t)-}$（$r=a$，b）代表产出变量的松弛变量，$s^{(SM,t)}$ 和 $s^{(MD,t)}$ 分别代表供应商和制造商阶段及制造商和销售商阶段之间的中间产出的松弛变量，$s_{good}^{(k,t(t+1)}$ 和 $s_{bad}^{(k,t(t+1))}$（$k=S$，M，D）分别代表期望结转变量和非期望结转变量的松弛变量。

根据模型可求得最优解 φ_0^*，$\lambda_j^{(k,t)*}$，$s_i^{(k,t)+*}$，$s_r^{(D,t)-*}$，$s^{(SM,t)*}$，$s^{(MD,t)*}$，$s_{good}^{(k,t(t+1))*}$，$s_{bad}^{(k,t(t+1))*}$，其中 $k=S$，M，D；$i=a$，b；$r=a$，b；$j=1$，…，n；$t=1$，…，T。

定义 5－3. 当 $\varphi_0^*=1$，且 $\lambda_j^{(k,t)*}$，$s_i^{(k,t)+*}$，$s_r^{(D,t)-*}$，$s^{(SM,t)*}$，$s^{(MD,t)*}$，$s_{good}^{(k,t(t+1))*}$，$s_{bad}^{(k,t(t+1))*}$ 均等于0时，该供应链是悲观无效的，其中，$k=S$，M，D；$i=a$，b；$r=a$，b；$j=1$，…，n；$t=1$，…，T；否则，该供应链是悲观非无效的。

定义 5－4. 供应商的悲观效率为 $\varphi_0^{S*}=$

$$\frac{\sum_{t=1}^{T}w^t\left[1+\frac{1}{3}\left(\frac{s_a^{(S,\ t)+*}}{x_{a0}^{(S,\ t)}}+\frac{s_b^{(S,\ t)+*}}{x_{b0}^{(S,\ t)}}+\frac{s_{bad}^{(S,\ t(t+1))*}}{c_{0bad}^{(S,\ t(t+1))}}\right)\right]}{\sum_{t=1}^{T}w^t\left[1-\frac{1}{3}\left(\frac{s^{(S,\ t)*}}{b_0^{(S,\ t)}}+\frac{s^{(SM,\ t)*}}{z_0^{(S,\ t)}}+\frac{s_{good}^{(S,\ t(t+1))*}}{c_{0good}^{(S,\ t(t+1))}}\right)\right]};$$

制造商的悲观效率为 $$\varphi_0^{M*}=\frac{\sum_{t=1}^{T}w^t\left[1+\frac{1}{3}\left(\frac{s_a^{(M,\ t)+*}}{x_{a0}^{(M,\ t)}}+\frac{s_b^{(M,\ t)+*}}{x_{b0}^{(M,\ t)}}+\frac{s_{bad}^{(M,\ t(t+1))*}}{c_{0bad}^{(M,\ t(t+1))}}\right)\right]}{\sum_{t=1}^{T}w^t\left[1-\frac{1}{3}\left(\frac{s^{(M,\ t)*}}{b_0^{(M,\ t)}}+\frac{s^{(MD,\ t)*}}{z_0^{(M,\ t)}}+\frac{s_{good}^{(M,\ t(t+1))*}}{c_{0good}^{(M,\ t(t+1))}}\right)\right]};$$

销售商的悲观效率为 $$\varphi_0^{D*}=\frac{\sum_{t=1}^{T}w^t\left[1+\frac{1}{3}\left(\frac{s_a^{(D,\ t)+*}}{x_{a0}^{(D,\ t)}}+\frac{s_b^{(D,\ t)+*}}{x_{b0}^{(D,\ t)}}+\frac{s_{bad}^{(D,\ t(t+1))*}}{c_{0bad}^{(D,\ t(t+1))}}\right)\right]}{\sum_{t=1}^{T}w^t\left[1-\frac{1}{3}\left(\frac{s_a^{(D,\ t)-*}}{y_{a0}^{(D,\ t)}}+\frac{s_b^{(D,\ t)-*}}{y_{b0}^{(D,\ t)}}+\frac{s_{good}^{(D,\ t(t+1))*}}{c_{0good}^{(D,\ t(t+1))}}\right)\right]};$$

t 时期的综合悲观效率为 $\varphi_o^{t*}=\dfrac{\left[\begin{array}{l} w^S\left[1+\dfrac{1}{3}\left(\dfrac{s_a^{(S,t)+*}}{x_{a0}^{(S,t)}}+\dfrac{s_b^{(S,t)+*}}{x_{b0}^{(S,t)}}+\dfrac{s_{bad}^{(S,t(t+1))*}}{c_{0bad}^{(S,t(t+1))}}\right)\right]+ \\ w^M\left[1+\dfrac{1}{3}\left(\dfrac{s_a^{(M,t)+*}}{x_{a0}^{(M,t)}}+\dfrac{s_b^{(M,t)+*}}{x_{b0}^{(M,t)}}+\dfrac{s_{bad}^{(M,t(t+1))*}}{c_{0bad}^{(M,t(t+1))}}\right)\right]+ \\ w^D\left[1+\dfrac{1}{3}\left(\dfrac{s_a^{(D,t)+*}}{x_{a0}^{(D,t)}}+\dfrac{s_b^{(D,t)+*}}{x_{b0}^{(D,t)}}+\dfrac{s_{bad}^{(D,t(t+1))*}}{c_{0bad}^{(D,t(t+1))}}\right)\right] \end{array}\right]}{\left[\begin{array}{l} w^S\left[1-\dfrac{1}{3}\left(\dfrac{s^{(S,t)*}}{b_0^{(S,t)}}+\dfrac{s^{(SM,t)*}}{z_0^{(S,t)}}+\dfrac{s_{good}^{(S,t(t+1))*}}{c_{0good}^{(S,t(t+1))}}\right)\right]+ \\ w^M\left[1-\dfrac{1}{3}\left(\dfrac{s^{(M,t)*}}{b_0^{(M,t)}}+\dfrac{s^{(MD,t)*}}{z_0^{(M,t)}}+\dfrac{s_{good}^{(M,t(t+1))*}}{c_{0good}^{(M,t(t+1))}}\right)\right]+ \\ w^D\left[1-\dfrac{1}{3}\left(\dfrac{s_a^{(D,t)-*}}{y_{a0}^{(D,t)}}+\dfrac{s_b^{(D,t)-*}}{y_{b0}^{(D,t)}}+\dfrac{s_{good}^{(D,t(t+1))*}}{c_{0good}^{(D,t(t+1))}}\right)\right] \end{array}\right]}$。

综合乐观效率和悲观效率，被评价供应链的综合效率为 $\theta_0=\sqrt{\rho_0^*\times\varphi_0^*}$；此外，可得供应商的综合效率为 $\theta_0^S=\sqrt{\rho_0^{S*}\times\varphi_0^{S*}}$；制造商的综合效率为 $\theta_0^M=\sqrt{\rho_0^{M*}\times\varphi_0^{M*}}$；销售商的综合效率为 $\theta_0^D=\sqrt{\rho_0^{D*}\times\varphi_0^{D*}}$；$t$ 时期的综合效率为 $\theta_0^t=\sqrt{\rho_0^{t*}\times\varphi_0^{t*}}$ $(t=1,\ \cdots,\ T)$。

通过计算可持续供应链的乐观效率、悲观效率以及综合效率，可进一步分析可持续供应链的效率排名，识别供应链效率低下的根本原因，为效率改善提出建议。

二、基于模糊双前沿的多周期网络 DEA 模型

在现实生产运营过程中，复杂结构的 DMU 往往具有多方面的指标和数据。例如，顾客满意度和环境污染程度往往由语言描述，需要采用模糊数刻画这些语言变量，刻画效率评价过程中的不确定性。本节以可持续供应链为例，将不确定性与双前沿动态网络 DEA 模型结合，构建具有区间模糊数的双前沿动态网络 DEA 模型。

该节的指标体系与上节一致。考虑到顾客无法明确区分自己对供应链各阶段的满意度，将顾客满意度视为顾客对可持续供应链的整体满意度。另外，可持续供应链的运行在每个阶段都会造成一定的环境污染，因此每一阶段都需考虑环境污染程度这一非期望产出。为了体现可持续供应链运行的连续性，将应收账款视作期望结转变量，指在指定期间未收到的收入；将应付账款视作非期望结转变量，指在指定期间尚未支付的成本。综上所述，该可持续供应链的运行结构如图 5－20 所示。上述指标的符号如表 5－15 所示。

在该问题中，采用李克特量表描述环境污染程度和顾客满意度，并进一步转化为区间二型模糊数，如表 5－16 所示。

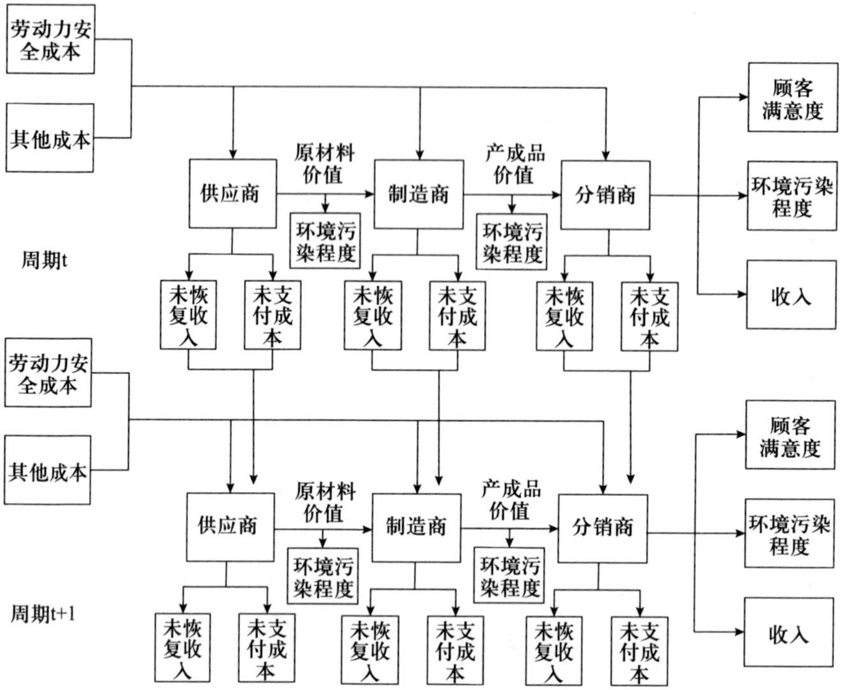

图 5－20　动态网络可持续供应链结构

表 5－16　不同环境污染程度和顾客满意度对应的区间二型模糊数

环境污染程度	顾客满意度	区间二型模糊数
Ⅰ	强烈不满	((0，0.1，0.1，0.2；1，1)，(0.05，0.1，0.1，0.15；0.9，0.9))
Ⅱ	比较不满	((0.1，0.2，0.2，0.3；1，1)，(0.15，0.2，0.2，0.25；0.9，0.9))
Ⅲ	不满意	((0.2，0.3，0.3，0.4；1，1)，(0.25，0.3，0.3，0.35；0.9，0.9))
Ⅳ	中度不满	((0.3，0.4，0.4，0.5；1，1)，(0.35，0.4，0.4，0.45；0.9，0.9))
Ⅴ	不确定	((0.4，0.5，0.5，0.6；1，1)，(0.45，0.5，0.5，0.55；0.9，0.9))
Ⅵ	中度满意	((0.5，0.6，0.6，0.7；1，1)，(0.55，0.6，0.6，0.65；0.9，0.9))
Ⅶ	满意	((0.6，0.7，0.7，0.8；1，1)，(0.65，0.7，0.7，0.75；0.9，0.9))
Ⅷ	比较满意	((0.7，0.8，0.8，0.9；1，1)，(0.75，0.8，0.8，0.85；0.9，0.9))
Ⅸ	非常满意	((0.8，0.9，0.9，1.0；1，1)，(0.85，0.9，0.9，0.95；0.9，0.9))

定义 5－5. 区间二型模糊集是二型模糊集的特殊情况，表示如下：

$$\tilde{\tilde{A}}=\int_{x\in X}\int_{u\in J_x}1/(x,u)$$

其中，$J_x\in[0,1]$。

定义 5－6. 梯形区间二型模糊集 $\tilde{\tilde{A}}$ 的定义如下：

$$\tilde{\tilde{A}}=(\tilde{A}^U,\ \tilde{A}^L)=\begin{pmatrix}a_1^U,a_2^U,a_3^U,a_4^U;\\ H_1(\tilde{A}^U),H_2(\tilde{A}^U)\end{pmatrix},\ \begin{pmatrix}a_1^L,a_2^L,a_3^L,a_4^L;\\ H_1(\tilde{A}^L),H_2(\tilde{A}^L)\end{pmatrix}$$

其中，a_1^U，a_2^U，a_3^U，a_4^U，$H_1(\tilde{A}^U)$，$H_2(\tilde{A}^U)$，a_1^L，a_2^L，a_3^L，a_4^L，$H_1(\tilde{A}^L)$和$H_2(\tilde{A}^L)$都是实数，且满足不等式 $a_1^U\leqslant a_2^U\leqslant a_3^U\leqslant a_4^U$，$a_1^L\leqslant a_2^L\leqslant a_3^L\leqslant a_4^L$，$0\leqslant H_1(\tilde{A}^U)\leqslant H_2(\tilde{A}^U)\leqslant 1$，$0\leqslant H_1(\tilde{A}^L)\leqslant H_2(\tilde{A}^L)\leqslant 1$，如图 5－21 所示。

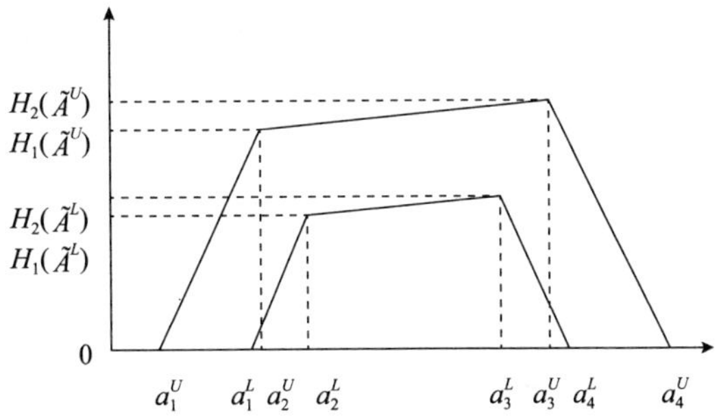

图 5－21　梯形区间二型模糊集 $\tilde{\tilde{A}}$

首先，将 10 个顾客对每个可持续供应链的满意度转换为如下 10 个区间二型模糊数 $\tilde{\tilde{A}}_1-\tilde{\tilde{A}}_{10}$：

$\tilde{\tilde{A}}_1=(0.1,0.2,0.2,0.3;1,1),(0.15,0.2,0.2,0.25;0.9,0.9)$

$\tilde{\tilde{A}}_2=\tilde{\tilde{A}}_3=(0.2,0.3,0.3,0.4;1,1),(0.25,0.3,0.3,0.35;0.9,0.9)$

$\tilde{\tilde{A}}_4=\tilde{\tilde{A}}_5=(0.3,0.4,0.4,0.5;1,1),(0.35,0.4,0.4,0.45;0.9,0.9)$

$\tilde{\tilde{A}}_6=\tilde{\tilde{A}}_7=\tilde{\tilde{A}}_8=(0.4,0.5,0.5,0.6;1,1),(0.45,0.5,0.5,0.55;0.9,0.9)$

$\tilde{\tilde{A}}_9=((0.5,0.6,0.6,0.7;1,1),(0.55,0.6,0.6,0.65;0.9,0.9))$

$\tilde{\tilde{A}}_{10}=(0.6,0.7,0.7,0.8;1,1),(0.65,0.7,0.7,0.75;0.9,0.9)$

其次，利用区间二型模糊数的运算法则计算 $\tilde{\tilde{A}}_1-\tilde{\tilde{A}}_{10}$ 的算术平均值，作为顾客对可持续供应链的综合满意度，计算示例如下所示：

$$\tilde{\tilde{A}}_{mean}=\frac{1}{10}\times(\tilde{\tilde{A}}_1+\tilde{\tilde{A}}_2+\cdots+\tilde{\tilde{A}}_{10})$$

$$=\frac{1}{10}\times(3.4,4.4,4.4,5.4;1.1),(3.9,4.4,4.4,4.9;0.9,0.9)$$

$$=(3.4,4.4,4.4,5.4;1.1),(3.9,4.4,4.4,4.9;0.9,0.9)$$

（一）基于有效前沿面的动态网络 DEA 模型

1. 供应商阶段

令 $s_a^{(S,t)-}$，$s_b^{(S,t)-}$，$s^{(S,t)-}$，$s_{bad}^{(S,t(t+1))-}$，$s^{(SM,t)+}$，$s_{good}^{(S,t(t+1))+}$ 分别表示 $x_{a0}^{(S,t)}$，$x_{b0}^{(S,t)}$，$\tilde{\tilde{b}}_0^{(S,t)}$，$c_{0bad}^{(S,t(t+1))}$，$Z_0^{(SM,t)}$，$c_{0good}^{(S,t(t+1))}$ 的松弛变量，w^t 表示每个时期的权重，假定每个时期的权重相同。那么，$\frac{x_a^{(S,t)}-s_a^{(S,t)-}}{x_{a0}^{(S,t)}}$，$\frac{x_{b0}^{(S,t)}-s_b^{(S,t)-}}{x_{b0}^{(S,t)}}$，$\frac{\tilde{\tilde{b}}_0^{(S,t)}-s^{(S,t)-}}{\tilde{\tilde{b}}_0^{(S,t)}}$和$\frac{c_{0bad}^{(S,t(t+1))}-s_{bad}^{(S,t(t+1))-}}{c_{0bad}^{(S,t(t+1))}}$分别是 t 时期供应商阶段劳动力安全成本、其他成本、环境污染程度和应付账款的相应缩减率。因此，以上四个变量在 t 时期基于有效前沿的平均缩减率为：

$$MRRE^{S,t}=\frac{1}{4}\left(\begin{array}{l}\frac{x_{a0}^{(S,t)}-s_a^{(S,t)-}}{x_{a0}^{(S,t)}}+\frac{x_{b0}^{(S,t)}-s_b^{(S,t)-}}{x_{b0}^{(S,t)}}+\\ \frac{\tilde{\tilde{b}}_0^{(S,t)}-s^{(S,t)-}}{\tilde{\tilde{b}}_0^{(S,t)}}+\frac{c_{0bad}^{(S,t(t+1))}-s_{bad}^{(S,t(t+1))-}}{c_{0bad}^{(S,t(t+1))}}\end{array}\right)\tag{5—48}$$

同样地，$\frac{Z_0^{(SM,t)}+s^{(SM,t)+}}{Z_0^{(SM,t)}}$和$\frac{c_{0good}^{(S,t(t+1))}+s_{good}^{(S,t(t+1))+}}{c_{0good}^{(S,t(t+1))}}$分别表示原材料价值和应收账款的扩张率。公式（5—49）表示 t 时期原材料价值和应收账款基于有效前沿的平均扩张率。

$$MERE^{S,t}=\frac{1}{2}\left(\frac{Z_0^{(SM,t)}+s^{(SM,t)+}}{Z_0^{(SM,t)}}+\frac{c_{0good}^{(S,t(t+1))}+s_{good}^{(S,t(t+1))+}}{c_{0good}^{(S,t(t+1))}}\right)\tag{5—49}$$

综合式（5—48）和式（5—49），供应商阶段基于有效前沿的效率值如（5—50）所示：

$$\rho_0^S=\frac{\sum_{t=1}^T w^t MRRE^{S,t}}{\sum_{t=1}^T w^t MERE^{S,t}}=\frac{\sum_{t=1}^T w^t\left[1-\frac{1}{4}\left(\begin{array}{l}\frac{x_{a0}^{(S,t)}-s_a^{(S,t)-}}{x_{a0}^{(S,t)}}+\\ \frac{x_{b0}^{(S,t)}-s_b^{(S,t)-}}{x_{b0}^{(S,t)}}+\\ \frac{\tilde{\tilde{b}}_0^{(S,t)}-s^{(S,t)-}}{\tilde{\tilde{b}}_0^{(S,t)}}+\\ \frac{c_{0bad}^{(S,t(t+1))}-s_{bad}^{(S,t(t+1))-}}{c_{0bad}^{(S,t(t+1))}}\end{array}\right)\right]}{\sum_{t=1}^T w^t\left[1+\frac{1}{2}\left(\begin{array}{l}\frac{Z_0^{(SM,t)}+s^{(SM,t)+}}{Z_0^{(SM,t)}}+\\ \frac{c_{0good}^{(S,t(t+1))}+s_{good}^{(S,t(t+1))+}}{c_{0good}^{(S,t(t+1))}}\end{array}\right)\right]}\tag{5—50}$$

供应商阶段基于有效前沿的约束条件如下：

$$x_{i0}^{(S,\ t)} = \sum_{j=1}^{n} x_{ij}^{(S,\ t)} \lambda_j^{(S,\ t)} + s_i^{(S,\ t)-} (i = a,\ b) \tag{5-51.1}$$

$$\approx{b}_0^{(S,\ t)} = \sum_{j=1}^{n} \approx{b}_j^{(S,\ t)} \lambda_j^{(S,\ t)} + s^{(S,\ t)-} \tag{5-51.2}$$

$$Z_0^{(SM,\ t)} = \sum_{j=1}^{n} Z_j^{(SM,\ t)} \lambda_j^{(S,\ t)} - s^{(SM,\ t)+} \tag{5-51.3}$$

$$c_{ogood}^{(S,\ t(t+1))} = \sum_{j=1}^{n} c_{jgood}^{(S,\ t(t+1))} \lambda_j^{(S,\ t)} - s_{good}^{(S,\ t(t+1))+} \tag{5-51.4}$$

$$c_{0bad}^{(S,\ t(t+1))} = \sum_{j=1}^{n} c_{jbad}^{(S,\ t(t+1))} \lambda_j^{(S,\ t)} + s_{bad}^{(S,\ t(t+1))-} \tag{5-51.5}$$

$$\lambda_j^{((S,\ t)},\ s_i^{(S,\ t)-},\ s^{(S,\ t)-},\ s_{bad}^{(S,\ t(t+1))-},\ s^{(SM,\ t)+},\ s_{good}^{(S,\ t(t+1))+} \geqslant 0;\ t = 1,\ \cdots,\ T \tag{5-51.6}$$

$$\sum_{j=1}^{n} \lambda_j^{(S,\ t)} = 1 \tag{5-51.7}$$

其中，$\lambda_j^{(S,t)}$ 为 t 时期供应商阶段的强度变量。为避免对应付账款与应收账款重复计算，且确保结转变量在相邻时期的一致连续性，对结转变量定义如下约束条件：

$$\begin{aligned} \sum_{j=1}^{n} c_{jgood}^{(S,\ t(t+1))} \lambda_j^{(S,\ t)} &= \sum_{j=1}^{n} c_{jgood}^{(S,\ t(t+1))} \lambda_j^{(S,\ t+1)} \\ \sum_{j=1}^{n} c_{jbad}^{(S,\ t(t+1))} \lambda_j^{(S,\ t)} &= \sum_{j=1}^{n} c_{jbad}^{(S,\ t(t+1))} \lambda_j^{(S,\ t+1)} \end{aligned} \tag{5-51.8}$$

2. 制造商阶段

与供应商阶段类似，可将制造商阶段基于有效前沿的效率值定义如下：

$$\rho_0^M = \frac{\sum_{t=1}^{T} w^t MRRE^{M,\ t}}{\sum_{t=1}^{T} w^t MERE^{M,\ t}} = \frac{\sum_{t=1}^{T} w^t \left(1 - \frac{1}{5}\left(\begin{array}{l} \frac{s_a^{(M,\ t)-}}{x_{a0}^{(M,\ t)}} + \frac{s_b^{(M,\ t)-}}{x_{b0}^{(M,\ t)}} + \\ \frac{s^{(SM,\ t)-}}{Z_0^{(SM,\ t)}} + \frac{s^{(M,\ t)-}}{\approx{b}_0^{(M,\ t)}} + \frac{s_{bad}^{(M,\ t(t+1))}}{c_{0bad}^{(M,\ t(t+1))}} \end{array}\right)\right)}{\sum_{t=1}^{T} w^t \left(1 + \frac{1}{2}\left(\frac{s^{(MD,\ t)+}}{Z_0^{(MD,\ t)}} + \frac{s_{good}^{(M,\ t(t+1))+}}{c_{0good}^{(M,\ t(t+1))}}\right)\right)} \tag{5-52}$$

其中，$s_a^{(M,t)-}$，$s_b^{(M,t)-}$，$s^{(SM,t)-}$，$s^{(M,t)-}$，$s_{bad}^{(M,t(t+1))-}$，$s^{(MD,t)+}$ 和 $s_{good}^{(M,t(t+1))+}$ 分别是 $x_{a0}^{(M,t)}$，$x_{b0}^{(M,t)}$，$Z_0^{(SM,t)}$，$\approx{b}_0^{(M,t)}$，$c_{0bad}^{(M,t(t+1))}$，$Z_0^{(MD,t)}$ 和 $c_{0good}^{(M,t(t+1))}$ 的松弛变量；$MRRE^{M,t}$ 表示劳动力安全成本、其他成本、原材料价值、环境污染程度和应付账款的平均缩减率，$MERE^{M,t}$ 表示产成品产值和应收账款的平均扩张率。

制造商阶段基于有效前沿的约束条件如下：

$$x_{i0}^{(M,\ t)} = \sum_{j=1}^{n} x_{ij}^{(M,\ t)} \lambda_j^{(M,\ t)} + s_i^{(M,\ t)-} (i = a,\ b) \tag{5-53.1}$$

$$\approx{b}_0^{(M,\ t)} = \sum_{j=1}^{n} \approx{b}_j^{(M,\ t)} \lambda_j^{(M,\ t)} + s^{(M,\ t)-} \tag{5-53.2}$$

$$c_{0bad}^{(M,\ t(t+1))}=\sum_{j=1}^{n}c_{jbad}^{(M,\ t(t+1))}\lambda_j^{(M,\ t)}+s_{bad}^{(M,\ t(t+1))-} \tag{5-53.3}$$

$$Z_0^{(MD,\ t)}=\sum_{j=1}^{n}Z_j^{(MD,\ t)}\lambda_j^{(M,\ t)}-s^{(MD,\ t)+} \tag{5-53.4}$$

$$c_{ogood}^{(M,\ t(t+1))}=\sum_{j=1}^{n}c_{jgood}^{(M,\ t(t+1))}\lambda_j^{(M,\ t)}-s_{good}^{(M,\ t(t+1))+} \tag{5-53.5}$$

$$Z_0^{(SM,\ t)}=\sum_{j=1}^{n}Z_j^{(SM,\ t)}\lambda_j^{(M,\ t)}+s^{(SM,\ t)+} \tag{5-53.6}$$

$$\lambda_j^{(S,\ t)},\ s_i^{(M,\ t)-},\ s^{(M,\ t)-},\ s_{bad}^{(M,\ t(t+1))-},\ s^{(MD,\ t)+},\ s_{good}^{(M,\ t(t+1))+},\ s^{(SM,\ t)-}\geqslant 0;\ t=1,\ \cdots,\ T \tag{5-53.7}$$

$$\sum_{j=1}^{n}c_{jgood}^{(M,\ t(t+1))}\lambda_j^{(M,\ t)}=\sum_{j=1}^{n}c_{jgood}^{(M,\ t(t+1))}\lambda_j^{(M,\ t+1)} \tag{5-53.8}$$

$$\sum_{j=1}^{n}c_{jbad}^{(M,\ t(t+1))}\lambda_j^{(M,\ t)}=\sum_{j=1}^{n}c_{jbad}^{(M,\ t(t+1))}\lambda_j^{(M,\ t+1)} \tag{5-53.9}$$

$$\sum_{j=1}^{n}\lambda_j^{(M,\ t)}=1 \tag{5-53.10}$$

其中，$\lambda_j^{(M,t)}$ 是 t 时期制造商阶段的强度变量。

3. 销售商阶段

销售商阶段基于有效前沿的效率值如下：

$$\rho_0^D=\frac{\sum_{t=1}^{T}w^t MRRE^{D,\ t}}{\sum_{t=1}^{T}w^t MERE^{D,\ t}}=\frac{\sum_{t=1}^{T}w^t\left(1-\frac{1}{5}\left(\frac{s_a^{(D,\ t)-}}{x_{a0}^{(D,\ t)}}+\frac{s_b^{(D,\ t)-}}{x_{b0}^{(D,\ t)}}+\frac{s^{(MD,\ t)-}}{Z_0^{(MD,\ t)}}+\frac{s^{(D,\ t)-}}{\tilde{\tilde{b}}_0^{(D,\ t)}}+\frac{s_{bad}^{(D,\ t(t+1))-}}{c_{0bad}^{(D,\ t(t+1))}}\right)\right)}{\sum_{t=1}^{T}w^t\left(1+\frac{1}{3}\left(\frac{s_a^{(D,\ t)+}}{y_{a0}^{(D,\ t)}}+\frac{s_b^{(D,\ t)+}}{\tilde{\tilde{y}}_{b0}^{(D,\ t)}}+\frac{s_{good}^{(D,\ t(t+1))+}}{c_{0good}^{(D,\ t(t+1))}}\right)\right)} \tag{5-54}$$

其中，$s_a^{(D,t)-}$，$s_b^{(D,t)-}$，$s^{(MD,t)-}$，$s^{(D,t)-}$，$s_{bad}^{(D,t(t+1))-}$，$s_a^{(D,t)+}$，$s_b^{(D,t)+}$ 和 $s_{good}^{(D,t(t+1))+}$ 分别是 $x_{a0}^{(D,t)}$，$x_{b0}^{(D,t)}$，$Z_0^{(MD,t)}$，$\tilde{\tilde{b}}_0^{(D,t)}$，$c_{0bad}^{(D,t(t+1))}$，$y_{a0}^{(D,t)}$，$\tilde{\tilde{y}}_{b0}^{(D,t)}$ 和 $c_{0good}^{(D,t(t+1))}$ 的松弛变量。$MRRE^{D,t}$ 是劳动安全成本、其他成本、产成品产值、环境污染程度和应付账款的平均缩减率，$MERE^{D,t}$ 是收入、顾客满意度和应收账款的平均扩张率。

销售商阶段基于有效前沿的约束条件如下：

$$x_{i0}^{(D,\ t)}=\sum_{j=1}^{n}x_{ij}^{(D,\ t)}\lambda_j^{(D,\ t)}+s_i^{(D,\ t)-}(i=a,\ b) \tag{5-55.1}$$

$$\tilde{\tilde{b}}_0^{(D,\ t)}=\sum_{j=1}^{n}\tilde{\tilde{b}}_j^{(D,\ t)}\lambda_j^{(D,\ t)}+s^{(D,\ t)-} \tag{5-55.2}$$

$$c_{0bad}^{(D,\ t(t+1))}=\sum_{j=1}^{n}c_{jbad}^{(D,\ t(t+1))}\lambda_j^{(D,\ t)}+s_{bad}^{(D,\ t(t+1))-} \tag{5-55.3}$$

$$c_{ogood}^{(D,\ t(t+1))}=\sum_{j=1}^{n}c_{jgood}^{(D,\ t(t+1))}\lambda_j^{(M,\ t)}-s_{good}^{(D,\ t(t+1))+} \tag{5-55.4}$$

$$y_{a0}^{(D,\ t)}=\sum_{j=1}^{n}y_{aj}^{(D,\ t)}\lambda_j^{(D,\ t)}+s_a^{(D,\ t)+}(i=a,\ b) \tag{5-55.5}$$

$$\tilde{\tilde{y}}_{b0}^{(D,t)} = \sum_{j=1}^{n} \tilde{\tilde{y}}_{bj}^{(D,t)} \lambda_j^{(D,t)} - s^{(D,t)+} \quad (5-55.6)$$

$$Z_0^{(MD,t)} = \sum_{j=1}^{n} Z_j^{(MD,t)} \lambda_j^{(D,t)} + s^{(MD,t)+} \quad (5-55.7)$$

$$\lambda_j^{(S,t)},\ s_i^{(D,t)-},\ s^{(D,t)-},\ s_{bad}^{(D,t(t+1))-},\ s_{good}^{(D,t(t+1))+},\ s_a^{(D,t)+},\ s_b^{(D,t)+},\ s^{(MD,t)-} \geqslant 0 \quad (5-55.8)$$

$$\sum_{j=1}^{n} c_{jgood}^{(D,t(t+1))} \lambda_j^{(D,t)} = \sum_{j=1}^{n} c_{jgood}^{(D,t(t+1))} \lambda_j^{(D,t+1)} \quad (5-55.9)$$

$$\sum_{j=1}^{n} c_{jbad}^{(D,t(t+1))} \lambda_j^{(D,t)} = \sum_{j=1}^{n} c_{jbad}^{(D,t(t+1))} \lambda_j^{(D,t+1)} \quad (5-55.10)$$

$$\sum_{j=1}^{n} \lambda_j^{(D,t)} = 1;\ t = 1,\ \cdots,\ T \quad (5-55.11)$$

其中，$\lambda_j^{(D,t)}$ 表示销售商阶段的强度变量。

4. 基于有效前沿的综合效率

综合上述各阶段的效率，可将可持续供应链的综合效率定义如下：

$$\rho_0 = \frac{\sum_{t=1}^{T} w^t (w^S MRRE^{S,t} + w^M MRRE^{M,t} + w^D MRRE^{D,t})}{\sum_{t=1}^{T} w^t (w^S MERE^{S,t} + w^M MERE^{M,t} + w^D MERE^{D,t})} \quad (5-56)$$

其中，w^S，w^M 和 w^D 分别是供应商、制造商和销售商的权重，假设所有阶段同等重要。

那么，可持续供应链基于有效前沿的综合效率评价模型如下：

$$\min \rho_0 \quad (5-57)$$

$$\text{s. t.} \begin{cases} Eqs.(3-30.1)-(3-30.8) \\ Eqs.(3-32.1)-(3-32.10) \\ Eqs.(3-34.1)-(3-34.11) \end{cases}$$

定义 5－7. t 时期基于有效前沿的可持续供应链的效率值为：

$$\rho_0 = \frac{\sum_{t=1}^{T} w^t (w^S MRRE^{S,t} + w^M MRRE^{M,t} + w^D MRRE^{D,t})}{\sum_{t=1}^{T} w^t (w^S MERE^{S,t} + w^M MERE^{M,t} + w^D MERE^{D,t})}$$

定义 5－8. 当且仅当 $\rho_0^S = 1$ 时，被评价供应链是 DEA 有效的；否则是 DEA 无效的。该定义同样适用于 φ_0^M，φ_0^D，φ_0^t 和 φ_0。

（二）基于无效前沿的动态网络 DEA 模型

令 φ_0^S，φ_0^M，φ_0^D 分别为供应商、制造商和销售商阶段基于无效生产前沿的效率值。

1. 供应商阶段

令 $\frac{x_{a0}^{(S,t)} + s_a^{(S,t)+}}{x_{a0}^{(S,t)}}$，$\frac{x_{b0}^{(S,t)} + s_b^{(S,t)+}}{x_{b0}^{(S,t)}}$，$\frac{\tilde{\tilde{b}}_0^{(S,t)} + s^{(S,t)+}}{\tilde{\tilde{b}}_0^{(S,t)}}$ 和 $\frac{c_{0bad}^{(S,t(t+1))} + s_{bad}^{(S,t(t+1))+}}{c_{0bad}^{(S,t(t+1))}}$ 分别代表 t 时期供应商阶段劳动力安全成本、其他成本、环境污染程度和应付账款

的相应扩张率；$\frac{Z_0^{(SM,t)}-s^{(SM,t)-}}{Z_0^{(SM,t)}}$和$\frac{c_{0good}^{(S,t(t+1))}-s_{good}^{(S,t(t+1))-}}{c_{0good}^{(S,t(t+1))}}$分别表示原材料价值和应收账款的缩减率。

因此，供应商阶段 t 时期基于无效前沿的平均扩张率和平均缩减率如式（5—58）和式（5—59）所示，式（5—60）表示供应商阶段基于无效前沿的效率值。

$$MERI^{S,t}=\frac{1}{4}\left(\begin{array}{l}\frac{x_{a0}^{(S,t)}+s_a^{(S,t)+}}{x_{a0}^{(S,t)}}+\frac{x_{b0}^{(S,t)}+s_b^{(S,t)+}}{x_{b0}^{(S,t)}}+\\ \frac{\tilde{\tilde{b}}_0^{(S,t)}+s^{(S,t)+}}{\tilde{\tilde{b}}_0^{(S,t)}}+\frac{c_{0bad}^{(S,t(t+1))}+s_{bad}^{(S,t(t+1))+}}{c_{0bad}^{(S,t(t+1))}}\end{array}\right) \tag{5—58}$$

$$MRRI^{S,t}=\frac{1}{2}\left(\frac{Z_0^{(SM,t)}-s^{(SM,t)-}}{Z_0^{(SM,t)}}+\frac{c_{0good}^{(S,t(t+1))}-s_{good}^{(S,t(t+1))-}}{c_{0good}^{(S,t(t+1))}}\right) \tag{5—59}$$

$$\varphi_0^S=\frac{\sum_{t=1}^{T}w^t MERI^{S,t}}{\sum_{t=1}^{T}w^t MRRE^{S,t}} \tag{5—60}$$

其中，$s_a^{(S,t)+}$，$s_b^{(S,t)+}$，$s^{(S,t)+}$，$s_{bad}^{(S,t(t+1))+}$，$s^{(SM,t)-}$ 和 $s_{good}^{(S,t(t+1))-}$ 分别是 $x_{a0}^{(S,t)}$，$x_{b0}^{(S,t)}$，$\tilde{\tilde{b}}_0^{(S,t)}$，$c_{0bad}^{(S,t(t+1))}$，$Z_0^{(SM,t)}$ 和 $c_{0good}^{(S,t(t+1))}$ 的松弛变量。

2. 制造商阶段

类似地，制造商阶段 t 时期基于无效前沿的平均扩张率和平均缩减率如式（5—61）和式（5—62）所示，式（5—63）表示制造商阶段基于无效前沿的效率值。

$$MERI^{M,t}=\frac{1}{5}\left(\begin{array}{l}\frac{x_{a0}^{(M,t)}+s_a^{(M,t)+}}{x_{a0}^{(M,t)}}+\frac{x_{b0}^{(M,t)}+s_b^{(M,t)+}}{x_{b0}^{(M,t)}}+\\ \frac{\tilde{\tilde{b}}_0^{(M,t)}+s^{(M,t)+}}{\tilde{\tilde{b}}_0^{(M,t)}}+\frac{Z_0^{(SM,t)}+s^{(SM,t)+}}{Z_0^{(SM,t)}}+\\ \frac{c_{0bad}^{(M,t(t+1))}+s_{bad}^{(M,t(t+1))+}}{c_{0bad}^{(M,t(t+1))}}\end{array}\right) \tag{5—61}$$

$$MRRI^{M,t}=\frac{1}{2}\left(\frac{Z_0^{(MD,t)}-s^{(MD,t)-}}{Z_0^{(MD,t)}}+\frac{c_{0good}^{(M,t(t+1))}-s_{good}^{(M,t(t+1))-}}{c_{0good}^{(M,t(t+1))}}\right) \tag{5—62}$$

$$\varphi_0^M=\frac{\sum_{t=1}^{T}w^t MERI^{M,t}}{\sum_{t=1}^{T}w^t MRRE^{M,t}} \tag{5—63}$$

其中，$s_a^{(M,t)+}$，$s_b^{(M,t)+}$，$s^{(M,t)+}$，$s^{(SM,t)+}$，$s_{bad}^{(M,t(t+1))+}$，$s^{(MD,t)-}$ 和 $s_{good}^{(M,t(t+1))-}$ 分别为 $X_{a0}^{(M,T)}$，$X_{b0}^{(M,T)}$，$\tilde{\tilde{b}}_0^{(M,t)}$，$Z_0^{(SM,t)}$，$c_{0bad}^{(M,t(t+1))}$，$Z_0^{(MD,t)}$ 和 $c_{0good}^{(M,t(t+1))}$ 的松

弛变量。

3. 销售商阶段

销售商阶段 t 时期基于无效前沿的平均扩张率和平均缩减率如式（5—64）和式（5—65）所示，式（5—66）表示销售商阶段基于无效前沿的效率值。

$$MERI^{D,t}=\frac{1}{5}\left(\begin{array}{l}\frac{x_{a0}^{(D,t)}+s_{a}^{(D,t)+}}{x_{a0}^{(D,t)}}+\frac{x_{b0}^{(D,t)}+s_{b}^{(D,t)+}}{x_{b0}^{(D,t)}}+\frac{\approx{b}_{0}^{(D,t)}+s^{(D,t)+}}{\approx{b}_{0}^{(D,t)}}+\\ \frac{Z_{0}^{(MD,t)}+s^{(MD,t)+}}{Z_{0}^{(MD,t)}}+\frac{c_{0bad}^{(D,t(t+1))}+s_{bad}^{(D,t(t+1))+}}{c_{0bad}^{(D,t(t+1))}}\end{array}\right)$$

（5—64）

$$MRRI^{D,t}=\frac{1}{3}\left(\frac{y_{a0}^{(D,t)}-s_{a}^{(D,t)-}}{y_{a0}^{(D,t)}}+\frac{\approx{y}_{b0}^{(D,t)}-s_{b}^{(D,t)-}}{\approx{y}_{b0}^{(D,t)}}+\frac{c_{0good}^{(S,t(t+1))}-s_{good}^{(S,t(t+1))-}}{c_{0good}^{(S,t(t+1))}}\right)$$

（5—65）

$$\varphi_{0}^{D}=\frac{\sum_{t=1}^{T}w^{t}MERI^{D,t}}{\sum_{t=1}^{T}w^{t}MRRE^{D,t}} \tag{5—66}$$

4. 基于无效前沿的综合效率

综合上述各阶段的效率，可将可持续供应链基于无效前沿的综合效率定义如下：

$$\varphi_{0}=Max\ \frac{\sum_{t=1}^{T}w^{t}(w^{S}MERI^{S,t}+w^{M}MERI^{M,t}+w^{D}MERI^{D,t})}{\sum_{t=1}^{T}w^{t}(w^{S}MERI^{S,t}+w^{M}MERI^{M,t}+w^{D}MRRE^{D,t})}$$

（5—67）

其中，w^{S}，w^{M} 和 w^{D} 分别代表供应商、制造商和销售商阶段的权重，假设所有阶段的权重相等。

可持续供应链基于无效前沿的综合效率评价模型如下：

$$\max\varphi_{0} \tag{5—68}$$

$$s.t.\begin{cases}x_{i0}^{(k,t)}=\sum_{j=1}^{n}x_{ij}^{(k,t)}\lambda_{j}^{(k,t)}-s_{i}^{(k,t)+}(i=a,\ b;\ k=S,\ M,\ D)\\ y_{a0}^{(D,t)}=\sum_{j=1}^{n}y_{aj}^{(D,t)}\lambda_{j}^{(D,t)}+s_{a}^{(D,t)+}\\ \approx{y}_{b0}^{(D,t)}=\sum_{j=1}^{n}\approx{y}_{bj}^{(D,t)}\lambda_{j}^{(D,t)}+s_{b}^{(D,t)-}\\ \approx{b}_{0}^{(k,t)}=\sum_{j=1}^{n}\approx{b}_{j}^{(k,t)}\lambda_{j}^{(k,t)}-s^{(k,t)+}\ (k=S,\ M,\ D)\\ Z_{0}^{(SM,t)}=\sum_{j=1}^{n}Z_{j}^{(SM,t)}\lambda_{j}^{(S,t)}+s^{(SM,t)-}\\ Z_{0}^{(MD,t)}=\sum_{j=1}^{n}Z_{j}^{(MD,t)}\lambda_{j}^{(M,t)}+s^{(MD,t)-}\end{cases}$$

$$
\text{s.t.}\begin{cases}
Z_0^{(SM,t)}=\sum_{j=1}^{n}Z_j^{(SM,t)}\lambda_j^{(M,t)}-s^{(SM,t)+}\\
Z_0^{(MD,t)}=\sum_{j=1}^{n}Z_j^{(MD,t)}\lambda_j^{(D,t)}-s^{(MD,t)+}\\
c_{ogood}^{(k,t(t+1))}=\sum_{j=1}^{n}c_{jgood}^{(k,t(t+1))}\lambda_j^{(k,t)}+s_{good}^{(k,t(t+1))-}(k=S,M,D)\\
c_{0bad}^{(k,t(t+1))}=\sum_{j=1}^{n}c_{jbad}^{(k,t(t+1))}\lambda_j^{(k,t)}-s_{bad}^{(k,t(t+1))+}(k=S,M,D)\\
\sum_{j=1}^{n}c_{jgood}^{(k,t(t+1))}\lambda_j^{(k,t)}=\sum_{j=1}^{n}c_{jgood}^{(k,t(t+1))}\lambda_j^{(k,t+1)}(k=S,M,D)\\
\sum_{j=1}^{n}c_{jbad}^{(k,t(t+1))}\lambda_j^{(k,t)}=\sum_{j=1}^{n}c_{jbad}^{(k,t(t+1))}\lambda_j^{(k,t+1)}(k=S,M,D)\\
\sum_{j=1}^{n}\lambda_j^{(k,t)}=1(k=S,M,D)\\
\lambda_j^{(k,t)},\ s_i^{(k,t)-},\ s_a^{(D,t)-},\ s_b^{(D,t)-},\ s^{(k,t)+},\\
s^{(SM,t)-},\ s^{(MD,t)-},\ s^{(SM,t)+},\ s^{(MD,t)+},\\
s_{good}^{(k,t(t+1))+}s_{bad}^{(k,t(t+1))-}\geqslant 0;\ t=1\cdots T
\end{cases}
$$

定义 5－9. 可持续供应链 t 时期基于无效前沿的效率值如下：

$$
\varphi_0^t=\frac{w^S MERI^{S,t}+w^M MERI^{M,t}+w^D MERI^{D,t}}{w^S MRRI^{S,t}+w^M MRRI^{M,t}+w^D MRRI^{D,t}}
$$

定义 5－10. 当且仅当 $\varphi_0^S=1$ 时，被评价供应链是 DEA 无效的；否则是 DEA 非无效的，该定义同样适用于 φ_0^M，φ_0^D，φ_0^t 和 φ_0。

定义 5－11. 可持续供应链基于双前沿的综合效率可定义如下：

$$
\theta_0^H=\sqrt{\rho_0^H*\varphi_0^H}(H=S,M,D,t) \tag{5-69}
$$

其中，ρ_0^H 和 φ_0^H 分别是基于有效前沿和无效前沿的效率值。

三、案例研究——不确定条件下的可持续供应链绩效评价

本节利用上一节提出的模糊双前沿动态网络 DEA 模型对 20 个可持续供应链（Sustainable Supply Chain，SSC）的运行效率进行评价。

（一）数据

具体的数据集见附录中的附表 4～附表 20。其中，环境污染程度和顾客满意度用区间二型模糊数来描述，并将其转化为区间数。

（二）整体效率和阶段效率

效率计算结果如图 5－22 所示，可以看出 DMU 14 在供应商阶段的效率值最高，可以作为其他 DMU 供应商阶段的基准，低效的供应商可以参照 DMU 14 的供应商阶段提高效率。在制造商阶段，DMU 6 的效率最差，DMU 1 的效率最好。在销售商阶段，DMU 7 和 DMU 9 的效率值最高。从整体效率看，DMU 14 排名第一，DMU 5 排名最后。

不同 DMU 的低效阶段是不同的。为了识别各 DMU 的低效阶段，将 20 个 DMU 分为三组。DMU 1、5、17、19 和 20 在供应商阶段表现不佳，DMU 2、4、6、7、9、11 和 16 在制造商阶段表现不佳，DMU 2、3、8、10、12、13、14、15、16 和 18 在销售商阶段表现不佳。其中，DMU 16 制造商阶段和销售商阶段都表现不佳。

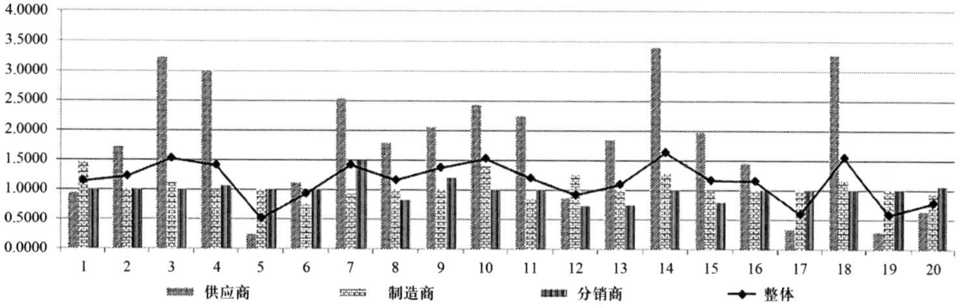

图 5－22　可持续供应链的阶段效率和整体效率

（三）从时间角度分析

为了进一步找出各 DMU 的效率随时间变化的趋势，对各 DMU 不同周期的效率值进行对比，结果如图 5－24 所示。可以看出，DMU 3、10、14 和 18 在三个周期均表现良好，可以作为其他 DMU 的基准。与其他 DMU 对比，它们获得相同的收入和顾客满意度需要消耗的投入最少，且产生的污染最少。

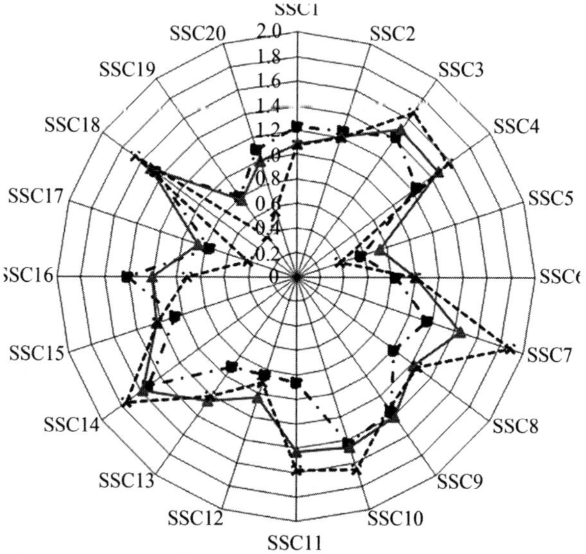

图 5－23　可持续供应链的周期效率变化

从时间角度看，DMU 效率值的变化趋势可以分为先增大后减小、先增大后不变、持续减小和持续增大四类，如图 5－25 所示。具体来看，DMU 5、9、12、13、15 和 17 的效率呈现先升后降的趋势，在第 2 周期表现最佳，如图 5－25（a）所示。DMU 6 的效率在第 2 周期增加，在第 3 周期保持不变，如图 5－25（b）所示。DMU 1、2、16、19 和 20 的效率在三个周期持续下降，如图 5－24（c）所示。DMU 3、4、7、8、10、11、14 和 18 的效率在三个周期持续上升，如图 5－25（d）所示。

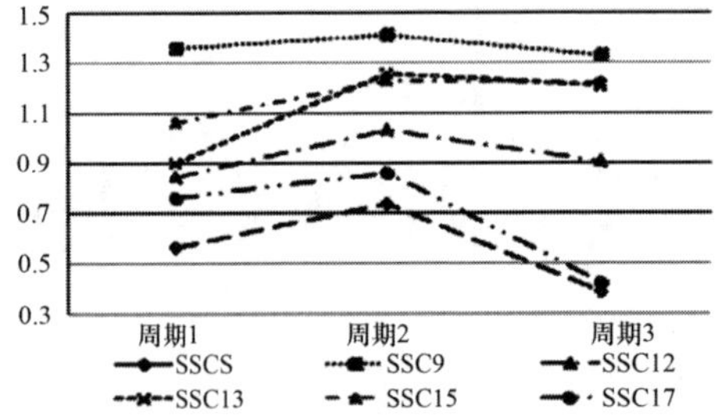

(a) 先增加后减少

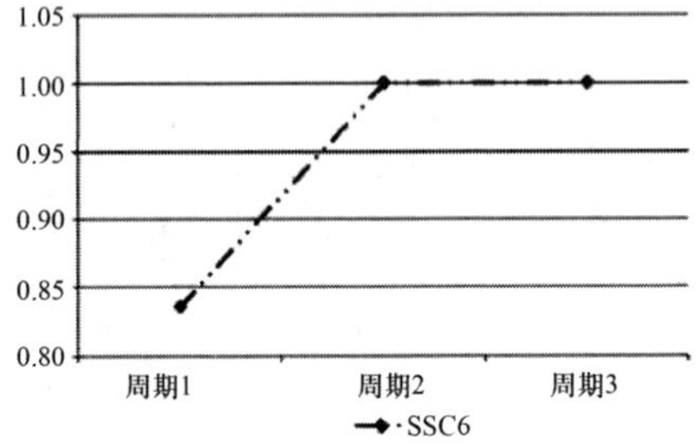

(b) 先增加后保持不变

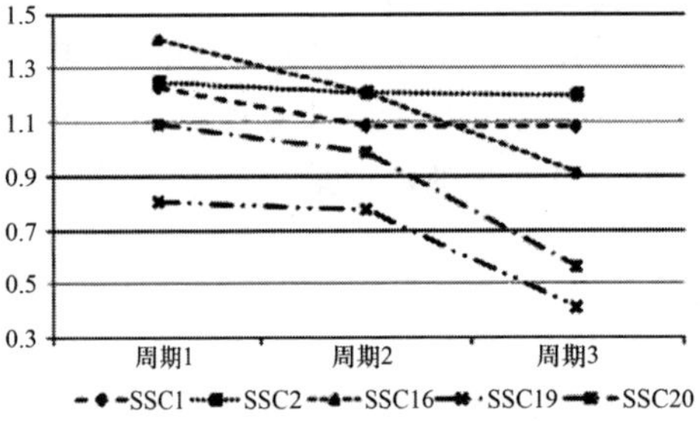

(c) 持续减小

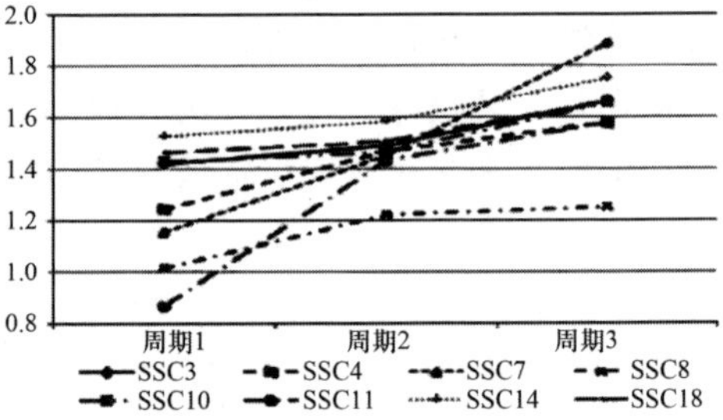

(d) 持续增加

图 5－24 可持续供应链周期效率的四种变化类型

(四) 对比讨论

基于有效前沿、无效前沿和双前沿的效率评价结果如表 5－17 所示。可以发现，仅根据有效前沿评价效率时，DMU 2、3、9、10、14 和 18 均为 DEA 有效，无法进一步得到这些 DMU 的效率排序。基于双前沿进行评价时，可以得到更具体的排名：DMU 14、18、3 和 10 分别排名 1、2、3 和 4，DMU 9 和 2 的排名为第 7 和第 8。综上所述，双前沿 DEA 模型比传统的 DEA 模型具有更强的识别能力。

表 5－17　基于不同效率前沿的效率评价结果

SSC	基于有效生产前沿面		基于无效生产前沿面		基于双前沿面	
	总效率	排序	总效率	排序	总效率	排序
SSC_1	0.9573	7	1.3634	15	1.1425	13
SSC_2	1.0000	1	1.4869	13	1.2194	8
SSC_3	1.0000	1	2.3253	4	1.5249	3
SSC_4	0.8677	9	2.2913	6	1.4101	6
SSC_5	0.2606	20	1.0000	18	0.5105	20
SSC_6	0.8026	12	1.0720	17	0.9276	15
SSC_7	0.6667	15	2.9993	1	1.4140	5
SSC_8	0.8714	8	1.5346	11	1.1564	11
SSC_9	1.0000	1	1.8651	8	1.3657	7
SSC_{10}	1.0000	1	2.3003	5	1.5167	4
SSC_{11}	0.6854	14	2.1051	7	1.2012	9
SSC_{12}	0.6625	16	1.2836	16	0.9222	16
SSC_{13}	0.7922	13	1.5179	12	1.0965	14
SSC_{14}	1.0000	1	2.6267	2	1.6207	1
SSC_{15}	0.8360	11	1.6221	9	1.1645	10
SSC_{16}	0.8558	10	1.5545	10	1.1534	12
SSC_{17}	0.3507	18	1.0000	18	0.5922	18
SSC_{18}	1.0000	1	2.3880	3	1.5453	2
SSC_{19}	0.3345	19	1.0000	18	0.5783	19
SSC_{20}	0.4317	17	1.3909	14	0.7749	17

区间二型模糊数的存在意味着决策者可以从乐观和悲观两方面评价供应链效率，进而识别对态度变化更敏感的供应链。敏感度分析的结果如表 5－18 所示，可以看出 DMU 10、4 和 9 对态度变化更为敏感，态度变化对 DMU 17、19 和 5 的效率影响不大。

表 5－18　针对不同态度的敏感度分析

SSC	乐观效率	悲观效率	敏感度	排序
SSC_1	1.1425	1.2140	0.0715	14
SSC_2	1.2194	1.3022	0.0828	6
SSC_3	1.5249	1.5964	0.0715	13

续表

SSC	乐观效率	悲观效率	敏感度	排序
SSC_4	1.4101	1.5161	0.1060	2
SSC_5	0.5105	0.5425	0.0319	20
SSC_6	0.9276	0.9854	0.0578	16
SSC_7	1.4140	1.5072	0.0932	5
SSC_8	1.1564	1.2332	0.0768	11
SSC_9	1.3657	1.4679	0.1022	3
SSC_{10}	1.5167	1.6406	0.1239	1
SSC_{11}	1.2012	1.2946	0.0935	4
SSC_{12}	0.9222	0.9819	0.0598	15
SSC_{13}	1.0965	1.1762	0.0797	8
SSC_{14}	1.6207	1.7000	0.0793	9
SSC_{15}	1.1645	1.2445	0.0800	7
SSC_{16}	1.1534	1.2320	0.0786	10
SSC_{17}	0.5922	0.6299	0.0377	18
SSC_{18}	1.5453	1.6192	0.0739	12
SSC_{19}	0.5783	0.6151	0.0368	19
SSC_{20}	0.7749	0.8302	0.0553	17

为了识别对供应链效率影响最大的指标，依次剔除各指标计算供应链的效率值。以乐观效率为例，剔除各指标前后的效率差异如表 5－19 所示。

表 5－19　针对不同指标的敏感度分析

SSC	经济指标						环境指标	社会指标	
	收入	其他成本	原材料价值	产成品价值	应收账款	应付账款	环境污染程度	劳动力安全成本	顾客满意度
SSC_1	0.0000	0.0215	0.1780	0.1152	0.0534	0.4387	0.4318	0.0027	0.0000
SSC_2	0.0000	0.0251	0.0338	0.2175	0.5767	0.1831	0.3404	0.0236	0.0000
SSC_3	0.0000	0.0273	0.7569	0.0221	0.0553	0.0224	0.0983	0.0843	0.0000
SSC_4	0.0065	0.0024	0.6466	0.4321	0.0625	0.0523	0.0208	0.0216	0.0085
SSC_5	0.0000	0.0018	0.0948	0.1138	0.0639	0.0038	0.0085	0.0021	0.0000
SSC_6	0.1324	0.0001	0.2560	0.0929	0.2981	0.2914	0.0076	0.0037	0.0000

续表

SSC	经济指标						环境指标	社会指标	
	收入	其他成本	原材料价值	产成品价值	应收账款	应付账款	环境污染程度	劳动力安全成本	顾客满意度
SSC_7	0.0069	0.0398	0.3792	0.5575	0.1832	0.1046	0.1432	0.0214	0.0115
SSC_8	0.0164	0.0285	0.2484	0.0191	0.0459	0.158	0.1504	0.0896	0.0163
SSC_9	0.0484	0.1879	0.2957	0.1604	0.0600	0.1816	0.1730	0.0578	0.0028
SSC_{10}	0.0105	0.0688	0.4284	0.0408	0.2490	0.0653	0.2350	0.2825	0.0000
SSC_{11}	0.0000	0.0556	0.2478	0.2911	0.1457	0.0797	0.2434	0.0557	0.0000
SSC_{12}	0.0176	0.0262	0.3169	0.0065	0.1572	0.1544	0.3379	0.1309	0.0060
SSC_{13}	0.0663	0.0146	0.3696	0.0023	0.1743	0.0143	0.3108	0.2245	0.0405
SSC_{14}	0.0000	0.0211	0.7723	0.4433	0.0234	0.052	0.1014	0.0028	0.0000
SSC_{15}	0.0190	0.0281	0.1223	0.0080	0.0707	0.1458	0.1126	0.1492	0.0083
SSC_{16}	0.0000	0.0687	0.1121	0.0000	0.4449	0.2332	0.0689	0.0142	0.0000
SSC_{17}	0.0000	0.0001	0.0574	0.0808	0.0602	0.0589	0.0028	0.0042	0.0000
SSC_{18}	0.0540	0.0719	0.7450	0.4273	0.0350	0.1042	0.0777	0.0139	0.0000
SSC_{19}	0.0220	0.0018	0.0257	0.0544	0.0961	0.0098	0.0642	0.0042	0.0000
SSC_{20}	0.0178	0.0117	0.0863	0.0056	0.1933	0.016	0.0471	0.026	0.0318
平均	0.0209	0.0351	0.3087	0.1545	0.1525	0.1185	0.1488	0.0607	0.0063

所有指标可以分为经济、环境和社会三个维度。首先剔除经济指标，由表5—19可知，DMU 3、4、8、9、10、12、13、14和18对原材料价值更为敏感，DMU 2、6、16、19和20对应收账款更为敏感，DMU 5、7、11和17对产成品价值更为敏感，其余DMU对应付账款更为敏感。其中，原材料价值对效率值的影响最大。在去除环境指标后，DMU 1的效率值差异最大，DMU 17的效率值差异最小。在社会指标方面，大部分DMU对劳动力安全成本更为敏感，只有DMU 20对顾客满意度更敏感。因此，合理调整劳动力安全成本可以获得更高的效率。不同DMU对同一指标的敏感性不同，在提高效率时找出影响每个DMU效率的关键指标至关重要。

第四节　不确定条件下的多周期三阶段系统绩效评价

从时间维度上看，在多阶段 DMU 的运行过程中，各阶段之间的联系也是跨时期的。相邻两个时期间存在着不同类型的结转活动，这些结转活动把不同时期的 DMU 连接起来，形成一个多周期、动态的过程。例如，在银行系统中，当前时期中某些交易活动产生的负债（如坏账和结转损失等）不能结清时，将结转入下一时期。因此，结转变量既可以视为当前时期的产出变量，又可以视作下一时期的投入变量。在复杂结构 DMU 的效率评价过程中，综合考虑 DMU 运行的多周期性，能够为效率的评价及优化提供更多信息。

此外，多阶段 DMU 的部分阶段是重叠的或同时发生的，即每个阶段都在分享相同的投入。例如，银行系统的每个子系统都会涉及员工工资和固定资产等投入。因此，如何将共享的投入合理划分到各阶段也是一个问题。基于此，本节在模糊三阶段 DEA 模型的基础上，将分配给每个阶段的共享投入视为决策变量，同时纳入动态、多周期的思想，构建不确定条件下的多周期三阶段 DEA 模型，使决策者在优化效率时能够确定最佳的投入分配比例。

一、模型构建与效率求解

（一）模型框架

对于 t 时期（$t=1，2，\cdots，T$）内的 DMU_j（$j=1，2，\cdots，n$），其共享投入 X_{jt}^{Emp} 和 X_{jt}^{Fix} 在三阶段的占比分别为 $\beta_{jt}^{Emp,A}$，$\beta_{jt}^{Emp,B}$，$\beta_{jt}^{Emp,C}$ 和 $\beta_{jt}^{Fix,A}$，$\beta_{jt}^{Fix,B}$，$\beta_{jt}^{Fix,C}$，满足 $\beta_{jt}^{Emp,A}+\beta_{jt}^{Emp,B}+\beta_{jt}^{Emp,C}=1$ 和 $\beta_{jt}^{Fix,A}+\beta_{jt}^{Fix,B}+\beta_{jt}^{Fix,C}=1$。在阶段 B 中，额外投入 Z_{jt}^{Dep} 和一定比例的共享投入 Z_{jt}^{Due} 作为投入，生产中间产出 Z_{jt}^{Tot}。当前时期产生的结转变量 C_{jt} 在下一时期作为投入，上一时期产生的结转变量 $C_{j(t-1)}$ 在当期消耗。在阶段 C，Z_{jt}^{Tot} 和部分的共享投入用于生产期望产出 Y_{jt}^{Good} 和非期望产出 Y_{jt}^{Bad}。多周期三阶段 DMU 的运行框架如图 5－25 所示。

非期望产出的数量取决于决策者悲观、中立或乐观的态度，因此本节采用二型三角模糊变量 $\tilde{\tilde{Y}}_{jt}^{Bad}=（Y_{jt1}^{Bad}；Y_{jt2}^{Bad}；Y_{jt3}^{Bad}；\sigma_l^{Bad}；\sigma_r^{Bad}）$ 表示非期望产出。

（二）各时期的阶段效率

将 t 时期 A，B，C 三个阶段的阶段效率值（ES）分别定义为 θ_t^A，θ_t^B 和 θ_t^C，变量下标“0”表示当前被评价的 DMU。式（5－70）表示阶段 A 在 t 时期的阶段效率：

$$\theta_t^A=1-\frac{1}{2}\left(\frac{S_{0t}^{Emp,A-}}{\beta_{0t}^{Emp,A}X_{0t}^{Emp}}+\frac{S_{0t}^{Fix,A-}}{\beta_{0t}^{Fix,A}X_{0t}^{Fix}}\right)，t=1，2，\cdots，T \quad (5-70)$$

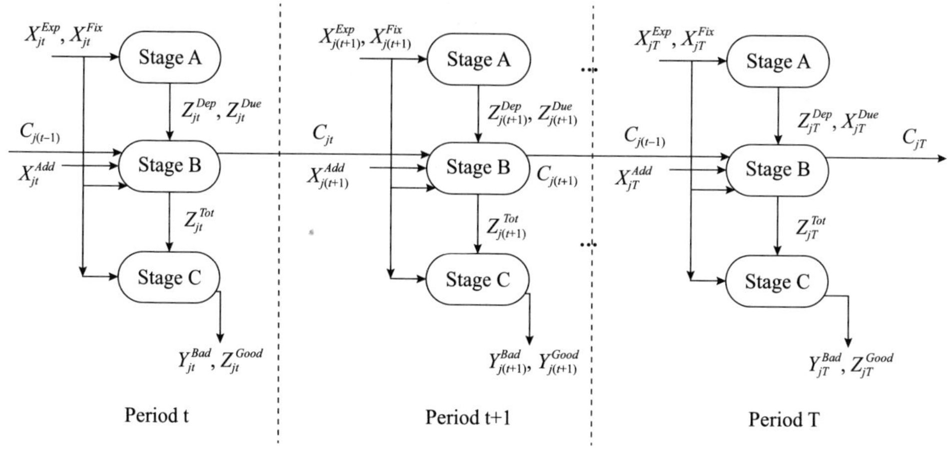

图 5—25　多周期三阶段 DMU 的运行框架

其中，$S_{0t}^{Emp,A-}$ 和 $S_{0t}^{Fix,A-}$ 分别表示 X_{jt}^{Emp} 和 X_{jt}^{Fix} 的松弛量，$\beta_{0t}^{Emp,A}$ 和 $\beta_{0t}^{Fix,A}$ 是阶段 A 中共享投入的最优分配比例。

在测量阶段 B 的效率时，结转变量 $C_{0(t-1)}$ 为该阶段的投入。式（5—71）表示阶段 B 在 t 时期的效率：

$$\theta_t^B=1-\frac{1}{6}\left(\frac{S_{0(t-1)}^{c-}}{C_{0(t-1)}}+\frac{S_{10t}^{Emp,B-}}{\beta_{0t}^{Emp,B}X_{0t}^{Emp}}+\frac{S_{20t}^{Fix,B-}}{\beta_{0t}^{Fix,B}X_{0t}^{Fix}}+\frac{S_{0t}^{l-}}{X_{0t}^{Add}}+\frac{S_{0t}^{Dep-}}{Z_{0t}^{Dep}}+\frac{S_{0t}^{Due-}}{Z_{0t}^{Due}}\right),\ t=1,\ 2,\ \cdots,\ T \tag{5—71}$$

其中，$S_{0(t-1)}^{c-}$，$S_{10t}^{Emp,B-}$，$S_{20t}^{Fix,B-}$，S_{0t}^{l-}，S_{0t}^{Dep-} 和 S_{0t}^{Due-} 分别表示 $C_{0(t-1)}$，X_{0t}^{Emp}，X_{0t}^{Fix}，X_{0t}^{Add}，Z_{0t}^{Dep} 和 Z_{0t}^{Due} 的松弛量，$\beta_{0t}^{Emp,B}$ 和 $\beta_{0t}^{Fix,B}$ 是阶段 B 中共享投入的最优分配比例。

式（5—72）表示阶段 C 在 t 时期的效率：

$$\theta_t^C=1-\frac{1}{4}\left(\frac{S_{0t}^{o-}}{Z_{0t}^{Tot}}+\frac{S_{0t}^{Emp,C-}}{\beta_{0t}^{Emp,C}X_{0t}^{Emp}}+\frac{S_{0t}^{Fix,C-}}{\beta_{0t}^{Fix,C}X_{ot}^{Fix}}+\frac{S_{0t}^{b-}}{\tilde{\tilde{Y}}_{0t}^{Bad}}\right),\ t=1,\ 2,\ \cdots,\ T \tag{5—72}$$

其中，S_{0t}^{o-}，$S_{0t}^{Emp,C-}$，$S_{0t}^{Fix,C-}$ 和 S_{0t}^{b-} 分别表示 Z_{0t}^{Tot}，X_{0t}^{Emp}，X_{0t}^{Fix} 和 Y_{0t}^{Bad} 的松弛量，$\beta_{0t}^{Emp,C}$ 和 $\beta_{0t}^{Fix,C}$ 是阶段 C 共享投入的最优分配比例[64]。

（三）t 时期的系统效率

假设所有阶段同等重要，则 t 时期三阶段的系统效率 θ_t 如式（5—73）所示：

$$\theta_t=\frac{1}{3}\ (\theta_t^A+\theta_t^B+\theta_t^C) \tag{5—73}$$

（四）所有时期的总效率

令 θ 为所有时期的总效率，即 T 时期内三阶段的整体效率。根据上述定义，

总效率 θ 可以用式（5－74）计算。$\sum_{t=1}^{T}\theta_t$ 表示各时期投入和非期望产出的减少量，则 $\frac{1}{T}$ 是减少量的加权平均。因此，θ 在［0，1］取值。

$$\theta = \frac{1}{T}\sum_{t=1}^{T}\theta_t \tag{5-74}$$

将生产可能集定义为：

$$p^t = \{X_{jt}^{Emp}, X_{jt}^{Fix}, Z_{jt}^{Dep}, Z_{jt}^{Due}, C_{j(t-1)}, X_{jt}^{Add}, Z_{jt}^{Tot}, C_{jt}, Y_{jt}^{Bad}, Y_{jt}^{Good}\},\ (t=1, 2, \cdots, T)$$

为了准确反映 t 时期阶段 A 中 X_{0t}^{Emp} 潜在的减少量和 Z_{0t}^{Dep} 潜在的增加量，将松弛变量 $S_{0t}^{Emp,A-}$ 和 S_{0t}^{Dep+} 引入模型（5－75）中，并用同样的方式得到模型（5－76）和（5－78）分别用于计算阶段 B，C 的效率。

$$\begin{aligned}
&\sum_{j=1}^{n}\lambda_{jt}^{A}\beta_{jt}^{Emp,A}X_{jt}^{Emp} = \beta_{0t}^{Emp,A}X_{0t}^{Emp} + S_{0t}^{Emp,A-}\\
&\sum_{j=1}^{n}\lambda_{jt}^{A}\beta_{jt}^{Fix,A}X_{jt}^{Fix} = \beta_{0t}^{Fix,A}X_{0t}^{Fix} + S_{0t}^{Fix,A-}\\
&\sum_{j=1}^{n}\lambda_{jt}^{A}Z_{jt}^{Dep} = Z_{0t}^{Dep} - S_{0t}^{Dep+}\\
&\sum_{j=1}^{n}\lambda_{jt}^{A}Z_{jt}^{Due} = Z_{0t}^{Due} - S_{0t}^{Due+}\\
&\lambda_{jt}^{A} \geqslant 0,\ j=1, 2\cdots, n,\ t=1, 2, \cdots, T
\end{aligned} \tag{5-75}$$

其中，λ_{jt}^{A} 表示在 t 时期阶段 A 的强度变量。

$$\begin{aligned}
&\sum_{j=1}^{n}\lambda_{jt}^{B}\beta_{jt}^{Emp,B}X_{jt}^{Emp} = \beta_{0t}^{Emp,B}X_{0t}^{Emp} + S_{0t}^{Emp,B-}\\
&\sum_{j=1}^{n}\lambda_{jt}^{B}\beta_{jt}^{Fix,B}X_{jt}^{Fix} = \beta_{0t}^{Fix,B}X_{0t}^{Fix} + S_{0t}^{Fix,B-}\\
&\sum_{j=1}^{n}\lambda_{jt}^{B}Z_{jt}^{Dep} = Z_{0t}^{Dep} + S_{0t}^{Dep-}\\
&\sum_{j=1}^{n}\lambda_{jt}^{B}Z_{jt}^{Due} = Z_{0t}^{Due} + S_{0t}^{Due-}\\
&\sum_{j=1}^{n}\lambda_{jt}^{B}C_{j(t-1)} = C_{0(t-1)} + S_{0(t-1)}^{c-}\\
&\sum_{j=1}^{n}\lambda_{jt}^{B}X_{jt}^{Add} = X_{0t}^{Add} + S_{0t}^{l-}\\
&\sum_{j=1}^{n}\lambda_{jt}^{B}Z_{jt}^{Tot} = Z_{0t}^{Tot} - S_{0t}^{o+}\\
&\sum_{j=1}^{n}\lambda_{jt}^{B}C_{jt} = C_{0t} - S_{0t}^{c+}\\
&\lambda_{jt}^{B} \geqslant 0,\ j=1, 2, \cdots, n,\ t=1, 2, \cdots, T
\end{aligned} \tag{5-76}$$

其中，λ_{jt}^{B} 表示 t 时期阶段 B 的强度变量。

连接 A、B 两阶段的中间产出的约束条件如式（5－77）所示，即阶段 A 的产出值等于阶段 B 的投入值。由于外力干预，中间产出 Z_{jt}^{Tot} 在 B，C 阶段可能存在不平衡。因此，Z_{jt}^{Tot} 和 C_{jt}^{ot} 没有附加约束。

$$\sum_{j=1}^{n}\lambda_{jt}^{A}Z_{jt}^{Dep}=\sum_{j=1}^{n}\lambda_{jt}^{B}Z_{jt}^{Dep},\ \sum_{j=1}^{n}\lambda_{jt}^{A}Z_{jt}^{Due}=\sum_{j=1}^{n}\lambda_{jt}^{B}Z_{jt}^{Due},\ t=1,2,\cdots,T \tag{5-77}$$

$$\sum_{j=1}^{n}\lambda_{jt}^{C}\beta_{jt}^{Emp,C}X_{jt}^{Emp}=\beta_{0t}^{Emp,C}X_{0t}^{Emp}+S_{0t}^{Emp,C-} \tag{5-78}$$

$$\sum_{j=1}^{n}\lambda_{jt}^{C}\beta_{jt}^{Fix,C}X_{jt}^{Fix}=\beta_{0t}^{Fix,C}X_{0t}^{Fix}+S_{0t}^{Fix,C-}$$

$$\sum_{j=1}^{n}\lambda_{jt}^{C}Z_{jt}^{Tot}=Z_{0t}^{Tot}+S_{0t}^{o-}$$

$$\sum_{j=1}^{n}\lambda_{jt}^{C}\widetilde{\widetilde{Y}}_{jt}^{Bad}=\widetilde{\widetilde{Y}}_{0t}^{Bad}+S_{0t}^{b-}$$

$$\sum_{j=1}^{n}\lambda_{jt}^{C}Y_{jt}^{Good}=Y_{0t}^{Good}-S_{0t}^{g+}$$

其中，λ_{jt}^{C} 表示 t 时期阶段 C 的强度变量。

（五）全局模型

综上所述，全局模型的目标函数如式（5－79）所示，在式（5－75）～式（5－78）约束下确定了待评价 DMU 的最佳投影。

$$\min\theta=\frac{1}{T}\sum_{t=1}^{T}\theta_{t} \tag{5-79}$$

通过式（5－70）～式（5－74）及最优解（$S_{0t}^{Emp,A*-}$，$S_{0t}^{Fix,A*-}$，$S_{0t}^{Emp,B*-}$，$S_{0t}^{Fix,B*-}$，$\beta_{0t}^{Emp,A*}$，$\beta_{0t}^{Fix,A*}$，$\beta_{0t}^{Emp,B*}$ $\beta_{0t}^{Fix,B*}$，S_{0t}^{Dep*-}，S_{0t}^{Due*-}，$S_{0(t-1)}^{C*-}$，S_{01}^{l*-}，$S_{0t}^{Emp,C*-}$，$S_{0t}^{Fix,C*-}$，$\beta_{0t}^{Emp,C*}$，$\beta_{0t}^{Fix,C*}$，S_{0t}^{o*-}，S_{0t}^{b*-}）可以得出每个时期的阶段效率、系统效率以及整个时期的总效率。

定义 5－12. 如果 $\theta_{t}^{A*}=1$，那么 DMU 的阶段 A 在 t 时期是有效的；如果 $\theta_{t}^{A*}<1$，则 DMU 的阶段 A 在 t 时期被视为无效。针对 θ_{t}^{B*} 和 θ_{t}^{C*} 有类似的定义。如果 $\theta_{t}^{*}=1$，则 DMU 在 t 时期是系统有效的；如果 $\theta_{t}^{*}<1$，该 DMU 在 t 时期被视为无效。如果 $\theta^{*}=1$，则 DMU 为整体有效；如果 $\theta^{*}<1$，则 DMU 为整体无效。

（六）求解过程

本节建立的模型包含二型三角模糊变量 $\widetilde{\widetilde{Y}}_{jt}^{Bad}=(Y_{jt1}^{Bad};\ Y_{jt2}^{Bad};\ Y_{jt3}^{Bad};\ \sigma_{l}^{Bad};\ \sigma_{r}^{Bad})$，在模型求解前首先对其进行缩减，本节采用如下处理过程：

步骤 1. 采用一般期望约简法将二型三角模糊数缩减为 $\widetilde{A}$，并结合乐观悲观参数反映决策者对待不确定性或风险的态度。

定理 5－1. 令 $\widetilde{\widetilde{A}}=(r_{1};\ r_{2};\ r_{3};\ \sigma_{l};\ \sigma_{r})$ 为二型三角模糊变量[65]。采用一般期望约简法处理后的模糊变量 $\widetilde{A}$ 具有如下的隶属度函数：

$$\mu_{\tilde{A}(x)}=\begin{cases}\frac{2-\lambda\sigma_r-(1-\lambda)\sigma_l}{2}\frac{x-r_1}{r_2-r_1}+\frac{\lambda\sigma_r}{2}; & x\in[r_1,r_2]\\ \frac{2-\lambda\sigma_r-(1-\lambda)\sigma_l}{2}\frac{r_3-x}{r_3-r_2}+\frac{\lambda\sigma_r}{2}; & x\in[r_2,r_3]\end{cases}$$

其中，λ 是乐观/悲观态度，$\lambda=1$ 表示乐观态度，$\lambda=0$ 表示悲观态度，$\lambda=0.5$ 表示中立态度。

步骤 2. 用 α 一截集法求出缩减变量 $\widetilde{A}$ 的左、右端点，用参数值代替模糊数。α 在 $\left[\frac{\lambda\sigma_r}{2},\ 1-\frac{(1-\lambda)\sigma_l}{2}\right]$ 之间取值。在给定的置信水平 α 下，可以确定 $\widetilde{A}$ 的左右端点 A_L 和 A_R，如图 5－26 所示。随后利用 $A_M=\omega A_L+(1-\omega)A_R$ 将简化后的模糊变量转化为精确的数值，其中 ω 是决策者给出的权重。

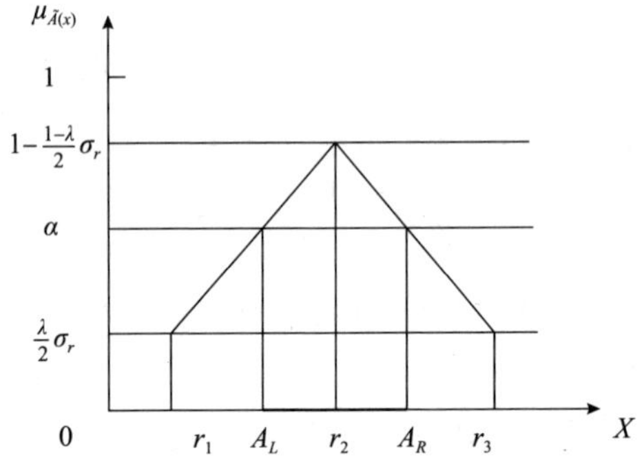

图 5－26　α－截集法处理二型三角模糊数

定义 5－13. 利用 α 一截集可以得到 $\widetilde{A}_\sigma$ 的左右端点 $[A_{L\sigma},\ A_{R\sigma}]$，其中 $A_{L\alpha}=inf\ \{x\in R:\ \mu_{\widetilde{A}}(x)\geqslant\alpha\}$，$A_{R\alpha}=sup\ \{x\in R:\ \mu_{\widetilde{A}}(x)\geqslant\alpha\}$。具体地，

$$A_{L\alpha}=\frac{(2\alpha-\lambda\sigma_r)(r_2-r_1)}{2-\lambda\sigma_r-(1-\lambda)\sigma_l}+r_1, A_{R\alpha}=r_3-\frac{(2\alpha-\lambda\sigma_r)(r_3-r_2)}{2-\lambda\sigma_r-(1-\lambda)\sigma_l}$$

同样地，非期望产出 $\tilde{\tilde{Y}}_{jt}^{Bad}$ 可以转化为一个精确数 Y_{jtM}^{Bad}，用 $\omega Y_{jt_{L\alpha}}^{Bad}+(1-\omega)Y_{jt_{R\alpha}}^{Bad}$ 表示。

因此，式（5－72）和式（5－78）中非期望产出的约束条件可以转化为式（5－80）：

$$\theta_t^C=1-\frac{1}{4}\left(\frac{S_{0t}^{o-}}{Z_{0t}^{Tot}}+\frac{S_{0t}^{Emp,C-}}{\beta_{0t}^{Emp,C}X_{ot}^{Emp}}+\frac{S_{0t}^{Fix,C-}}{\beta_{0t}^{Fix,C}X_{0t}^{Fix}}+\frac{S_{0t}^{b-}}{\omega Y_{0t}^{Bad}+(1-\omega)Y_{0t}^{Bad}}\right),\ t=1,\ 2,\ \cdots,\ T$$

$$\sum\nolimits_{j=1}^{n}\lambda_{jt}^{C}(\omega Y_{jt_{L\alpha}}^{Bad}+(1-\omega)Y_{jt_{R\alpha}}^{Bad})=(\omega Y_{0t_{L\alpha}}^{Bad}+(1-\omega)Y_{0t_{R\alpha}}^{Bad})+S_{0t}^{b-}$$

（5－80）

其中，$Y_{jt_{L\alpha}}^{Bad}=\frac{(2\alpha-\lambda\sigma_r^{Bad})(Y_{jt2}^{Bad}-Y_{jt1}^{Bad})}{2-\lambda\sigma_r^{Bad}-(1-\lambda)\sigma_l^{Bad}}+Y_{jt1}^{Bad}$，$Y_{jt_{R\alpha}}^{Bad}=Y_{jt3}^{Bad}-\frac{(2\alpha-\lambda\sigma_r^{Bad})(Y_{jt3}^{Bad}-Y_{jt2}^{Bad})}{2-\lambda\sigma_r^{Bad}-(1-\lambda)\sigma_l^{Bad}}$。

二、案例研究——不确定性条件下银行系统的效率评价

在经济和金融全球化背景下，中国加快了银行体系改革以应对全球性的挑战。我国上市商业银行作为我国银行业的代表，按照股权结构大致可分为两类：国有上市银行和股份制上市银行，根据业务规模可进一步分为国有银行和城市银行。为了揭示不同类型银行效率的差异，首先必须明确银行系统的内部结构。本节对我国上市商业银行的效率进行多周期效率评价，并确定各类型银行效率低下的具体阶段和具体时期。

以往的两阶段银行系统效率评价框架忽略了生产力和盈利能力阶段间的资本管理阶段。因此，本节采用三阶段评价框架，更准确地反映银行系统的多阶段性质[66]。在三阶段评价框架中，存款是资本组织阶段的产出和资本配置阶段的投入，贷款总额是资本配置阶段的产出和盈利阶段的投入。这三个阶段存在部分重叠，每个阶段都涉及员工工资和固定资产这两种共享投入。

此外，银行系统未使用的资产=(存款－证券投资－准备金）能够重新分配，在下一时期将作为额外的投入。由于市场波动，相邻阶段存在内部资源失衡及不同时期间的失衡。为了刻画这些失衡，资本配置和盈利阶段之间的结转变量不作连续一致性约束。

本节采用不良贷款刻画信贷风险，不良贷款可能危及银行未来的生存能力，因此将其视作非期望产出纳入评价体系。由于不清楚借款人是否或何时能偿还贷款，因此选用二型三角模糊集描述不良贷款的不确定性。本节采用了包含乐观悲观参数的 般期望约简法反映不同决策者的主观态度，采用 α－截集法获取缩减变量的左、右端点。基于以上两种方法，二型三角模糊数可以表示为参数表达式。通过比较决策者不同态度下得出的效率，可以识别出对决策者态度变化最为敏感的 DMU。

综合考虑上述因素，本节采用不确定条件下的多周期三阶段 DEA 模型测量银行系统的多周期效率和多阶段效率。

（一）数据

我国上市商业银行是我国银行业的优秀代表，对其进行效率分析是商业银行确定未来发展路径的重要方式。根据股权结构和经营规模，我国上市商业银行分为三类，如表 5－20 所示。为了揭示各类型银行发展不平衡的原因，本节采用了中国 16 家上市商业银行的真实数据。为了反映结转变量和市场波动对效率的影响，评价期 t 设定为 2014～2016 年。

表 5－20　银行分类

类别	银行
国有银行	中国工商银行（ICBC） 中国农业银行（ABC） 中国银行（BC） 中国建设银行（CCB） 中国交通银行（BCM）
股份制银行	中国招商银行（CMB） 上海浦东发展银行（SPDB） 中国光大银行（CEBB） 兴业银行（CIB） 中国民生银行（CMSB） 平安银行（PAB） 华夏银行（HXB） 中信银行（CB）
城市银行	北京银行（BB） 宁波银行（BNB） 南京银行（BNJ）

（二）整体效率、系统效率和阶段效率

考虑到数据可用性，本节选取了 16 家银行 2014～2016 年的经营数据。假设参数 α，λ，ω 固定不变（$\alpha=0.2$，$\lambda=0.5$，$\omega=0.5$），其中 $\lambda=0.5$，$\omega=0.5$ 反映决策者的中立态度。

从计算结果可以看出，2014～2016 年，16 家银行的效率普遍较低。为了确定被评价 DMU 特定时期的效率，计算各 DMU 每个时期的系统效率 ES，结果如表 5－21 所示。2015 年，11 家银行的业绩有所改善，三家银行（CIB、PAB、BB）的业绩有所下降。2016 年，PAB 的业绩上升，其他银行的业绩均下降。

表 5－21　2014～2016 年中国 16 家上市商业银行的整体和系统效率

	系统效率						整体效率	
	2014 年	排名	2015 年	排名	2016 年	排名	2014～2016 年	排名
CMB	0.778	5	0.948	1	0.779	3	0.835	3
SPDB	0.758	7	0.767	15	0.741	9	0.755	14
CEBB	0.717	13	0.851	13	0.653	15	0.740	15

续表

	系统效率						整体效率	
	2014 年	排名	2015 年	排名	2016 年	排名	2014～2016 年	排名
CIB	1.000	1	0.919	3	0.845	2	0.921	1
CMSB	0.737	9	0.897	6	0.708	14	0.781	9
PAB	0.724	11	0.594	16	0.648	16	0.656	16
HXB	0.693	16	0.897	7	0.714	12	0.768	13
BB	0.862	2	0.865	11	0.777	4	0.834	4
BNB	0.767	6	0.857	12	0.761	6	0.795	7
BNJ	0.748	8	0.947	2	0.766	5	0.820	5
ICBC	0.730	10	0.910	4	0.716	11	0.785	8
ABC	0.786	4	0.883	9	0.859	1	0.843	2
BC	0.794	3	0.882	10	0.749	8	0.808	6
CCB	0.716	14	0.899	5	0.719	10	0.778	10
BCM	0.714	15	0.889	8	0.712	13	0.771	11
CB	0.717	12	0.843	14	0.750	7	0.770	12

为了比较三类上市商业银行的相对效率，本节计算了各类型银行的平均效率，如图 5－27 所示。从总体上看，城市银行效率排名第一，国有银行次之，股份制银行效率表现最差。从时间维度看，2016 年，三类银行的系统效率都是最差的，2015 年，三类银行的系统效率都是最好的。这可能是由于 2015 年底市场利率化，部分银行从 2016 年利差中获得的净利息收入减少，导致 2016 年系统效率下降。

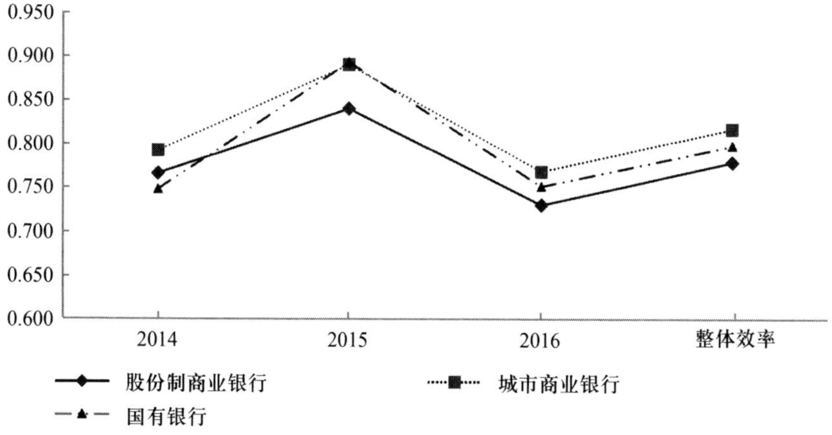

图 5－27　2014～2016 年各类银行的平均效率

系统效率是由每个阶段的效率组成的，可以对三个阶段的效率进行比较，进一步找出效率低下的内在原因。表 5－22～表 5－24 总结了 16 家银行 2014～2016 年的系统效率和阶段效率。总体而言，所有被评价银行在资本配置阶段表现相对较好，而资本组织和盈利能力阶段表现相对较弱。

表 5－22　2016 年各银行的系统和阶段效率

	系统效率		阶段效率					
	2016 年	排名	阶段 A	排名	阶段 B	排名	阶段 C	排名
CMB	0.779	3	0.556	13	1.000	1	0.781	4
SPDB	0.741	9	0.621	4	1.000	1	0.600	9
CEBB	0.653	15	0.582	7	1.000	1	0.376	16
CIB	0.845	2	1.000	2	1.000	1	0.536	15
CMSB	0.708	14	0.568	11	1.000	1	0.556	13
PAB	0.648	16	0.418	14	0.851	16	0.676	6
HXB	0.714	12	0.567	12	1.000	1	0.575	11
BB	0.777	4	0.701	3	0.914	15	0.717	5
BNB	0.761	6	0.282	16	1.000	11	1.000	3
BNJ	0.766	5	0.298	15	1.000	1	1.000	1
ICBC	0.716	11	0.576	8	1.000	1	0.571	12
ABC	0.859	1	1.000	1	0.967	14	0.612	8
BC	0.749	8	0.280	17	0.967	13	1.000	1
CCB	0.719	10	0.572	10	1.000	12	0.584	10
BCM	0.712	13	0.594	5	1.000	10	0.541	14
CB	0.750	7	0.593	6	1.000	1	0.658	7
平均值	0.744		0.575		0.981		0.674	

表 5－23　2015 年各银行的系统和阶段效率

	系统效率		阶段效率					
	2015 年	排名	阶段 A	排名	阶段 B	排名	阶段 C	排名
CMB	0.948	1	0.557	11	1.000	1	0.895	4
SPDB	0.767	15	0.676	4	0.527	16	0.826	5

续表

	系统效率		阶段效率					
	2015 年	排名	阶段 A	排名	阶段 B	排名	阶段 C	排名
CEBB	0.851	13	0.525	13	1.000	1	0.762	8
CIB	0.919	3	0.327	15	1.000	1	0.995	2
CMSB	0.897	6	0.582	8	1.000	1	0.747	9
PAB	0.594	16	0.200	17	1.000	1	0.649	16
HXB	0.897	7	1.000	1	1.000	1	0.691	13
BB	0.865	11	0.741	3	0.899	14	0.716	12
BNB	0.857	12	0.656	5	0.730	1	0.895	3
BNJ	0.947	2	0.274	16	1.000	1	1.000	1
ICBC	0.910	4	0.550	12	1.000	1	0.763	7
ABC	0.883	9	0.524	14	0.935	12	0.777	6
BC	0.882	10	1.000	1	0.924	13	0.723	11
CCB	0.899	5	0.576	9	1.000	1	0.744	10
BCM	0.889	8	0.601	6	1.000	1	0.685	14
CB	0.843	14	0.567	10	1.000	1	0.656	15
平均值	0.865		0.585		0.938		0.783	

表 5—24　2014 年各银行的系统和阶段效率

	系统效率		阶段效率					
	2014 年	排名	阶段 A	排名	阶段 B	排名	阶段 C	排名
CMB	0.778	5	0.509	16	1.000	1	0.825	4
SPDB	0.758	7	0.667	5	0.936	11	0.672	6
CEBB	0.717	13	0.635	9	0.909	14	0.609	11
CIB	1.000	1	1.000	1	1.000	1	1.000	1
CMSB	0.737	9	0.576	12	1.000	1	0.636	7
PAB	0.724	11	0.900	4	0.929	12	0.344	16
HXB	0.693	16	0.575	13	0.896	16	0.610	10
BB	0.862	2	0.585	11	1.000	8	1.000	3

续表

	系统效率		阶段效率					
	2014 年	排名	阶段 A	排名	阶段 B	排名	阶段 C	排名
BNB	0.767	6	0.641	8	0.897	15	0.765	5
BNJ	0.748	8	0.244	17	1.000	1	1.000	1
ICBC	0.730	10	0.557	14	1.000	1	0.633	8
ABC	0.786	4	1.000	1	0.967	9	0.390	15
BC	0.794	3	1.000	1	0.967	10	0.414	14
CCB	0.716	14	0.532	15	1.000	1	0.616	9
BCM	0.714	15	0.595	10	1.000	7	0.547	13
CB	0.717	12	0.651	7	0.922	13	0.579	12
平均值	0.765		0.667		0.964		0.665	

图 5—28 对比了 2016 年不同类型银行的阶段效率，三种类型的商业银行各有优缺点。国有银行在资本配置阶段表现最好，但在资本组织阶段表现最差。城市银行在资本组织和资本配置阶段排名垫底，但在盈利阶段具有相对优势。股份制银行在资本组织阶段表现较好，在盈利能力阶段表现最差。

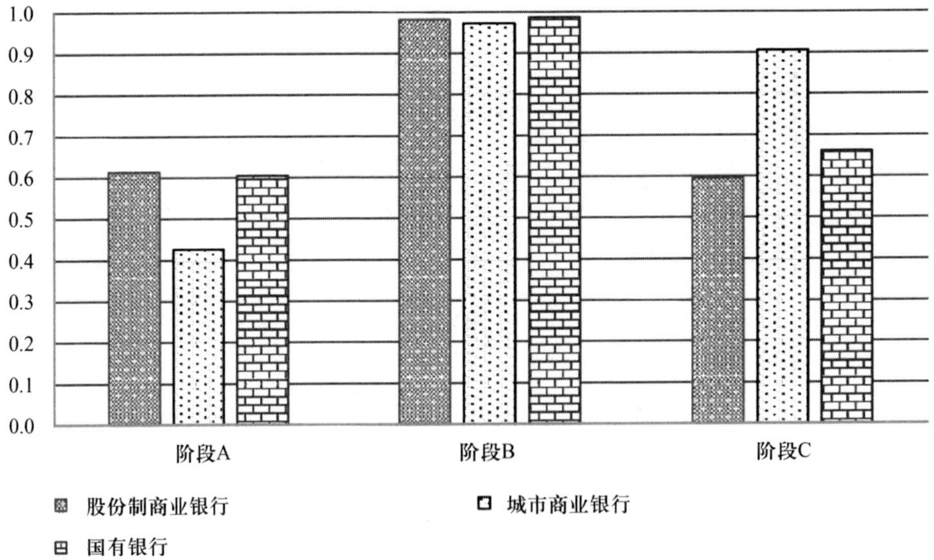

图 5—28　2016 年不同类型银行的阶段效率

考虑到这三类银行的特殊性质，本节对不同类型银行之间效率的差异做出如下判断：第一，国有银行完全由政府控制和支持，往往会导致固定资产和员工的过度投资。国有银行有足够的能力管理分配筹集的资金，也有义务支持其他薄弱的国有企业，这间接地阻碍了其盈利阶段的发展，进而导致效率低下。第二，城市银行受国家干预较少，对银行的贷款政策负全责，其贷款组合的设置往往比国有银行强，其盈利阶段的表现优于国有及股份制商业银行。然而，城市银行现有的业务规模导致了资本组织阶段的效率低下。第三，股份制商业银行的业务规模较大，但它们没有充分利用现有渠道筹集足够的资金，在控制不良贷款和资本配置方面存在问题。

综上所述，本节针对各类型银行的不同问题，提出以下管理见解。国有银行需要充分利用国家补贴支持设施投资，如政府提供的资本投入，并通过控制不良贷款来更多地关注其盈利阶段的效率。为了提高盈利能力并避免不良贷款过多，国有银行需要更好地配置筹集的资金。城市银行要立足注册地，为小微企业量身定制产品，还需要提升自身的经营管理能力，以快速响应当地经济向外发展的需要。股份制商业银行需要改进不良贷款监管制度来控制其风险。此外，雇用经验丰富的高级管理人员，开发特殊的金融产品，充分利用现有资产对提高效率至关重要。由于我国上市商业银行发展不平衡，因此应针对各类银行的潜在问题采取相应行动，以实现未来的均衡发展。

（三）灵敏度分析

在处理二型三角模糊变量时，需考虑决策者态度变化的影响。参数 λ 反映决策者乐观、中立和悲观的态度。λ 越大，表示决策者对不良贷款持悲观态度，不良贷款越多；λ 越小，表示决策者对不良贷款持乐观态度，不良贷款越少。由于置信水平通常由决策者预先确定，可行域将受到影响；当置信水平降低时，可行域扩大，反之缩小。本节对 λ 取不同值以确定哪些银行对决策者的态度变化更为敏感。表 5—25 给出了不同乐观悲观态度下各银行的效率评价结果。标准差越大，表示该银行对态度变化越敏感。从表 5—25 中可见，HXB、BCM 和 CB 对态度变化最为敏感。

表 5—25　决策者不同态度下的银行效率

	效率				标准差
	$\lambda=0$	$\lambda=0.5$	$\lambda=1$	平均值	
CMB	1.000	0.835	0.836	0.890	0.095
SPDB	0.799	0.755	0.729	0.761	0.035
CEBB	0.761	0.740	0.759	0.753	0.012
CIB	0.924	0.921	0.922	0.922	0.002

续表

	效率				标准差
	λ=0	λ=0.5	λ=1	平均值	
CMSB	0.999	0.781	0.942	0.907	0.113
PAB	0.895	0.656	0.792	0.781	0.120
HXB	1.000	0.768	0.773	0.847	0.133
BB	0.990	0.834	0.869	0.898	0.082
BNB	1.000	0.795	0.795	0.630	0.118
BNJ	0.923	0.820	0.835	0.859	0.056
ICBC	0.993	0.785	0.805	0.361	0.115
ABC	0.974	0.843	0.843	0.870	0.076
BC	0.968	0.808	0.812	0.630	0.091
CCB	1.000	0.778	0.833	0.870	0.116
BCM	1.000	0.771	0.771	0.847	0.132
CB	1.000	0.770	0.772	0.847	0.132

(四) 对比分析

为了证明模型的鉴别力并提供更多的管理见解，本节进行如下对比分析：与VRS假设下DEA模型的比较；与两阶段DEA模型的比较。

1. VRS和CRS假设下的对比分析

在VRS假设下，排除规模影响可以获得银行系统的纯技术效率。将CRS假设下的技术效率值与VRS假设下的纯技术效率值进行比较，结果如图5－29和表5－26所示。在CRS假设下，CIB、HXB、ICBC和ABC的规模效率低下；然而，在VRS假设下，这几个银行是有效的。此外，8家银行（SPDB、CIB、PAB、HXB、ICBC、ABC、BC和CCB）的规模收益递减（DRS），表明8家银行可能过度使用了固定资产。另外8家银行（CMB、CEBB、CMSB、BB、BNB、BNJ、BCM和CB）的规模收益呈递增趋势（IRS），表明这些银行没有充分利用固定资产。对处于IRS状态下的银行来说，合理扩大业务规模和融资渠道可以增强竞争力。有明显DRS趋势的银行需要优化业务规模以实现进一步的改进。此外，有效的管理机制和激励性的工作环境也有利于调整经营规模。

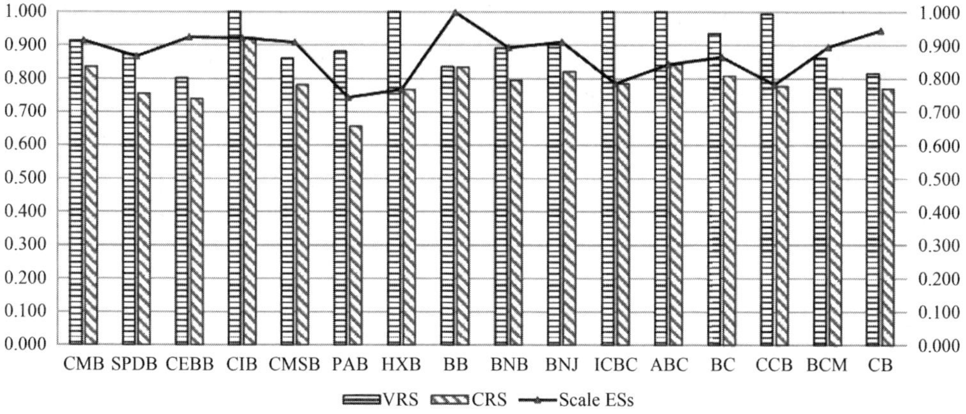

图 5－29　VRS 和 CRS 假设下的效率对比

表 5－26　VRS 和 CRS 假设下的效率值

	效率		规模效率	规模报酬
	BCC	CCR		
CMB	0.913	0.835	0.914	IRS
SPDB	0.872	755.000	0.866	DRS
CEBB	0.802	0.740	0.923	IRS
CIB	1.000	0.921	0.921	DRS
CMSB	0.860	0.781	0.908	IRS
PAB	0.882	0.656	0.743	DRS
HXB	1.000	0.768	0.768	DRS
BB	0.836	0.834	0.998	IRS
BNB	0.891	0.795	0.892	IRS
BNJ	0.902	0.820	0.909	IRS
ICBC	1.000	0.785	0.785	DRS
ABC	1.000	0.843	0.843	DRS
BC	0.935	0.808	0.865	DRS
CCB	0.994	0.778	0.782	DRS
BCM	0.862	0.771	0.895	IRS
CB	0.816	0.770	0.944	IRS

2. 与两阶段 DEA 模型的对比分析

以往研究多采用两阶段框架评价银行系统的效率：投入固定资产和员工工资、产生公众存款的生产阶段和利用存款来增加收入的盈利阶段。从图 5—31 可以看出，随着资本配置阶段的纳入，许多银行的排名发生了变化，表明资本配置过程对整体绩效评价有着显著的影响。资本配置阶段不仅影响当期利润，还与跨期收益有关。因此，将银行系统概念化为包含资本组织、资本配置和盈利的三阶段框架更为合理。

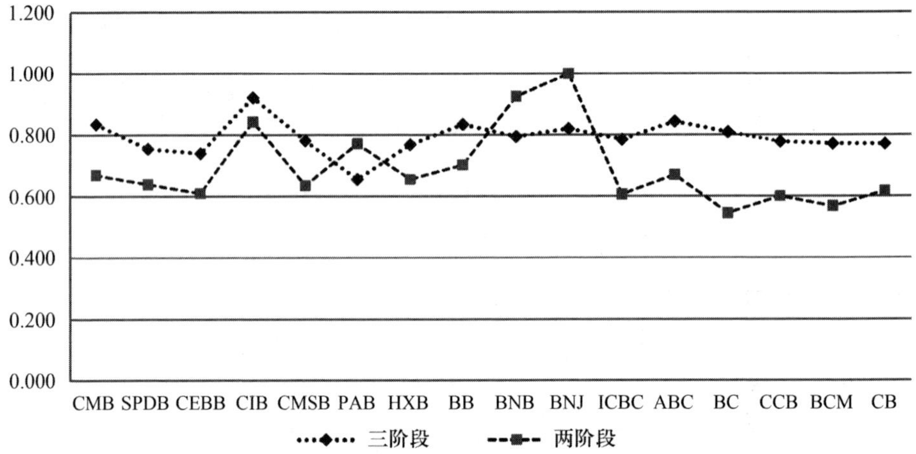

图 5—30　两阶段模型和三阶段模型的效率对比

（五）结论

本节采用不确定条件下多周期三阶段 DEA 模型对 2014～2016 年我国上市商业银行的整体效率进行了分析。结果发现，所有银行均存在效率低下的阶段或时期。2016 年，三类银行的系统效率均为最差，2015 年，三类银行的系统效率为最佳。从具体阶段看，资本配置阶段表现相对较好，而资本组织和盈利能力阶段相对较弱。不同类型银行在不同阶段的发展不平衡，国有银行在资本配置阶段表现最好，在资本组织阶段表现最差；城市银行在资本组织和配置阶段排名较低，但在盈利阶段具有相对优势；股份制商业银行在资本组织阶段表现较好，在盈利能力阶段表现最差。

为了解决上述问题，本节提出以下改进措施：城市银行要进一步发展“聚焦地方，为小微企业量身定做”的战略，扩大业务规模，提高经营和管理能力，以筹集更多的资金。股份制商业银行要充分利用现有资产，认识到良好贷款的重要性，建立风险控制机制。国有银行要更加重视国家补贴的使用和不良贷款的控制，从长远发展的角度看，合理分配筹集的资金，以减少不良贷款，提高盈利能力。

第六章 绩效评价的目标可处置性分析

在实践中，管理者为达成某种生产目标，会制定相应的规章制度以规范 DMU 的行为。不同决策者对待规章制度的态度可能存在偏差，导致 DMU 生产运行方式的差别，进而对其运行效率造成影响。具体来说，持消极态度的决策者通常认为投入的增加会导致非期望产出的增加，而积极的决策者则认为在不增加投资的情况下，通过提高技术水平、优化管理方式能够减少非期望产出。然而，大多数学者在使用 DEA 方法进行效率评价时，往往只从单一的角度进行效率分析，忽略了决策者态度对 DMU 运行效率的影响。

随着经济的快速增长，我国综合实力大幅提升。但由于以往的经济发展方式较为粗放，生态破坏、环境污染等问题凸显，环境保护成为当前我国面临的严重问题。为此，环保部门积极完善工业制度和环保政策，以促进经济发展与环境保护相协调的可持续发展。本节以环境规制为背景，构建自然、管理可处置下的 DEA 模型。

自然可处置性指组织或单位通过减少投入以减少非期望产出，在此基础上尽量增加期望产出，这是一种消极应对环境规制的策略，简言之就是“少投入，少排放”。目前大部分 DEA 模型都采用这种策略，因此称为传统策略。管理可处置性指组织或单位通过增加投入来增加期望产出，同时尽可能减少非期望产出。这种可处置性下，组织或单位将环境规制的变化视为一种商业机会，通过引进新的环保技术或管理办法来提高总效率。这是一种积极应对环境规制的策略，简言之是“多投入，少排放”。

（1）符号说明及生产可能集。模型中相关指标的数学表达汇总如下：

$X_j=(x_{1j}, x_{2j}, \cdots, x_{mj})^T>0$，$j=(1, \cdots, n)$：第 j 个 DMU 的投入向量；

$G_j=(g_{1j}, g_{2j}, \cdots, g_{sj})^T>0$：第 j 个 DMU 的期望产出向量；

$B_j=(b_{1j}, b_{2j}, \cdots, b_{hj})^T>0$：第 j 个 DMU 的非期望产出向量；

$d_i^x\geqslant 0$，$(i=1, \cdots, m)$：第 i 个投入的松弛变量；

$d_r^g\geqslant 0$，$(r=1, \cdots, s)$：第 r 个期望产出的松弛变量；

$d_f^b\geqslant 0$，$(f=1, \cdots, h)$：第 f 个非期望产出的松弛变量；

$\lambda=(\lambda_1, \cdots, \lambda_n)^T$：强度向量；

$R_i^x=(m+s+h)^{-1}(\max\{x_{ij}\mid j=1, \cdots, n\}-\min\{x_{ij}\mid j=1, \cdots, n\})^{-1}$，

$(i=1, \cdots, m)$：第 i 个投入的取值范围；

$R_r^g=(m+s+h)^{-1}(\max\{g_{rj}\mid j=1, \cdots, n\}-\min\{g_{rj}\mid j=1, \cdots, n\})^{-1}$，$(r=1, \cdots, s)$：第 r 个期望产出的取值范围；

$R_f^b=(m+s+h)^{-1}(\max\{b_{fj}\mid j=1, \cdots, n\}-\min\{b_{fj}\mid j=1, \cdots, n\})^{-1}$，$(f=1, \cdots, m)$：第 f 个非期望产出的取值范围；

令 $X\in R_+^m$ 为投入向量，$G\in R_+^s$ 为期望产出向量，$B\in R_+^h$ 为非期望产出向量，则自然可处置和管理可处置两种概念下的生产可能集分别用如下公式表达：

$$P_V^N(X)=\left\{\begin{array}{l}(G, B): G\leqslant\sum_{j=1}^n G_j\lambda_j, B\leqslant\sum_{j=1}^n B_j\lambda_j, \\ X\geqslant\sum_{j=1}^n X_j\lambda_j, \sum_{j=1}^n\lambda_j=1\cap\lambda_j\geqslant 0\end{array}\right\}$$

$$P_V^M(X)=\left\{\begin{array}{l}(G, B): G\leqslant\sum_{j=1}^n G_j\lambda_j, B\leqslant\sum_{j=1}^n B_j\lambda_j, \\ X\leqslant\sum_{j=1}^n X_j\lambda_j, \sum_{j=1}^n\lambda_j=1\cap\lambda_j\geqslant 0\end{array}\right\}$$

其中，$P^N(X)$是规模报酬（Returns to Scale，RTS）可变时的生产可能集，$P^M(X)$是规模损害（Damages to Scale，DTS）可变时的生产可能集。自然可处置条件下的 $P_V^N(X)$ 满足 $X\geqslant\sum_{j=1}^n X_j\lambda_j$ ，管理可处置条件下的 $P_V^M(X)$ 满足 $X\leqslant\sum_{j=1}^n X_j\lambda_j$ 。

假定 RTS 和 DTS 不变时，生产可能集如下：

$$P_c^N(X)=\left\{\begin{array}{l}(G, B): G\leqslant\sum_{j=1}^n G_j\lambda_j, B\leqslant\sum_{j=1}^n B_j\lambda_j, \\ X\geqslant\sum_{j=1}^n X_j\lambda_j, \lambda_j\geqslant 0\end{array}\right\}$$

$$P_c^M(X)=\left\{\begin{array}{l}(G, B): G\leqslant\sum_{j=1}^n G_j\lambda_j, B\leqslant\sum_{j=1}^n B_j\lambda_j, \\ X\leqslant\sum_{j=1}^n X_j\lambda_j, \lambda_j\geqslant 0\end{array}\right\}$$

RTS 与 DTS 不变时，生产可能集中去掉 $\sum_{j=1}^n\lambda_j=1$ 这一条件，下标 c 表示 RTS 和 DTS 不变。需要注意的是，在自然可处置概念下对综合效率进行评价时，运营绩效是首要的，环境绩效是次要的，在管理可处置概念下则正好相反。此外，RTS 和 DTS 可变与不变时对强度向量的约束是不同的，可以通过定义上下限来控制 $\sum_{j=1}^n\lambda_j$ 的大小，达到合并不同 RTS 和 DTS 条件的目的。

（2）综合效率（记作 UE）。DEA 在环境规制背景下综合效率的计算模型如下：

$$\max\xi+\varepsilon\left[\sum_{i=1}^m R_i^x(d_i^{x+}+d_i^{x-})+\sum_{r=1}^s R_r^g d_r^g+\sum_{f=1}^h R_f^b d_f^b\right] \quad (6-1)$$

$$
\text{s.t.}\begin{cases}
\sum_{j=1}^{n} x_{ij}\lambda_j - d_i^{x+} + d_i^{x-} = x_{ik}(i=1,\cdots,m)\\
\sum_{j=1}^{n} g_{rj}\lambda_j - d_r^{g} - \xi g_{rk} = g_{rk}(r=1,\cdots,s)\\
\sum_{j=1}^{n} b_{fj}\lambda_j - d_f^{b} + \xi b_{fk} = b_{fk}(f=1,\cdots,h)\\
\sum_{j=1}^{n}\lambda_j = 1\\
\lambda_j \geqslant 0(j=1,\cdots,n),\ \xi:URS\\
d_i^{x+} \geqslant 0(i=1,\cdots,m),\ d_i^{x-} \geqslant 0(i=1,\cdots,m)\\
d_r^{g} \geqslant 0(r=1,\cdots,s),\ d_f^{b} \geqslant 0(f=1,\cdots,h)
\end{cases}
$$

其中，ξ 是效率值，表示期望产出和非期望产出的观测值与效率前沿之间的距离。符号 URS 表示自由且不受限制 ε 为非阿基米德无穷小。若将 ε 设为 0 可能会使一些生产要素的对偶变量变为 0，导致模型中的生产要素信息不能被完全利用，因此应将 ε 设为一个充分小但大于 0 的数，可将其设为 0.0001 以减少松弛变量的影响。

模型（6－1）为非线性规划问题，无法直接求解。一种方案是将 $d_i^{x}+d_i^{x-}=0$（$i=1,\cdots,m$）引入模型作为约束条件，继续将模型（6－1）作为非线性问题来求解；另一种方案是引入 $d_i^{x+}\leqslant M_{Zi}{}^{+}$，$d_i^{x-}\leqslant M_{Zi}{}^{-}$，$Z_i^{+}+Z_i^{-}\leqslant 1$，$Z_i^{+}$ 和 Z_i^{-} 中 $i=(1,\cdots,m)$作为约束条件，将原问题转化为混合整数规划问题进行求解。其中，M 表示一个相当大的数，需要在求解前设定。通过以上两种方法可求得最优解，即 DMU_k 的综合效率为：

$$
UE = 1-\left[\xi^{*}+\varepsilon\left(\sum_{i=1}^{m}R_i^{x}(d_i^{x+*}+d_i^{x-*})+\sum_{r=1}^{s}R_r^{g}d_r^{g*}+\sum_{f=1}^{h}R_f^{b}d_f^{b*}\right)\right] \tag{6-2}
$$

第一节　自然可处置下的 DEA 模型

RTS 可变时自然可处置条件下 DMU_k 的综合效率（UEN_V）的计算模型如下：

$$
\max \xi+\varepsilon\left[\sum_{i=1}^{m}R_i^{x}d_i^{x}+\sum_{r=1}^{s}R_r^{g}d_r^{g}+\sum_{f=1}^{h}R_f^{b}d_f^{b}\right] \tag{6-3}
$$

$$
\text{s.t.}\begin{cases}
\sum_{j=1}^{n} x_{ij}\lambda_j + d_i^{x} = x_{ik}(i=1,\cdots,m)\\
\sum_{j=1}^{n} g_{rj}\lambda_j - d_r^{g} - \xi g_{rk} = g_{rk}(r=1,\cdots,s)\\
\sum_{j=1}^{n} b_{fj}\lambda_j + d_f^{b} + \xi b_{fk} = b_{fk}(f=1,\cdots,h)\\
\sum_{j=1}^{n}\lambda_j = 1
\end{cases}
$$

$$\text{s.t.}\begin{cases}\lambda_j \geqslant 0(j=1,\cdots,n),\ \xi:URS\\ d_i^x \geqslant 0(i=1,\cdots,m)\\ d_r^g \geqslant 0(r=1,\cdots,s),\ d_f^b \geqslant 0(f=1,\cdots,h)\end{cases}$$

那么，DMU_k 的综合效率（UEN_V）表示为等式（6－4）：

$$UEN_V = 1 - \left[\xi^* + \varepsilon\left(\sum_{i=1}^{m} R_i^x d_i^{x*} + \sum_{r=1}^{s} R_r^g d_r^{g*} + \sum_{f=1}^{h} R_f^b d_f^{b*}\right)\right] \tag{6-4}$$

模型（6－3）的对偶问题如模型（6－5）所示：

$$\min \sum_{i=1}^{m} v_i x_{ik} - \sum_{r=1}^{s} u_r g_{rk} + \sum_{f=1}^{h} w_f b_{fk} + \sigma \tag{6-5}$$

$$\text{s.t.}\begin{cases}\sum_{i=1}^{m} v_i x_{ik} - \sum_{r=1}^{s} u_r g_{rk} + \sum_{f=1}^{h} w_f b_{fk} + \sigma \geqslant 0(j=1,\cdots,n)\\ \sum_{r=1}^{s} u_r g_{rk} + \sum_{f=1}^{h} w_f b_{fk} = 1\\ v_i \geqslant \varepsilon R_i^x (i=1,\cdots,m)\\ u_r \geqslant \varepsilon R_r^g (r=1,\cdots,s)\\ w_f \geqslant \varepsilon R_f^g (f=1,\cdots,h)\\ \sigma:URS\end{cases}$$

其中，v_i，u_r 和 w_f 分别对应模型（6－3）中各约束条件的正对偶变量，即乘数。对偶变量 σ 由模型（6－3）得到。模型（6－3）的目标值是模型（6－5）的最优解。此外，模型（6－5）的所有对偶变量均为正值，对偶变量与生产要素的取值范围有关。对偶变量表明单位生产要素的变化导致效率值的相应变化。

计算 RTS 不变时自然可处置条件下的综合效率（UEN_c）时，应去掉 $\sum_{j=1}^{n}\lambda_j = 1$ 这一约束，UEN_c 的计算公式如下：

$$UEN_c^* = 1 - \left[\xi^* + \varepsilon\left(\sum_{i=1}^{m} R_i^x (d_i^{x+*} + d_i^{x-*}) + \sum_{r=1}^{s} R_r^g d_r^{g*} + \sum_{f=1}^{h} R_f^b d_f^{b*}\right)\right] \tag{6-6}$$

最优解由去掉 $\sum_{j=1}^{n}\lambda_j = 1$ 约束的模型（6－3）求出，去掉该条件表示模型（6－5）中的 $\sigma=0$，即在没有非期望产出影响的假设下满足 RTS 不变。

SEN 反映 DMU 在自然可处置条件下如何管理经营规模，其规模效率计算公式如下：

$$SEN^* = \frac{UEN_c^*}{UEN_v^*} \tag{6-7}$$

当 $UEN_c^* \leqslant UEN_v^*$ 时，$SEN^* \leqslant UE$，SEN 越大表示自然可处置条件下的管理规模越好。

图 6－1 直观地描述了 RTS 不变与可变时的效率前沿。横轴表示投入量 x，

纵轴表示期望产出 g。直线 OG 过 B 点，表示 RTS 不变时的效率前沿。DMU A，B，C，D 和 E 组成 RTS 可变时的效率前沿。Ω_1 是 RTS 不变时的生产可能集，Ω_1，Ω_2 和 Ω_3 构成 RTS 可变时的生产可能集。$SEN^* = \frac{UEN_c^*}{UEN_v^*} = \frac{HC}{HG}$。

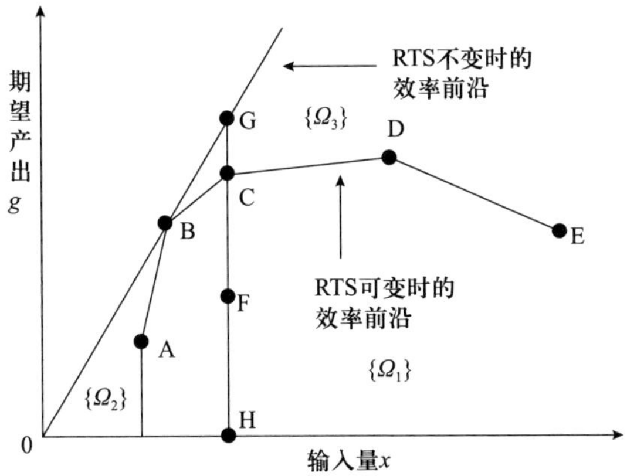

图 6－1　RTS 可变和不变时的效率前沿

其中，所有 DMU 产生相同数量的非期望产出；DMU F 是无效的，当 RTS 可变时，DMU F 的期望产出应增加到 C，RTS 不变时应增加到 G；只有单个生产要素时，规模报酬由 $(dg/dx)/(g/x)$ 来衡量。

第二节　管理可处置下的 DEA 模型

在管理可处置概念下，环境绩效是首要的，运营绩效是次要的。DTS 可变时管理可处置条件下 DMU_k 综合效率（UEM_V）的计算模型如下：

$$\max\xi + \varepsilon\left[\sum_{i=1}^{m} R_i^x d_i^x + \sum_{r=1}^{s} R_r^g d_r^g + \sum_{f=1}^{h} R_f^b d_f^b\right] \quad (6-8)$$

$$s.t.\begin{cases}\sum_{j=1}^{n} x_{ij}\lambda_j - d_i^x = x_{ik}(i=1, \cdots, m)\\ \sum_{j=1}^{n} g_{rj}\lambda_j - d_r^g - \xi g_{rk} = g_{rk}(r=1, \cdots, s)\\ \sum_{j=1}^{n} b_{fj}\lambda_j + d_f^b + \xi b_{fk} = b_{fk}(f=1, \cdots, h)\\ \sum_{j=1}^{n}\lambda_j = 1\\ \lambda_j \geqslant 0(j=1, \cdots, n),\ \varepsilon: URS,\ d_i^x \geqslant 0(i=1, \cdots, m)\\ d_r^g \geqslant 0(r=1, \cdots, s),\ d_f^b \geqslant 0(f=1, \cdots, h)\end{cases}$$

为了刻画管理可处置条件，模型（6－8）将模型（6－3）中的 $+d_i^x$ 变为

$-d_i^x$。那么 DMU_k 的综合效率表示如下：

$$UEM_V = 1 - \left[\xi^* + \varepsilon\left(\sum_{i=1}^{m} R_i^x d_i^{x*} + \sum_{r=1}^{s} R_r^g d_r^{g*} + \sum_{f=1}^{h} R_f^b d_f^{b*}\right)\right]$$

其中，方括号内的公式表示 DTS 可变时管理可处置条件下的无效值，$UEM_V = 1-$无效值。模型（6—8）的对偶规划如模型（6—9）所示：

$$\min - \sum_{i=1}^{m} v_i x_{ik} - \sum_{r=1}^{s} u_r g_{rk} + \sum_{f=1}^{h} w_f b_{fk} + \sigma \tag{6—9}$$

$$\text{s. t.}\begin{cases} -\sum_{i=1}^{m} v_i x_{ik} - \sum_{r=1}^{s} u_r g_{rk} + \sum_{f=1}^{h} w_f b_{fk} + \sigma \geqslant 0 (j=1, \cdots, n) \\ \sum_{r=1}^{s} u_r g_{rk} + \sum_{f=1}^{h} w_f b_{fk} = 1 \\ v_i \geqslant \varepsilon R_i^x (i=1, \cdots, m) \\ u_r \geqslant \varepsilon R_r^g (r=1, \cdots, s) \\ w_f \geqslant \varepsilon R_f^g (f=1, \cdots, h) \\ \sigma: URS \end{cases}$$

其中，v_i，u_r 和 w_f 分别对应模型（6—8）中各约束条件的正对偶变量，即乘数。对偶变量 σ 由模型（6—8）得到。模型（6—8）的目标值是模型（6—9）的最优解。模型（6—5）与模型（6—9）的区别仅在于前者的目标函数和约束条件为 $\sum_{i=1}^{m} v_i x_{ik}$，后者为 $-\sum_{i=1}^{m} v_i x_{ik}$，因此模型（6—5）中对偶变量的含义同样适用于模型（6—9），在此不再赘述。

计算 DTS 不变时管理可处置条件下的综合效率（UEM_c）应去掉 $\sum_{j=1}^{n} \lambda_j = 1$ 这一约束。UEM_c 的计算公式如下：

$$UEM_c^* = 1 - \left[\xi^* + \varepsilon\left(\sum_{i=1}^{m} R_i^x (d_i^{x+*} + d_i^{x-*}) + \sum_{r=1}^{s} R_r^g d_r^{g*} + \sum_{f=1}^{h} R_f^b d_f^{b*}\right)\right] \tag{6—10}$$

最优解由去掉 $\sum_{j=1}^{n} \lambda_j = 1$ 约束的模型（6—8）求出。

SEM 反映 DMU 在管理可处置条件下如何管理经营规模，其计算公式为 $SEM^* = \dfrac{UEM_c^*}{UEM_v^*}$。当 $UEM_c^* \leqslant UEM_v^*$ 时，$SEM^* \leqslant UE$，SEM 越大表示管理可处置条件下的管理规模越好。

图 6—2 直观地描述了 DTS 不变与可变时的效率前沿。横轴表示投入量 x，纵轴表示非期望产出 g。直线 OG 过 B 点，表示 DTS 不变时的效率前沿。DMU A，B，C，D 和 E 组成 DTS 可变时的效率前沿。Ω_1 是 DTS 不变时的污染可能集，Ω_1，Ω_2 和 Ω_3 构成 DTS 可变时的污染可能集。$SEM^* = \dfrac{UEM_c^*}{UEM_v^*} = \dfrac{HG}{HC}$。由图可知，图 6—2 中的 SEM^* 与图 6—1 中的 SEN^* 互为倒数。

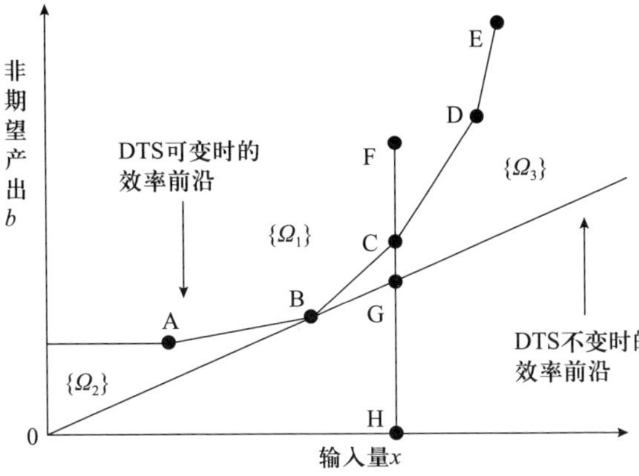

图 6－2　DTS 可变和不变时的效率前沿

其中，所有 DMU 产生相同数量的非期望产出；DMU F 是无效的，当 DTS 可变时，DMU F 的非期望产出应减少到 C，DTS 不变时应减少到 G；只有单个生产要素时，规模报酬由 $(db/dx)/(b/x)$ 来衡量。

第三节　案例研究——不同可处置条件下的中国区域环境绩效评价研究

近年来，中国的经济发展取得了令人瞩目的成就。然而，经济增长背后的“高能耗、高排放”问题也应该得到正视。我国大部分地区的工业生产只注重国内生产总值的增长，忽视了资源消耗和环境污染的严重程度。此外，随着大城市雾霾问题的日益严重，越来越多的管理者开始关注环境治理问题，认识到“先污染后治理”的发展模式不再适合当前时代的要求。为了促进可持续发展目标，必须加大生态文明建设的力度。政府各部门将工作重点转移至生态文明建设的“千禧年目标”上，把“人与自然和谐相处”作为新时期发展的基本方针之一。因此，有必要对我国区域环境绩效进行综合评价分析，为相关政策的制定提供科学支持，促进我国经济增长与环境保护的协调发展。

回顾以往研究可以看出，大多数学者在使用 DEA 方法时，只从单一的角度关注绩效分析，忽略了政策规制下决策者不同态度对 DMU 效率的影响。基于此，本节利用上一节提出的不同可处置条件下的 DEA 模型对 2006～2015 年中国区域环境绩效进行研究，并充分考虑固体废物、废水和废气等环境污染的影响[67]。

（一）变量和数据

参考以往的环境效率研究，本节采用了 5 个投入变量、1 个期望产出变量及 3 个非期望产出变量，具体包括年底在职人员、固定资产、用水总量、建筑面积和能源消耗 5 种投入，地区生产总值（Gross Regional Product，GRP）1 种期望产出变量，废气排放量、废水排放量和固体废物排放量 3 种非期望产出变量。数据来源于《中国统计年鉴》《中国城市统计年鉴》《中国环境统计年鉴》和《中国能源统计年鉴》，数据的描述性统计如表 6－1 所示。

表 6－1　数据的描述性统计

变量	指标	单位	均值	标准差	最小值	最大值
$X1$	年底在职人员	万人	608.32	525.83	50.90	3020.40
$X2$	固定资产	亿元	10244.33	8601.66	408.54	48312.44
$X3$	用水总量	亿立方米	199.34	140.62	22.33	591.30
$X4$	建筑面积	平方千米	1418.78	1034.71	109.45	5633.20
$X5$	能源消耗	万吨标准煤	12914.15	8059.82	920.4	38899.25
$G1$	地区生产总值	亿元	15823.30	13887.18	290.76	72812.55
$B1$	废气排放量	亿立方米	18120.88	14198.27	860.00	79121.30
$B2$	废水排放量	万吨	75562.22	63616.99	5782.00	287181.00
$B3$	固体废物排放量	万吨	8641.82	7931.16	147.00	45576.00

（二）结果与讨论

附表 21 是 2006～2015 年中国 30 个省份在自然可处置条件下的环境效率，可以得出以下结论：首先，北京、天津、上海和甘肃在观测期间的环境效率良好。在 RTS 不变和可变假设下，其自然可处置条件下的效率值都等于 1。因此，这些省份在评价期间都是有效的。其次，浙江、江苏、山东、福建、广东和海南等地在 RTS 不变时的效率不高，但在 RTS 可变时有较好的表现。最后，陕西的效率表现最差，其环境效率低于 0.3，是所有省份中最低的。

图 6－3 是自然可处置条件下 RTS 不变时各省的平均环境绩效。可以看出，过去 10 年中，北京、天津、上海和甘肃四个地区的平均 UEN_c 值为 1，表明在自然可处置条件下这些地区在经济发展和环境保护方面均表现最佳，可以作为其他低效率省份的标杆。

此外，江苏、广东、福建、浙江和湖南 5 个省的平均 UEN_c 在 0.8 以上。其中，广东是中国人口最多的省份，占中国人口的 7.8%；福建地处中国东南沿海，毗邻浙江和广东，工业水平发达。改革开放以来，福建吸引了大量海外投资，近 10 年的平均 UEN_c 为 0.907；浙江省鼓励创业，过去 10 年的平均 UEN_c 为 0.9；江苏省的地区生产总值在这些省份中排名第二，仅次于广东，过去 10 年的平均 UEN_c 为 0.881。海南、山东、河南、黑龙江、内蒙古、河北、江西、吉

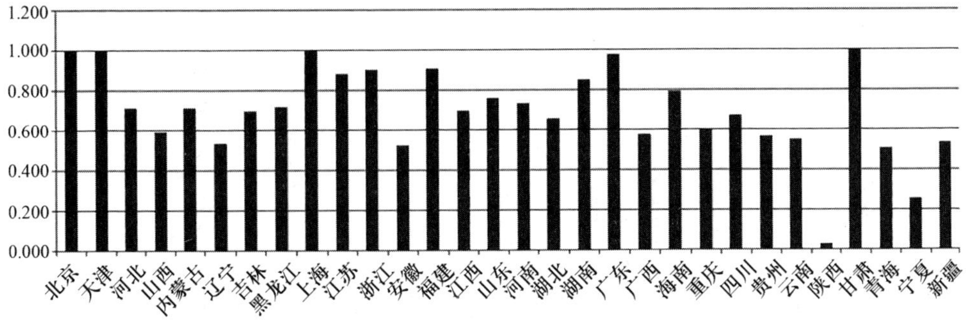

图 6－3　自然可处置条件下 RTS 不变时各省的平均环境绩效

林、四川和湖北 10 个省份的 UEN_c 在 0.6～0.8。海南由我国南海诸多岛屿组成，其经济增长主要依靠房地产行业的发展，过去 10 年海南的平均 UEN_c 为 0.79；山东凭借优越的地理位置成为中国人口最多、经济最发达的省份之一，近 10 年的平均 UEN_c 为 0.762；黑龙江省的民营企业对全省经济增长具有重要的促进作用，其平均 UEN_c 为 0.718。值得注意的是，海南和山东是沿海省份，不仅在经济上有很好的效率，在工业污染的防治上也取得了很好的成果。其他省份位于我国内陆，在环境保护和经济发展方面与这两个省份相比表现不佳。重庆、贵州、广西、山西、云南、新疆、辽宁、安徽和青海等地区的平均 UEN_c 在 0.5～0.6。这些省份大多位于中国的西部和中部，经济发展以劳动密集型产业为主，技术水平相对落后。粗放式的经济发展方式是这些省份效率低下的主要原因。宁夏和陕西两省在环境保护方面排名垫底，平均 UEN_c 不到 0.5。这两个省份均位于中国西部，地理面貌主要是高地和山区，由于基础设施不足导致环境效率低下。

附表 22 总结了 2006～2015 年中国 30 个省份在管理可处置条件下的环境效率（UEM）。可以看出，北京、海南和新疆在 10 年中都是有效的，环境效率均保持为 1。陕西、甘肃、浙江、江西、安徽、河南、山东、云南、贵州和宁夏的 UEM 在评价期间呈下降趋势。大部分省份集中在中西部地区，由于经济水平不高，当地政府将更多的注意力放在了改善经济状况上，忽视了环境保护。可见，经济的欠发达与环境效率低下有一定关联。广西、重庆和四川的 UEM 在 2006～2015 年有所提高。

图 6－4 为管理可处置条件下 DTS 不变时各省份的平均环境效率（UEM_c）。可以看出，北京、新疆和海南在 10 年中都是有效的，表明在管理可处置条件下，这三个地区在 2006～2015 年的经济生产和环境保护均表现最好。由于北京市政府始终重视环境保护监测能力的提高，因此其 UEM_c 值自 2006 年以来一直保持在 1。此外，新疆在环境保护方面表现良好，可作为西部地区其他低效率省份环

境效率提升的标杆。

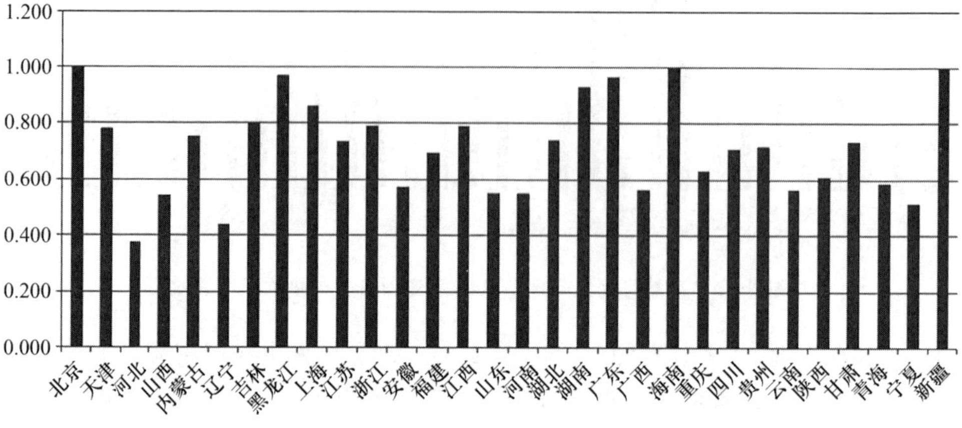

图 6—4　管理可处置条件下 DTS 不变时各省份的平均环境效率

青海、安徽、云南、广西、山东、河南、山西、宁夏和辽宁的平均 UEM_c 水平在 0.6 左右。其中，安徽、河南和山西位于中国中部，青海和宁夏位于西部，云南和广西位于南部，这些省份的经济水平相对落后。山东和辽宁属于沿海省份，经济表现良好，但在环境效率方面表现较差，经济的快速发展可能对生态环境造成了沉重的压力。此外，河北省的平均 UEM_c 为 0.377，在 30 个省份中排名最后。

表 6—2 为 2006～2015 年 30 个省份在自然可处置条件下的规模效率。其中，北京、天津、上海、广东和甘肃在十年中均有良好的规模效率，陕西、宁夏和青海的规模效率最低。

表 6—2　2006～2015 年自然可处置条件下各省份的规模效率（SEN）

SEN	2006	2007	2008	2009	2010	2011	2012	2013	2014	2015
北京	1.000	1.000	1.000	1.000	1.000	1.000	1.000	1.000	1.000	1.000
天津	1.000	1.000	1.000	1.000	1.000	1.000	1.000	1.000	1.000	1.000
河北	0.831	0.829	0.830	0.794	0.779	0.762	0.704	0.679	0.651	0.669
山西	0.951	0.971	0.999	0.963	0.962	0.875	0.823	0.838	0.809	0.908
内蒙古	0.884	0.873	0.836	0.833	0.731	0.792	0.817	0.799	0.797	0.819
辽宁	0.744	0.747	0.685	0.683	0.646	0.682	0.619	0.604	0.603	0.803
吉林	0.986	0.985	0.991	0.999	0.998	0.994	0.977	0.976	0.993	0.994
黑龙江	0.995	0.995	0.975	0.943	0.971	0.971	0.942	0.934	0.971	0.993
上海	1.000	1.000	1.000	1.000	1.000	1.000	1.000	1.000	1.000	1.000

续表

SEN	2006	2007	2008	2009	2010	2011	2012	2013	2014	2015
江苏	0.903	0.886	0.916	0.911	0.924	0.878	0.864	0.840	0.835	0.853
浙江	0.951	0.932	0.941	0.923	0.961	0.916	0.901	0.854	0.826	0.791
安徽	0.985	1.000	0.934	0.900	0.881	0.847	0.775	0.739	0.760	0.771
福建	1.000	0.985	0.981	0.983	0.928	0.969	0.951	0.913	0.912	0.918
江西	0.965	0.971	0.975	0.981	0.999	0.995	0.994	0.963	0.963	0.957
山东	0.923	0.845	0.839	0.831	0.782	0.733	0.713	0.663	0.654	0.631
河南	0.852	0.847	0.834	0.818	0.802	0.711	0.735	0.637	0.648	0.671
湖北	0.965	0.990	0.927	0.927	0.910	0.863	0.831	0.791	0.773	0.757
湖南	0.977	0.997	0.976	0.949	0.921	0.935	0.905	0.877	0.901	0.897
广东	1.000	1.000	1.000	1.000	1.000	1.000	0.996	0.950	0.915	0.872
广西	0.965	0.974	0.988	0.994	0.969	0.960	0.932	0.895	0.909	0.906
海南	0.973	0.996	0.838	0.914	0.933	0.715	0.680	0.662	0.603	0.585
重庆	0.955	0.967	0.974	0.992	0.992	0.989	0.973	0.980	0.987	0.993
四川	0.988	0.860	0.974	0.947	0.895	0.842	0.770	0.755	0.746	0.802
贵州	0.833	0.851	0.864	0.833	0.861	0.899	0.878	0.875	0.928	0.929
云南	0.965	0.933	0.953	0.955	0.998	0.963	0.963	0.995	0.980	0.991
陕西	0.310	0.311	0.224	0.200	0.196	0.137	0.096	0.088	0.098	0.115
甘肃	1.000	1.000	1.000	1.000	1.000	1.000	1.000	1.000	1.000	1.000
青海	0.459	0.474	0.531	0.469	0.576	0.599	0.632	0.447	0.452	0.443
宁夏	0.317	0.247	0.322	0.366	0.365	0.229	0.232	0.255	0.264	0.238
新疆	0.974	0.936	0.956	0.940	0.966	0.949	0.923	0.943	0.945	0.922

2006～2015 年，各省份在自然可处置条件下的平均规模效率存在显著差异。改革开放以来部分省份得到了很大的发展，但中西部地区的发展仍相对落后。

表 6—3 为 2006～2015 年各省份在管理可处置条件下的规模效率。可以看出，广东、天津、北京、黑龙江、海南和新疆在十年间的规模效率较高。

表 6—3　2006～2015 年管理可处置条件下各省份的规模效率（SEM）

SEM	2006	2007	2008	2009	2010	2011	2012	2013	2014	2015
北京	1.000	1.000	1.000	1.000	1.000	1.000	1.000	1.000	1.000	1.000
天津	0.978	0.978	0.999	0.947	0.756	0.814	0.787	0.876	0.894	0.747
河北	0.516	0.415	0.450	0.341	0.343	0.320	0.345	0.389	0.370	0.413

续表

SEM	2006	2007	2008	2009	2010	2011	2012	2013	2014	2015
山西	0.607	0.595	0.504	0.536	0.460	0.582	0.678	0.583	0.542	0.614
内蒙古	0.781	1.000	0.732	0.811	0.579	0.665	0.823	0.746	0.678	0.730
辽宁	0.591	0.659	0.305	0.515	0.541	0.507	0.383	0.464	0.424	0.403
吉林	0.991	0.999	0.993	0.946	0.887	0.851	0.726	0.857	0.992	0.952
黑龙江	1.000	1.000	0.958	0.806	0.955	1.000	1.000	1.000	1.000	1.000
上海	0.876	0.847	0.804	0.833	0.792	0.916	0.958	1.000	0.983	0.862
江苏	0.675	0.895	0.803	0.795	0.770	0.677	0.651	0.794	0.714	0.585
浙江	0.918	0.856	0.830	0.822	0.750	0.800	0.749	0.796	0.815	0.612
安徽	0.874	0.834	0.616	0.688	0.638	0.457	0.463	0.541	0.555	0.545
福建	0.995	0.989	0.908	0.887	0.880	0.733	0.686	0.713	0.777	0.755
江西	0.999	1.000	0.938	0.962	0.891	0.792	0.772	0.848	0.949	0.998
山东	0.748	0.736	0.646	0.679	0.550	0.519	0.399	0.427	0.420	0.417
河南	0.817	0.829	0.680	0.639	0.692	0.493	0.456	0.483	0.471	0.519
湖北	0.895	0.992	0.902	0.868	0.858	0.688	0.654	0.683	0.731	0.683
湖南	1.000	1.000	0.986	0.905	0.875	0.793	1.000	0.779	1.000	1.000
广东	1.000	1.000	0.972	0.951	0.927	1.000	0.948	1.000	1.000	0.873
广西	0.993	0.991	0.956	0.926	0.871	0.808	0.794	0.962	0.976	0.964
海南	1.000	1.000	1.000	1.000	1.000	1.000	1.000	1.000	1.000	1.000
重庆	0.975	0.979	0.985	0.807	0.864	0.791	0.669	0.693	0.723	0.718
四川	0.878	0.700	0.831	0.897	0.677	0.632	0.550	0.655	0.726	0.888
贵州	0.977	0.975	0.949	0.955	0.863	0.784	0.845	0.881	0.756	0.724
云南	0.994	0.995	0.991	0.924	0.943	0.870	0.774	0.806	0.789	0.821
陕西	0.989	0.984	0.957	0.895	0.770	0.573	0.493	0.604	0.630	0.590
甘肃	0.997	0.995	0.994	0.997	0.999	0.866	0.863	0.876	0.852	0.863
青海	0.695	0.752	0.555	0.564	0.684	0.605	0.594	0.706	0.666	0.701
宁夏	0.998	0.952	0.990	0.964	0.947	0.789	0.761	0.840	0.784	0.839
新疆	1.000	1.000	1.000	1.000	1.000	1.000	1.000	1.000	1.000	1.000

2006～2015 年，辽宁、河北、山西、河南、安徽、山东和青海在管理可处置条件下的平均规模效率最差。

图 6－5 和图 6－6 分别为 2006 年和 2015 年各省份在自然可处置和管理可处置条件下的规模效率对比。从图中可以看出，各省份在自然可处置和管理可处置

条件下的规模效率存在明显差异，且随时间发生变化。从地理角度来看，管理可处置条件下的规模效率比自然可处置条件下的规模效率更为均衡。可以看出，无论在何种处置条件下，南部地区的环境绩效总体上优于北部地区。此外，陕西和青海两省的 SEN 和 SEM 差距较大，自然可处置条件下的规模效率明显低于管理可处置条件下的规模效率，意味着这两个省份应该加强控制投入总量、提高投入资源的利用率。

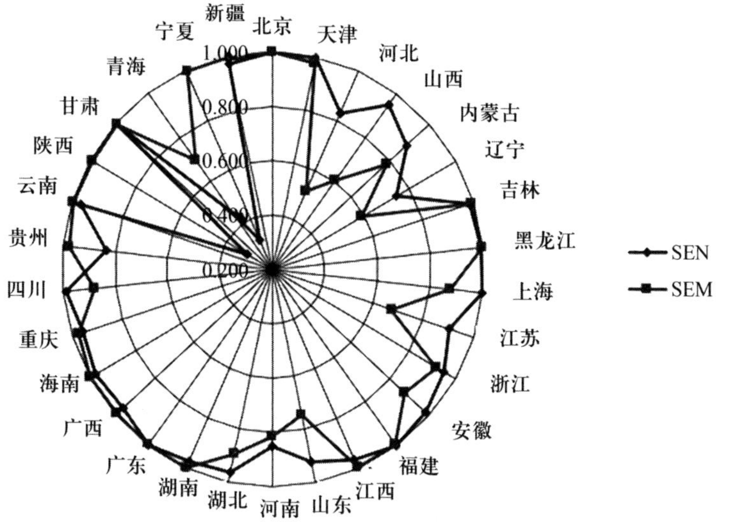

图 6－5　2006 年各省份的 SEN 和 SEM

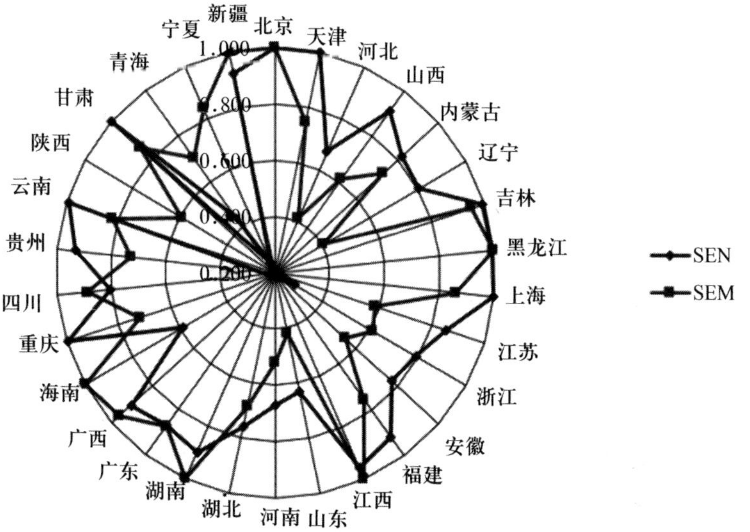

图 6－6　2015 年各省份的 SEN 和 SEM

上述分析结果表明，政府部门需要分配更多的资源到经济欠发达地区，特别是陕西、宁夏、银川、青海和内蒙古等西北地区，通过合理有效的政策促进西部地区的经济增长和环境保护。只有实现区域发展的均衡，才能进一步实现我国整体的可持续发展。另外，由于恶劣天气频繁发生，相关部门应重点关注大城市的空气状况，加强对工业企业的管理，实施严格的环境保护政策，以减少污染物的排放。同时，企业和个人也应该增强节能环保意识，促进可持续发展。

第七章　标杆管理与绩效评价

第一节　标杆管理

（一）基本概念

1979年，美国施乐公司（Xerox）首次提出了标杆管理（Benchmarking）的概念，该概念在后续的国内相关研究中被翻译为标杆分析、标杆瞄准、水平比较和对标管理等概念。相关权威机构及以往文献中对该概念的定义主要包括：①施乐公司标杆管理体系的创始人之一，同时也是“Benchmarking”这个词汇的创造人Robert Camp博士认为，标杆管理是将企业所生产的产品、服务和实践持续不断地与行业内的最强者进行比较与测评的过程；②美国质量学会（American Society for Quality，ASQ）认为标杆管理是一个机构将其自身的绩效水平与本行业的龙头进行比较，并学习行业龙头提高绩效水平的方法来改善自身绩效的技术的过程；③美国生产力与质量中心（American Productivity and Quality Center，APQC）将标杆管理定义为将本组织的流程与全世界任意一个组织进行比较，以获取有助于改善本组织运行绩效信息的过程。综合来说，标杆管理是寻找某个领域或特定活动中表现最好的目标“部门”或者“单位”，模拟目标“部门”以提高自身绩效的过程。

（二）流程设计

标杆管理理念的新颖性和巨大潜力及其在实践生产过程中表现出的强大功能吸引了许多学者和管理者的关注，由此兴起了一系列标杆管理方法论。1994年，Boxwell出版了《追求竞争优势的标杆管理》（*Benchmarking for Competitive Advantage*），将标杆管理划分为7个具体的流程。此外，标杆管理最早的研究学者Andersen和Camp提出了一个包括12个具体步骤的标杆管理流程方法论。

在实际生产运营过程中，标杆管理的操作流程一般包含以下步骤：

（1）发现问题领域：任何形式的商业运营活动或实际生产过程都包含着绩效管理。首先，需要确定研究目标。其次，在与同行业内的其他企业比较之前，必须要详细地了解自身组织的运作流程，找出存在问题的环节，为标杆管理和绩效提升找出最基本的立足点。

（2）明确处于领域领先地位的企业或机构：确定行业内处于领先地位的具体组织是进行标杆管理的重要前提，应尽可能多地寻找同行业内与自身生产流程及管理流程相似的企业及组织，以进行后续的比较和学习。

（3）调研目标企业或机构的实践操作：可以通过非正式访谈、市场调研、定量分析方法或询问商业分析师等方法明确该行业中目标组织或机构的实践操作流程。

（4）寻找自身与最佳实践之间的差距：根据具体的研究问题建立相应的标杆管理指标体系，衡量企业与行业内表现最佳的企业或组织之间的差距，明确企业需要改进的方向。

（5）优化商业运作流程：获得行业最前沿的实践运作信息后，企业应组织相关人员拟定针对性的实施计划，包括机会点分析、支持资金获取和向管理层展示预期成果等，并确保优化方案能够在本企业顺利落实，以实现绩效改进。

（6）评价与提高：标杆管理是一项基础管理工作，必须及时评价阶段性成果，并再次根据评价的结果对表现较差的环节进行标杆管理，如此循环往复。

第二节　目标参考点设置与奖惩机制设计

标杆管理的核心思想是为组织提供一条学习“最佳实践”以提升自身绩效的路径。其中，被学习的对象既可以是同行业中同质的企业或组织，也可以是该组织内的某个具体部门。此外，标杆管理也可在公共管理部门中使用，实现资源、能源使用效率的管理。标杆管理为管理者如何提高绩效提供了新的管理思想，但并没有指明在具体操作中应该如何选择标杆组织以及如何在多目标的情况下评价同类组织的好坏。

DEA 方法在评价同类组织或部门之间的相对有效性方面具有突出优势。因此，可以将 DEA 方法和标杆管理结合弥补双方的不足。一方面，DEA 方法测算出的相对有效性结果量化了组织与参考对象之间的差距，为标杆管理选择具有最佳实践水平的参考对象提供了科学的依据；另一方面，标杆管理可以作为 DEA 评价相对效率的延续，基于各 DMU 的相对有效性进一步对行业内同质组织的绩效进行排名，通过向标杆组织学习不断提升改进本组织的绩效。回顾国内外关于 DEA 与标杆管理结合的相关文献，可将二者的结合方式大致分为两类：第一类是在 DEA 分析中借助标杆管理的思想加入一个虚拟的 DMU，该虚拟 DMU 在现实中并不存在，其指标数据是在所有同质 DMU 中寻找出最优值进行线性组合生成的，因此是所有同质 DMU 中效率最优的。第二类是运用 DEA 方法为标杆管理寻找具有最佳实践的参考对象，并利用 DEA 方法中的松弛变量找出与最佳实践之间的距离。

一、基于绩效评价模型的奖惩机制设计

在现实的生产实践过程中，管理者倾向于在每个周期的运营活动开始之前为DMU 设定一个目标，即 DMU 提升绩效的指导方向。此外，为促进 DMU 的高效运行，设定合理的奖惩机制非常必要。然而，奖惩机制的实施规则难以明确，也没有可行的方法对奖惩机制的运作过程进行监督。基于以上考虑，本节构建模型为 DMU 确定合理的期初目标，并设置科学的奖惩机制。

（一）确立期初目标

在标杆管理中，有效的 DMU 会形成一个“最佳实践生产前沿面”，其上的点是无效 DMU 的潜在参考对象。

假设将对 j 个可比较的 DMU 执行奖惩机制，其中，$j=1，2，\cdots，n$，每个DMU 有 s 个产出指标，Y_j 表示被评价 DMU_j 的产出集，其中，$Y_j=(y_{1j}，\cdots，y_{sj})'\geqslant 0$，$Y_j\neq 0$。$y^g_{1j}$，…，$y^g_{sj}$ 分别表示被评价 DMU_j 每一个指标 y_{1j}，…，y_{sj} 的期初目标[68]。此外，产出指标实际生产的“可达集”（Available Set，AS）为一个有界闭凸集 $AS=\{Y\geqslant 0 \mid Y\leqslant \sum_{j=1}^{n}\lambda_j Y_j，\sum_{j=1}^{n}\lambda_j=1，\lambda_j\geqslant 0\}$。

本节根据被评价 DMU 前期的运行表现，建立了如下模型求解当期各指标的期初目标值，目标函数令产出值与目标值的加权 L_1 距离最小。

$$\min \sum_{j=1}^{n} \| Y_j - Y_j^g \|_1^{\omega_0} \tag{7-1}$$

$$\text{s. t.}\begin{cases} \sum_{k\in E}\lambda_{kj}Y_k = Y_j^g，\ \forall j \\ \sum_{k\in E}\lambda_{kj}=1，\ \forall j \\ u'Y_k+u_0+d_k=0，\ k\in E \\ \bar{Y}u\geqslant 1_s \\ d_k\leqslant Mb_k，\ k\in E \\ \sum_{j=1}^{n}\lambda_{kj}\leqslant M(1-b_k)，\ k\in E \\ d_k\geqslant 0，\ b_k\in\{0，1\}，\ k\in E \\ \lambda_{kj}\geqslant 0，\ Y_j^g\geqslant 0_s，\ \forall k，j \\ u_0\ free \end{cases}$$

其中，E 是帕累托意义上可达集 AS 中有效 DMU 组成的解集，M 表示一个相当大的正数，目标函数中 $\| Y_j-Y_j^g \|_1^{\omega_0}=\| \bar{Y}_j^{-1}(Y_j-Y_j^g) \|_1$，$\bar{Y}$ 是一个对角线矩阵，对应各个产出指标的平均值[69,70]。

模型（7－1）的可行解使得所有的参考对象都在 AS 的帕累托有效前沿面

上，由有效DMU组成的参考集（Reference Group，RG）$RG=\{DMU_l/\lambda_{lj}^*>0, j=1, \cdots, n\}$是剩余无效DMU的潜在参考目标。模型（7—1）为每个$DMU_g \notin RG$找到最近的期初目标，也是投影到DEA有效前沿面上的坐标。期初目标可以表示为如下公式：

$$Y_j^{g*}=\sum_{l\in RG}\lambda_{lj}^* Y_l=(y_{1j}^{g*}=y_{1j}+s_{1j}^*, \cdots, y_{sj}^{g*}=y_{sj}+s_{sj}^*), j=1, \cdots, n$$

模型（7—1）是非线性规划问题，其目标函数中含有绝对值，为了求解该模型，新增决策变量Y_j^+，$Y_j^-\geqslant 0$，$j\in J$，并添加新的约束条件$Y_j-\widehat{Y}_j^g=Y_j^+-Y_j^-$。此时目标函数变为$\sum_{j=1}^n(Y_j^++Y_j^-)\overline{Y}_j^{-1}1_s$，模型（7—1）可转化为如下的模型（7—2），模型（7—2）是一个混合整数线性规划模型。

$$\min\sum_{j=1}^n(Y_j^++Y_j^-)\overline{Y}_j^{-1}1_s \tag{7—2}$$

$$\text{s.t.}\begin{cases}\sum_{k\in E}\lambda_{kj}Y_k=Y_j^g, \forall j\\ \sum_{k\in E}\lambda_{kj}=1, \forall j\\ Y_j-Y_j^g=Y_j^+-Y_j^-, \forall j\\ u'Y_k+u_0+d_k=0, k\in E\\ \overline{Y}u\geqslant 1_s\\ d_k\leqslant Mb_k, k\in E\\ \sum_{j=1}^n\lambda_{kj}\leqslant M(1-b_k), k\in E\\ d_k\geqslant 0, b_k\in\{0, 1\}, k\in E\\ \lambda_{kj}\geqslant 0, Y_j^+, Y_j^-, Y_j^g\geqslant 0_s, \forall k, j\\ u_0\ free\end{cases}$$

求解模型（7—2）得到的最优解将用于求解期初目标Y_j^{g*}，这一目标值将在整个运行周期中起到导向作用。

（二）奖惩机制设计

本节根据不同DMU的运行表现设计了奖惩机制的规则。DMU_j的每个指标$y_{1j}, \cdots, y_{sj}$的参照点表示为$\widehat{y}_{1j}, \cdots, \widehat{y}_{sj}$。奖励或惩罚与指标相对于参照点的完成程度相关。$Y_j$表示当期（即奖惩机制实施的时期）各指标的实际观测值。

一般来说，如果被评价DMU的实际值达到了参照点，即$\widehat{y}_{rj}<y_{rj}$，那么该DMU应该被奖励。在未达到参照点的情况下，该DMU将被惩罚。为了更加具象地描述这种情况，引入偏差值$s_{rj}=\widehat{y}_{rj}-y_{rj}$，$r=1, 2, \cdots, s$，$j=1, 2, \cdots, n$，其值可为正也可为负，用以标识实际观测值和参照点之间的距离。当观测值离参照点越近时，偏差值越小。如图7—1所示，奖惩机制可采用如下的坐标轴描述：

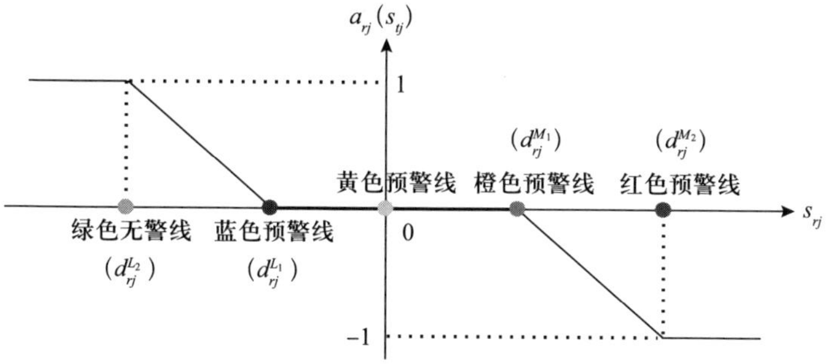

图 7—1　观测值相对参照点的完成程度

如图 7—1 所示，在奖励机制中，当偏差值 s_{rj} 达到蓝色预警线 $d_{rj}^{L_1}$ 时，应根据该 DMU 相对参照点的完成程度实施一定程度的激励。为了更清楚地描述激励程度，假设奖励程度是随着指标相对参照点的完成程度线性变化的。当某一指标相对参照点的完成度达到绿色无警线 $d_{rj}^{L_2}$ 时，即该指标进入绿色无警区，管理者应据此设置一个最高的奖励上限。

在惩罚机制中，达到红色预警区的 DMU 将接受最严格的惩罚，即当 $s_{rj}>d_{rj}^{M_2}$ 时，将被惩罚最高额的罚款；当偏差值 s_{rj} 位于橘色预警线 $d_{rj}^{M_1}$ 与红色预警线 $d_{rj}^{M_2}$ 之间，即 $d_{rj}^{M_1}<s_{rj}<d_{rj}^{M_2}$ 时，将按照指标完成情况实施不同程度的惩罚，以警戒被惩罚的 DMU 退出红色或橙色预警区。同样地，惩罚机制中的罚金与 DMU 相对参照点的完成程度是线性相关的。此外，当偏差满足 $d_{rj}^{L_1}<s_{rj}<d_{rj}^{M_1}$，即处于蓝色预警线和橘色预警线之间时，管理者往往会给该 DMU 一段时间整改，限期退出预警区，而不是立即采取惩罚措施，此时不会产生任何奖励或惩罚。

综上所述，每个 DMU_j 的指标 y_r 相对参照点的完成程度可以用如下的分段函数 a_{rj} 来表示，通过该函数可以识别出被评价 DMU 的每个指标相对参照点的完成程度。在激励机制中，当偏差值越小时，奖励的金额越大；反之，在惩罚机制中，当偏差值越小时，惩罚金额越大。

$$a_{rj}(s_{rj})=\begin{cases}1,\ s_{rj}\leqslant d_{rj}^{L_2}\\ as_{rj}+b,\ d_{rj}^{L_2}\leqslant s_{rj}\leqslant d_{rj}^{L_1}\\ 0,\ d_{rj}^{L_1}\leqslant s_{rj}\leqslant d_{rj}^{M_1}\\ cs_{rj}+d,\ d_{rj}^{M_1}\leqslant s_{rj}\leqslant d_{rj}^{M_2}\\ -1,\ d_{rj}^{M_2}\leqslant s_{rj}\end{cases} \tag{7—3}$$

为了令被评价 DMU 尽可能在激励的上限和惩罚的下限之间，假设 $d_{rj}^{L_2}=-\frac{1}{4}y_{rj}$，$d_{rj}^{L_1}=0$，$d_{rj}^{M_1}=\frac{1}{4}y_{rj}$，$d_{rj}^{M_2}=\frac{1}{2}y_{rj}$，由此模型（7－3）可转换为模型（7－4）：

$$a_{rj}(s_{rj})=\begin{cases}1, & s_{rj}\leqslant -\frac{1}{4}y_{rj}\\ -\frac{4s_{rj}}{y_{rj}}, & -\frac{1}{4}y_{rj}\leqslant s_{rj}\leqslant 0\\ 0, & 0\leqslant s_{rj}\leqslant \frac{1}{4}y_{rj}\\ 1-\frac{4s_{rj}}{y_{rj}}, & \frac{1}{4}y_{rj}\leqslant s_{rj}\leqslant \frac{1}{2}y_{rj}\\ -1, & \frac{1}{2}y_{rj}\leqslant s_{rj}\end{cases} \tag{7-4}$$

函数 a_{rj}（s_{rj}）可以识别被评价 DMU 的某一个指标有多大的改进空间，当改进空间小于 100%时，即使该指标没有达到参考值，也应实施奖励机制，以激励该 DMU 提升效率；反之，当改进空间大于 100%时，应当执行惩罚。例如，当 $s_{rj}=-\frac{1}{16}y_{rj}$ 时，$-\frac{1}{4}y_{rj}\leqslant s_{rj}\leqslant 0$，则 a_{rj}（s_{rj}）$=-4s_{rj}/y_{rj}=0.25$，即 DMU_j 的指标 y_r 相对参照点的完成程度为 25%，因此这一指标的改进空间为 75%，应该被激励。当 $s_{rj}=\frac{5}{16}y_{rj}$ 时，$\frac{1}{4}y_{rj}\leqslant s_{rj}\leqslant\frac{1}{2}y_{rj}$，则 a_{rj}（s_{rj}）$=1-4s_{rj}/y_{rj}=-0.25$，即 DMU_j 的指标 y_r 相对参照点的完成程度为－25%。因此，这一指标的改进空间为 125%，应该被惩罚。

此外，当达到奖励上限之后，奖励的金额不再增加，为最初设置的最高奖励金额。同样地，当完成度低至红色预警线以下时，惩罚金额不再增加，为最初设定的最高固定罚金。

假定奖励或惩罚的支付金额是 a_{rj} 的函数，即 P_{rj}（s_{rj}）$=Q_j\omega_r a_{rj}$，其中，$a_{rj}\in[-1, 1]$，Q_j 为 DMU_j 的最高激励金额（Q_j^I）或最高惩罚金额（Q_j^P），ω_r 是各指标的权重，满足 $0<\omega_r<1$，$\sum_{r=1}^{s}\omega_r=1$。综上，奖励或惩罚金额的支付函数如模型（7－5）所示，求解模型（7－5）可得到 DMU_j 关于指标 y_r 的奖励/惩罚额度。

$$P_{rj}(s_{rj})=\begin{cases} Q_j^I w_r, & s_{rj}\leqslant -\frac{1}{4}y_{rj} \\ -Q_j^I w_r \frac{4s_{rj}}{y_{rj}}, & -\frac{1}{4}y_{rj}\leqslant s_{rj}\leqslant 0 \\ 0, & 0\leqslant s_{rj}\leqslant \frac{1}{4}y_{rj} \\ Q_j^P w_r(1-\frac{4s_{rj}}{y_{rj}}), & \frac{1}{4}y_{rj}\leqslant s_{rj}\leqslant \frac{1}{2}y_{rj} \\ -Q_j^P w_r, & \frac{1}{2}y_{rj}\leqslant s_{rj} \end{cases} \tag{7-5}$$

（三）确定参照点，实施奖惩机制

实施奖惩机制的核心是要确定当前被评价 DMU 的各个指标相对于参照点的完成程度，因此，本节旨在为每个 DMU_j 的指标 y_r 确定其参照点。

由于评估期内可能因为出台新的政策或者发生自然灾害而出现新的现实限制条件，所以设置的期初目标并不能直接作为奖惩机制中的参照点。此外，被评价的 DMU 可能会因期初目标影响整个时期的运营。因此，应令当期的参照点尽可能地接近期初目标，这样求得的 DEA 目标既处于与当前时期各 DMU 实际表现相关的“最佳实践生产前沿面”上，又尽可能地考虑了各 DMU 视期初目标为运营导向的事实。因此，将 DEA 目标视为奖惩机制中的参照点，记为奖惩目标。

设 $\hat{y}_{1j}^t$，…，$\hat{y}_{sj}^t$ 为 DMU_j 对应的每个指标 y_{1j}，…，y_{sj} 的参照点，采用如下模型确定 DEA 目标，该模型的目标函数令根据 DEA 目标得到的支付额 P_{rj}（s_{rj}^t）与根据期初目标得到的支付额 P_{rj}（s_{rj}^g）的差值最小化，其中，$s_{rj}^t=\hat{y}_{sj}^t-y_{sj}$，$s_{rj}^g=\hat{y}_{sj}^g-y_{sj}$。同时，保证了求得的 DEA 目标是 DMU 在 AS 的帕累托有效前沿面上的投影点。

$$\min\sum_{j=1}^{n}\sum_{r=1}^{s}\frac{|P_{rj}(s_{rj}^t)-P_{rj}(s_{rj}^g)|}{Q_j w_r} \tag{7-6}$$

$$\text{s.t.}\begin{cases}\hat{Y}_j^t=Y_j+S_j=(\hat{y}_{1j}^t=y_{1j}+s_{1j},\ \cdots,\ \hat{y}_{sj}^t=y_{sj}+s_{sj})\in F,\ \forall j \\ s_{sj} free,\ \forall r,\ j\end{cases}$$

其中，F 表示 AS 的帕累托有效前沿面的一个平面[71,72]。

根据模型（7－6）求得最优解 $S_j^*=$（s_{1j}^*，…，s_{sj}^*）后，DEA 目标可由以下公式求得：

$$\hat{Y}_j^t=Y_j+S_j^*=(\hat{y}_{1j}^t=y_{1j}+s_{1j}^*,\ \cdots,\ \hat{y}_{sj}^t=y_{sj}+s_{sj}^*)\ \forall r,\ j$$

求得每个 DMU_j 指标 y_r 的参照点之后，可以判断出每个 DMU 是否应该被惩罚或奖励及其具体金额。

二、案例研究——水资源系统效率评价及奖惩机制设计

水资源是人类赖以生存、不可替代的宝贵自然资源，不仅维系着生态系统功能的稳定，更支撑着人类社会经济系统的进步。过去40年来，我国经济的快速发展和城市化进程的加速在很大程度上消耗了更多的水资源，并产生了更多的污水量。在水资源使用过程中，存在着极为广泛的资源浪费和效率低下现象，进一步加剧了水资源危机。水资源系统的运行效率，不仅受到水资源使用过程的影响，而且受到污水处理过程的影响。因此，评价包含水资源使用和污水处理过程的综合水资源系统的运行效率是极为迫切且非常必要的问题。

由于地理位置和区域条件的不同，各地区之间水资源的分布存在较大的差异。资源的开发和污染都不应超过环境的承载能力，由此政府部门相继出台了一系列的限制性政策来保护和改善水环境。例如，2017年9月中共中央办公厅、国务院办公厅印发了《关于建立资源环境承载能力监测预警长效机制的若干意见》（以下简称《意见》），要求各地区各部门结合实际认真贯彻落实。水资源环境承载力是指在一定时期一定区域内对水环境无不良影响的条件下，水环境能够维持的最大人口和经济规模。该阈值反映了水环境与社会经济活动之间的相互作用，与可持续发展密切相关。该《意见》指出，应将资源环境承载能力分为三个等级，分别是超载、临界超载和不超载，再根据资源和环境的损耗程度进一步将超载等级分为严重超载的红色预警和较严重超载的橙色预警，将临界超载等级分为轻度超载的黄色预警和临界超载的蓝色预警，并用绿色无警等级表示不超载等级。由此，预警等级从高到低分别是红色、橙色、黄色、蓝色和绿色。对于红色预警区内的地区，针对具体的超载因素，管理者应严格把控项目申请，依法限制生产、停产整顿严重破坏资源环境承载能力、违法排污破坏生态资源的企业，同时应依法依规采取一定数额的罚款、责令停业、关闭等措施来缓解区域资源环境承载力超载问题。对于绿色非预警区，可以根据当地具体情况建立相应的生态保护补偿机制，鼓励各地区大力发展符合当地主体功能定位的产业，并增大绿色金融投资力度。总而言之，应根据超载程度实施不同的惩罚或激励措施。决策者通常希望了解当地水资源环境承载力目前所处的等级，并明确各地区需要改进的具体环节，使每个指标保持在可接受的范围之内。因此，基于水资源环境承载力表现设计具体明确的奖惩机制变得至关重要。

水资源利用效率是指利用单位水资源产生的经济、社会或者生态环境的效益。现有研究大多集中在水资源利用效率的评价上，这些研究虽然综合考虑了期望产出和非期望产出，但都把水资源系统看作一个黑箱，以总用水量作为投入，以污水排放总量作为非期望产出，忽视了该系统内部的运转过程及相互作用。事

实上，每个地区的用水量都是由农业、工业、生活和生态环境用水组成，主要用于支撑经济发展产生一定的经济效益、进行日常生活与支持公共发展产生一定的社会效益。为了更准确地测算水资源系统的效率，应分别考虑经济和社会用水活动，设计合理的测算方法，为决策提供有力的支持。

此外，污水作为经济生产用水和社会生活用水过程中产生的非期望产出，可通过污水处理系统进行处理最终将无法处理的部分排出。如果单独地评价水资源使用阶段和污水处理阶段的运行效率而忽视二者之间的联系，可能会导致水资源系统效率评价产生较大偏差。此外，决策者更希望了解两个过程之间具体的效率关系，并找出导致综合系统运行低效的薄弱环节。因此，为了合理地评价综合水资源系统的运行效率，应该同时考虑水资源使用和污水处理过程，将污水视为水资源使用阶段和污水处理阶段的中间产出。

现有大多数研究都是基于水资源环境承载力建立相应的评价指标体系，没有明确定义水资源环境承载力超载的标准，不能识别出每个地区具体的薄弱环节，也没有为改进水资源环境承载力提供科学依据。因此，本节考虑设计一个基于水资源环境承载力的奖惩机制，使决策者了解水资源环境承载力的现状并识别每个地区超载的具体薄弱环节，基于效率评价的奖励和惩罚能够激励被评价地区改进其水资源环境承载力[73]。

构建奖惩机制包括两个步骤：一是为 DMU 制定目标和奖惩机制；二是基于实际绩效表现执行奖惩机制。奖惩机制中的参照点必须在尊重 DMU 以期初目标为导向进行运营这一事实的基础上，同时体现出被评价 DMU 以往的运行表现和当前评价时期的实际情况。

综上所述，首先，将经济用水过程、社会用水过程、污水处理过程概念化为一个综合考虑了水资源利用和污水处理的混合网络系统，在此基础上利用混合网络 DEA 模型评价综合水资源系统的效率，为决策者评价当前水资源现状并识别系统运行低效的具体环节提供有力的科学依据。其次，以水资源环境承载力为研究对象设计资源环境承载力的奖惩机制，根据实际观测值相对参照点的完成程度设计不同的预警等级，再根据每个地区所处的等级判定是否应被奖励或惩罚及相应的奖惩金额。

（一）区域水资源系统效率评价

根据《中国统计年鉴》，水资源的使用可分为农业用水、工业用水、生活用水和生态用水。其中，农业用水和工业用水可以产生一定的经济效益，因此，经济用水子系统包含这两类用水。而生活用水和生态用水主要带来社会效益，构成社会用水子系统。这两个用水子系统是相互平行的，用水系统和污水处理系统进一步构成了综合的水资源系统，该系统被概念化为具有两个串联子系统和两个并行子系统的混合网络结构，如图 7—2 所示。

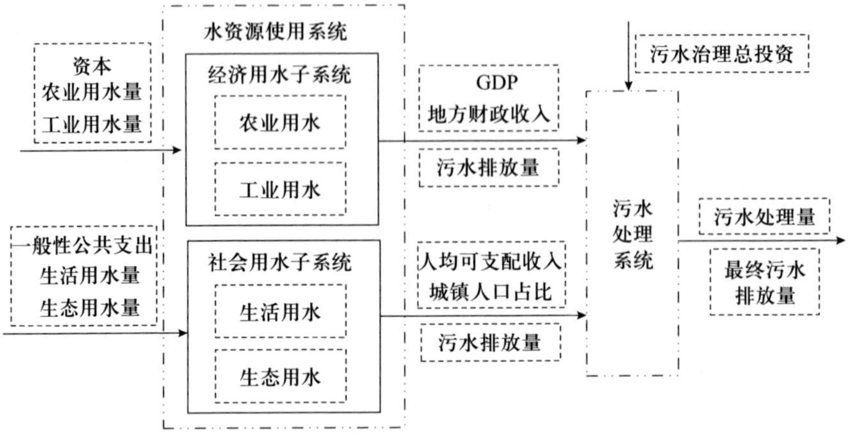

图 7—2　混合网络结构的综合水资源系统结构

如图 7—2 所示，在第一阶段中，经济用水子系统通过对水资源的消耗、对固定资产的使用进行工业和农业经济生产活动，最终生产出 GDP 和地方财政收入两种期望产出以及污水这一非期望产出。在社会用水子系统中，通过对水资源的消耗和一般公共支出的投资进行生活和公共服务等社会活动，最终得到城镇人均可支配收入和城镇人口占比两种期望产出以及污水这一非期望产出。污水处理子系统作为第二阶段，全额接受经济生产和社会生产生活过程中所产生的污水，通过投入相应的治理资金对非期望产出进行处理以减少对环境的破坏，最终得到一部分被处理的污水和剩余无法处理的污水为最终产出。

本节对中国 2004～2016 年的淮河流域省辖市的水资源系统效率进行分析。淮河源于河南南阳桐柏山太白顶北麓，介于长江和黄河两流域之间，覆盖河南、湖北、安徽、江苏和山东五省。由于湖北省的数据难以获取，且位于淮河流域边缘，因此本节只对安徽、河南、江苏和山东四省的省辖市综合水资源系统的运行表现进行评价。

1. 数据

数据来自 2015～2017 年安徽、河南、江苏和山东的省级统计年鉴。在用水子系统中，经济和社会用水子系统通过对水资源和资本的消耗分别产生经济效益和社会效益，同时产生非期望的废水。在污水处理阶段，通过专用资金处理部分废水，其他无法被处理的废水最终作为非期望产出，被处理的废水则是期望产出。此外，将社会经济发展和环境保护视为同等重要的，因此，假设用水子系统和污水处理子系统的权重 α 均为 0.5。

2. 结果分析

将上述数据代入模型求解，得到 2014～2016 年淮河流域省辖市经济、社会用水子系统及用水系统的效率值如附表 23 所示，用水、污水处理子系统和综合水资源系统的效率值结果如附表 24 所示。结果表明，2014～2016 年不同省份不同城市的经济、社会用水效率、综合用水效率、污水处理效率和总体效率呈现出不同的趋势。

具体来看，对于安徽省，2014 年合肥、宣城、池州、黄山，2016 年合肥、宣城的综合水资源系统效率为 1；对于河南省，2014 年鹤壁、漯河、三门峡、周口，2015 年鹤壁、周口，2016 年三门峡的综合水资源系统效率为 1；对于江苏省，2014 年苏州、盐城，2015 年无锡、苏州、泰州，2016 年南京、无锡、徐州、苏州、南通、宿迁的综合水资源系统效率为 1；对于山东省，2014 年莱芜，2015 年青岛，2016 年济南、青岛、威海、莱芜的综合水资源系统效率为 1。意味着这些城市均达到了有效前沿面，将成为同省内其他城市的参照，也说明这些城市实现相同水平的 GDP、地方财政收入、城镇居民人均可支配收入及城镇化率时所需的投入更少，产生的废水也更少。

淮河流域各省辖市的综合水资源系统运行效率存在很大的地区差异。安徽的合肥、蚌埠、宣城、池州和黄山表现较好，至少有一年的综合水资源系统效率为 1，其他年份的效率值均大于 0.9；淮北、亳州、宿州、淮南、六安和芜湖则表现一般，这些城市的部分子系统运行效率极低，需要进一步改善；阜阳、滁州、马鞍山、铜陵和安庆普遍存在效率低下的问题，各个子系统都需要极大的改善。河南的周口、鹤壁和漯河表现较好，各子系统的运行效率都相对很高；三门峡在 2014 年、2016 两年的综合水资源系统效率均为 1，但是在 2015 年的效率值为 0.48，表现较差；郑州、开封、平顶山、洛阳、新乡、焦作、许昌和南阳的运行表现一般；安阳、濮阳、商丘和信阳则表现较差。江苏的无锡和苏州运行表现极好，几乎每年的综合水资源系统效率值均为 1 或接近 1；南京、徐州和宿迁运行表现相对较好；常州、盐城、南通和泰州表现一般；连云港、淮安、扬州和镇江则表现较差。山东的济南、青岛、枣庄、泰安和莱芜的综合水资源系统运行表现较好；淄博、东营、烟台、威海、日照、德州和滨州表现一般；潍坊、济宁、临沂和聊城表现较差。

在综合水资源系统中，不同的城市各子阶段的运行效率存在一定的差异。一些城市在所有子阶段中均表现良好，例如安徽的宣城、河南的鹤壁、江苏的无锡和苏州以及山东的青岛和莱芜。相比之下，一些城市的所有子系统都表现很差，例如安徽的安庆、河南的信阳、江苏的连云港和山东的聊城。大多数城市在评估期内往往只有某一个子阶段表现良好，而另一个子阶段的效率较低。整体看，安徽和河南各辖市的社会用水效率低于其经济用水效率。2014 年江苏的社会用水效率低于经济用水效率，而 2015 年和 2016 年的社会用水效率有所提升，都高于其经济用水效率。山东 2014 年的经济用水效率大多高于社会用水效率，2015 年社会用水效率有所提升，2016 年大多城市的社会用水效率高于其经济用水效率。

2016 年，河南开封的经济、社会用水效率分别为 1 和 0.61，其用水效率为 0.8，即使该市的经济用水系统是 DEA 有效的，但由于其社会用水子系统是无效的，因此该市整体用水系统是无效的。所有的用水效率介于经济、社会用水效率两者之间。说明当且仅当经济用水子系统和社会用水子系统都为 DEA 有效时，用水子系统才是 DEA 有效的。

2014 年，江苏的常州和南通的用水系统效率都是 0.86，而常州的经济、社会用水效率分别为 0.83 和 0.88，南通的经济、社会用水效率分别为 0.93 和 0.79。即使两个省辖市的用水效率是相同的，但导致其运行低效的原因分别是更低效的经济用水子系统（常州）和更低效的社会用水子系统（南通）。由此可以看出，即使两个地区的用水效率是相同的，但影响该系统运行低效的具体子环节却可能是不同的。

附表 24 是淮河流域四个省所有省辖市用水子系统、污水处理子系统和综合水资源系统的详细效率。综合来看，安徽 2014 年经济用水效率和污水处理效率基本相同，2015 年、2016 年，部分城市的经济用水效率有所提升；河南 2014 年各省辖市的经济用水效率大于其污水处理效率，2015 年、2016 年污水处理效率有了大幅度的提升，2016 年，大多数城市的污水处理效率都大于其用水效率；江苏各市的综合水资源效率低下，主要原因是污水处理子系统效率较低；山东 2014～2016 年大部分城市的经济用水效率均高于污水处理效率，只有少数城市的污水处理效率较高。

2015 年，安徽的六安和马鞍山的综合水资源系统效率都是 0.58，六安的用水效率和污水处理效率分别是 0.43 和 0.73，而马鞍山两个子系统的运行效率分别是 0.68 和 0.48。由此可以看出，即使两个 DMU 的总效率相同，但其中具体的子系统运行效率可能是不同的，导致系统运行低效的子环节也可能是不同的。

2015 年，山东莱芜的用水子系统、污水处理子系统和综合水资源系统的效率分别是 1、0.9 和 0.95，可以看出，虽然该市的用水子系统 DEA 是有效的，但由于其污水处理子系统是无效的，因此该市的综合水资源系统是无效的。这说明当且仅当用水子系统和污水处理子系统都是有效的，综合水资源系统才是有效的。

（二）基于水资源环境承载力的奖惩机制设计

本节以淮河流域十大城市郑州、徐州、扬州、临沂、台州、济宁、盐城、连云港、淮安和蚌埠为例，评价其水资源环境承载力的运行表现，为其设置期初目标，并根据实际表现建立基于水资源环境承载力的奖惩体系。淮河流域的十大城市具有相近的地理条件和经济发展水平，因此这些城市总倾向于自发地将自己的表现与其他城市相比，并把其中的较高值作为下一阶段努力的目标。此外，表现不佳的城市总会寻求相对容易实现的目标。

1. 数据

基于水资源环境承载力的奖惩机制通常根据城市的表现确定奖励或支付罚款，主要包含水资源利用和污水处理两个活动领域的相关指标[74,75]。因此，本节选取了 2013～2016 年的单位用水量地区生产总值（Y1）、日综合生产能力（Y2）、人均生活用水量（Y3）、城市污水日处理能力（Y4）和污水处理率（Y5）五个产出指标，根据前期表现确定当期的期初目标，设置每个 DMU 每个指标的参考点，并设置奖惩机制。数据来源于 2014～2017 年安徽、河南、湖北、江苏和山东的省级统计年鉴，及郑州、徐州、扬州、临沂、泰州、济宁、盐城、连云港、淮安和蚌埠的市级统计年鉴。本节设置的最高奖励金额和惩罚金额为当年各地区政府污水处理投资总额的 10%。此外，为了体现期初目标与 DEA 目标之间的调节作用，2014 年的期初目标根据各地区 2013 年的运行表现由模型（7—2）求得，2014 年的 DEA 目标根据 2014 年的运行表现及其期初目标由模型（7—6）求得；2015 年的期初目标为 2014 年的 DEA 目标，2015 年的 DEA 目标根据 2015 年的运行表现及其期初目标由模型（7—6）求得；2016 年的期初目标为 2015 年的 DEA 目标，2016 年的 DEA 目标根据 2016 年的运行表现及其期初目标由模型（7—6）求得。

2. 结果分析

根据以上数据求得 2014～2016 年淮河流域十大城市各项指标的实际值、期初目标值和 DEA 目标值，及各城市分别以期初目标和 DEA 目标为奖惩计划的参照点得到的奖励金额和惩罚金额，结果如附表 25 所示，括号中的百分数表示各市分别以期初目标值和 DEA 目标值为奖惩计划参照点得到的奖励率或惩罚率。符号“—”表示对该城市没有奖励或惩罚。

淮河流域十大城市 2014～2016 年均以郑州、扬州和济宁为参考点。2014 年，郑州、徐州、扬州和济宁获得奖励，其余城市应支付罚款，其中扬州的运行表现依次优于郑州、徐州和济宁。这些城市大部分指标的实际观测值都达到了 DEA 目标。应当支付罚款的 6 个城市按照惩罚率由高到低依次为连云港、蚌埠、淮安、盐城、临沂和泰州。连云港的各项指标均低于 DEA 目标，因此连云港是受惩罚最严重的城市。其他城市在部分指标上的表现极差（尤其是 Y4 指标），但在其他指标上表现良好。

2015年，郑州、扬州和济宁应被奖励，剩余的7个城市将被罚款。这3个城市按照奖励率由高到低分别是郑州、扬州和济宁，部分指标远远超过了DEA目标，另一些则略小于目标。被罚款的城市中，徐州的表现相对最好，徐州、临沂、盐城、连云港和淮安在Y1和Y4两个指标方面表现得较差，泰州在Y3和Y4两个指标上表现较差，蚌埠的大部分指标都趋近于目标值。

2016年与2014年情况相近，郑州、徐州、扬州和济宁应该被奖励，其他6个城市将被罚款，其中扬州的运行表现依次优于郑州、徐州和济宁。同样地，这些城市大部分指标的实际观测值都达到了DEA目标，部分没有达到目标的指标完成度也在非惩罚范围内。徐州和扬州在Y1指标方面远远大于其DEA目标值。其余应支付罚款的6个城市按照惩罚率由低到高依次为盐城、泰州、临沂、蚌埠、淮安和连云港。盐城、蚌埠、淮安和连云港的Y1和Y4指标的实际值远远低于DEA目标值，泰州和临沂的Y2和Y3指标的实际值远远低于DEA目标值。

根据奖励或惩罚率可以识别城市的改善空间。如附表25所示，2014年，郑州、徐州、扬州和济宁4个城市的奖励率分别为18%、16%、20%和10%。以扬州为例，其奖励率为20%，说明扬州的改善空间为80%。与之相比，临沂、泰州、盐城、连云港、淮安和蚌埠的惩罚率分别为−17%、−12%、−25%、−41%、−35%和−36%，连云港的表现最差，惩罚率为−41%，即连云港相对于DEA目标的改善空间为141%。

2015年，郑州、扬州和济宁的奖励率分别为29%、22%和6%，郑州的奖励率最高，为29%，说明郑州的改善空间为71%。与之相比，徐州、临沂、泰州、盐城、连云港、淮安和蚌埠的惩罚率分别为−2%、−30%、−15%、−16%、−40%、−41%和−33%，各市相对于自身DEA目标的改善空间分别为102%、130%、115%、116%、140%、141%和133%。

2016年，郑州、徐州、扬州和济宁4个城市的奖励率分别为19%、17%、30%和9%，表明4个城市的改善空间分别为81%、83%、70%和91%。临沂、泰州、盐城、连云港、淮安和蚌埠的惩罚率分别为−17%、−15%、−10%、−40%、−34%和−32%，各市相对于自身DEA目标的改善空间分别为117%、115%、110%、140%、134%和132%。

根据结果可以进一步找出提高水资源环境承载力的方向。虽然部分城市的奖励或罚款率是相同或相近的，但每个指标的运行表现情况可能是不同的。例如，2015年，连云港和淮安的总惩罚率分别为−40%和−41%，但对比每一个指标的运行情况可以看出，连云港在Y1、Y2、Y4和Y5四个指标方面表现得较差，而Y3达到了当年的DEA目标；淮安在Y1和Y4两个指标方面表现得极差，Y3

和 Y5 几乎接近 DEA 目标，Y2 的实际值远超于当年的 DEA 目标。此外，即使是同一个城市在不同的年份，影响其整体运行表现的因素也可能是不同的。

影响水资源环境承载力的因素中，单位用水量地区生产总值（Y1）、日综合生产能力（Y2）和人均生活用水量（Y3）体现了城市的供水能力及水资源使用情况，城市污水日处理能力（Y4）和污水处理率（Y5）体现了城市的污水处理能力。具体来看，在供水能力和水资源使用方面，大多数城市在指标 Y2 方面表现良好，但指标 Y1 应得到显著改善（尤其是连云港、淮安和蚌埠）；对于指标 Y3，郑州、徐州和泰州表现较差，其他 7 个城市的 Y3 指标的实际值都达到甚至远超过了 DEA 目标值。在污水处理能力方面，泰州、连云港、淮安和蚌埠在指标 Y4 方面表现极差；在指标 Y5 方面，只有部分城市需要较小的改进，总体上该指标的实际观测值都靠近当期的 DEA 目标。

第三节　不确定条件下的逐步目标设定

一、不确定条件下的绩效评价及目标设定模型

以往的目标设定研究中，决策者往往直接以有效前沿面上的 DMU 作为目标，这种方法导致标杆管理过程中存在较多问题和困难。首先，位于有效前沿面上的目标可能无法实现。传统的 DEA 方法利用 DMU 的凸组合度量每一个 DMU 的相对效率值，无效 DMU 的目标可能是一个虚拟的复合 DMU，在实际操作中并不存在。其次，在一个经营周期内要赶上最好的 DMU 是非常困难的。此外，考虑到 DMU 可持续发展的要求，应将动态思想纳入到 DMU 的目标设定过程中，将 DMU 的改进过程视为一个多阶段的动态过程，DMU 在每个时期实现一个短期目标，逐渐接近最终目标。这种情况下，DMU 的多个短期目标形成了一组目标序列，使其在长期发展的过程中达到逐步改进的目的。

基于此，本节以供应商为研究对象，为其长期标杆管理过程中目标序列的制定构建动态 DEA 标杆模型，同时在模型中考虑 DMU 指标数据的不确定性。

在可持续发展的背景下，本节在绩效评价及目标设定问题中考虑了经济、社会和环境效益三重底线相关的指标，变量的具体描述如下：供应商在经济方面的可持续性由其技术和财务能力衡量，社会可持续性由供应商为保障安全生产付出的成本和顾客满意度衡量，供应商通过减少废气、废水和残渣的排放实现环境可持续性，因此，环境污染被视为非期望产出衡量环境效益。考虑到非期望产出的特点，将环境污染视为投入指标以实现非期望产出缩减的目的。此外，将应收账款视为期望结转，将应付账款视为非期望结转。

基于以上变量，图 7—3 是供应商的动态运行过程。表 7—1 对上述各项指标的符号含义进行了说明。

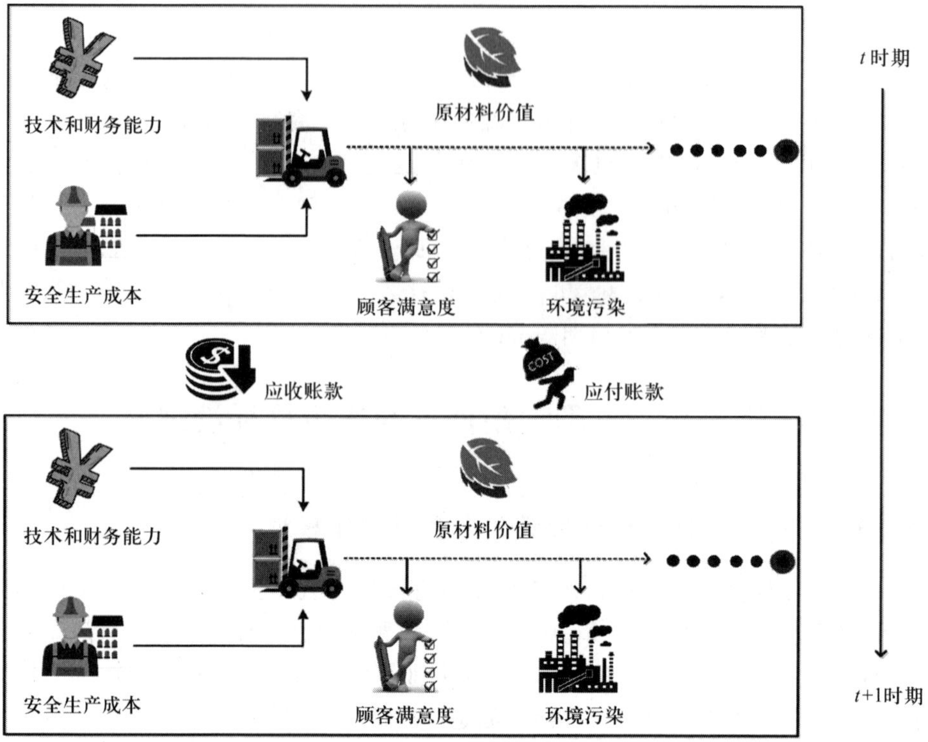

图 7—3 供应商的动态运行结构

表 7—1 指标说明

类型	指标	符号	说明
投入	技术和财务能力	x_{aj}^{t}	t 时期第 j 个供应商的经济投入
	安全生产成本	x_{bj}^{t}	t 时期第 j 个供应商的社会投入
产出	原材料价值	y_{aj}^{t}	t 时期第 j 个供应商的期望产出
	环境污染	y_{bj}^{t}	t 时期第 j 个供应商的非期望产出
	顾客满意度	$\tilde{y}_{j}^{t}$	t 时期第 j 个供应商的期望模糊产出
结转	应收账款	$c_{jgood}^{t(t+1)}$	$t-t+1$ 时期第 j 个供应商的期望结转
	应付账款	$c_{jbad}^{t(t+1)}$	$t-t+1$ 时期第 j 个供应商的非期望结转

需要注意的是，顾客满意度通常用语言来描述，包含不确定的信息。因此，

本节采用三角模糊数表示顾客满意度，在保持不确定性的前提下进行效率计算。首先，利用五点李克特量表对顾客满意度进行调查，并根据表 7－2 将调查结果转化为三角模糊数。基于三角模糊数的加法和除法法则，得到各供应商的顾客满意度的最终值，例如，在 10 个顾客使用表 7－2 对供应商 A 表达意见后，可得到 10 个三角模糊数 $\tilde{a}_1-\tilde{a}_{10}$，随后计算出 $\tilde{a}_1-\tilde{a}_{10}$ 的算术平均值，将其作为供应商 A 的顾客满意度的最终值，采用 α－截集法将三角模糊数转换为区间数。

表 7－2　顾客满意度

顾客满意度	三角模糊数
强烈不满	(10，20，30)
不满	(30，40，50)
中等	(50，60，70)
满意	(70，80，90)
强烈满意	(80，90，100)

定义 7－1. 模糊集用 R_f 表示，若有 $\tilde{a}\in R_f=(a^L,\ a^M,\ a^N)$，其中 $0\leqslant a^L\leqslant a^M\leqslant a^U$，则 $\tilde{a}$ 是三角模糊数。当 $a^L=a^M=a^U$ 时，$\tilde{a}$ 是一个精确值。对于 $0<\alpha\leqslant 1$，$a\in R_f$ 的 α－截面由 $[a]^\alpha=\{x\in R \mid a(x)\geqslant\alpha\}$ 和 $[a]^\alpha=[u_-^\alpha,\ u_+^\alpha]$ 定义。因此，三角模糊数的隶属度函数定义如下，三角模糊数的 α－截集如图 7－4 所示。

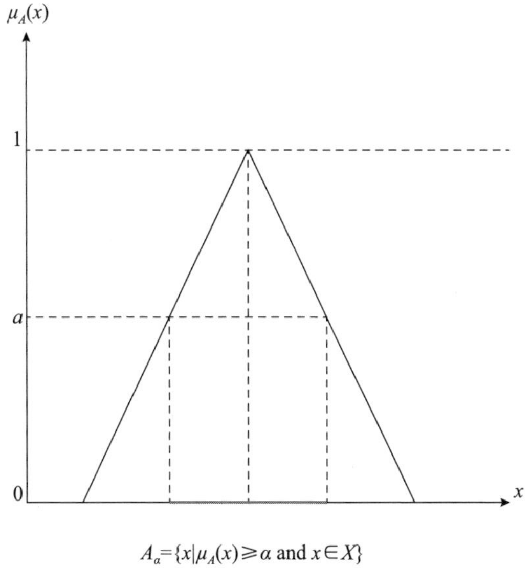

图 7－4　三角模糊数的 α－截集

$$\mu_a(x)=\begin{cases}\dfrac{x-a^L}{a^M-a^L}, a^L \leqslant x \leqslant a^M \\ \dfrac{a^U-x}{a^U-a^M}, a^M \leqslant x \leqslant a^U \\ 0，其他\end{cases} \tag{7-7}$$

定义 7－2. 假设有两个三角模糊数 $\tilde{a}$ 和 $\tilde{b}$，其加法和除法法则如下所示：

$$加法：\tilde{a}+\tilde{b}=(a^L+b^L，a^M+b^M，a^U+b^U)$$

$$除法：\frac{\tilde{a}}{\tilde{b}}=\left(\frac{a^L}{b^L}，\frac{a^M}{b^M}，\frac{a^U}{b^U}\right).$$

假设每个供应商使用投入 X 来获得产出 Y，将结转变量 C 看作当前时期的投入和下一时期的产出，生产可能集 $PPS=\{(X, Y, C) \mid X 可以生产 Y, C\}$ 满足凸性和规模报酬可变的假设。在 $t=1，2，\cdots，T$ 时期内，第 j 个供应商（$j=1，2，\cdots，n$）的投入、产出和结转变量分别是（x_{ij}^t，y_{rj}^t，c_{hjt}^{good}，c_{hjt}^{bad}），其中，y_{rj}^t 包含了在生产期望产出 y_j^t 时不可避免产生的非期望产出 y_{bj}^t，c_{hjt}^{good} 指应收账款这一期望结转，c_{hjt}^{bad} 指应付账款这一非期望结转。据此，不确定条件下的生产可能集可以表示为如下模型（7－8）：

$$PPS=\{(X，Y，C) \mid \begin{cases} X^t \geqslant \sum_{j=1}^n \lambda_j^t x_{ij}^t \\ Y^t \leqslant \sum_{j=1}^n \lambda_j^t y_j^t \\ Y_b^t \geqslant \sum_{j=1}^n \lambda_j^t y_{bj}^t \\ c_{good}^t \leqslant \sum_{j=1}^n \lambda_j^t c_{hjt}^{good} (h=1，\cdots，h_{good}) \\ c_{bad}^t \geqslant \sum_{j=1}^n \lambda_j^t c_{hjt}^{bad} (h=1，\cdots，h_{bad}) \\ \sum_{j=1}^n \lambda_j^t c_{hj(t，t+1)}^{bad} = \sum_{j=1}^n \lambda_j^{t+1} c_{hj(t，t+1)}^{bad} \\ \sum_{j=1}^n \lambda_j^t c_{hj(t，t+1)}^{good} = \sum_{j=1}^n \lambda_j^{t+1} c_{hj(t，t+1)}^{good} \\ \sum_{j=1}^n \lambda_j^t = 1，\lambda_j^t \geqslant 0，i=1，\cdots，s，t=1，\cdots，T\} \end{cases} \tag{7-8}$$

将生产可能集中的约束条件修改为式（7－9）、式（7－10）可得到模型（7－12）。将被评价的 DMU 依次代入模型中，通过求解 n 次模型可得到各 DMU 的相对效率值。投入、非期望产出和非期望结转变量的约束可以表示如下：

$$\begin{cases} x_{ik}^{t}=\sum_{j\in F(J^{l})}\lambda_{j}^{t}x_{ij}^{t}+s_{it}^{-} \\ y_{bk}^{t}=\sum_{j\in F(J^{l})}\lambda_{j}^{t}y_{bj}^{t}+s_{bt}^{-} \\ c_{hkt}^{bad}=\sum_{j\in F(J^{l})}\lambda_{j}^{t}c_{hjt}^{bad}+s_{ht}^{bad} \end{cases} \tag{7-9}$$

其中，s_{it}^{-}，s_{bt}^{-}，s_{ht}^{bad} 分别表示投入、非期望产出和非期望结转变量的松弛变量，F 是所有 DMU 的集合，$J^{l+1}=J^{l}-E^{l}$，$J^{l}=DMU_{j}$，$j=1$，…，n，E^{l} 是有效 DMU 的集合。

期望产出和期望结转变量的约束如下所示：

$$\begin{cases} y_{k}^{t}=\sum_{j\in F(J^{l})}\lambda_{j}^{t}y_{j}^{t}-s_{rt}^{+} \\ c_{hkt}^{good}=\sum_{j\in F(J^{l})}\lambda_{j}^{t}c_{hjt}^{good}-s_{ht}^{good} \end{cases} \tag{7-10}$$

其中，s_{rt}^{+}，s_{ht}^{good} 分别是期望产出和期望结转变量的不足。

利用各指标的松弛变量，可以将供应商的效率定义如下：

定义 7—3. 供应商在 t 时期的效率为：

$$\theta_{k}=1-\frac{\sum_{i=1}^{m}s_{it}^{-}R_{it}^{-}+\sum_{r=1}^{s}s_{rt}^{+}R_{rt}^{+}+\sum_{h=1}^{h_{good}}s_{ht}^{good}R_{ht}^{+}+\sum_{h=1}^{h_{bad}}s_{ht}^{bad}R_{ht}^{-}}{m+s+h_{good}+h_{bad}} \tag{7-11}$$

其中，$R_{it}^{-}=\dfrac{1}{(\max\limits_{j=1,\cdots,n}\{x_{ij}\}-\min\limits_{j=1,\cdots,n}\{x_{ij}\})}$；$R_{rt}^{+}=\dfrac{1}{(\max\limits_{j=1,\cdots,n}\{y_{rj}\}-\min\limits_{j=1,\cdots,n}\{y_{rj}\})}$；

$R_{ht}^{+}=\dfrac{1}{(\max\limits_{j=1,\cdots,n}\{c_{hjt}^{goood}\}-\min\limits_{j=1,\cdots,n}\{c_{hjt}^{good}\})}$；$R_{ht}^{-}=\dfrac{1}{(\max\limits_{j=1,\cdots,n}\{c_{hjt}^{bad}\}-\min\limits_{j=1,\cdots,n}\{c_{hjt}^{bad}\})}$。

在本节中，目标函数的值是 DMU 的效率损失值。目标函数值越大，效率水平越低。

定义 7—4. 当且仅当所有松弛值为 0 时，目标函数值为 0，此时 $\theta_{k}=1$，表明被评价供应商充分利用投入获得产出，处于有效前沿面上，达到了技术上的帕累托最优。

综上，不确定条件下的动态 DEA 标杆模型如下：

$$OV=\max_{s,\lambda}\omega_{t}\frac{\sum_{i=1}^{m}s_{it}^{-}R_{it}^{-}+\sum_{r=1}^{s}s_{rt}^{+}R_{rt}^{+}+\sum_{h=1}^{h_{good}}s_{ht}^{good}R_{ht}^{+}+\sum_{h=1}^{h_{bad}}s_{ht}^{bad}R_{ht}^{-}}{m+s+h_{good}+h_{bad}} \tag{7-12}$$

$$\text{s. t.}\begin{cases} Eqs.\quad (7-9)-(7-10) \\ \sum_{j=1}^{n}\lambda_{j}^{t}c_{hj(t,\ t+1)}^{good}=\sum_{j=1}^{n}\lambda_{j}^{t+1}c_{hj(t,\ t+1)}^{good} \\ \sum_{j=1}^{n}\lambda_{j}^{t}c_{hj(t,\ t+1)}^{bad}=\sum_{j=1}^{n}\lambda_{j}^{t+1}c_{hj(t,\ t+1)}^{bad} \end{cases}$$

$$\text{s. t.}\begin{cases}\sum_{j\in F}\lambda_j^t=1\\ \lambda_j^t,\ s_{it}^-,\ s_{rt}^+,\ s_{ht}^{good},\ s_{ht}^{bad}\geqslant 0\\ i=1,\ \cdots,\ m,\ r=1,\ \cdots,\ s,\ t=1,\ \cdots,\ T\end{cases}$$

其中，λ 是每个 DMU 的强度变量，影响目标函数值和约束中的松弛变量。ω_t 为 t 时期的权重指标，在本节中越近的时期权重越大。

基于所有投入、产出和结转变量的极值，可以定义所有松弛变量的取值范围如下：

$$\begin{cases}0\leqslant s_{it}^{-*}=x_{ik}^t-\sum_{j\in F(J^l)}\lambda_j^t x_{ij}^t\leqslant R_{it}^-\\ 0\leqslant s_t^{+*}=\sum_{j\in F(J^l)}\lambda_j^t y_j^t-y_k^t\leqslant R_t^+\\ 0\leqslant s_{bt}^{-*}=y_{bk}^t-\sum_{j\in F(J^l)}\lambda_j^t y_{bj}^t\leqslant R_{bt}^-\\ 0\leqslant s_{ht}^{good*}=\sum_{j\in F(J^l)}\lambda_j^t c_{hjt}^{good}-c_{hkt}^{good}\leqslant R_{ht}^+\\ 0\leqslant s_{ht}^{bad*}=c_{hkt}^{bad}-\sum_{j\in F(J^l)}\lambda_j^t c_{hkt}^{bad}\leqslant R_{ht}^-\end{cases}\tag{7-13}$$

当模型得到最优解时，各强度变量之和等于 1，即 $\sum_{j\in F(J^l)}\lambda_j^t=1$，结合 λ_j^t 非负的约束，说明生产技术是规模报酬可变的。t 时期内第 j 个（$j=0$，…，n）供应商的效率满足如下不等式：

$$0\leqslant\theta_k=1-\frac{\sum_{i=1}^m s_{it}^- R_{it}^-+\sum_{r=1}^s s_{rt}^+ R_{rt}^++\sum_{h=1}^{h_{good}} s_{ht}^{good} R_{ht}^++\sum_{h=1}^{h_{bad}} s_{ht}^{bad} R_{ht}^-}{m+s+h_{good}+h_{bad}}\leqslant 1\tag{7-14}$$

如前文所述，传统 DEA 模型为低效 DMU 设置的参考目标可能是由 DMU 的线性组合生成的虚拟 DMU，在现实运行中很难模仿这种不存在的虚拟 DMU。此外，由于资源分配困难，很难在一个运行周期内达到最终目标。因此，本节在可持续发展的背景下，提出了一种逐步实现最终目标的方法，即为低效 DMU 设定一组目标序列，首先选择一个较易实现的目标，然后逐步向更高层次的目标学习，逐步达到最终目标，避免在短期内实现资源调度的困难。

基于此，本节依据情景依赖 DEA 模型将所有 DMU 按照效率值划分为多个层级，最后一层的低效 DMU 逐渐向高层相对高效的 DMU 学习。令 $J^1=DMU_j$，$j=1$，…，n 代表所有 n 个 DMU 的集合，并定义 $J^{l+1}=J^l-E^l$，其中 $E^l=\{DMU_k\in J^l\mid OV=0\}$，$OV$ 是模型的最优值。

将 n 个 DMU 依次代入模型后，可以得到所有 DMU 的效率值，目标函数值等于 0（效率值等于 1）的 DMU 构成原始有效前沿面。去除原始有效前沿面中的 DMU，重新计算剩余 DMU 的效率值，将形成一个新的二级有效前沿面，依此类推，直到没有 DMU 剩余。通过这种方式可以将所有 DMU 划分为多个层级。

当 $l=1$ 时，模型（7—12）是一般的 DEA 效率评价模型，E^l 中的 DMU 形成第一层有效前沿面。当 $l=2$ 时，模型（7—12）在去除第一层中的有效 DMU 之后形成第二个有效前沿面。迭代执行模型，直到所有 DMU 完成分层。下面的算法详细解释了模型（7—12）的分层过程。

步骤 1：设置 $l=1$，J^l 为所有 n 个 DMU 的集合；

步骤 2：通过模型（7—12）计算所有 DMU 的相对效率值，第 l 个有效前沿 E^l 由有效 DMU 组成；

步骤 3：从 J^l 中移除有效 DMU，令 $J^{l+1}=J^l-E^l$。如果 $J^{l+1}=\phi$，则停止；

步骤 4：令 $l=l+1$，返回步骤 2；

停止规则：如果 $J^{l+1}=\phi$，则停止算法。

如图 7—5 所示，在执行分层过程之后，可在每一层中选择一个 DMU，为最后一层中效率低下的 DMU 选择出目标序列，这种渐进式的改进克服了传统方法的局限性，减轻了短期内实现最终目标的困难。

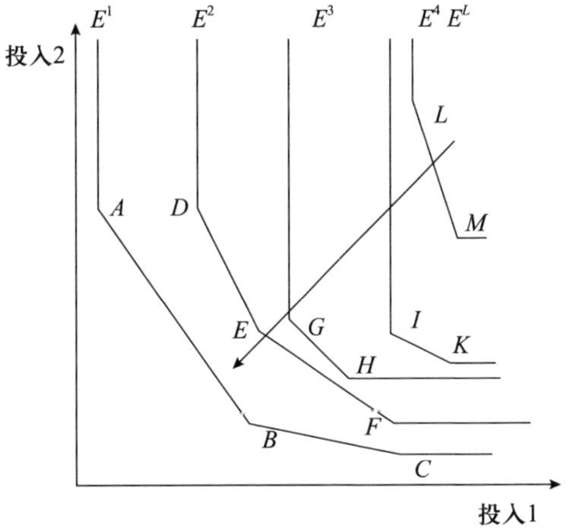

图 7—5　DMU 分层示例

当某一层同时存在多个有效的 DMU 时，需要确定一个相对较好的 DMU。假设 DMU_x 和 DMU_y 在同一个有效前沿面上，就效率值而言很难找出哪个更好。在这种情况下，需要一个评价背景来帮助识别每一层中最合适的 DMU。本节对情景依赖 DEA 模型进行了改进，以适应可持续发展背景下问题的更新。通过下面的模型，可以得到 DMU_k 的相对吸引力（Attractiveness）。

$$A_k=\min_{s,\lambda}\omega_t\frac{\sum_{i=1}^{m}s_{it}^{-}R_{it}^{-}+\sum_{r=1}^{s}s_{rt}^{+}R_{rt}^{+}+\sum_{h=1}^{h_{good}}s_{ht}^{good}R_{ht}^{+}+\sum_{h=1}^{h_{bad}}s_{ht}^{bad}R_{ht}^{-}}{m+s+h_{good}+h_{bad}} \tag{7—15}$$

$$\text{s.t.}\begin{cases} x_{ik}^{t} \geqslant \sum_{j\in F(E^{l+1})}\lambda_j^t x_{ij}^t - s_{it}^- \\ y_k^t \leqslant \sum_{j\in F(E^{l+1})}\lambda_j^t y_j^t + s_t^+ \\ y_{bk}^t \geqslant \sum_{j\in F(E^{l+1})}\lambda_j^t y_{bj}^t + s_{bt}^+ \\ c_{hkt}^{good} \leqslant \sum_{j\in F(E^{l+1})}\lambda_j^t c_{hjt}^{good} + s_{ht}^{good} \\ c_{hkt}^{bad} \geqslant \sum_{j\in F(E^{l+1})}\lambda_j^t c_{hjt}^{bad} - s_{it}^{bad} \\ \sum_{j\in F(E^{l+1})}\lambda_j^t c_{hj(t,\ t+1)}^{good} = \sum_{j\in F(E^{l+1})}\lambda_j^{t+1} c_{hj(t,\ t+1)}^{good} \\ \sum_{j\in F(E^{l+1})}\lambda_j^t c_{hj(t,\ t+1)}^{bad} = \sum_{j\in F(E^{l+1})}\lambda_j^{t+1} c_{hj(t,\ t+1)}^{bad} \\ \forall j \in F(E^{l+1}),\ \lambda_j^t,\ s_{it}^-,\ s_{rt}^+,\ s_{ht}^{good},\ s_{ht}^{bad} \geqslant 0 \\ i=1,\ \cdots,\ m,\ r=1,\ \cdots,\ s,\ t=1,\ \cdots,\ T \end{cases}$$

其中，l 是分层过程得到的层数。

模型（7—15）能够从多个有效的 DMU 中选择最有吸引力的一个。在模型（7—15）中，有效前沿 E^{l+1} 为 E^l 中 DMU 相对吸引力的评价背景。A_k 值越大，DMU_k 越有吸引力，随后可以根据吸引力大小对 DMU 进行排序。

类似地，采用下面的 DEA 模型能够得到 $\text{DMU}_\text{k}\in E^l$（$2\leqslant l\leqslant L$）与上一层的相对距离（Progress）。

$$P_k = \max_{s,\ \lambda}\omega_t \frac{\sum_{i=1}^{m} s_{it}^- R_{it}^- + \sum_{r=1}^{s} s_{rt}^+ R_{rt}^+ + \sum_{h=1}^{h_{good}} s_{ht}^{good} R_{ht}^+ + \sum_{h=1}^{h_{bad}} s_{ht}^{bad} R_{ht}^-}{m + s + h_{good} + h_{bad}} \tag{7—16}$$

$$\text{s.t.}\begin{cases} x_{ik}^{t} = \sum_{j\in F(E^{l-1})}\lambda_j^t x_{ij}^t + s_{it}^- \\ y_k^t = \sum_{j\in F(E^{l-1})}\lambda_j^t y_j^t - s_t^+ \\ y_{bk}^t = \sum_{j\in F(E^{l-1})}\lambda_j^t y_{bj}^t + s_{bt}^+ \\ c_{hkt}^{good} = \sum_{j\in F(E^{l-1})}\lambda_j^t c_{hjt}^{good} - s_{ht}^{good} \\ c_{hkt}^{bad} = \sum_{j\in F(E^{l-1})}\lambda_j^t c_{hjt}^{bad} + s_{it}^{bad} \\ \sum_{j\in F(E^{l+1})}\lambda_j^t c_{hj(t,\ t+1)}^{good} = \sum_{j\in F(E^{l+1})}\lambda_j^{t+1} c_{hj(t,\ t+1)}^{good} \\ \sum_{j\in F(E^{l+1})}\lambda_j^t c_{hj(t,\ t+1)}^{bad} = \sum_{j\in F(E^{l+1})}\lambda_j^{t+1} c_{hj(t,\ t+1)}^{bad} \\ \forall j \in F(E^{l-1}),\ \lambda_j^t,\ s_{it}^-,\ s_{rt}^+,\ s_{ht}^{good},\ s_{ht}^{bad} \geqslant 0 \\ i=1,\ \cdots,\ m,\ r=1,\ \cdots,\ s,\ t=1,\ \cdots,\ T \end{cases}$$

P_k 越大，表明 E^l 中的 DMU_k 与上一层距离较远，在向 E^{l-1} 中的 DMU 学习时将付出更大的努力。因此，P_k 的值越小越好。

结合相对吸引力和相对距离可以采用如下测度选择目标 DMU 以形成目标序列：

$$Benchmark_k^* = argmax\{B_{kp} = \omega_1 A_p - \omega_2 P_p :\ p \in E^{l-1}\} \qquad (7-17)$$

其中，ω_1，ω_2 分别是这两个变量的权重，其值根据决策者的偏好来确定。

依据 $Benchmark_k$ 值的筛选，可以选取每一层中最合适的 DMU 作为目标，并最终形成目标序列。

在求解模型之前，需要注意的是，模型（7－12）、模型（7－15）、模型（7－16）中的顾客满意度是用三角模糊数表示的，不能直接求解。因此，通过 α－截集将三角模糊数转换为区间数。在给定的置信度 $\alpha \in [0, 1]$ 下，对于三角模糊数 $\tilde{C}$ 有 $\tilde{C}_\alpha = \{x \mid \mu_c(x) \geqslant \alpha\}$。因此，可以通过下面的等式获得顾客满意度的左端点（LE）和右端点（RE）：

$$\tilde{y}_j^t = [y_j^{tL} + \alpha(y_j^{tM} - y_j^{tL}),\ y_j^{tU} - \alpha(y_j^{tU} - y_j^{tM})] \qquad (7-18)$$

其中，α 是预先给定的置信水平，α 越接近 1，变量越接近精确值。α 越接近 0，指标的不确定性越强，区间值越大。

经过模糊变量转换后，顾客满意度表示为 $\tilde{y}_j^t = (y_j^{tL},\ y_j^{tR})$。当采用 α－截集将三角模糊数缩减为区间数时，决策者的态度会对顾客满意度产生影响。因此，利用顾客满意度的 RE 值（区间数的较大值）可以得到供应商的乐观效率，利用顾客满意度的 LE 值（区间数的较小值）可以衡量供应商的悲观效率。

二、案例研究——可持续供应商的绩效评价及目标设定研究

本节在可持续发展背景下，利用不确定条件下的动态 DEA 标杆模型，综合考虑经济、社会和环境可持续等因素，对 20 个供应商进行效率评价及目标设定[76]。

（一）数据

本节的数据来源于 Lim 等研究论文[77] 中的实际案例，并选择三个时期作为数据跨度，将每个时段的权重设置如下：第一周期为 0.3；第二周期为 0.3；第三周期为 0.4。原始数据集见附表 26～附表 28，采用 α＝0.3 处理后的变量数据见附表 29。

（二）效率分析结果

利用不确定条件下的动态 DEA 标杆模型对 20 个供应商的相对效率进行评价，结果如表 7－3 所示，其中 8 个供应商是有效的，剩余 12 个供应商是无效的。因此，8 个有效供应商构成了第一层有效前沿面。通过分层算法可以确定出三个有效前沿面。在此基础上，计算出除最后一层外各层供应商的相对吸引力，以及除第一层外各层供应商的相对距离，结果如表 7－3 所示。

表 7—3　20 个供应商的效率评价结果

序号	层数	效率值	相对吸引力	相对距离	加权和
S1	1	1.0000	0.0242	—	0.0121
S2	3	0.6840	—	0.2833	0.1417
S3	3	0.5875	—	0.1882	0.0941
S4	2	0.7821	0.2810	0.2430	0.2620
S5	1	1.0000	0.4082	—	0.2041
S6	3	0.5397	—	0.4814	0.2407
S7	1	1.0000	0.0147	—	0.0074
S8	2	0.7129	0.4031	0.3116	0.3574
S9	2	0.7686	0.4723	0.2593	0.3658
S10	1	1.0000	0.0596	—	0.0298
S11	2	0.9652	0.6039	0.2630	0.4335
S12	1	1.0000	0.1778	—	0.0889
S13	3	0.6717	—	0.3057	0.1528
S14	2	0.8601	0.4094	0.1461	0.2777
S15	1	1.0000	0.0762	—	0.0381
S16	2	0.9832	0.4547	0.5046	0.4796
S17	2	0.6997	0.3005	0.3355	0.3180
S18	1	1.0000	0.1377	—	0.0688
S19	2	0.9414	0.4430	0.0363	0.2396
S20	1	1.0000	0.0159	—	0.0079

以效率值最低的供应商 6 为例，根据 $Benchmark_k$ 值从第二层 DMU 中选择供应商 6 的第一个目标。由于供应商 16 的 $Benchmark_k$ 值是第二层中最大的，因此它被选为供应商 6 的第一个目标。类似地，可以从第一层的 DMU 确定供应商 6 的下一个目标。最终，20 个供应商的分层结果和供应商 6 的目标序列如图 7—6 所示。

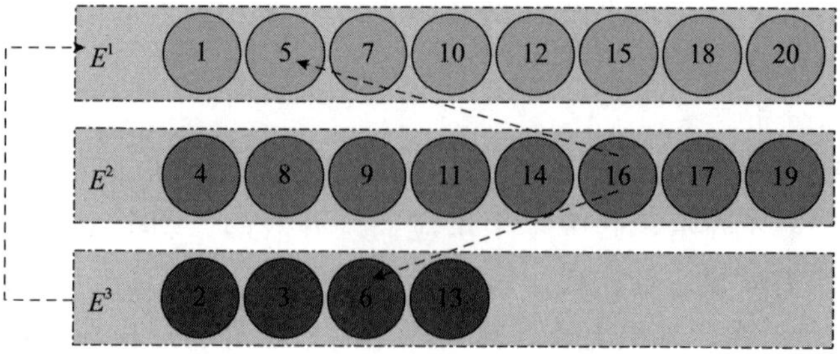

图 7—6　低效供应商的目标序列

图 7—7 为供应商各周期的乐观效率值，可见三个周期内大多数 DMU 的效率值都有一定程度的波动。在所有 DMU 中，供应商 7 的周期效率波动较大，它的效率在第二阶段取得了较大的进步，但在第三阶段却出现了大幅下降。如果简单地采用总体效率值为效率低下的 DMU 设定目标，那么供应商 7 很可能被选为目标。通过相对吸引力和相对距离的筛选，排除了这种错误的可能性。

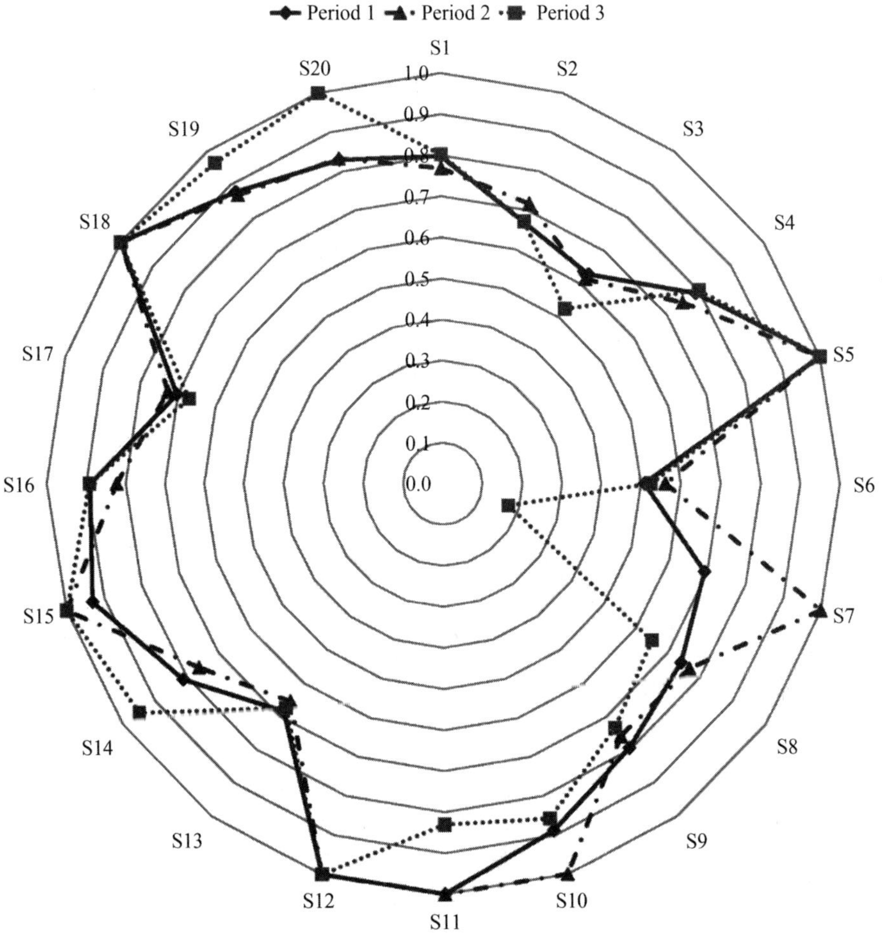

图 7—7　20 个供应商的周期效率值

(三) 比较与讨论

1. 与传统目标设定模型的比较

本节利用传统模型为低效供应商设定目标。根据一般的目标设定理念，效率低下的 DMU 投影到有效前沿面以实现改进。因此，低效 DMU_j 的目标为 ($x_{aj}-s_a^-$，$x_{bj}-s_b^-$，$y_{aj}+s_a^+$，$y_{bj}-s_b^+$，y_j+s^+)，其中 x_{aj}，x_{bj} 是投入，y_{aj}

是期望产出，y_{bj} 是非期望产出，y_j 是期望模糊产出，s_a^-，s_b^-，s_a^+，s_b^+，s^+ 分别是投入和产出的松弛变量。以往的研究总把供应链看作一个黑箱。因此，本节使用第 1 周期的投入数据和第 3 周期的产出数据进行计算。对比结果可以发现，采用本节的目标设定方法只需在短期内对投入进行微小的改变就可以提高效率，而传统模型所提供的目标在短期内难以实现。

2. 与静态模型的比较

以往的研究将供应链视为一个黑箱。然而，在可持续发展的背景下，供应链需要维持长期的发展，因此，本节将动态模型获得的效率值与不考虑动态结构的传统模型的结果进行了比较。

两种模型求得的效率如图 7—8 所示。可以看出，随着结转变量和多周期的引入，大多数供应商的效率得分都发生了变化，可见结转变量对整体绩效有着显著的影响。此外，效率低下的供应商可以通过动态模型获得其绩效的详细信息。

不考虑动态结构的模型求得的结果中，供应商 3 的效率最低，供应商 1、5、7、10、12、15、18 和 20 的效率最高。根据传统的目标设定方法，供应商 3 很难在多个同等有效的 DMU 中选择最合适的 DMU 作为参考目标。

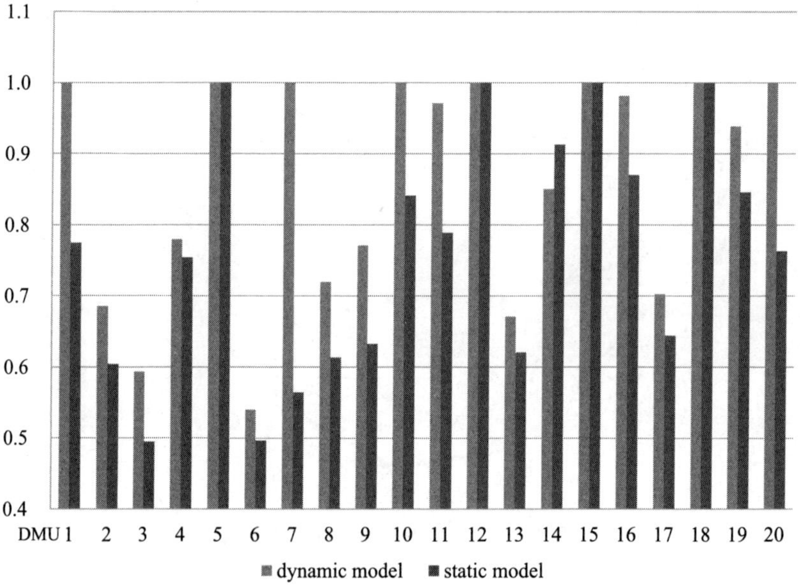

图 7—8　动态模型与静态模型的效率结果对比

（四）结论

本节在考虑经济、社会、环境可持续性的背景下为低效供应商提供可实施的目标序列。该方法的优点在于，将分层过程与相对吸引力和相对距离的筛选相结合，保证了目标序列由多个实际存在的 DMU 组成，而不是一个难以学习的虚拟 DMU。这种逐步的改进避免了短期内最终目标的不可行性。此外，利用该模型可以得到各供应商的周期效率，使管理者识别出绩效最差的周期并采取具体的措施。

第四节　两阶段网络系统中的目标设定

一、两阶段结构系统的最近目标设定模型

近年来，寻找最小距离和最近目标的问题在 DEA 领域得到了广泛的研究。以往的研究方法可分为两类：一是选择最小化距离，并将其直接投影到有效前沿[77]；二是将选择的效率测度最大化，从而间接得到相对最近目标的投影，最优解往往比传统的最远目标设定模型更有效[78]。回顾以往研究可以发现，最近目标模型都是针对"黑箱"结构开发的，没有考虑到 DMU 的内部结构。当前模型缺乏对具有网络结构 DMU 的还原，无法直接推广到网络结构系统中。基于此，本节构建了一个针对具有复杂网络结构 DMU 的最近目标设定模型，包括系统效率和阶段效率的评价。被评价 DMU 可能表现出部分有效，即只有某些阶段是有效的。由于部分有效的 DMU 也可以为低效 DMU 提供标杆信息，以提高其部分阶段的效率水平，因此，将部分有效 DMU 的有效部分考虑到网络结构的最近目标设定中。

假设有 n 个 DMU，每个 DMU_j（$j=1, \cdots, n$）使用 m 个投入 x_{ij} 生产 s 个产出 y_{rj}。在规模报酬可变的假设下，生产可能集表示为：

$$T_1=\left\{(X, Y)/X\geqslant\sum_{j=1}^{n}\lambda_jX_j,\ Y\leqslant\sum_{j=1}^{n}\lambda_jY_j,\ \sum_{j=1}^{n}\lambda_j=1,\ \lambda_j\geqslant0,\ Y\geqslant0\right\}$$

基于 RAM 模型构建非导向型的 DEA 模型如下[79]：

$$\min 1-\frac{1}{m+s}\left(\sum_{i=1}^{m}\frac{s_i^-}{R_i^-}+\sum_{r=1}^{s}\frac{s_r^+}{R_r^+}\right) \tag{7-19}$$

$$\text{s.t.}\begin{cases}\sum_{j=1}^{n}\lambda_jx_{ij}+s_i^-=x_{i0},\ i=1, \cdots, m\\ \sum_{j=1}^{n}\lambda_jy_{rj}-s_r^+=y_{i0},\ r=1, \cdots, s\\ \sum_{j=1}^{n}\lambda_j=1\\ \lambda_j,\ s_i^-,\ s_r^+\geqslant0;\ j=1, \cdots, n\end{cases}$$

其中，$R_i^-=\max_j\{x_{ij}\}-\min_j\{x_{ij}\}$，$R_r^-=\max_j\{y_{rj}\}-\min_j\{y_{rj}\}$。$s_i^-$ 和 s_r^+ 是松弛变量，代表效率低下的 DMU_j 与参照点（$x_{i0}-s_i^{-*}$，$y_{r0}+s_r^{+*}$）之间的距离。

定理 7—1. 令 E_0 为 T_1 内强有效点的集合。任意点（x，y）$\in E_0\Leftrightarrow\lambda_j$，$d_j\geqslant0$，$b_j\in\{0, 1\}$，$j\in E$，$d_0$ 无约束，$S_{i0}^-\geqslant0$，$i=1, \cdots, m$，$S_{r0}^+\geqslant0$，

$r=1, \cdots, s$，且 $u_r \geqslant 1$，$r=1, \cdots, s$，$v_i \geqslant 1$，$i=1, \cdots, m$，因此有：

$$\begin{cases} \tilde{x}_i = \sum_{j \in E} x_{ij}\lambda_j = x_{i0} - s_{i0}^-, \ i=1, \cdots, m \\ \tilde{y}_r = \sum_{j \in E} y_{rj}\lambda_j = y_{r0} + s_{r0}^+, \ r=1, \cdots, s \\ \sum_{r=1}^{s} u_r y_{rj} - \sum_{i=1}^{m} v_i x_{ij} + d_0 + d_j = 0, \ j \in E \\ \lambda_j \leqslant M b_j, \ j \in E \\ d_j \leqslant M(1-b_j), \ j \in E \\ \sum_{j \in E} \lambda_j = 1, \ j \in E \end{cases} \tag{7-20}$$

其中，M 是一个相当大的正数，$(\tilde{x}_i, \tilde{y}_r)$ 是 DMU_o 的投影[80]。

通过线性约束构造强有效集可以克服非凸性带来的困难。在规模报酬可变的假设下，建立距离调整测量模型如下：

$$D_{\min} = \max 1 - \frac{1}{m+s}\left(\sum_{i=1}^{m} \frac{s_i^-}{R_i^-} + \sum_{r=1}^{s} \frac{s_r^+}{R_r^+}\right) \tag{7-21}$$

$$\begin{cases} \sum_{j \in E} x_{ij}\lambda_j = x_{i0} - s_i^-, \ i=1, \cdots, m \\ \sum_{j \in E} y_{rj}\lambda_j = y_{r0} + s_r^+, \ r=1, \cdots, s \\ \sum_{j \in E} \lambda_j = 1 \\ \sum_{r=1}^{s} u_r y_{rj} - \sum_{i=1}^{m} v_i x_{ij} + d_0 + d_j = 0, \ j \in E \\ \lambda_j \leqslant M b_j, \ j \in E \\ d_j \leqslant M(1-b_j), \ j \in E \\ u_r \geqslant \frac{1}{(m+s)^* R_r^+}, \ r=1, \cdots, s; \ v_i \geqslant \frac{1}{(m+s)^* R_i^-}, \ i=1, \cdots, m \\ s_r^+ \geqslant 0, \ r=1, \cdots, s; \ s_i^- \geqslant 0, \ i=1, \cdots, m; \ \lambda_j, \ d_j \geqslant 0 \end{cases}$$

其中，$b_j \in \{0, 1\}$，$j \in E$；d_0 无约束

模型（7—21）是混合整数线性规划。与传统的 *RAM* 或 *SBM* 模型不同的是，模型（7—21）将松弛变量的加权和最小化，得到最近的有效目标。

为了对每个子阶段的改进提供更准确的指导，基于模型（7—21）将单阶段的最近目标设定模型扩展到两阶段结构系统。如图 7—9 所示，一般两阶段网络系统的结构如下：

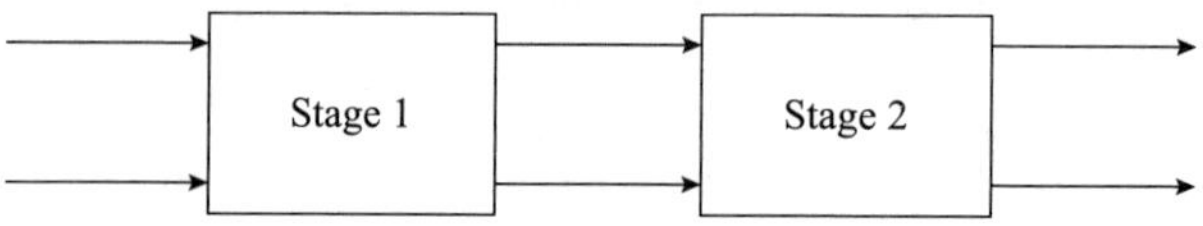

图 7—9　两阶段网络系统

假定 DMU_j（$j=1,\cdots,n$）消耗 m 个投入 x_{ij}（$i=1,\cdots,m$）在阶段 1 中产生 t 个产出 z_{gj}（$g=1,\cdots,t$）。这些产出转为阶段 2 的投入，阶段 2 的产出为 y_{rj}（$r=1,\cdots,s$）。基于此，构建两阶段的网络 RAM 模型如下：

$$\min\left[1-\frac{1}{m+s}\left(\sum\nolimits_{i=1}^{m}\frac{s_i^-}{R_i^-}+\sum\nolimits_{r=1}^{s}\frac{s_r^+}{R_r^+}\right)\right] \tag{7—22}$$

$$\begin{cases}\sum\nolimits_{j=1}^{n}x_{ij}\lambda_j+s_i^-=x_{i0},\ i=1,\cdots,m\\ \sum\nolimits_{j=1}^{n}y_{rj}\Lambda_j-s_r^+=y_{i0},\ r=1,\cdots,s\\ \sum\nolimits_{j=1}^{n}z_{gj}\lambda_j=\sum\nolimits_{j=1}^{n}z_{gi}\Lambda_j,\ g=1,\cdots,t\\ \sum\nolimits_{j=1}^{n}\lambda_j=1,\ \sum\nolimits_{j=1}^{n}\Lambda_j=1\\ \lambda_j,\ \Lambda_j,\ s_i,\ s_r^+\geqslant 0;\ j=1,\cdots,n\end{cases}$$

模型（7—22）是最远目标设定模型的基本形式，其目标函数令投入、产出的松弛变量最大化，从而得到投影到有效前沿面的最大距离。如果通过最小化目标函数将其直接转换为最近目标设定模型，则松弛变量趋于减小。在松弛变量非负约束条件下，零集将是最优解。因此，为了获得系统和部分有效的 DMU，将模型（7—22）转换为对偶表示式：

$$\theta=\max-\sum\nolimits_{i=1}^{m}v_ix_{i0}+\sum\nolimits_{r=1}^{s}u_ry_{r0}+d'+d'' \tag{7—23}$$

$$\text{s. t.}\begin{cases}-\sum\nolimits_{i=1}^{m}v_ix_{ij}+\sum\nolimits_{g=1}^{t}w_gz_{gj}+d'\leqslant 0,\ i=1,\cdots,m;\ g=1,\cdots,t\\ -\sum\nolimits_{g=1}^{t}w_gz_{gj}+\sum\nolimits_{r=1}^{s}u_ry_{rj}+d''\leqslant 0,\ g=1,\cdots,t;\ r=1,\cdots,s\\ v_i\geqslant\dfrac{1}{(m+s)^*R_i^-};\ u_r\geqslant\dfrac{1}{(m+s)^*R_r^+}\end{cases}$$

其中，$j=1,\cdots,n$；w，d'，d''无约束。

将模型（7—23）中的θ^*定义为系统效率，可通过$\theta_1^*=-v^*x_0+w^*z_0+d'$和$\theta_2^*=u^*y_0-w^*z_0+d''$分别获得阶段 1 和阶段 2 的效率，满足 $\theta^*=\theta_1^*+\theta_2^*$。显然，任何无效的阶段都会导致系统效率低下。

由于部分有效的 DMU 也可以提供标杆信息，因此将生产可能集调整为：

$$T_2=\begin{cases}(X,\ Z,\ Y)/X\geqslant\sum\nolimits_{j=1}^{n}\lambda_jX_j,\ Z=\sum\nolimits_{j=1}^{n}Z_j\lambda_j=\sum\nolimits_{p=1}^{n}Z_p\Lambda_p,\\ Y\leqslant\sum\nolimits_{p=1}^{n}Y_p\Lambda_p,\ \sum\nolimits_{j=1}^{n}\lambda_j=1,\ \sum\nolimits_{p=1}^{n}\Lambda_p=1\end{cases}$$

$$\lambda_j\geqslant 0,\ \Lambda_p\geqslant 0,\ Y\geqslant 0$$

令 E_1，E_2 为每个 DMU 中有效阶段的集合，可提出以下定理用于确定基于规模报酬可变假设下的有效 DMU。

定理 7—2. 令 D_0 为 T_2 中帕累托有效点的集合。（X，Y，Z）$\in D_0$，$\exists\lambda_j$，

Λ_p，d_j，$d_p \geqslant 0$，b_j，$b_p \in \{0, 1\}$，$j \in E_1$，$p \in E_2$，w_g，d'，d'' 无约束，$S_r^{+} \geqslant 0$，$r=1$，…，s，$S_i^{-} \geqslant 0$，$i=1$，…，m，且 $u_r \geqslant \frac{1}{(m+s)^* R_r^+}$，$r=1$，…，$s$，$v_i \geqslant \frac{1}{(m+s)^* R_i^-}$，$i=1$，…，$m$，因此有：

$$\left\{\begin{array}{c}
\sum_{j\in E_1} x_{ij}\lambda_j = X \\
\sum_{p\in E_2} y_{rp}\Lambda_p = Y \\
\sum_{j\in E_1} z_g\lambda_j = \sum_{p\in E_2} z_{ip}\Lambda_p = Z \\
\sum_{j\in E_1} x_{ij}\lambda_j = x_{i0} - s_i^-,\ i=1,\cdots,m \\
\sum_{j\in E_1} z_g\lambda_j = \sum_{p\in E_2} z_m\Lambda_p,\ g=1,\cdots,t \\
\sum_{p\in E_2} y_{rp}\Lambda_p = y_{r0} + s_r^+,\ r=1,\cdots,s \\
\sum_{g=1}^{t} w_g z_{gj} - \sum_{i=1}^{m} v_i x_{ij} + d_j + d' = 0,\ j\in E_1 \\
\sum_{r=1}^{s} u_{rp} y_f - \sum_{g=1}^{t} w_g z_{gp} + d_p + d'' = 0,\ p\in E_2 \\
\sum_{j\in E_1}\lambda_j = 1,\ \sum_{p\in E_2}\Lambda_p = 1 \\
\lambda_j \leqslant Mb_j,\ j\in E_1 \\
d_j \leqslant M(1-b_j),\ j\in E_1 \\
\Lambda_p \leqslant Mb_p,\ p\in E_2 \\
d_p \leqslant M(1-b_p),\ p\in E_2
\end{array}\right. \tag{7-24}$$

证明：首先证明充分条件。

令 $(\tilde{x}_0, \tilde{y}_0, \tilde{z}_0) \in D_0$，由于这一点是有效的，因此以下对偶线性规划问题的最优值为零。

$$\min -\frac{1}{m+s}\left(\sum_{i=1}^{m}\frac{s_i^-}{R_i^-} + \sum_{r=1}^{s}\frac{s_r^+}{R_r^+}\right) \tag{7-25}$$

$$\text{s. t.}\left\{\begin{array}{c}
\sum_{j\in E_1} x_{ij}\lambda_j + s_i^- = \tilde{x}_{i0},\ i=1,\cdots,m \\
\sum_{p\in E_2} y_{rp}\Lambda_p - s_r^+ = \tilde{y}_{r0},\ r=1,\cdots,s \\
\sum_{j\in E_1} z_{gj}\lambda_j = \sum_{p\in E_2} z_{gp}\Lambda_p,\ g=1,\cdots,t \\
\sum_{j\in E_1}\lambda_j = 1,\ \sum_{p\in E_2}\Lambda_j = 1 \\
\lambda_j,\ \Lambda_j,\ s_i^-,\ s_r^+ \geqslant 0;\ j=1,\cdots,n
\end{array}\right.$$

$$\max - \sum_{i=1}^{m} v_i \tilde{x}_{i0} + \sum_{r=1}^{s} u_r \tilde{y}_{r0} + d' + d'' \tag{7-26}$$

$$\text{s. t.} \begin{cases} -\sum_{i=1}^{m} v_i x_{ij} + \sum_{g=1}^{t} w_g z_{gj} + d' \leqslant 0' j \in E_1 \\ -\sum_{g=1}^{t} w_g z_{gp} + \sum_{r=1}^{s} u_r y_{rp} + d'' \leqslant 0' p \in E_2 \\ v_i \geqslant \frac{1}{(m+s)^* R_i^-};\ u_r \geqslant \frac{1}{(m+s)^* R_r^+} \end{cases}$$

其中，w，d'，d''无约束。

由于$(\tilde{x}_0, \tilde{y}_0, \tilde{z}_0) \neq 0_{m+t+s}$，所以可以找到一组非负松弛变量$\tilde{\lambda}_j$，$j \in E_1$，$\tilde{\Lambda}_p$，$p \in E_2$，其中至少有一个是严格正数，如 $(\tilde{x}_0,\ \tilde{y}_0,\ \tilde{z}_0) = (\sum_{j\in E_1} x_{ij}\tilde{\lambda}_j$，$\sum_{j\in E_1} z_{gj}\tilde{\lambda}_j$ 或 $\sum_{p\in E_2} z_{gp}\tilde{\Lambda}_p$，$\sum_{p\in E_2} y_{rp}\tilde{\Lambda}_p)$。此外，针对互补松弛，每一个 $\tilde{\lambda}_j$，$\tilde{\Lambda}_j > 0$，构建其对应的对偶约束，即 ∃ $\tilde{v}_i \geqslant \frac{1}{(m+s)^* R_i^-}$，$i=1$，…，$m$；$\tilde{u}_r \geqslant \frac{1}{(m+s)^* R_r^+}$，$r=1$，…，$s$，与模型（7－26）相对应，相应的对偶变量（$w_g$，$d'$，$d''$）是不受限制的，且满足 $-\sum_{i=1}^{m} v_i \tilde{x}_{i0} + \sum_{r=1}^{s} u_r y_{r0} + d' + d'' = 0$。

随后，分别定义 $\tilde{b}_j = 0$，$\tilde{d}_j = \sum_{i=1}^{m} \tilde{v}_i x_{ij} - \sum_{g=1}^{t} \tilde{w}_g z_{gj} - \tilde{d}' \geqslant 0$ 且每个$\tilde{\lambda}_j = 0$，$\tilde{b}_j = 1$，$\tilde{d}_j = 0$，$\tilde{\lambda}_j \geqslant 0$。可以定义$\tilde{s}_i^- = \tilde{x}_{i0} - \sum_{j=E_1} x_{ij}\lambda_j \geqslant 0$，$i=1$，…，$m$，且$\tilde{s}_r^+ = \sum_{p\in E_2} y_{rp}\Lambda_p - \tilde{y}_{r0}$，$r=1$，…，$s$。$\tilde{b}_p$，$\tilde{d}_p$，$\tilde{\Lambda}_p$ 的情况相同。因此，所有变量都满足条件。

反之，令 $\tilde{\lambda}_j$，$\tilde{\Lambda}_p$，$\tilde{d}_j$，$\tilde{d}_p \geqslant 0$，$\tilde{b}_j$，$\tilde{b}_p \in \{0,\ 1\}$，$j \in E_1$，$p \in E_2$，$\tilde{w}_g$，$\tilde{d}'$，$\tilde{d}''$无约束，$\tilde{s}_r^+ \geqslant 0$，$r=1$，…，$s$，$\tilde{s}_i^- \geqslant 0$，$i=1$，…，$m$，且 $\tilde{u}_r \geqslant \frac{1}{(m+s)^* R_r^+}$，$r=1$，…s，$\tilde{v}_i \geqslant \frac{1}{(m+s)^* R_i^-}$，$i=1$，…，$m$，满足模型（7－24）。

显然，上述定理的必要条件是模型（7－24）中第四、第五和第六约束条件的结果。因此，只需证明（$\tilde{x}_0$，$\tilde{y}_0$，$\tilde{z}_0$）属于生产可能集中的有效前沿面。这一部分的证明可以参考命题 7－1。

基于上述定理，构建两阶段结构的最近目标设定模型如下：

$$D_{\min} = \max 1 - \frac{1}{m+s}\left(\sum_{i=1}^{m} \frac{s_i^-}{R_i^-} + \sum_{r=1}^{s} \frac{s_r^+}{R_r^+}\right) \tag{7-27}$$

$$\text{s. t.} \sum_{j\in E_1} x_{ij}\lambda_j = x_{i0} - s_i^-,\ i=1,\ \cdots,\ m$$

$$\sum_{j\in E_1} z_{gj}\lambda_j = \sum_{p\in E_2} z_{gp}\Lambda_p,\ g=1,\ \cdots,\ t$$

$$\sum_{p\in E_2} y_{rp}\Lambda_p = y_{r0} + s_r^+,\ r=1,\ \cdots,\ s$$

$$\sum_{g=1}^{t} w_g z_{gj} - \sum_{i=1}^{m} v_i x_{ij} + d_j + d' = 0,\ j\in E_1$$

$$\sum_{r=1}^{s} u_r y_{rp} - \sum_{g=1}^{t} w_g z_{gp} + d_p + d'' = 0,\ p\in E_2$$

$$\sum_{j\in E_1}\lambda_j = 1,\ \sum_{p\in E_2}\Lambda_p = 1$$

$$\lambda_j \leqslant Mb_j,\ j\in E_1$$

$$d_j \leqslant M(1-b_j),\ j\in E_1$$

$$\Lambda_p \leqslant Mb_p,\ p\in E_2$$

$$d_p \leqslant M(1-b_p),\ p\in E_2$$

$$u_r \geqslant \frac{1}{(m+s)^* R_r^+};\ v_i \geqslant \frac{1}{(m+s)^* R_i^-};\ w_g \text{ 无约束}$$

$$d_j \geqslant 0,\ d_p \geqslant 0,\ \lambda_j \geqslant 0,\ \Lambda_p \geqslant 0,\ b_j,\ b_p \in \{0,\ 1\},\ j\in E_1,\ p\in E_2$$

$$s_r^+ \geqslant 0;\ s_i^- \geqslant 0;\ d',\ d'' \text{ 无约束}$$

$$i=1,\ \cdots,\ m;\ g=1,\ \cdots,\ t;\ r=1,\ \cdots,\ s$$

点 $(\tilde{x}_0,\ \tilde{y}_0,\ \tilde{z}_0) = \sum_{j\in E_1} x_{ij}\lambda_j^*,\ \sum_{j\in E_1} z_{gj}\lambda_j^*$ 或 $\sum_{p\in E_2} z_{gp}\Lambda_p^*,\ \sum_{p\in E_2} y_{rp}\Lambda_p^*$ 是DMU_j 在有效前沿面上的投影。

命题 7－1 通过原模型的有效性证明两阶段最近目标设定模型确实产生了有效前沿投影，并且投影点的导入不会改变原始的有效前沿面[81]。

命题 7－1. $(\tilde{x}_0,\ \tilde{y}_0,\ \tilde{z}_0) = (\sum_{j\in E_1} x_{ij}\lambda_j^*,\ \sum_{j\in E_1} z_{gj}\lambda_j^*$ 或 $\sum_{p\in E_2} z_{gp}\Lambda_p^*,\ \sum_{p\in E_2} y_{rp}\Lambda_p^*)$ 是最近目标在有效前沿面上的投影。

证明：模型（7－23）是模型（7－22）的对偶规划，其目标函数是使松弛变量的加权和最大化。然而，由于目标函数的形式不会改变其生产可能集，因此，模型（7－23）仍可以用来确定有效 DMU。

对于被评价 DMU_o，将（$v^*,\ w^*,\ u^*,\ d'^*,\ d''^*$）定义为模型（7－23）中的最优初始解，将$(\lambda^*,\ \Lambda^*)$定义为模型（7－27）中的最优解。通过解决以下线性规划问题检验（$\tilde{x}_0,\ \tilde{y}_0,\ \tilde{z}_0$）在原始模型中是否有效：

$$\max - \sum_{i=1}^{m} v_i \tilde{x}_{i0} + \sum_{r=1}^{s} u_r \tilde{y}_{r0} + d' + d'' \tag{7－28}$$

$$\text{s.t.} - \sum_{i=1}^{m} v_i x_{ij} + \sum_{g=1}^{t} w_g z_{gj} + d' \leqslant 0$$

$$- \sum_{g=1}^{t} w_g z_{gj} + \sum_{r=1}^{s} u_r y_{rj} + d'' \leqslant 0$$

$$- \sum_{i=1}^{m} v_i \tilde{x}_{ij} + \sum_{g=1}^{t} w_g \tilde{z}_{gj} + d' \leqslant 0$$

$$-\sum_{g=1}^{t} w_g \tilde{z}_{gj} + \sum_{r=1}^{s} u_r \tilde{y}_{rj} + d'' \leqslant 0$$

$$v_i \geqslant \frac{1}{(m+s)^* R_i^-};\ u_r \geqslant \frac{1}{(m+s)^* R_r^+}$$

其中，w_g，d'，d''无约束。

模型（7－28）的最优初始解（v^*，w^*，u^*，d'^*，d''^*）使得第一和第二约束条件得到满足。将第三和第四约束条件表示为：

$$\begin{aligned}
&-\sum_{i=1}^{m} v_i^* \tilde{x}_{ij} + \sum_{g=1}^{t} w_g^* \tilde{z}_{gj} + d'^* \\
&= -\sum_{i=1}^{m} v_i^* \sum_{j \in E_1} x_{ij}\lambda_j^* + \sum_{g=1}^{t} w_g^* \sum_{j \in E_1} z_{gj}\lambda_j^* + d'^* \\
&= (-\sum_{i=1}^{m} v_i^* \sum_{j \in E_1} x_{ij} + \sum_{g=1}^{t} w_g^* \sum_{j \in E_1} z_{gj})\lambda_j^* + d'^* \\
&-\sum_{g=1}^{t} w_g^* \tilde{z}_{gj} + \sum_{r=1}^{s} u_r^* \tilde{y}_{rj} + d'' \\
&= -\sum_{g=1}^{t} w_g^* \sum_{p \in E_2} z_{gp}\Lambda_p^* + \sum_{r=1}^{s} u_r^* \sum_{p \in E_2} y_{rp}\Lambda_p^* + d'' \\
&= (-\sum_{g=1}^{t} w_g^* \sum_{p \in E_2} z_{gp} + \sum_{r=1}^{s} u_r^* \sum_{p \in E_2} y_{rp})\Lambda_p^* + d''
\end{aligned} \quad (7-29)$$

考虑到每个 $j \in E_1 \Leftrightarrow \theta_1^* = -\sum_{i=1}^{m} v_i x_{ij} + \sum_{g=1}^{t} w_g^* z_{gj} + d'^* = 0$，同样地，每个$p \in E_2 \Leftrightarrow \theta_2^* = -\sum_{g=1}^{t} w_g^* z_{gj} + \sum_{r=1}^{s} u_r^* y_{rp} + d''^* = 0$。其中，$\sum_{j \in E_1} \lambda_j^* = 1$，$\sum_{p \in E_2} \Lambda_p^* = 1$，可以将等式（7－29）转换为：

$$\begin{aligned}
&-\sum_{i=1}^{n} v_i \tilde{x}_{ij} + \sum_{g=1}^{t} w_g \tilde{z}_{gj} + d'^* \\
&= (-\sum_{i=1}^{m} v_i \sum_{j \in E_1} x_{ij} + \sum_{g=1}^{t} w_g \sum_{j \in E_1} z_{gj})\lambda_j^* + d'^* \\
&= (-d'^*) \sum_{j \in E_1} \lambda_j^* + d'^* = 0 \\
&-\sum_{g=1}^{t} w_g \tilde{z}_{gj} + \sum_{r=1}^{s} u_r \tilde{y}_{rj} + d'' \\
&= (-\sum_{g=1}^{t} w_g \sum_{p \in E_2} z_{gp} + \sum_{r=1}^{s} u_r \sum_{p \in E_2} y_{rp})\Lambda_p^* + d'' \\
&= (-d^{m''*}) \sum_{p \in E_2} \Lambda_p^* + d''^* = 0
\end{aligned} \quad (7-30)$$

目标函数可以表示为两个阶段效率的组合：

$$\begin{aligned}
&-\sum_{i=1}^{m} v_i \tilde{x}_{i0} + \sum_{r=1}^{s} u_r \tilde{y}_{r0} + d' + d'' \\
&= (-\sum_{i=1}^{m} v_i \tilde{x}_{i0} + \sum_{g=1}^{t} w_g \tilde{z}_{gj} + d') + (\sum_{r=1}^{s} u_r \tilde{y}_{r0} - \sum_{g=1}^{t} w_g \tilde{z}_{gj} + d'') = 0
\end{aligned} \quad (7-31)$$

因此，（$\tilde{x}_0$，$\tilde{y}_0$，$\tilde{z}_0$）在原始模型中有效。由于最优初始解（v^*，w^*，u^*，d'^*，d''^*）仍然是模型（7－28）的最佳解。因此，初始 DMU 的效率不会

因 $(\tilde{x}_0, \tilde{y}_0, \tilde{z}_0)$ 的引入而改变，这也意味着原始有效前沿不会有任何变化。

二、案例研究——中国商业银行目标设定研究

本节将利用前文搭建的两阶段网络结构的最近目标设定模型对我国 2010～2014 年 16 家商业银行进行运营绩效评价及目标设定研究。

本节将银行系统分为两个阶段：生产阶段和盈利阶段。第一阶段，将运营成本、利息成本和劳动力作为投入。存款是中间产出，作为第一阶段的产出，也是第二阶段的投入。第二阶段的产出是利息收入和非利息收入。数据来源于 2011～2015 年《中国财务年鉴》，相关变量及其描述性统计分别见表 7－4 和表 7－5。表 7－6 为 16 家银行的名称和缩写。

表 7－4　变量描述

	变量	单位
投入	运营成本（OC）	亿元
	利息成本（IC）	亿元
	劳动力	人
中间产出	存款	亿元
产出	利息收入（II）	亿元
	非利息收入（NI）	亿元

表 7－5　原始数据的描述性统计

	运营成本	利息成本	劳动力	存款	利息收入	非利息收入
			2010 年			
均值	384.01	488.07	104807.00	31707.43	1365.51	223.55
方差	189001.27	258286.17	22601281487.47	1384334461.95	2254860.81	90927.44
最大值	1168.62	1590.13	444447.00	111455.57 4	627.62	828.37
最小值	16.17	30.01	2926.00	1397.24	76.23	6.94
			2011 年			
均值	462.68	769.25	108373.88	35581.64	1864.03	305.19
方差	264524.24	499574.62	23520513351.58	1658967834.53	3574046.15	158274.71
最大值	1442.18	2268.16	447401.00	122612.19	5895.80	1137.61
最小值	23.12	64.91	3603.00	1664.24	130.02	9.90
			2012 年			
均值	534.13	1055.25	116534.06	40019.87	2328.22	353.10
方差	336473.95	913055.98	25289107248.33	2016063590.27	5259564.52	184386.22

续表

	运营成本	利息成本	劳动力	存款	利息收入	非利息收入
最大值	1606.76	3036.11	458224.00	136429.10	7214.39	1203.46
最小值	27.23	86.24	3862.00	2075.77	167.41	11.80
			2013 年			
均值	594.70	1152.46	122249.63	44001.88	2551.88	425.06
方差	399205.37	916161.82	26787072875.85	2322117068.63	5785030.04	238201.38
最大值	1768.29	3237.76	473766.00	146208.25	7671.11	1477.93
最小值	32.55	116.72	4357.00	2339.38	207.68	14.16
均值	663.94	1370.00	102473.75	47313.49	2948.09	511.71
方差	494027.40	1147933.94	20355578522.33	2585754809.39	7241439.57	276955.85
最大值	2012.00	3563.57	462282.00	155566.01	8498.79	1673.70
最小值	45.00	148.21	6108.00	3065.32	281.75	19.83

表 7—6　16 家样本银行

缩写：银行名称	
CMB：招商银行	CCB：中国建设银行
CIB：兴业银行股份有限公司	CEB：中国光大银行
ICBC：中国工商银行	BCM：交通银行
CMBC：民生银行	BOB：北京银行
ABC：中国农业银行	CNCB：中信银行
PAB：平安银行	BON：南京银行
BOC：中国银行	SPDB：浦发银行
HXB：华夏银行	NBCB：宁波银行

(一) 效率分析结果

通过模型（7—23）计算所有 DMU 的效率，得到有效 DMU 及各 DMU 的阶段效率，结果如附表 30 所示。模型（7—23）的目标函数值为负。因此，当目标函数等于 0 时表明该系统或阶段是有效的。

从附表 30 中可以观察到部分 DMU 每年的运营都是有效的，大多数 DMU 的阶段效率是稳定的。而部分 DMU 在第一阶段的运营过程处于有效状态，但在第二阶段出现效率低下的情况。

将附表 30 中的有效阶段统计为阶段 1 和阶段 2 的有效集 E_1，E_2，以供模型

(7—27) 进行后续计算。表 7—7 总结了有效集的相关结果。

表 7—7　2010～2014 年的有效集E_1和E_2

2014	E_1	ICBC	ABC	SPDB	BOB	BON	NBCB	
	E_2	CMB	ICBC	BOC	CCB	CIB	CMBC	NBCB
2013	E_1	ICBC	ABC	BOC	CCB	CNCB	BOB	BON
	E_2	ICBC	BOC	CIB	CMBC	NBCB		
2012	E_1	ICBC	ABC	BOC	CNCB	BOB	BON	NBCB
	E_2	ICBC	BOC	CIB	CMBC	BON	NBCB	
2011	E_1	ICBC	ABC	BOC	CCB	CNCB	BOB	BON
	E_2	ICBC	BOC	CIB	CMBC	BON	NBCB	
2010	E_1	ICBC	ABC	BOC	CCB	CNCB	BOB	BON
	E_2	ICBC	BOC	CCB	CIB	BON	NBCB	

模型 (7—27) 中的 M 是一个很大的正数。基于两阶段网络最近目标设定模型得到的新的系统效率如表 7—8 所示。为了方便比较，分别基于模型 (7—22) 和模型 (7—27) 计算 DMU 相对有效前沿面的投影，即网络最远目标设定 (NFT) 投影和网络最近目标设定 (NCT) 投影。附表 31 (a) ～ (e) 分别对应 2010～2014 年的投入和产出的投影。第一列表示投入、产出变量的缩写。每个变量的下面三列分别代表原始投入/产出数据、NCT 投影和 NFT 投影。为了便于观察，将原始数据放在附表 31 (a) ～ (e) 的左侧，投影值放在右侧。

表 7—8　2010～2014 年两阶段最近目标模型求得的效率值

银行名称	2014	2013	2012	2011	2010
CMB	0.997	0.989	0.987	0.989	0.990
ICBC	1.000	1.000	1.000	1.000	1.000
ABC	0.951	0.955	0.973	0.971	0.964
BOC	0.990	1.000	1.000	1.000	1.000
CCB	0.990	0.999	0.994	1.000	1.000
BCM	0.991	0.976	0.979	0.976	0.985
CNCB	0.998	0.990	0.991	0.991	0.991
SPDB	0.992	0.971	0.977	0.971	0.984
CIB	0.987	0.975	0.980	0.971	0.987
CMBC	0.998	0.992	1.000	0.988	0.989

续表

银行名称	2014	2013	2012	2011	2010
PAB	1.000	0.991	0.994	0.989	0.995
HXB	0.992	0.991	0.991	0.982	0.981
CEB	1.000	0.986	0.992	0.988	0.989
BOB	0.995	0.996	0.996	0.995	0.994
BON	0.999	0.999	1.000	1.000	1.000
NBCB	1.000	0.997	1.000	0.999	0.999

传统的最近目标设定模型中，构成有效前沿面的 DMU 不需要改进。然而，具有网络结构的有效 DMU 的绩效有高低之分，如 2014 年农行在第一阶段达到有效状态，而第二阶段为无效状态。此外，考虑各子阶段之间的相互作用，对具有网络结构的 DMU 进行综合评价时，应将各子阶段结合起来，否则最终的投影可能不是最优结果。以 2014 年招商银行的效率结果为例，如果对招商银行的各阶段进行独立处理，阶段 1 需要一个非零投影实现改进，而阶段 2 已经有效不需要改进，然而附表 31（a）中针对招商银行的 NCT 投影显示，在阶段 2 需要对其进行改进，而在阶段 1 不需要。

附表 31（a）～（e）中的 NCT 投影表示每个 DMU 每年的准确改进量。农行（中国农业银行）在 2010～2013 年的运营成本需要改进；农行、浦发银行和北京银行需要在整个评估期间提高非利息收入；交通银行、兴业银行和宁波银行需要注意调整利息收入和非利息收入；民生银行需要在 3 年内调整利息成本和运营成本；平安银行和华夏银行需要改善运营成本和非利息收入。

此外，附表 31（a）～（e）提供了 NCT 和 NFT 投影的比较。显然，NFT 投影与 NCT 投影相比改进程度更大。以 2014 年为例，利息成本（12 家银行中有 3 家银行需要改进）和劳动力（12 家银行中没有一家银行需要改进）表明 NFT 投影偏好更大程度的改进，导致效率低下的银行在短时间内无法实现目标；相反，NCT 投影可以通过较少的改进实现目标。

（二）各银行的标杆 DMU 和参考比例

附表 32（a）～（e）中给出了各银行的标杆 DMU 和对应的参考比例，每一行的数字表示当前银行对第一行银行的参考比例，最后一行中的“NOR”表示 DMU 的参照次数。

附表 32（a）～（e）明确指出了无效银行的每个阶段应该主要参考哪个标杆银行。以附表 32（a）为例，第一阶段中国农业银行应该向浦发银行学习，第二阶段应该向宁波银行学习。此外，在特定时期内，标杆银行的重要性是不同的。

如附表32（c）中“NOR”所示，工行的被参考数为3次，农行的被参考数为2次，中国银行的被参考数为10次，中信银行的被参考数为7次。在第一阶段，中国银行对效率低下的银行的参考价值是其他同行中最重要的，为更多的银行提供了参考。因此，可以将每个DMU的所有参考比例汇总起来实现进一步排名。

（三）结论

在规模报酬可变的假设下，本节利用两阶段网络系统的最近目标设定模型对中国16家商业银行2010～2014年的经营绩效进行了评价，进一步指出各银行在不同阶段的标杆银行，并得出了各标杆银行的被参照比例。研究结果表明，同一时期内每个标杆银行的重要性并不相同。此外，网络最远目标模型的投影结果显示DMU需要改进的变量更多，且每个变量需要改进的程度也比NCT投影结果大很多。从可行性和经济性看，NCT投影更适合为无效DMU提供改进方向，以实现运营的有效性。

第八章 总结

第一节 绩效评价方法及其应用

DEA是Charnes等提出的一种效率评价方法。该方法将单投入、单产出的效率评价概念推广到多投入、多产出的同质DMU的相对有效性评价中，极大地丰富了微观经济学中的生产函数理论及其应用，同时在避免主观因素、简化算法和减少误差等方面有着不可低估的优越性。DEA方法一出现就以其独有的特点和优势受到人们的关注，不论在理论研究，还是在实际应用方面，都得到了迅速发展，并取得了多方面的成果，现已成为管理科学、系统工程、决策分析及评价技术等领域中常用的分析工具和研究手段。DEA模型应用数学规划模型评价具有多投入和多产出的部门或单位的相对有效性，本质上用于判断DMU是否位于生产可能集的前沿面上。由于DEA模型不需要预先估计参数，因而避免了主观因素的干扰。DEA方法确定的指标权重是从最有利于被评价DMU的角度确定的，且不必确定投入产出变量的表达关系。此外，DEA可以对分散的评价指标进行综合分析处理，利用数据从全局角度分析。

自从1986年第一篇有关DEA的论文在中国发表后，DEA方法在各领域得到广泛应用，第一本专著《评价相对有效的DEA方法》对DEA方法在国内的推广和应用起到了重要作用。2000年以后，DEA方法在经济管理领域中的应用得到迅速发展，涌现了许多重要成果。

DEA方法作为运筹学的一个研究领域，其诞生对运筹学的发展起到了推动作用，同时也为运筹学领域相关问题的解决提供了一种新的思路。此外，DEA方法应用最为活跃的领域是管理效率的综合评价问题。DEA方法最初应用于公共事业部门的管理效率评价，随着研究和实践的深入，DEA方法的应用范围不仅由非营利的公共事业单位扩大到企业，而且也由横向的管理效率评价延伸到同一个DMU历史发展的纵向评价。到如今，DEA方法已在学校、银行、农业、邮政、机场维护、医疗机构、交通运输系统、电力工业系统、矿产资源开发利用及生产企业等多个行业领域得到应用。

随着DEA理论的发展，应用DEA方法揭示系统的未知信息问题得到了很好的研究。对具有多投入、多产出的时间序列问题而言，当已知前 n 个时期的投入产出，需对第 $n+1$ 个时期进行预测时，可采用 DEA 方法在给定投入的情况下进行产出的预测。此外，DEA 方法能够通过对 DMU 的评价提供“相对有效”意义下生产过程的运行信息，一定意义上可以看作是对经济系统模型结构和参数的描述。因此，DEA 方法可以应用于经济系统建模和参数估计中。

从行业角度看，DEA 方法在物流与供应链领域中的应用十分广泛，主要集中在物流企业绩效评价、物流服务提供商的选择和评判、物流中心选址和物流配送效率等方面。除此之外，DEA 方法在商业银行方面也得到了充分应用，现有研究多应用 DEA 方法对商业银行的技术效率进行研究，并将技术效率分解为纯技术效率、规模效率和投入要素可处置性等。DEA 方法在银行方面的应用主要是银行的效率评价、收入结构与收入效率的关系研究以及商业银行的综合竞争力排名等方面。

DEA 方法在复杂市场环境下的企业效率评价方面也得到了应用与发展。竞合问题广泛存在于经济和社会发展的各个层面，是管理科学和经济学研究的重点之一。对于企业而言，如何正确估计群体效率状况，有效判断复杂条件下的竞争环境，通过有效联合达到提升自身实力、抑制竞争对手的目的，都是企业关注的热点。

DEA 方法在风险评价领域中也得到了广泛应用，系统的安全性与风险性是可靠性工程的重要研究课题，DEA 方法不仅能对 DMU 的风险状况进行排序和评价，还能根据 DMU 的投影发现风险降低的可行方向，进而根据风险指标的具体情况采取相应的对策。

一、DEA 方法的经典应用模式

目前，DEA 方法最为普遍的应用模式是用于求解 DMU 的相对效率，其规模报酬、权重、松弛变量、投影值等参数多以辅助决策的形式体现。通过对现有研究的梳理，本节总结出 DEA 方法 10 种经典的应用模式，为探索 DEA 方法的应用领域与价值提供参考。

（1）分级评价。通常情况下，求解一次 DEA 模型得到的评价结果相对有限，无法实现 DMU 的分组与全排序。当 DMU 数量相对较多时，会有较大比例 DMU 的相对效率值为 1，不能简单根据效率值的大小进行排序。为了克服这一局限性，有学者提出分级有效性评价模式，即首先对所有 DMU 进行一次效率评价，然后剔除有效的 DMU 对其余无效的 DMU 进行第二次效率评价，如此重复进行直到剩余 DMU 均有效时停止。此时，利用 DEA 方法能够实现对 DMU 的分组，由此绘制出 DMU 效率关系的雁行形态图，从而有效指导管理决策。

（2）效率组合评价。有学者同时使用 CCR 模型和 BCC 模型，在计算出综合效率和技术效率的基础上，再计算出规模效率，根据技术效率、规模效率的高低二维组合方式，对 DMU 进行四象限分类，针对技术效率与规模效率的高低组合情况为不同类型的 DMU 提出更有针对性的优化策略。

（3）引入理想 DMU 的评价。DEA 模型的特色是相对评价，但相对评价的劣势是选择不同的评价标准时评价结果的可比性不足。为了克服这一劣势，有学者提出引入理想 DMU，理想 DMU 在每一指标上都具有最低投入或最高产出，可以成为所有 DMU 的统一基准。此时，相对评价近似为评价，不同 DMU 的效率具有可比性，能够实现对 DMU 效率值的全排序，大大扩展了 DEA 方法的应用范围。

（4）复合 DEA 模型。由于 DEA 模型中的指标权重是相对的、不可比的，不具有传统评价方法的指标权重，因此，一般的 DEA 模型无法识别导致 DMU 有效或无效的关键指标。为此，有学者提出了复合 DEA 模型，根据去掉某指标后效率评价结果的改变值以判断该指标是否关键，改变值越大，指标越关键；反之，越不关键。由此可依据指标的关键程度进行资源配置的优化决策。

（5）多阶段评价。一般的 DEA 方法在构建评价指标体系时将指标归为投入和产出两类，但在一些评价问题中可能会产生中间产出，为了分析不同系统或阶段的效率值情况，有学者提出多阶段的 DEA 评价方法，即分别评价投入相对中间产出的效率值以及中间产出作为投入时相对最终产出的效率值，以获得更多的信息。

（6）Malmquist 指数评价。Malmquist 指数是一种时间序列上的两阶段效率评价模式。Malmquist 指数将效率值的变化分解为两部分，分别为技术效率变化（Efficiency Change，EFFCH）和技术进步（Technical Change，TECHCH）。技术效率变化指 DMU 技术效率从第 t 时期到第 $t+1$ 时期的相对变化；技术进步体现了生产前沿面从第 t 时期到第 $t+1$ 时期的移动。

（7）超效率 DEA 评价。一般的 DEA 模型无法对多个有效的 DMU 作进一步的评价与比较。基于此，有学者提出了超效率 DEA 模型，在效率评价时将被评价 DMU 本身排除在 DMU 的集合之外。有效的 DMU 可以使其投入按比例增加而保持效率值不变，其投入增加比例即其超效率值，该方法能够实现对有效 DMU 的进一步排序。

（8）交叉效率评价。DEA 模型在对每一个 DMU 进行效率评价时选择对当前被评价 DMU 最有利的权重，而交叉效率 DEA 模型在评价时不仅计算对被评价 DMU 最有利的权重，而且需要将其他 DMU 的权重代入被评价 DMU 的效率计算中，以不同权重下的效率平均值作为最终的效率值。交叉效率 DEA 模型充分拓展了 DEA 模型的权重设置，不仅做到了“自评”，也实现了“他评”，使效率值更为准确。

（9）技术进步率测量。技术进步率这一指标是柯布－道格拉斯生产函数 $Y=AL^{\alpha}K^{\beta}$ 中的非资源投入指标，这个指标在 DEA 模型中不属于投入指标，因此很难测算它对效率值的影响。然而，技术进步率是投入产出分析中的一个重要变量，有着重要的应用价值。为此，有学者对 DEA 模型进行了拓展以测算技术进步率。

（10）基于效率的公平指数测量。根据帕累托最优的思想，当所有研究对象的效率相同时，稀缺资源的浪费量达到最小，不同对象之间的资源分配相对而言是最公平的。有学者在效率评价的基础上构建了公平指数的测量模型，将效率与公平放到一个统一的框架下进行研究。所有 DMU 的效率值都为 1 意味着没有资源浪费与损失，当 DMU 中存在资源浪费时（此时投入的冗余量和产出的不足量可以通过松弛变量、剩余变量计算得出），则存在相对的不公平。因此，公平指数是 DMU 效率损失的分布函数，可采用基尼系数等方式计算得出。

二、DEA 方法与其他方法的结合

本节将 DEA 方法和其他定量分析方法的结合模式总结如下，为 DEA 方法的应用和功能的拓展提供思路。

（1）与回归分析或结构方程模型结合，探索 DEA 效率的影响路径与强度。采用 DEA 模型进行效率评价后，进一步采用回归分析、结构方程模型等方法探索影响 DEA 效率的关键因素、影响路径以及作用强度，或与结构方程模型结合探索中介变量的调节作用。

（2）与人工神经元网络结合，预测 DMU 的产出。在 DEA 效率测量后，对效率值进行分类，可以建立人工神经元网络模型，针对新的 DMU 通过投入指标值和效率预测其产出。另外，若已知某一 DMU 在 t 时期的投入、产出和效率值，可以建立人工神经元网络模型以预测投入资源结构调整后的产出变化情况。

（3）与回归分析和格兰杰因果关系检验结合，构建具有时滞期和持续期的 DEA 模型。在一般 DEA 方法中，往往假设当期投入带来当期产出，然而现实中投入产出关系通常存在滞后期和持续期，当期投入的价值可能需要经过时滞才能反映出来，某一期的投入可能会连续作用于其后的若干期。DEA 方法没有给出投入产出的滞后与持续关系，也无法判断滞后期和持续期的长短。而格兰杰因果检验能够检测滞后期，回归分析方法能给出作用强度和持续期（时间序列多元回归）。因此，在格兰杰因果关系检验和回归分析的基础上，能够刻画具有多个滞后期、持续期的产出指标，从而构建具有时滞期和持续期的 DEA 模型，使

DMU 的效率测量更为精准。该方法适合于长期投资方案的比选与分析等。

（4）与概率估计方法结合，构建基于随机前沿面的 DEA 模型。传统的 DEA 方法把效率低下归结于技术的“无效率”，没有考虑到 DMU 本身或测量工具与方法上的随机误差影响。在传统 DEA 模型中引入随机参数，构造随机前沿面，从而构建基于随机前沿面的 DEA 模型，让 DEA 模型的生产前沿由线性结构变为带状结构，进而体现生产前沿面的随机性、大众性、平均性和可达性。

（5）与柯布一道格拉斯生产函数结合，以双对数处理方式建立非线性的 DEA 模型。DEA 模型中的有效前沿面是线性的，与西方经济学中的非线性生产函数不一致，此时会高估或低估 DMU 的效率，与柯布一道格拉斯生产函数结合可形成具有非线性前沿面的 DEA 模型。

（6）与弹性结合，使投入指标由无穷替代变为有限替代。DEA 方法假设所有投入指标与产出指标都具有无限交叉替代性，没有考虑部分投入指标之间可能需要成比例增加才能转化为产出的情况，这与现实中的资源投入关系不相符。可考虑增加投入指标关系的约束条件，或将替代率视为动态变化情况。

第二节　基于 DEA 模型的绩效评价方法的展望

DEA 方法的研究结果已经非常丰富，应用范围也在不断扩大，但仍有许多方面需要深入的研究和完善。

一、DEA 方法与数据挖掘和知识发现

许多学者已经注意到 DEA 方法在数据挖掘领域中的重要应用前景，但一直以来少见突破性成果。DEA 方法本身也可看成是一种数据挖掘和知识发现的新方法。因此，DEA 方法在数据挖掘和知识发现领域中的应用将成为一个重要的研究方向。

二、DEA 方法与复杂系统

复杂系统评价方法的研究对经济和社会发展意义重大，但同时也是一项十分艰巨的工作。应用 DEA 方法评价复杂系统需要更深入的研究，如包含不同属性变量的 DEA 模型研究。

三、DEA 方法与偏序集理论

DEA 有效的 DMU 与偏序集的关系密切，应用偏序集理论可以刻画 DEA 有效 DMU 的本质特征，对 DEA 有效给出不同的解释。从偏序集的角度研究 DEA

不仅能丰富 DEA 理论，而且有助于 DEA 方法的推广。

四、基于样本 DMU 评价的 DEA 模型

如果将被评价的参照集分成“DMU 集”和“非 DMU 集”两类，那么传统的 DEA 方法只能给出 DMU 集的信息，而无法依据任何 DMU 集之外的 DMU 进行评价。这使得 DEA 方法在众多评价问题中的应用受到限制。因此，探讨基于样本 DMU 评价的 DEA 模型十分必要。

五、考虑内部结构和外部关系的 DEA 模型

将 DMU 内部结构和外部关系纳入 DEA 模型是 DEA 研究的又一重要方向。原有的 DEA 模型没有考虑 DMU 的内部结构和关系，但许多现实问题要求对 DMU 内部的“黑箱”进行分析。目前提出的多阶段 DEA 模型、具有多个子系统的 DEA 模型以及网络 DEA 模型等都是针对该类问题的研究，但仍需进一步探索。

六、DEA 生产可能集的限制

DEA 理论以生产可能集的凸性为前提，意味着边际生产率递减，但这一假设并不总是成立，这方面还需要更深入的研究。

以上研究重点和问题说明 DEA 的研究领域有待进一步开发拓展，需要不断建立新的 DEA 模型来解决现实中不断升级和变化的问题。

附录

模型（A. 1）～模型（A. 4）如下所示：

$$\min t \tag{A.1}$$

$$\text{s.t.}\begin{cases}\dfrac{1}{m+p}\left[\left(\sum_{i=1}^{m}\theta_i+\sum_{b=1}^{p}\theta_b^{(1)}\right)-\left(\sum_{i=1}^{m}\dfrac{s_i^-}{X_{i_0}^{ind}}+\sum_{b=1}^{p}\dfrac{s_b^{-(1)}}{Z_{b_0}^{int}}\right)\right]-\rho_{ideal}^{ind}\leqslant t)\\ \dfrac{1}{p+c}\left[\left(\sum_{b=1}^{p}\theta_b^{(2)}+\sum_{l=1}^{c}\theta_l\right)-\left(\sum_{b=1}^{p}\dfrac{s_b^{-(1)}}{Z_{b_0}^{int}}+\sum_{l=1}^{c}\dfrac{s_l^-}{X_{l_0}^{end}}\right)\right]-\rho_{ideal}^{env}\leqslant t\\ \sum_{j=1,\ j\neq 0}^{n}\lambda_j X_{ij}^{ind}+s_i^-=\theta_i X_{i0}^{ind},\ i=1,\ 2,\ \cdots,\ m\\ \sum_{j=1,\ j\neq 0}^{n}\lambda_j Z_{bj}^{int}+s_b^{-(1)}=\theta_b^{(1)} Z_{bo}^{int},\ b=1,\ 2,\ \cdots,\ p\\ \sum_{j=1,\ j\neq 0}^{n}\lambda_j Y_{gj}^{ind}-s_g^+=Y_{g_0}^{ind},\ g=1,\ 2,\ \cdots,\ q\\ \sum_{j=1,\ j\neq 0}^{n}\eta_j X_{lj}^{env}+s_l^-=\theta_\mu X_{lo}^{env},\ l=1,\ 2,\ \cdots,\ c\\ \sum_{j=1,\ j\neq 0}^{n}\eta_j Z_{bj}^{int}+s_b^{-(2)}=\theta_b^{(2)} Z_{bo}^{int},\ b=1,\ 2,\ \cdots,\ p\\ \sum_{j=1,\ j\neq 0}^{n}\eta_j Y_{rj}^{env}-s_r^+=Y_{ro}^{env},\ r=1,\ 2,\ \cdots,\ s\\ \sum_{i=1,\ i\neq 0}^{n}\lambda_j Z_{bj}^{int}=\sum_{i=1,\ i\neq 0}^{n}\eta_j Z_{bj}^{int},\ b=1,\ 2,\ \cdots,\ p\\ \lambda_j,\ \eta_j,\ s_i^-,\ s_b^{-(1)},\ s_g^+,\ s_l^-,\ s_b^{-(2)},\ s_r^+,\ \theta_i,\ \theta_b^{(1)},\ \theta_b^{(2)},\ \theta_l\geqslant 0\end{cases}$$

$$\min t \tag{A.2}$$

$$\text{s. t.}\begin{cases}\dfrac{1}{m+p}\left[\left(\sum_{i=1}^{m}\theta_i+\sum_{b=1}^{p}\theta_b^{(1)}\right)-\left(\sum_{i=1}^{m}\dfrac{s_i^-}{X_{i_o}^{ind}}+\sum_{b=1}^{p}\dfrac{s_b^{-(1)}}{Z_{b_b}^{int}}\right)\right]-\rho_{ideal}^{ind}\leqslant t\\ \dfrac{1}{p+c}\left[\left(\sum_{b=1}^{p}\theta_b^{(2)}+\sum_{l=1}^{c}\theta_l\right)-\left(\sum_{b=1}^{p}\dfrac{s_b^{-(1)}}{Z_{b_0}^{int}}+\sum_{l=1}^{c}\dfrac{s_l^-}{X_{l_0}^{env}}\right)\right]-\rho_{ideal}^{env}\leqslant t\\ \widetilde{Cr}\left\{\sum_{j=1,\ j\neq o}^{n}\lambda_j\widetilde{X}_{ij}^{ind}+s_i^-=\theta_i\widetilde{X}_{i0}^{ind}\right\}\geqslant\alpha_1,\ i=1,\ 2,\ \cdots,\ m\\ \sum_{j=1,\ j\neq 0}^{n}\lambda_j Z_{bj}^{int}+s_b^{-(1)}=\theta_b^{(1)}Z_{bo}^{int},\ b=1,\ 2,\ \cdots,\ p\\ \sum_{j=1,\ j\neq 0}^{n}\lambda_j Y_{gj}^{ind}-s_g^+=Y_{go}^{ind},\ g=1,\ 2,\ \cdots,\ q\\ \sum_{j=1,\ j\neq 0}^{n}\eta_j X_{lj}^{env}+s_l^-=\theta_l X_{lo}^{env},\ l=1,\ 2,\ \cdots,\ c\\ \sum_{j=1,\ j\neq 0}^{n}\eta_j Z_{bj}^{int}+s_b^{-(2)}=\theta_b^{(2)}Z_{bo}^{int},\ b=1,\ 2,\ \cdots,\ p\\ \overline{Cr}\left\{\sum_{j=1,\ j\neq 0}^{n}\eta_j\widetilde{Y}_{rj}^{env}-s_r^+=\widetilde{Y}_{ro}^{env}\right\}\geqslant\alpha_2,\ r=1,\ 2,\ \cdots,\ s\\ \sum_{j=1,\ j\neq 0}^{n}\lambda_j Z_{bj}^{int}=\sum_{j=1,\ j\neq 0}^{n}\eta_j Z_{bj}^{int},\ b=1,\ 2,\ \cdots,\ p\\ \lambda_j,\ \eta_j,\ s_i^-,\ s_b^{-(1)},\ s_g^+,\ s_l^-,\ s_b^{-(2)},\ s_r^+,\ \theta_i,\ \theta_b^{(1)},\ \theta_b^{(2)},\ \theta_l\geqslant 0\end{cases}$$

为了使模型（A. 2）可解，采用模型（A. 3）和模型（A. 4）转换。

当 $\alpha \in$（0. 5，0. 75）时，

$$\min t \tag{A. 3}$$

$$\text{s. t.}\begin{cases}
\dfrac{1}{m+p}\left[\left(\sum_{i=1}^{m}\theta_i+\sum_{b=1}^{p}\theta_b^{(1)}\right)-\left(\sum_{i=1}^{m}\dfrac{s_i^-}{X_{i_o}^{ind}}+\sum_{b=1}^{p}\dfrac{s_b^{-(1)}}{Z_{b_b}^{int}}\right)\right]-\rho_{ideal}^{ind}\leqslant t \\
\dfrac{1}{p+c}\left[\left(\sum_{b=1}^{p}\theta_b^{(2)}+\sum_{l=1}^{c}\theta_l\right)-\left(\sum_{b=1}^{p}\dfrac{s_b^{-(1)}}{Z_{b_0}^{int}}+\sum_{l=1}^{c}\dfrac{s_l^-}{X_{l_0}^{env}}\right)\right]-\rho_{ideal}^{env}\leqslant t \\
\sum_{i=1}^{m}\dfrac{\left[\begin{array}{l}(2\alpha_1-1)\left(\sum_{j=1,\ j\neq 0}^{n}\lambda_j X_{ij}^{ind3}+s_i^-\right)+(2(1-\alpha_1)+\\ (3-4\alpha_1)\delta_{xij}^{l})\left(\sum_{j=1,\ j\neq 0}^{n}\lambda_j X_{ij}^{ind2}+s_i^-\right)\end{array}\right]}{1+(3-4\alpha_1)\delta_{xij}^{l}} \\
=\dfrac{(2\alpha_1-1)\theta_i X_{io}^{ind3}+(2(1-\alpha_1)+(3-4\alpha_1)\delta_{xi0}^{l})\theta_i X_{io}^{ind2}}{1+(3-4\alpha_1)\delta_{xio}^{l}},\ i=1,\ 2,\ \cdots,\ m \\
\sum_{j=1,\ j\neq 0}^{n}\lambda_j Z_{bj}^{int}+s_b^{-(1)}=\theta_b^{(1)}Z_{bo}^{int},\ b=1,\ 2,\ \cdots,\ p \\
\sum_{j=1,\ j\neq 0}^{n}\lambda_j Y_{gj}^{ind}-s_g^+=Y_{go}^{ind},\ g=1,\ 2,\ \cdots,\ q \\
\sum_{j=1,\ j\neq 0}^{n}\eta_j X_{lj}^{env}+s_l^-=\theta_l X_{lo}^{env},\ l=1,\ 2,\ \cdots,\ c \\
\sum_{j=1,\ j\neq 0}^{n}\eta_j Z_{bj}^{int}+s_b^{-(2)}=\theta_b^{(2)}Z_{bo}^{int},\ b=1,\ 2,\ \cdots,\ p \\
\sum_{b=1}^{p}\dfrac{\left[\begin{array}{l}(2\alpha_2-1)\left(\sum\limits_{j=1,\ j\neq o}^{n}\eta_j Z_{bj}^{int3}+s_b^{-(2)}\right)+(2(1-\alpha_2)+\\ (3-4\alpha_2)\delta_{zbj}^{l})\left(\sum_{j=1,\ j\neq 0}^{n}\eta_j Z_{bj}^{int2}+s_b^{-(2)}\right)\end{array}\right]}{1+(3-4\alpha_2)\delta_{zbj}^{l}} \\
=\dfrac{(2\alpha_2-1)\theta_b^{(2)}Z_{bo}^{int3}+(2(1-\alpha_2)+(3-4\alpha_2)\delta_{zbo}^{l})\theta_b^{(2)}Z_{bo}^{int2}}{1+(3-4\alpha_2)\delta_{zbo}^{l}},\ b=1,\ 2,\ \cdots,\ p \\
\sum_{j=1,\ j\neq 0}^{n}\lambda_j Z_{bj}^{int}=\sum\limits_{j=1,\ j\neq o}^{n}\eta_j Z_{bj}^{int},\ b=1,\ 2,\ \cdots,\ p \\
\lambda_j,\ \eta_j,\ s_i^-,\ s_b^{-(1)},\ s_g^+,\ s_l^-,\ s_b^{-(2)},\ s_r^+,\ \theta_i,\ \theta_b^{(1)},\ \theta_b^{(2)},\ \theta_l\geqslant 0
\end{cases}$$

当 $\alpha \in$ (0.75, 1) 时，

$$\min t \tag{A.4}$$

$$
\text{s.t.}\begin{cases}
\dfrac{1}{m+p}\left[\left(\sum_{i=1}^{m}\theta_i+\sum_{b=1}^{p}\theta_b^{(1)}\right)-\left(\sum_{i=1}^{m}\dfrac{s_i^-}{X_{i0}^{ind}}+\sum_{b=1}^{p}\dfrac{s_b^{-(1)}}{Z_{b0}^{int}}\right)\right]-\rho_{ideal}^{ind}\leqslant t\\
\dfrac{1}{p+c}\left[\left(\sum_{b=1}^{p}\theta_b^{(2)}+\sum_{l=1}^{c}\theta_l\right)-\left(\sum_{b=1}^{p}\dfrac{s_b^{-(1)}}{Z_{b0}^{int}}+\sum_{l=1}^{c}\dfrac{s_l^-}{X_{l0}^{env}}\right)\right]-\rho_{ideal}^{env}\leqslant t\\
\sum_{i=1}^{m}\dfrac{\left[\begin{array}{l}(2\alpha_1-1)\left(\sum_{j=1,\ j\neq 0}^{n}\lambda_j X_{lj}^{ind2}+s_i^-\right)+\\(2(1-\alpha_1)+(3-4\alpha_1)\delta_{xij}^r)\left(\sum_{j=1,\ j\neq 0}^{n}\lambda_j X_{lj}^{ind3}+s_i^-\right)\end{array}\right]}{1+(3-4\alpha_1)\delta_{xij}^r}\\
=\dfrac{(2\alpha_1-1)\theta_i X_{io}^{ind2}+(2(1-\alpha_1)+(3-4\alpha_1)\delta_{xi0}^r)\theta_i X_{io}^{ind3}}{1+(3-4\alpha_1)\delta_{xio}^r},\ i=1,\ 2,\ \cdots,\ m\\
\sum_{j=1,\ j\neq 0}^{n}\lambda_j Z_{bj}^{int}+s_b^{-(1)}=\theta_b^{(1)}Z_{bo}^{int},\ b=1,\ 2,\ \cdots,\ p\\
\sum_{j=1,\ j\neq 0}^{n}\lambda_j Y_{gj}^{ind}-s_g^+=Y_{go}^{ind},\ g=1,\ 2,\ \cdots,\ q\\
\sum_{j=1,\ j\neq 0}^{n}\eta_j X_{lj}^{env}+s_l^-=\theta_l X_{lo}^{env},\ l=1,\ 2,\ \cdots,\ c\\
\sum_{j=1,\ j\neq 0}^{n}\eta_j Z_{bj}^{int}+s_b^{-(2)}=\theta_b^{(2)}Z_{bo}^{int},\ b=1,\ 2,\ \cdots,\ p\\
\sum_{b=1}^{p}\dfrac{\left[\begin{array}{l}2(1-\alpha_2)\left(\sum_{j=1,\ j\neq o}^{n}\eta_j Z_{bj}^{int2}+s_b^{-(2)}\right)+\\(2\alpha_2-1+(4\alpha_2-3)\delta_{zbj}^r)\left(\sum_{j=1,\ j\neq 0}^{n}\eta_j Z_{bj}^{int3}+s_b^{-(2)}\right)\end{array}\right]}{1+(4\alpha_2-3)\delta_{zbj}^r}\\
=\dfrac{2(1-\alpha_2)\theta_b^{(2)}Z_{bo}^{int2}+(2\alpha_2-1+(3-4\alpha_2)\delta_{zbo}^r)\theta_b^{(2)}Z_{bo}^{int3}}{1+(4\alpha_2-3)\delta_{zbo}^r},\ b=1,\ 2,\ \cdots,\ p\\
\sum_{j=1,\ j\neq 0}^{n}\lambda_j Z_{bj}^{int}=\sum_{j=1,\ j\neq o}^{n}\eta_j Z_{bj}^{int},\ b=1,\ 2,\ \cdots,\ p\\
\lambda_j,\ \eta_j,\ s_i^-,\ s_b^{-(1)},\ s_g^+,\ s_l^-,\ s_b^{-(2)},\ s_r^+,\ \theta_i,\ \theta_b^{(1)},\ \theta_b^{(2)},\ \theta_l\geqslant 0
\end{cases}
$$

附表1　2006～2015年30个省的子系统效率

省份	2006		2007		2008		2009		2010		2011		2012		2013		2014		2015	
	ρ_U	ρ_T	ρ_U	ρ_T	ρ_U	ρ_T	ρ_U	ρ_T	ρ_U	ρ_T	ρ_U	ρ_T	ρ_U	ρ_T	ρ_U	ρ_T	ρ_U	ρ_T	ρ_U	ρ_T
北　京	0.92	0.64	0.93	0.50	0.96	1.00	0.95	1.00	0.94	1.00	0.91	1.00	0.85	0.91	0.87	1.00	1.00	1.00	1.00	1.00
天　津	1.00	0.66	0.99	0.66	1.00	0.56	0.91	1.00	1.00	0.46	1.00	0.55	1.00	0.63	1.00	0.53	0.96	0.55	0.96	0.47
河　北	0.70	0.98	0.53	0.73	0.52	0.57	0.48	0.46	0.49	0.56	0.54	0.52	0.57	0.45	0.58	0.46	0.58	0.47	0.58	0.54
山　西	0.75	0.38	0.76	0.35	0.76	0.37	0.56	0.36	0.59	0.41	0.64	0.38	0.58	0.39	0.56	0.37	0.55	0.38	0.51	0.31
内蒙古	0.37	0.34	0.35	0.42	0.37	0.43	0.36	0.43	0.38	0.43	0.41	0.38	0.68	0.36	0.41	0.37	0.39	0.38	0.41	0.39
辽　宁	0.60	0.65	0.55	0.56	0.52	0.50	0.49	0.47	0.52	0.53	0.63	0.70	0.64	0.63	0.64	1.00	0.71	1.00	0.79	1.00
济　南	0.53	0.41	0.49	0.32	0.47	0.31	0.44	0.32	0.41	0.37	0.45	0.41	0.43	0.49	0.44	0.57	0.45	0.42	0.44	0.36
黑龙江	0.52	0.41	0.48	0.50	0.43	0.36	0.35	0.32	0.35	0.32	0.41	0.33	0.37	0.36	0.35	0.37	0.38	0.37	0.37	0.34
上　海	0.85	0.96	0.83	0.58	0.82	0.55	0.79	0.61	0.87	0.72	1.00	0.63	0.99	1.00	0.94	0.73	1.00	0.63	1.00	1.00
江　苏	0.92	1.00	0.78	0.80	0.83	1.00	0.76	0.87	0.87	1.00	0.87	0.73	0.92	0.91	0.92	0.76	0.92	0.94	0.94	0.79
浙　江	0.87	1.00	0.86	1.00	0.84	1.00	0.85	0.82	0.85	0.81	0.82	0.67	0.83	0.64	0.84	0.58	0.85	0.51	0.85	0.51
安　徽	0.47	0.47	0.41	0.51	0.35	0.45	0.32	0.49	0.31	0.51	0.41	0.35	0.41	0.34	0.42	0.34	0.43	0.34	0.43	0.34
福　建	0.94	0.85	0.89	1.00	0.74	0.93	0.67	0.82	0.63	0.56	0.71	0.60	0.62	0.52	0.60	0.50	0.60	0.47	0.60	0.44
江　西	0.51	0.41	0.46	0.44	0.40	0.44	0.35	0.42	0.34	0.47	0.41	0.39	0.42	0.40	0.41	0.41	0.41	0.39	0.43	0.39
山　东	0.67	0.52	0.77	0.59	0.83	0.62	0.78	0.59	0.78	0.70	0.77	0.65	0.81	0.62	0.83	0.62	0.90	0.74	1.00	1.00
河　南	0.57	0.45	0.53	0.45	0.54	0.48	0.50	0.47	0.55	0.51	0.60	0.54	0.59	0.51	0.59	0.46	0.62	0.48	0.59	0.46
湖　北	0.81	0.61	0.61	0.45	0.51	0.42	0.48	0.38	0.47	0.45	0.50	0.47	0.50	0.42	0.48	0.36	0.47	0.42	0.45	0.40

续表

省份	2006		2007		2008		2009		2010		2011		2012		2013		2014		2015	
	ρ_U	ρ_T	ρ_U	ρ_T	ρ_U	ρ_T	ρ_U	ρ_T	ρ_U	ρ_T	ρ_U	ρ_T	ρ_U	ρ_T	ρ_U	ρ_T	ρ_U	ρ_T	ρ_U	ρ_T
湖南	0.57	0.49	0.51	0.41	0.46	0.38	0.41	0.34	0.41	0.40	0.43	0.37	0.45	0.40	0.45	0.35	0.47	0.35	0.47	0.34
广东	1.00	1.00	1.00	1.00	0.98	0.89	0.94	0.66	0.91	0.52	0.96	0.77	1.00	0.90	1.00	1.00	1.00	1.00	1.00	1.00
广西	1.00	1.00	0.77	0.86	0.72	0.82	0.48	0.42	0.45	0.54	0.39	0.40	0.38	0.53	0.36	0.44	0.38	0.37	0.37	0.33
海南	1.00	0.64	1.00	1.00	0.95	1.00	0.63	0.39	0.92	1.00	0.69	0.51	0.59	0.34	0.84	1.00	0.69	0.47	1.00	1.00
重庆	0.91	1.00	0.61	0.47	0.58	0.44	0.56	0.47	0.52	0.42	0.51	0.31	0.52	0.31	0.54	0.40	0.53	0.48	0.56	0.40
四川	0.52	0.55	0.47	0.39	0.46	0.55	0.40	0.36	0.40	0.40	0.45	0.34	0.45	0.35	0.49	0.33	0.51	0.31	0.47	0.35
贵州	0.41	0.31	0.40	0.31	0.39	0.27	0.37	0.34	0.32	0.31	0.32	0.30	0.32	0.32	0.31	0.29	0.34	0.32	0.34	0.32
云南	0.36	0.45	0.33	0.57	0.31	0.47	0.27	0.37	0.26	0.32	0.36	0.29	0.38	0.30	0.39	0.34	0.39	0.34	0.40	0.36
陕西	0.49	0.45	0.50	0.42	0.49	0.39	0.45	0.40	0.46	0.38	0.50	0.31	0.52	0.31	0.74	0.31	0.59	0.29	0.57	0.32
甘肃	0.45	0.38	0.44	0.30	0.38	0.36	0.33	0.32	0.32	0.28	0.30	0.30	0.31	0.28	0.30	0.35	0.32	0.34	0.30	0.35
青海	1.00	1.00	1.00	0.92	1.00	1.00	0.86	0.57	0.85	0.56	1.00	1.00	1.00	1.00	1.00	1.00	1.00	0.69	0.80	0.66
宁夏	1.00	1.00	1.00	0.98	0.80	0.67	0.72	0.57	0.70	0.89	0.71	0.64	0.73	1.00	0.67	0.56	0.66	0.62	0.69	1.00
新疆	0.35	0.35	0.36	0.31	0.34	0.32	0.30	0.34	0.32	0.32	0.26	0.42	0.29	0.36	0.27	0.37	0.27	0.38	0.24	0.38

注：ρ_U 表示 WU 效率，ρ_T 表示 WT 效率。

附表 2　2006～2015 年 30 个省 WU 系统的经济、社会效率

省份	2006		2007		2008		2009		2010		2011		2012		2013		2014		2015	
	ρ_E	ρ_S	ρ_E	ρ_S	ρ_E	ρ_S	ρ_E	ρ_S	ρ_E	ρ_S	ρ_E	ρ_S	ρ_E	ρ_S	ρ_E	ρ_S	ρ_E	ρ_S	ρ_E	ρ_S
北　京	0.84	1.00	0.93	0.93	1.00	0.93	1.00	0.89	1.00	0.88	0.93	0.89	0.86	0.83	0.90	0.84	1.00	1.00	1.00	1.00
天　津	1.00	1.00	0.98	1.00	1.00	1.00	0.82	1.00	1.00	1.00	1.00	1.00	1.00	1.00	1.00	1.00	1.00	0.92	0.92	1.00
河　北	0.78	0.61	0.69	0.37	0.66	0.37	0.54	0.42	0.57	0.42	0.66	0.41	0.65	0.48	0.65	0.52	0.63	0.53	0.59	0.57
山　西	1.00	0.50	1.00	0.52	1.00	0.51	0.64	0.48	0.73	0.45	0.80	0.48	0.66	0.49	0.60	0.52	0.55	0.56	0.42	0.61
内蒙古	0.36	0.38	0.31	0.39	0.36	0.38	0.33	0.38	0.39	0.38	0.47	0.35	1.00	0.36	0.45	0.36	0.40	0.39	0.45	0.38
辽　宁	0.65	0.55	0.61	0.49	0.57	0.46	0.52	0.46	0.57	0.47	0.70	0.57	0.69	0.59	0.69	0.59	0.73	0.69	0.81	0.77
济　南	0.51	0.55	0.46	0.51	0.42	0.51	0.39	0.49	0.36	0.45	0.46	0.43	0.44	0.43	0.44	0.43	0.44	0.46	0.39	0.49
黑龙江	0.61	0.43	0.51	0.46	0.46	0.40	0.33	0.38	0.31	0.40	0.36	0.46	0.30	0.45	0.25	0.44	0.27	0.49	0.23	0.50
上　海	0.69	1.00	0.68	0.99	0.67	0.97	0.65	0.94	0.73	1.00	1.00	1.00	1.00	0.97	0.89	1.00	1.00	1.00	1.00	1.00
江　苏	1.00	0.85	0.91	0.65	0.90	0.75	0.86	0.67	1.00	0.74	1.00	0.73	1.00	0.84	1.00	0.84	1.00	0.83	1.00	0.88
浙　江	1.00	0.74	1.00	0.71	1.00	0.67	0.98	0.73	1.00	0.71	1.00	0.64	0.98	0.69	0.97	0.71	0.97	0.74	0.98	0.72
安　徽	0.47	0.46	0.42	0.40	0.35	0.34	0.32	0.31	0.32	0.31	0.38	0.45	0.37	0.45	0.37	0.47	0.38	0.49	0.35	0.51
福　建	1.00	0.87	0.88	0.90	0.82	0.66	0.73	0.60	0.64	0.63	0.75	0.67	0.60	0.64	0.57	0.63	0.58	0.63	0.59	0.62
江　西	0.54	0.48	0.52	0.40	0.43	0.36	0.37	0.33	0.36	0.33	0.40	0.41	0.39	0.46	0.35	0.47	0.34	0.48	0.35	0.50
山　东	0.87	0.47	0.96	0.58	1.00	0.65	0.96	0.59	1.00	0.56	1.00	0.54	1.00	0.61	1.00	0.67	1.00	0.80	1.00	1.00
河　南	0.77	0.36	0.73	0.34	0.72	0.35	0.64	0.35	0.74	0.36	0.78	0.41	0.73	0.46	0.68	0.51	0.70	0.55	0.65	0.54
湖　北	0.62	1.00	0.56	0.66	0.51	0.51	0.48	0.48	0.44	0.49	0.50	0.50	0.47	0.52	0.46	0.49	0.45	0.49	0.45	0.45

续表

省份	2006		2007		2008		2009		2010		2011		2012		2013		2014		2015	
	ρ_E	ρ_S	ρ_E	ρ_S	ρ_E	ρ_S	ρ_E	ρ_S	ρ_E	ρ_S	ρ_E	ρ_S	ρ_E	ρ_S	ρ_E	ρ_S	ρ_E	ρ_S	ρ_E	ρ_S
湖南	0.61	0.54	0.56	0.47	0.54	0.39	0.44	0.39	0.44	0.38	0.48	0.38	0.47	0.43	0.45	0.45	0.44	0.49	0.42	0.52
广东	1.00	1.00	1.00	1.00	1.00	0.96	0.90	0.98	0.90	0.91	1.00	0.93	1.00	1.00	1.00	1.00	1.00	1.00	1.00	1.00
广西	1.00	1.00	1.00	0.53	1.00	0.43	0.59	0.38	0.55	0.35	0.46	0.31	0.42	0.34	0.36	0.37	0.33	0.43	0.30	0.44
海南	1.00	1.00	1.00	1.00	0.92	0.97	0.56	0.71	1.00	0.84	0.58	0.81	0.44	0.75	0.74	0.94	0.37	1.00	1.00	1.00
重庆	1.00	0.83	0.67	0.56	0.60	0.55	0.60	0.52	0.53	0.52	0.52	0.51	0.50	0.54	0.49	0.60	0.47	0.59	0.50	0.62
四川	0.68	0.37	0.61	0.33	0.60	0.33	0.48	0.31	0.48	0.31	0.54	0.36	0.53	0.38	0.55	0.43	0.56	0.46	0.51	0.44
贵州	0.52	0.30	0.49	0.30	0.48	0.30	0.42	0.32	0.36	0.29	0.31	0.33	0.28	0.36	0.29	0.33	0.32	0.35	0.31	0.37
云南	0.46	0.26	0.42	0.24	0.38	0.23	0.32	0.21	0.32	0.21	0.38	0.33	0.35	0.42	0.33	0.44	0.32	0.45	0.31	0.49
陕西	0.62	0.37	0.61	0.38	0.58	0.40	0.53	0.38	0.53	0.39	0.60	0.40	0.62	0.42	1.00	0.47	0.67	0.51	0.54	0.59
甘肃	0.57	0.34	0.52	0.36	0.46	0.30	0.38	0.27	0.37	0.28	0.34	0.27	0.30	0.33	0.25	0.35	0.23	0.42	0.19	0.40
青海	1.00	1.00	1.00	1.00	1.00	1.00	1.00	0.72	0.89	0.80	1.00	1.00	1.00	1.00	1.00	1.00	1.00	1.00	0.61	1.00
宁夏	1.00	1.00	1.00	1.00	0.60	1.00	0.51	0.94	0.48	0.92	0.44	0.98	0.46	1.00	0.34	1.00	0.31	1.00	0.37	1.00
新疆	0.39	0.31	0.38	0.33	0.37	0.31	0.29	0.31	0.32	0.31	0.26	0.25	0.22	0.36	0.20	0.34	0.17	0.36	0.14	0.35

注：ρ_E 表示经济 WU 效率，ρ_S 表示社会 WU 效率。

附表 3　2008～2017 年企业绩效结果

公司	类别	国家	2008	2009	2010	2011	2012	2013	2014	2015	2016	2017	总体
全赢科技有限公司	D	中	1.000	1.000	1.000	1.000	1.000	1.000	1.000	0.627	0.622	0.654	0.890
北京小成科技股份有限公司	D	中	0.778	0.673	0.418	0.677	0.630	0.554	0.641	0.650	0.698	0.686	0.640
中国晶圆级 Csp 有限公司	P	中	0.432	0.512	0.735	1.000	1.000	0.607	0.451	0.521	0.488	0.569	0.632
大唐电信技术有限公司	D	中	1.000	1.000	0.586	0.574	0.527	0.711	0.560	0.530	0.549	0.456	0.649
杭州思兰微电子有限公司	D	中	0.409	0.330	0.509	0.502	0.341	0.358	0.467	0.395	0.407	0.375	0.409
信息技术有限公司	D	中	1.000	1.000	1.000	1.000	1.000	1.000	1.000	1.000	1.000	1.000	1.000
英根半导体有限公司	D	中	1.000	1.000	1.000	0.625	0.835	1.000	1.000	1.000	1.000	1.000	0.946
江苏长江电子科技有限公司	P	中	0.472	0.441	0.582	0.433	0.384	0.445	0.699	0.663	0.804	0.567	0.549
江苏纵益有限公司	D	中	0.273	0.231	0.214	0.367	0.245	0.244	0.385	0.312	0.363	0.245	0.285
国家技术公司	D	中	0.610	0.523	0.339	0.500	0.381	0.529	0.547	0.549	0.619	0.574	0.517
青岛东软通信技术有限公司	D	中	1.000	1.000	1.000	1.000	0.811	0.700	0.579	0.747	1.000	0.511	0.835
国际半导体制造公司	F	中	0.373	0.332	0.484	0.441	0.519	0.548	0.466	0.414	0.374	0.372	0.432
上海贝岭有限公司	D	中	0.285	0.270	0.348	0.399	0.405	0.470	0.653	0.692	0.646	0.603	0.477
上海财富科技集团有限公司	D	中	1.000	1.000	1.000	1.000	1.000	1.000	1.000	1.000	1.000	1.000	1.000
深圳市古迪克斯科技有限公司	D	中	1.000	1.000	1.000	1.000	1.000	1.000	1.000	1.000	1.000	1.000	1.000

续表

公司	类别	国家	2008	2009	2010	2011	2012	2013	2014	2015	2016	2017	总体
华富电子有限公司	D	中	1.000	1.000	1.000	1.000	1.000	0.864	1.000	1.000	1.000	1.000	0.986
台湾半导体制造有限公司	F	中	1.000	1.000	1.000	1.000	1.000	1.000	1.000	1.000	1.000	1.000	1.000
天水华天科技有限公司	P	中	0.371	0.337	0.366	0.458	0.411	0.458	0.678	0.560	0.561	0.497	0.470
同福微电子有限公司	P	中	0.389	0.344	0.381	0.440	0.403	0.413	0.507	0.399	0.413	0.408	0.410
统一集团国信微电子有限公司	D	中	0.310	0.370	0.511	0.574	0.264	0.357	0.426	0.448	0.438	0.431	0.413
珠海奥博塔航天科技有限公司	D	中	1.000	1.000	0.725	1.000	1.000	1.000	1.000	0.748	0.579	0.421	0.847
先进微型设备公司	D	美	1.000	1.000	1.000	1.000	1.000	1.000	1.000	1.000	1.000	1.000	1.000
阿尔法欧米茄半导体有限公司	D	美	1.000	0.712	1.000	1.000	1.000	1.000	0.773	0.714	0.724	0.647	0.857
模拟设备公司	D	美	1.000	1.000	1.000	1.000	1.000	1.000	1.000	1.000	1.000	1.000	1.000
安巴利亚公司	D	美	0.490	0.461	0.672	0.739	0.680	0.773	1.000	1.000	0.823	0.711	0.735
安科科技股份有限公司	P	美	1.000	0.769	0.850	0.864	0.805	0.870	0.946	0.978	0.941	0.952	0.898
博通私人有限公司	D	美	1.000	1.000	1.000	1.000	1.000	1.000	1.000	1.000	1.000	1.000	1.000
塞瓦公司	D	美	0.437	0.411	0.473	0.787	0.542	0.652	0.864	1.000	1.000	0.750	0.691
Cohu 公司	P	美	0.522	0.475	0.596	0.629	0.606	0.529	0.802	0.542	0.569	0.512	0.578
卷云逻辑公司	D	美	0.850	1.000	1.000	1.000	1.000	1.000	1.000	1.000	1.000	1.000	0.985
赛普拉斯半导体公司	D	美	0.777	1.000	1.000	1.000	0.747	0.724	0.834	1.000	0.817	0.746	0.864
二极管公司	F	美	0.523	0.484	0.619	0.690	0.670	1.000	1.000	0.489	0.500	0.497	0.647

续表

公司	类别	国家	2008	2009	2010	2011	2012	2013	2014	2015	2016	2017	总体
数字信处理集团公司	D	美	0.829	0.941	1.000	1.000	1.000	1.000	0.919	0.952	0.794	0.764	0.920
Himax 技术公司	D	美	1.000	1.000	1.000	1.000	1.000	1.000	1.000	1.000	1.000	0.727	0.976
集成设备技术公司	D	美	0.717	0.762	1.000	1.000	0.805	0.792	0.870	0.730	0.644	0.730	0.805
英特尔	D	美	1.000	1.000	1.000	1.000	1.000	1.000	1.000	1.000	1.000	1.000	1.000
Inphi 公司	D	美	1.000	1.000	0.882	0.852	1.000	0.856	0.773	0.676	0.493	0.548	0.808
莱迪思半导体公司	D	美	0.648	0.736	1.000	0.933	0.814	0.985	0.943	0.632	0.559	0.608	0.783
梅拉诺克斯科技有限公司	D	美	0.645	0.690	0.802	1.000	1.000	0.739	0.783	0.667	0.560	0.627	0.751
MoSys 公司	D	美	0.339	0.420	0.512	0.670	0.847	1.000	1.000	1.000	1.000	1.000	0.779
马维尔科技集团有限公司	D	美	1.000	1.000	1.000	1.000	1.000	1.000	1.000	0.673	0.799	0.842	0.931
美光科技股份有限公司	F	美	0.529	0.539	0.700	0.749	0.850	1.000	1.000	1.000	0.846	0.881	0.809
美心集成产品有限公司	D	美	0.702	0.715	0.665	0.865	0.857	0.927	0.751	0.703	0.672	0.566	0.742
最大线性公司	D	美	1.000	0.822	0.783	0.835	1.000	1.000	1.000	1.000	1.000	0.635	0.908
新光电子公司	D	美	0.499	0.696	0.795	0.627	0.713	0.739	0.790	1.000	1.000	0.627	0.748
英伟达	D	美	1.000	1.000	1.000	1.000	1.000	1.000	1.000	1.000	1.000	1.000	1.000
诺威公司	D	美	1.000	1.000	1.000	1.000	1.000	1.000	1.000	1.000	1.000	1.000	1.000
NXP 半导体	D	美	1.000	1.000	1.000	1.000	1.000	1.000	1.000	1.000	1.000	1.000	1.000
O2MICRO 国际有限公司	D	美	1.000	1.000	1.000	1.000	0.797	1.000	1.000	0.720	0.765	1.000	0.928
电力集成公司	D	美	0.802	0.918	1.000	1.000	1.000	1.000	1.000	1.000	1.000	1.000	0.972
像素作品公司	D	美	1.000	1.000	1.000	1.000	1.000	1.000	1.000	1.000	1.000	1.000	1.000
快速逻辑公司	D	美	1.000	1.000	1.000	1.000	1.000	1.000	1.000	1.000	1.000	1.000	1.000
Rambus 公司	D	美	1.000	1.000	1.000	0.864	0.881	0.880	0.939	0.893	0.702	0.632	0.879
西格玛设计公司	D	美	1.000	1.000	0.929	0.756	0.830	0.900	0.858	1.000	1.000	0.696	0.897

续表

公司	类别	国家	2008	2009	2010	2011	2012	2013	2014	2015	2016	2017	总体
硅运动技术公司	D	美	0.608	0.526	0.840	1.000	1.000	1.000	1.000	0.944	1.000	0.791	0.871
硅实验室公司	D	美	0.907	1.000	1.000	1.000	1.000	0.944	1.000	1.000	0.884	0.657	0.939
森特公司	D	美	0.805	0.847	0.951	1.000	1.000	1.000	0.838	0.756	0.724	0.609	0.853
Stmicro 电子公司	D	美	0.835	1.000	1.000	1.000	1.000	1.000	1.000	1.000	1.000	0.679	0.951
Skyworks 解决方案公司	D	美	0.678	0.755	0.907	1.000	1.000	1.000	1.000	1.000	1.000	1.000	0.934
塔式半导体有限公司	F	美	1.000	1.000	1.000	1.000	1.000	1.000	1.000	1.000	1.000	1.000	1.000
Xilinx 公司	D	美	1.000	1.000	1.000	1.000	1.000	1.000	1.000	1.000	1.000	1.000	1.000

附表 4　可持续供应链供应商阶段第一周期的环境污染程度

	$\tilde{\tilde{b}}_j^{(s,1)}$	缩减后的区间数	
		左端点	右端点
SSC_1	((0.5, 0.6, 0.6, 0.7; 1, 1), (0.55, 0.6, 0.6, 0.65; 0.9, 0.9))	0.5458	0.5942
SSC_2	((0.4, 0.5, 0.5, 0.6; 1, 1), (0.45, 0.5, 0.5, 0.55, 1; 0.9, 0.9))	0.4508	0.4992
SSC_3	((0.1, 0.2, 0.2, 0.3; 1, 1), (0.15, 0.2, 0.2, 0.25; 0.9, 0.9))	0.1658	0.2142
SSC_4	((0.3, 0.4, 0.4, 0.5; 1, 1), (0.35, 0.4, 0.4, 0.45; 0.9, 0.9))	0.3558	0.4042
SSC_5	((0.3, 0.4, 0.4, 0.5; 1, 1), (0.35, 0.4, 0.4, 0.45; 0.9, 0.9))	0.3558	0.4042
SSC_6	((0.4, 0.5, 0.5, 0.6; 1, 1), (0.45, 0.5, 0.5, 0.55; 0.9, 0.9))	0.4508	0.4992
SSC_7	((0.5, 0.6, 0.6, 0.7; 1, 1), (0.55, 0.6, 0.6, 0.65; 0.9, 0.9))	0.5458	0.5942
SSC_8	((0.6, 0.7, 0.7, 0.8; 1, 1), (0.65, 0.7, 0.7, 0.75, 1; 0.9, 0.9))	0.6408	0.6892
SSC_9	((0.5, 0.6, 0.6, 0.7; 1, 1), (0.55, 0.6, 0.6, 0.65; 0.9, 0.9))	0.5458	0.5942

续表

	$\tilde{\tilde{b}}_j^{(s,1)}$	缩减后的区间数	
		左端点	右端点
SSC$_{10}$	((0.5, 0.6, 0.6, 0.7; 1, 1), (0.55, 0.6, 0.6, 0.65; 0.9, 0.9))	0.5458	0.5942
SSC$_{11}$	((0.6, 0.7, 0.7, 0.8; 1, 1), (0.65, 0.7, 0.7, 0.75, 1; 0.9, 0.9))	0.6408	0.6892
SSC$_{12}$	((0.7, 0.8, 0.8, 0.9; 1, 1), (0.75, 0.8, 0.8, 0.85; 0.9, 0.9))	0.7358	0.7842
SSC$_{13}$	((0.4, 0.5, 0.5, 0.6; 1, 1), (0.45, 0.5, 0.5, 0.55, 1; 0.9, 0.9))	0.4508	0.4992
SSC$_{14}$	((0.2, 0.3, 0.3, 0.4; 1, 1), (0.25, 0.3, 0.3, 0.35; 0.9, 0.9))	0.2608	0.3092
SSC$_{15}$	((0.5, 0.6, 0.6, 0.7; 1, 1), (0.55, 0.6, 0.6, 0.65; 0.9, 0.9))	0.5458	0.5942
SSC$_{16}$	((0.4, 0.5, 0.5, 0.6; 1, 1), (0.45, 0.5, 0.5, 0.55, 1; 0.9, 0.9))	0.4508	0.4992
SSC$_{17}$	((0.6, 0.7, 0.7, 0.8; 1, 1), (0.65, 0.7, 0.7, 0.75, 1; 0.9, 0.9))	0.6408	0.6892
SSC$_{18}$	((0.3, 0.4, 0.4, 0.5; 1, 1), (0.35, 0.4, 0.4, 0.45; 0.9, 0.9))	0.3558	0.4042
SSC$_{19}$	((0.6, 0.7, 0.7, 0.8; 1, 1), (0.65, 0.7, 0.7, 0.75, 1; 0.9, 0.9))	0.6408	0.6892
SSC$_{20}$	((0.4, 0.5, 0.5, 0.6; 1, 1), (0.45, 0.5, 0.5, 0.55; 0.9, 0.9))	0.4508	0.4992

附表 5　可持续供应链供应商阶段第二周期的环境污染程度

	$\tilde{\tilde{b}}_j^{(s,2)}$	缩减后的区间数	
		左端点	右端点
SSC$_1$	((0.7, 0.8, 0.8, 0.9; 1, 1), (0.75, 0.8, 0.8, 0.85; 0.9, 0.9))	0.7358	0.7842
SSC$_2$	((0.4, 0.5, 0.5, 0.6; 1, 1), (0.45, 0.5, 0.5, 0.55; 0.9, 0.9))	0.4508	0.4992
SSC$_3$	((0.3, 0.4, 0.4, 0.5; 1, 1), (0.35, 0.4, 0.4, 0.45; 0.9, 0.9))	0.3558	0.4042
SSC$_4$	((0.2, 0.3, 0.3, 0.4; 1, 1), (0.25, 0.3, 0.3, 0.35; 0.9, 0.9))	0.2608	0.3092

续表

	$\tilde{\tilde{b}}_j^{(s,2)}$	缩减后的区间数	
		左端点	右端点
SSC_5	((0.6, 0.7, 0.7, 0.8; 1, 1), (0.65, 0.7, 0.7, 0.75; 0.9, 0.9))	0.6408	0.6892
SSC_6	((0.8, 0.9, 0.9, 1.0; 1, 1), (0.85, 0.9, 0.9, 0.95; 0.9, 0.9))	0.8308	0.8792
SSC_7	((0.5, 0.6, 0.6, 0.7; 1, 1), (0.55, 0.6, 0.6, 0.65; 0.9, 0.9))	0.5458	0.5942
SSC_8	((0.4, 0.5, 0.5, 0.6; 1, 1), (0.45, 0.5, 0.5, 0.55; 0.9, 0.9))	0.4508	0.4992
SSC_9	((0.5, 0.6, 0.6, 0.7; 1, 1), (0.55, 0.6, 0.6, 0.65; 0.9, 0.9))	0.5458	0.5942
SSC_{10}	((0.6, 0.7, 0.7, 0.8; 1, 1), (0.65, 0.7, 0.7, 0.75; 0.9, 0.9))	0.6408	0.6892
SSC_{11}	((0.5, 0.6, 0.6, 0.7; 1, 1), (0.55, 0.6, 0.6, 0.65; 0.9, 0.9))	0.5458	0.5942
SSC_{12}	((0.5, 0.6, 0.6, 0.7; 1, 1), (0.55, 0.6, 0.6, 0.65; 0.9, 0.9))	0.5458	0.5942
SSC_{13}	((0.4, 0.5, 0.5, 0.6; 1, 1), (0.45, 0.5, 0.5, 0.55; 0.9, 0.9))	0.4508	0.4992
SSC_{14}	((0.1, 0.2, 0.2, 0.3; 1, 1), (0.15, 0.2, 0.2, 0.25; 0.9, 0.9))	0.1658	0.2142
SSC_{15}	((0.4, 0.5, 0.5, 0.6; 1, 1), (0.45, 0.5, 0.5, 0.55; 0.9, 0.9))	0.4508	0.4992
SSC_{16}	((0.4, 0.5, 0.5, 0.6; 1, 1), (0.45, 0.5, 0.5, 0.55; 0.9, 0.9))	0.4508	0.4992
SSC_{17}	((0.3, 0.4, 0.4, 0.5; 1, 1), (0.35, 0.4, 0.4, 0.45; 0.9, 0.9))	0.3558	0.4042
SSC_{18}	((0.1, 0.2, 0.2, 0.3; 1, 1), (0.15, 0.2, 0.2, 0.25; 0.9, 0.9))	0.1658	0.2142
SSC_{19}	((0.5, 0.6, 0.6, 0.7; 1, 1), (0.55, 0.6, 0.6, 0.65; 0.9, 0.9))	0.5458	0.5942
SSC_{20}	((0.6, 0.7, 0.7, 0.8; 1, 1), (0.65, 0.7, 0.7, 0.75; 0.9, 0.9))	0.6408	0.6892

附表6　可持续供应链供应商阶段第三周期的环境污染程度

	$\tilde{\tilde{b}}_j^{(s,3)}$	缩减后的区间数	
		左端点	右端点
SSC_1	((0.4，0.5，0.5，0.6；1，1)， (0.45，0.5，0.5，0.55；0.9，0.9))	0.4508	0.4992
SSC_2	((0.4，0.5，0.5，0.6；1，1)， (0.45，0.5，0.5，0.55；0.9，0.9))	0.4508	0.4992
SSC_3	((0，0.1，0.1，0.2；1，1)， (0，0.5，0.1，0.1，0.15；0.9，0.9))	0.0708	0.1192
SSC_4	((0，1.0.2，0.2，0.3；1，1)， (0.15，0.2，0.2，0.25；0.9，0.9))	0.1658	0.2142
SSC_5	((0.6，0.7，0.7，0.8；1，1)， (0.65，0.7，0.7，0.75；0.9，0.9))	0.6408	0.6892
SSC_6	((0.4，0.5，0.5，0.6；1，1)， (0.45，0.5，0.5，0.55；0.9，0.9))	0.4508	0.4992
SSC_7	((0.5，0.6，0.6，0.7；1，1)， (0.55，0.6，0.6，0.65；0.9，0.9))	0.5458	0.5942
SSC_8	((0.2，0.3，0.3，0.4；1，1)， (0.25，0.3，0.3，0.35；0.9，0.9))	0.2608	0.3092
SSC_9	((0.6，0.7，0.7，0.8；1，1)， (0.65，0.7，0.7，0.75；0.9，0.9))	0.6408	0.6892
SSC_{10}	((0.5，0.6，0.6，0.7；1，1)， (0.55，0.6，0.6，0.65；0.9，0.9))	0.5458	0.5942
SSC_{11}	((0.6，0.7，0.7，0.8；1，1)， (0.65，0.7，0.7，0.75；0.9，0.9))	0.6408	0.6892
SSC_{12}	((0.4，0.5，0.5，0.6；1，1)， (0.45，0.5，0.5，0.55；0.9，0.9))	0.4508	0.4992
SSC_{13}	((0.7，0.8，0.8，0.9；1，1)， (0.75，0.8，0.8，0.85；0.9，0.9))	0.7358	0.7842
SSC_{14}	((0，0.1，0.1，0.2；1，1)， (0，0.5，0.1，0.1，0.15；0.9，0.9))	0.0708	0.1192
SSC_{15}	((0.2，0.3，0.3，0.4；1，1)， (0.25，0.3，0.3，0.35；0.9，0.9))	0.2608	0.3092
SSC_{16}	((0.4，0.5，0.5，0.6；1，1)， (0.45，0.5，0.5，0.55；0.9，0.9))	0.4508	0.4992
SSC_{17}	((0.5，0.6，0.6，0.7；1，1)， (0.55，0.6，0.6，0.65；0.9，0.9))	0.5458	0.5942
SSC_{18}	((0，0.1，0.1，0.2；1，1)， (0，0.5，0.1，0.1，0.15；0.9，0.9))	0.0708	0.1192

续表

	$\tilde{\tilde{b}}_j^{(s,3)}$	缩减后的区间数	
		左端点	右端点
SSC_{19}	((0.7, 0.8, 0.8, 0.9; 1, 1), (0.75, 0.8, 0.8, 0.85; 0.9, 0.9))	0.7358	0.7842
SSC_{20}	((0.4, 0.5, 0.5, 0.6; 1, 1), (0.45, 0.5, 0.5, 0.55; 0.9, 0.9))	0.4508	0.4992

附表 7　可持续供应链制造商阶段第一周期的环境污染程度

	$\tilde{\tilde{b}}_j^{(M,1)}$	缩减后的区间数	
		左端点	右端点
SSC_1	((0.4, 0.5, 0.5, 0.6; 1, 1), (0.45, 0.5, 0.5, 0.55; 0.9, 0.9))	0.4508	0.4992
SSC_2	((0.5, 0.6, 0.6, 0.7; 1, 1), (0.55, 0.6, 0.6, 0.65; 0.9, 0.9))	0.5458	0.5942
SSC_3	((0.3, 0.4, 0.4, 0.5; 1, 1), (0.35, 0.4, 0.4, 0.45; 0.9, 0.9))	0.3558	0.4042
SSC_4	((0.3, 0.4, 0.4, 0.5; 1, 1), (0.35, 0.4, 0.4, 0.45; 0.9, 0.9))	0.3558	0.4042
SSC_5	((0.2, 0.3, 03, 0.4; 1, 1), (0.25, 0.3, 03, 0.35; 0.9, 0.9))	0.2608	0.3092
SSC_6	((0.4.0.5, 0.5, 0.6; 1, 1), (0.45, 0.5, 0.5, 0.55; 0.9, 0.9))	0.4508	0.4992
SSC_7	((0.5, 0.6, 0.6, 0.7; 1, 1), (0.55, 0.6, 0.6, 0.65; 0.9, 0.9))	0.5458	0.5942
SSC_8	((0.5, 0.6, 0.6, 0.7; 1, 1), (0.55, 0.6, 0.6, 0.65; 0.9, 0.9))	0.5458	0.5942
SSC_9	((0.4.0.5, 0.5, 0.6; 1, 1), (0.45, 0.5, 0.5, 0.55; 0.9, 0.9))	0.4508	0.4992
SSC_{10}	((0.5, 0.6, 0.6, 0.7; 1, 1), (0.55, 0.6, 0.6, 0.65; 0.9, 0.9))	0.5458	0.5942
SSC_{11}	((0.5, 0.6, 0.6, 0.7; 1, 1), (0.55, 0.6, 0.6, 0.65; 0.9, 0.9))	0.5458	0.5942
SSC_{12}	((0.4, 0.5, 0.5, 0.6; 1, 1), (0.45, 0.5, 0.5, 0.55; 0.9, 0.9))	0.4508	0.4992
SSC_{13}	((0.6.0.7, 0.7, 0.8; 1, 1), (0.65, 0.7, 0.7, 0.75; 0.9, 0.9))	0.6408	0.6892

续表

	$\tilde{\tilde{b}}_j^{(M,1)}$	缩减后的区间数	
		左端点	右端点
SSC_{14}	((0.2，0.3，0.3，0.4；1，1)，(0.25，0.3，0.3，0.35；0.9，0.9))	0.2608	0.3092
SSC_{15}	((0.5，0.6，0.6，0.7；1，1)，(0.55，0.6，0.6，0.65；0.9，0.9))	0.5458	0.5942
SSC_{16}	((0.4.0.5，0.5，0.6；1，1)，(0.45，0.5，0.5，0.55；0.9，0.9))	0.4508	0.4992
SSC_{17}	((0.4，0.5，0.5，0.6；1，1)，(0.45，0.5，0.5，0.55；0.9，0.9))	0.4508	0.4992
SSC_{18}	((0.2，0.3，0.3，0.4；1，1)，(0.25，0.3，0.3，0.35；0.9，0.9))	0.2608	0.3092
SSC_{19}	((0.2，0.3，0.3，0.4；1，1)，(0.25，0.3，0.3，0.35；0.9，0.9))	0.2608	0.3092
SSC_{20}	((0.7，0.8，0.8，0.9；1，1)，(0.75，0.8，0.8，0.85；0.9，0.9))	0.7358	0.7842

附表 8　可持续供应链制造商阶段第二周期的环境污染程度

	$\tilde{\tilde{b}}_j^{(M,2)}$	缩减后的区间数	
		左端点	右端点
SSC_1	((0.4，0.5，0.5，0.6；1，1)，(0.45，0.5，0.5，0.55；0.9，0.9))	0.4508	0.4992
SSC_2	((0.5，0.6，0.6，0.7；1，1)，(0.55，0.6，0.6，0.65；0.9，0.9))	0.5458	0.5942
SSC_3	((0.3，0.4，0.4，0.5；1，1)，(0.35，0.4，0.4，0.45；0.9，0.9))	0.3558	0.4042
SSC_4	((0.3，0.4，0.4，0.5；1，1)，(0.35，0.4，0.4，0.45；0.9，0.9))	0.3558	0.4042
SSC_5	((0.2，0.3，0.3，0.4；1，1)，(0.25，0.3，0.3，0.35；0.9，0.9))	0.2608	0.3092
SSC_6	((0.4，0.5，0.5，0.6；1，1)，(0.45，0.5，0.5，0.55；0.9，0.9))	0.4508	0.4992
SSC_7	((0.5，0.6，0.6，0.7；1，1)，(0.55，0.6，0.6，0.65；0.9，0.9))	0.5458	0.5942
SSC_8	((0.5，0.6，0.6，0.7；1，1)，(0.55，0.6，0.6，0.65；0.9，0.9))	0.5458	0.5942

续表

	$\tilde{\tilde{b}}_j^{(M,2)}$	缩减后的区间数	
		左端点	右端点
SSC_9	((0.4, 0.5, 0.5, 0.6; 1, 1), (0.45, 0.5, 0.5, 0.55; 0.9, 0.9))	0.4508	0.4992
SSC_{10}	((0.5, 0.6, 0.6, 0.7; 1, 1), (0.55, 0.6, 0.6, 0.65; 0.9, 0.9))	0.5458	0.5942
SSC_{11}	((0.5, 0.6, 0.6, 0.7; 1, 1), (0.55, 0.6, 0.6, 0.65; 0.9, 0.9))	0.5458	0.5942
SSC_{12}	((0.4, 0.5, 0.5, 0.6; 1, 1), (0.45, 0.5, 0.5, 0.55; 0.9, 0.9))	0.4508	0.4992
SSC_{13}	((0.6, 0.7, 0.7, 0.8; 1, 1), (0.65, 0.7, 0.7, 0.75; 0.9, 0.9))	0.6408	0.6892
SSC_{14}	((0.2, 0.3, 0.3, 0.4; 1, 1), (0.25, 0.3, 0.3, 0.35; 0.9, 0.9))	0.2608	0.3092
SSC_{15}	((0.5, 0.6, 0.6, 0.7; 1, 1), (0.55, 0.6, 0.6, 0.65; 0.9, 0.9))	0.5458	0.5942
SSC_{16}	((0.4, 0.5, 0.5, 0.6; 1, 1), (0.45, 0.5, 0.5, 0.55; 0.9, 0.9))	0.4508	0.4992
SSC_{17}	((0.4, 0.5, 0.5, 0.6; 1, 1), (0.45, 0.5, 0.5, 0.55; 0.9, 0.9))	0.4508	0.4992
SSC_{18}	((0.2, 0.3, 0.3, 0.4; 1, 1), (0.25, 0.3, 0.3, 0.35; 0.9, 0.9))	0.2608	0.3092
SSC_{19}	((0.2, 0.3, 0.3, 0.4; 1, 1), (0.25, 0.3, 0.3, 0.35; 0.9, 0.9))	0.2608	0.3092
SSC_{20}	((0.7, 0.8, 0.8, 0.9; 1, 1), (0.75, 0.8, 0.8, 0.85; 0.9, 0.9))	0.7358	0.7842

附表 9　可持续供应链制造商阶段第三周期的环境污染程度

	$\tilde{\tilde{b}}_j^{(M,3)}$	缩减后的区间数	
		左端点	右端点
SSC_1	((0.6, 0.7, 0.7, 0.8; 1, 1), (0.65, 0.7, 0.7, 0.75; 0.9, 0.9))	0.6408	0.6892
SSC_2	((0.5, 0.6, 0.6, 0.7; 1, 1), (0.55, 0.6, 0.6, 0.65; 0.9, 0.9))	0.5458	0.5942
SSC_3	((0, 0.1, 0.1, 0.2; 1, 1), (0.05, 0.1, 0.1, 0.15; 0.9, 0.9))	0.0708	0.1192

续表

	$\tilde{\tilde{b}}_j^{(M,3)}$	缩减后的区间数	
		左端点	右端点
SSC_4	((0.1, 0.2, 0.2, 0.3; 1, 1), (0.15, 0.2, 0.2, 0.25; 0.9, 0.9))	0.1658	0.2142
SSC_5	((0.5, 0.6, 0.6, 0.7; 1, 1), (0.55, 0.6, 0.6, 0.65; 0.9, 0.9))	0.5458	0.5942
SSC_6	((0.5, 0.6, 0.6, 0.7; 1, 1), (0.55, 0.6, 0.6, 0.65; 0.9, 0.9))	0.5458	0.5942
SSC_7	((0.2, 0.3, 0.3, 0.4; 1, 1), (0.25, 0.3, 0.3, 0.35; 0.9, 0.9))	0.2608	0.3092
SSC_8	((0.7, 0.8, 0.8, 0.9; 1, 1), (0.75, 0.8, 0.8, 0.85; 0.9, 0.9))	0.7358	0.7842
SSC_9	((0.5, 0.6, 0.6, 0.7; 1, 1), (0.55, 0.6, 0.6, 0.65; 0.9, 0.9))	0.5458	0.5942
SSC_{10}	((0.6, 0.7, 0.7, 0.8; 1, 1), (0.65, 0.7, 0.7, 0.75; 0.9, 0.9))	0.6408	0.6892
SSC_{11}	((0.7, 0.8, 0.8, 0.9; 1, 1), (0.75, 0.8, 0.8, 0.85; 0.9, 0.9))	0.7358	0.7842
SSC_{12}	((0.6, 0.7, 0.7, 0.8; 1, 1), (0.65, 0.7, 0.7, 0.75; 0.9, 0.9))	0.6408	0.6892
SSC_{13}	((0.4, 0.5, 0.5, 0.6; 1, 1), (0.45, 0.5, 0.5, 0.55; 0.9, 0.9))	0.4508	0.4992
SSC_{14}	((0, 0.1, 0.1, 0.2; 1, 1), (0.05, 0.1, 0.1, 0.15; 0.9, 0.9))	0.0708	0.1192
SSC_{15}	((0.8, 0.9, 0.9, 1.0; 1, 1), (0.85, 0.9, 0.9, 0.95; 0.9, 0.9))	0.8308	0.8792
SSC_{16}	((0.4, 0.5, 0.5, 0.6; 1, 1), (0.45, 0.5, 0.5, 0.55; 0.9, 0.9))	0.4508	0.4992
SSC_{17}	((0.4, 0.5, 0.5, 0.6; 1, 1), (0.45, 0.5, 0.5, 0.55; 0.9, 0.9))	0.4508	0.4992
SSC_{18}	((0.2, 0.3, 0.3, 0.4; 1, 1), (0.25, 0.3, 0.3, 0.35; 0.9, 0.9))	0.2608	0.3092
SSC_{19}	((0.6, 0.7, 0.7, 0.8; 1, 1), (0.65, 0.7, 0.7, 0.75; 0.9, 0.9))	0.6408	0.6892
SSC_{20}	((0.7, 0.8, 0.8, 0.9; 1, 1), (0.75, 0.8, 0.8, 0.85; 0.9, 0.9))	0.7358	0.7842

附表 10　可持续供应链销售商阶段第一周期的环境污染程度

	$\tilde{\tilde{b}}_j^{(D,1)}$	缩减后的区间数	
		左端点	右端点
SSC_1	((0.4，0.5，0.5，0.6；1，1)，(0.45，0.5，0.5，0.55；0.9，0.9))	0.4508	0.4992
SSC_2	((0.5，0.6，0.6，0.7；1，1)，(0.55，0.6，0.6，0.65；0.9，0.9))	0.5458	0.5942
SSC_3	((0.8，0.9，0.9，1.0；1，1)，(0.85，0.9，0.9，0.95；0.9，0.9))	0.8308	0.8792
SSC_4	((0.6，0.7，0.7，0.8；1，1)，(0.65，0.7，0.7，0.75；0.9，0.9))	0.6408	0.6892
SSC_5	((0.8，0.9，0.9，1.0；1，1)，(0.85，0.9，0.9，0.95；0.9，0.9))	0.8308	0.8792
SSC_6	((0.8，0.9，0.9，1.0；1，1)，(0.85，0.9，0.9，0.95；0.9，0.9))	0.8308	0.8792
SSC_7	((0，0.1，0.1，0.2；1，1)，(0.05，0.1，0.1，0.15；0.9，0.9))	0.0708	0.1192
SSC_8	((0.3，0.4，0.4，0.5；1，1)，(0.35，0.4，0.4，0.45；0.9，0.9))	0.3558	0.4042
SSC_9	((0.4，0.5，0.5，0.6；1，1)，(0.45，0.5，0.5，0.55；0.9，0.9))	0.4508	0.4992
SSC_{10}	((0.5，0.6，0.6，0.7；1，1)，(0.55，0.6，0.6，0.65；0.9，0.9))	0.5458	0.5942
SSC_{11}	((0.5，0.6，0.6，0.7；1，1)，(0.55，0.6，0.6，0.65；0.9，0.9))	0.5458	0.5942
SSC_{12}	((0.7，0.8，0.8，0.9；1，1)，(0.75，0.8，0.8，0.85；0.9，0.9))	0.7358	0.7842
SSC_{13}	((0.4，0.5，0.5，0.6；1，1)，(0.45，0.5，0.5，0.55；0.9，0.9))	0.4508	0.4992
SSC_{14}	((0.3，0.4，0.4，0.5；1，1)，(0.35，0.4，0.4，0.45；0.9，0.9))	0.3558	0.4042
SSC_{15}	((0.4，0.5，0.5，0.6；1，1)，(0.45，0.5，0.5，0.55；0.9，0.9))	0.4508	0.4992
SSC_{16}	((0.1，0.2，0.2，0.3；1，1)，(0.15，0.2，0.2，0.25；0.9，0.9))	0.1658	0.2142
SSC_{17}	((0.3，0.4，0.4，0.5；1，1)，(0.35，0.4，0.4，0.45；0.9，0.9))	0.3558	0.4042
SSC_{18}	((0.1，0.2，0.2，0.3；1，1)，(0.15，0.2，0.2，0.25；0.9，0.9))	0.1658	0.2142

续表

	$\tilde{\tilde{b}}_j^{(D,1)}$	缩减后的区间数	
		左端点	右端点
SSC_{19}	((0.4, 0.5, 0.5, 0.6; 1, 1), (0.45, 0.5, 0.5, 0.55; 0.9, 0.9))	0.4508	0.4992
SSC_{20}	((0.4, 0.5, 0.5, 0.6; 1, 1), (0.45, 0.5, 0.5, 0.55; 0.9, 0.9))	0.4508	0.4992

附表 11　可持续供应链销售商阶段第二周期的环境污染程度

	$\tilde{\tilde{b}}_j^{(D,2)}$	缩减后的区间数	
		左端点	右端点
SSC_1	((0.6, 0.7, 0.7, 0.8; 1, 1), (0.65, 0.7, 0.7, 0.75, 1; 0.9, 0.9))	0.6408	0.6892
SSC_2	((0.4, 0.5, 0.5, 0.6; 1, 1), (0.45, 0.5, 0.5, 0.55; 0.9, 0.9))	0.4508	0.4992
SSC_3	((0.7, 0.8, 0.8, 0.9; 1, 1), (0.75, 0.8, 0.8, 0.85; 0.9, 0.9))	0.7358	0.7842
SSC_4	((0.5, 0.6, 0.6, 0.7; 1, 1), (0.55, 0.6, 0.6, 0.65; 0.9, 0.9))	0.5458	0.5942
SSC_5	((0.3, 0.4, 0.4, 0.5; 1, 1), (0.35, 0.4, 0.4, 0.45; 0.9, 0.9))	0.3558	0.4042
SSC_6	((0.5, 0.6, 0.6, 0.7; 1, 1), (0.55, 0.6, 0.6, 0.65; 0.9, 0.9))	0.5458	0.5942
SSC_7	((0.5, 0.6, 0.6, 0.7; 1, 1), (0.55, 0.6, 0.6, 0.65; 0.9, 0.9))	0.5458	0.5942
SSC_8	((0.5, 0.6, 0.6, 0.7; 1, 1), (0.55, 0.6, 0.6, 0.65; 0.9, 0.9))	0.5458	0.5942
SSC_9	((0.4, 0.5, 0.5, 0.6; 1, 1), (0.45, 0.5, 0.5, 0.55; 0.9, 0.9))	0.4508	0.4992
SSC_{10}	((0.3, 0.4, 0.4, 0.5; 1, 1), (0.35, 0.4, 0.4, 0.45; 0.9, 0.9))	0.3558	0.4042
SSC_{11}	((0.7, 0.8, 0.8, 0.9; 1, 1), (0.75, 0.8, 0.8, 0.85; 0.9, 0.9))	0.7358	0.7842
SSC_{12}	((0.4, 0.5, 0.5, 0.6; 1, 1), (0.45, 0.5, 0.5, 0.55; 0.9, 0.9))	0.4508	0.4992
SSC_{13}	((0.5, 0.6, 0.6, 0.7; 1, 1), (0.55, 0.6, 0.6, 0.65; 0.9, 0.9))	0.5458	0.5942

续表

	$\tilde{\tilde{b}}_j^{(D,2)}$	缩减后的区间数	
		左端点	右端点
SSC_{14}	((0，0.1，0.1，0.2；1，1)，(0.05，0.1，0.1，0.15；0.9，0.9))	0.0708	0.1192
SSC_{15}	((0.5，0.6，0.6，0.7；1，1)，(0.55，0.6，0.6，0.65；0.9，0.9))	0.5458	0.5942
SSC_{16}	((0，0.1，0.1，0.2；1，1)，(0.05，0.1，0.1，0.15；0.9，0.9))	0.0708	0.1192
SSC_{17}	((0.7，0.8，0.8，0.9；1，1)，(0.75，0.8，0.8，0.85；0.9，0.9))	0.7358	0.7842
SSC_{18}	((0.2，0.3，0.3，0.4；1，1)，(0.25，0.3，0.3，0.35；0.9，0.9))	0.2608	0.3092
SSC_{19}	((0.7，0.8，0.8，0.9；1，1)，(0.75，0.8，0.8，0.85；0.9，0.9))	0.7358	0.7842
SSC_{20}	((0.7，0.8，0.8，0.9；1，1)，(0.75，0.8，0.8，0.85；0.9，0.9))	0.7358	0.7842

附表 12　可持续供应链销售商阶段第三周期的环境污染程度

	$\tilde{\tilde{b}}_j^{(D,3)}$	缩减后的区间数	
		左端点	右端点
SSC_1	((0.5，0.6，0.6，0.7；1，1)，(0.55，0.6，0.6，0.65；0.9，0.9))	0.5458	0.5942
SSC_2	((0.6，0.7，0.7，0.8；1，1)，(0.65，0.7，0.7，0.75；0.9，0.9))	0.6408	0.6892
SSC_3	((0.5，0.6，0.6，0.7；1，1)，(0.55，0.6，0.6，0.65；0.9，0.9))	0.5458	0.5942
SSC_4	((0.3，0.4，0.4，0.5；1，1)，(0.35，0.4，0.4，0.45；0.9，0.9))	0.3558	0.4042
SSC_5	((0.5，0.6，0.6，0.7；1，1)，(0.55，0.6，0.6，0.65；0.9，0.9))	0.5458	0.5942
SSC_6	((0.4，0.5，0.5，0.6；1，1)，(0.45，0.5，0.5，0.55；0.9，0.9))	0.4508	0.4992
SSC_7	((0.2，0.3，0.3，0.4；1，1)，(0.25，0.3，0.3，0.35；0.9，0.9))	0.2608	0.3092
SSC_8	((0.6，0.7，0.7，0.8；1，1)，(0.65，0.7，0.7，0.75；0.9，0.9))	0.6408	0.6892

续表

	$\tilde{\tilde{b}}_j^{(D,3)}$	缩减后的区间数	
		左端点	右端点
SSC_9	((0.5, 0.6, 0.6, 0.7; 1, 1), (0.55, 0.6, 0.6, 0.65; 0.9, 0.9))	0.5458	0.5942
SSC_{10}	((0.8, 0.9, 0.9, 1.0; 1, 1), (0.85, 0.9, 0.9, 0.95; 0.9, 0.9))	0.8308	0.8792
SSC_{11}	((0.5, 0.6, 0.6, 0.7; 1, 1), (0.55, 0.6, 0.6, 0.65; 0.9, 0.9))	0.5458	0.5942
SSC_{12}	((0.5, 0.6, 0.6, 0.7; 1, 1), (0.55, 0.6, 0.6, 0.65; 0.9, 0.9))	0.5458	0.5942
SSC_{13}	((0.8, 0.9, 0.9, 1.0; 1, 1), (0.85, 0.9, 0.9, 0.95; 0.9, 0.9))	0.8308	0.8792
SSC_{14}	((0.2, 0.3, 0.3, 0.4; 1, 1), (0.25, 0.3, 0.3, 0.35; 0.9, 0.9))	0.2608	0.3092
SSC_{15}	((0.8, 0.9, 0.9, 1.0; 1, 1), (0.85, 0.9, 0.9, 0.95; 0.9, 0.9))	0.8308	0.8792
SSC_{16}	((0.2, 0.3, 0.3, 0.4; 1, 1), (0.25, 0.3, 0.3, 0.35; 0.9, 0.9))	0.2608	0.3092
SSC_{17}	((0.4, 0.5, 0.5, 0.6; 1, 1), (0.45, 0.5, 0.5, 0.55; 0.9, 0.9))	0.4508	0.4992
SSC_{18}	((0.3, 0.4, 0.4, 0.5; 1, 1), (0.35, 0.4, 0.4, 0.45; 0.9, 0.9))	0.3558	0.4042
SSC_{19}	((0.5, 0.6, 0.6, 0.7; 1, 1), (0.55, 0.6, 0.6, 0.65; 0.9, 0.9))	0.5458	0.5942
SSC_{20}	((0.3, 0.4, 0.4, 0.5; 1, 1), (0.35, 0.4, 0.4, 0.45; 0.9, 0.9))	0.3558	0.4042

附表 13　可持续供应链销售商阶段第一周期的顾客满意度

	$\tilde{\tilde{y}}_{bj}^{(D,1)}$	缩减后的区间数	
		左端点	右端点
SSC_1	((0.34, 0.44, 0.44, 0.54; 1, 1) (0.39, 0.44, 0.44, 0.49; 0.9, 0.9))	0.3938	0.4422
SSC_2	((0.61, 0.71, 0.71, 0.81; 1, 1) (0.66, 0.71, 0.71, 0.76; 0.9, 0.9))	0.6503	0.6987
SSC_3	((0.49, 0.59, 0.59, 0.69; 1, 1) (0.54, 0.59, 0.59, 0.64; 0.9, 0.9))	0.5363	0.5847

续表

	$\tilde{\tilde{y}}_{bj}^{(D,1)}$	缩减后的区间数	
		左端点	右端点
SSC_4	((0.65, 0.75, 0.75, 0.85; 1, 1) (0.70, 0.75, 0.75, 0.80; 0.9, 0.9))	0.6883	0.7367
SSC_5	((0.59, 0.69, 0.69, 0.79; 1, 1) (0.64, 0.69, 0.69, 0.74; 0.9, 0.9))	0.6313	0.6797
SSC_6	((0.52, 0.62, 0.62, 0.72; 1, 1) (0.57, 0.62, 0.62, 0.67; 0.9, 0.9))	0.5648	0.6132
SSC_7	((0.44, 0.54, 0.54, 0.64; 1, 1) (0.49, 0.54, 0.54, 0.59; 0.9, 0.9))	0.4888	0.5372
SSC_8	((0.56, 0.66, 0.66, 0.76; 1, 1) (0.61, 0.66, 0.66, 0.71; 0.9, 0.9))	0.6028	0.6512
SSC_9	((0.54, 0.64, 0.64, 0.74; 1, 1) (0.59, 0.64, 0.64, 0.69; 0.9, 0.9))	0.5838	0.6322
SSC_{10}	((0.53, 0.63, 0.63, 0.73; 1, 1) (0.58, 0.63, 0.63, 0.68; 0.9, 0.9))	0.5743	0.6227
SSC_{11}	((0.64, 0.74, 0.74, 0.84; 1, 1) (0.69, 0.74, 0.74, 0.79; 0.9, 0.9))	0.6788	0.7272
SSC_{12}	((0.42, 0.52, 0.52, 0.62; 1, 1) (0.47, 0.52, 0.52, 0.57; 0.9, 0.9))	0.4698	0.5182
SSC_{13}	((0.45, 0.55, 0.55, 0.65; 1, 1) (0.5, 0.55, 0.55, 0.6; 0.9, 0.9))	0.4983	0.5467
SSC_{14}	((0.62, 0.72, 0.72, 0.82; 1, 1) (0.67, 0.72, 0.72, 0.77; 0.9, 0.9))	0.6598	0.7082
SSC_{15}	((0.38, 0.48, 0.48, 0.58; 1, 1) (0.43, 0.48, 0.48, 0.53; 0.9, 0.9))	0.4318	0.4802
SSC_{16}	((0.62, 0.72, 0.72, 0.82; 1, 1) (0.67, 0.72, 0.72, 0.77; 0.9, 0.9))	0.6598	0.7082
SSC_{17}	((0.46, 0.56, 0.56, 0.66; 1, 1) (0.51, 0.56, 0.56, 0.61; 0.9, 0.9))	0.5078	0.5562
SSC_{18}	((0.73, 0.83, 0.83, 0.93; 1, 1) (0.78, 0.83, 0.83, 0.88; 0.9, 0.9))	0.7643	0.8127
SSC_{19}	((0.58, 0.68, 0.68, 0.78; 1, 1) (0.63, 0.68, 0.68, 0.73; 0.9, 0.9))	0.6218	0.6702
SSC_{20}	((0.76, 0.86, 0.86, 0.96; 1, 1) (0.81, 0.86, 0.86, 0.91; 0.9, 0.9))	0.7928	0.8412

附表 14　可持续供应链销售商阶段第二周期的顾客满意度

	$\tilde{\tilde{y}}_{bj}^{(D,2)}$	缩减后的区间数	
		左端点	右端点
SSC_1	((0.36, 0.46, 0.46, 0.56; 1, 1), (0.41, 0.46, 0.46, 0.51; 0.9, 0.9))	0.4128	0.4612
SSC_2	((0.45, 0.55, 0.55, 0.65; 1, 1), (0.5, 0.55, 0.55, 0.6; 0.9, 0.9))	0.4983	0.5467
SSC_3	((0.58, 0.68, 0.68, 0.78; 1, 1), (0.63, 0.68, 0.68, 0.73; 0.9, 0.9))	0.6218	0.6702
SSC_4	((0.65, 0.75, 0.75, 0.85; 1, 1), (0.70, 0.75, 0.75, 0.80; 0.9, 0.9))	0.6883	0.7367
SSC_5	((0.39, 0.49, 0.49, 0.59; 1, 1), (0.44, 0.49, 0.49, 0.54; 0.9, 0.9))	0.4413	0.4897
SSC_6	((0.37, 0.47, 0.47, 0.57; 1, 1), (0.42, 0.47, 0.47, 0.52; 0.9, 0.9))	0.4223	0.4707
SSC_7	((0.74, 0.84, 0.84, 0.94; 1, 1), (0.79, 0.84, 0.84, 0.89; 0.9, 0.9))	0.7738	0.8222
SSC_8	((0.33, 0.43, 0.43, 0.53; 1, 1), (0.38, 0.43, 0.43, 0.48; 0.9, 0.9))	0.3843	0.4327
SSC_9	((0.44, 0.54, 0.54, 0.64; 1, 1), (0.49, 0.54, 0.54, 0.59; 0.9, 0.9))	0.4888	0.5372
SSC_{10}	((0.39, 0.49, 0.49, 0.59; 1, 1), (0.44, 0.49, 0.49, 0.54; 0.9, 0.9))	0.4413	0.4897
SSC_{11}	((0.49, 0.59, 0.59, 0.69; 1, 1), (0.54, 0.59, 0.59, 0.64; 0.9, 0.9))	0.5363	0.5847
SSC_{12}	((0.42, 0.52, 0.52, 0.62; 1, 1), (0.47, 0.52, 0.52, 0.57; 0.9, 0.9))	0.4698	0.5182
SSC_{13}	((0.56, 0.66, 0.66, 0.76; 1, 1), (0.61, 0.66, 0.66, 0.71; 0.9, 0.9))	0.6028	0.6512
SSC_{14}	((0.67, 0.77, 0.77, 0.87; 1, 1), (0.72, 0.77, 0.77, 0.82; 0.9, 0.9))	0.7073	0.7557
SSC_{15}	((0.61, 0.71, 0.71, 0.81; 1, 1), (0.66, 0.71, 0.71, 0.76; 0.9, 0.9))	0.6503	0.6987
SSC_{16}	((0.67, 0.77, 0.77, 0.87; 1, 1), (0.72, 0.77, 0.77, 0.82; 0.9, 0.9))	0.7073	0.7557
SSC_{17}	((0.68, 0.78, 0.78, 0.88; 1, 1), (0.73, 0.78, 0.78, 0.83; 0.9, 0.9))	0.7168	0.7652
SSC_{18}	((0.74, 0.84, 0.84, 0.94; 1, 1), (0.79, 0.84, 0.84, 0.89; 0.9, 0.9))	0.7738	0.8222

续表

	$\tilde{\tilde{y}}_{bj}^{(D,2)}$	缩减后的区间数	
		左端点	右端点
SSC_{19}	((0.67, 0.77, 0.77, 0.87; 1, 1), (0.72, 0.77, 0.77, 0.82; 0.9, 0.9))	0.7073	0.7557
SSC_{20}	((0.58, 0.68, 0.68, 0.78; 1, 1), (0.63, 0.68, 0.68, 0.73; 0.9, 0.9))	0.6218	0.6702

附表 15　可持续供应链销售商阶段第三周期的顾客满意度

	$\tilde{\tilde{y}}_{bj}^{(D,3)}$	缩减后的区间数	
		左端点	右端点
SSC_1	((0.42, 0.52, 0.52, 0.62; 1, 1), (0.47, 0.52, 0.52, 0.57; 0.9, 0.9))	0.4698	0.5182
SSC_2	((0.35, 0.45, 0.45, 0.55; 1, 1), (0.40, 0.45, 0.45, 0.50; 0.9, 0.9))	0.4033	0.4517
SSC_3	((0.74, 0.84, 0.84, 0.94; 1, 1), (0.79, 0.84, 0.84, 0.89; 0.9, 0.9))	0.7738	0.8222
SSC_4	((0.76, 0.86, 0.86, 0.96; 1, 1), (0.81, 0.86, 0.86, 0.91; 0.9, 0.9))	0.7928	0.8412
SSC_5	((0.68, 0.78, 0.78, 0.88; 1, 1), (0.73, 0.78, 0.78, 0.83; 0.9, 0.9))	0.7168	0.7652
SSC_6	((0.38, 0.48, 0.48, 0.58; 1, 1), (0.43, 0.48, 0.48, 0.53; 0.9, 0.9))	0.4318	0.4802
SSC_7	((0.64, 0.74, 0.74, 0.84; 1, 1), (0.69, 0.74, 0.74, 0.79; 0.9, 0.9))	0.6788	0.7272
SSC_8	((0.36, 0.46, 0.46, 0.56; 1, 1), (0.41, 0.46, 0.46, 0.51; 0.9, 0.9))	0.4128	0.4612
SSC_9	((0.52, 0.62, 0.62, 0.72; 1, 1), (0.57, 0.62, 0.62, 0.67; 0.9, 0.9))	0.5648	0.6132
SSC_{10}	((0.44, 0.54, 0.54, 0.64; 1, 1), (0.49, 0.54, 0.54, 0.59; 0.9, 0.9))	0.4888	0.5372
SSC_{11}	((0.49, 0.59, 0.59, 0.69; 1, 1), (0.54, 0.59, 0.59, 0.64; 0.9, 0.9))	0.5363	0.5847
SSC_{12}	((0.43, 0.53, 0.53, 0.63; 1, 1), (0.48, 0.53, 0.53, 0.58; 0.9, 0.9))	0.4793	0.5277
SSC_{13}	((0.37, 0.47, 0.47, 0.57; 1, 1), (0.42, 0.47, 0.47, 0.52; 0.9, 0.9))	0.4223	0.4707

续表

	$\tilde{\tilde{y}}_{bj}^{(D,3)}$	缩减后的区间数	
		左端点	右端点
SSC_{14}	((0.75, 0.85, 0.85, 0.95; 1, 1), (0.80, 0.85, 0.85, 0.90; 0.9, 0.9))	0.7833	0.8317
SSC_{15}	((0.32, 0.42, 0.42, 0.52; 1, 1), (0.37, 0.42, 0.42, 0.47; 0.9, 0.9))	0.3748	0.4232
SSC_{16}	((0.41, 0.51, 0.51, 0.61; 1, 1), (0.46, 0.51, 0.51, 0.56; 0.9, 0.9))	0.4603	0.5087
SSC_{17}	((0.48, 0.58, 0.58, 0.68; 1, 1), (0.53, 0.58, 0.58, 0.63; 0.9, 0.9))	0.5268	0.5752
SSC_{18}	((0.73, 0.83, 0.83, 0.93; 1, 1), (0.78, 0.83, 0.83, 0.88; 0.9, 0.9))	0.7643	0.8127
SSC_{19}	((0.76, 0.86, 0.86, 0.96; 1, 1), (0.81, 0.86, 0.86, 0.91; 0.9, 0.9))	0.7928	0.8412
SSC_{20}	((0.62, 0.72, 0.72, 0.82; 1, 1), (0.67, 0.72, 0.72, 0.77; 0.9, 0.9))	0.6598	0.7082

附表 16 可持续供应链的劳动力安全成本 单位：10 万元

	$X_{aj}^{(S,1)}$	$X_{aj}^{(S,2)}$	$X_{aj}^{(S,3)}$	$X_{aj}^{(M,1)}$	$X_{aj}^{(M,2)}$	$X_{aj}^{(M,3)}$	$X_{aj}^{(D,1)}$	$X_{aj}^{(D,2)}$	$X_{aj}^{(D,3)}$
SSC_1	13	17	15	16	10	21	25	18	29
SSC_2	13	14	12	13	9	16	24	15	18
SSC_3	15	11	13	6	11	8	15	14	13
SSC_4	14	12	12	7	10	7	14	15	12
SSC_5	40	35	30	28	46	30	45	57	47
SSC_6	12	28	23	18	40	23	39	57	28
SSC_7	7	12	6	8	10	8	15	15	7
SSC_8	10	13	20	7	15	19	19	18	22
SSC_9	8	10	11	9	10	15	14	16	14
SSC_{10}	8	9	9	7	14	5	15	17	9
SSC_{11}	7	11	7	8	14	6	14	18	10
SSC_{12}	9	10	7	10	11	14	20	18	13
SSC_{13}	15	9	12	12	10	14	22	20	13

续表

	$X_{aj}^{(S,1)}$	$X_{aj}^{(S,2)}$	$X_{aj}^{(S,3)}$	$X_{aj}^{(M,1)}$	$X_{aj}^{(M,2)}$	$X_{aj}^{(M,3)}$	$X_{aj}^{(D,1)}$	$X_{aj}^{(D,2)}$	$X_{aj}^{(D,3)}$
SSC_{14}	15	10	8	7	12	8	13	14	15
SSC_{15}	9	12	18	6	14	18	18	17	23
SSC_{16}	24	15	16	17	9	15	29	14	29
SSC_{17}	22	12	18	16	14	21	34	16	23
SSC_{18}	16	12	12	6	11	7	14	15	14
SSC_{19}	21	24	22	18	23	24	34	32	28
SSC_{20}	16	18	16	14	16	19	28	23	21

附表 17　可持续供应链的其他成本　　单位：10 万元

	$X_{bj}^{(S,1)}$	$X_{bj}^{(S,2)}$	$X_{bj}^{(S,3)}$	$X_{bj}^{(M,1)}$	$X_{bj}^{(M,2)}$	$X_{bj}^{(M,3)}$	$X_{bj}^{(D,1)}$	$X_{bj}^{(D,2)}$	$X_{bj}^{(D,3)}$
SSC_{1}	21	38	36	16	13	13	15	14	18
SSC_{2}	15	32	23	11	7	12	13	10	11
SSC_{3}	18	25	24	9	11	12	8	12	9
SSC_{4}	19	24	25	8	12	11	9	11	10
SSC_{5}	40	72	65	28	30	39	30	45	32
SSC_{6}	28	69	45	15	36	24	16	45	19
SSC_{7}	14	20	10	6	8	6	7	14	5
SSC_{8}	21	22	21	13	10	17	8	12	15
SSC_{9}	20	22	22	5	12	11	8	12	11
SSC_{10}	14	19	11	9	5	9	8	11	6
SSC_{11}	13	18	12	10	6	8	7	10	8
SSC_{12}	23	20	26	9	8	11	15	11	11
SSC_{13}	21	21	24	15	5	13	8	11	12
SSC_{14}	18	20	24	7	8	9	11	10	9
SSC_{15}	20	25	23	12	9	16	7	11	16
SSC_{16}	5	33	51	15	5	20	12	8	21
SSC_{17}	41	29	40	23	8	18	19	10	15
SSC_{18}	17	24	25	11	9	8	12	11	10

续表

	$X_{bj}^{(S,1)}$	$X_{bj}^{(S,2)}$	$X_{bj}^{(S,3)}$	$X_{bj}^{(M,1)}$	$X_{bj}^{(M,2)}$	$X_{bj}^{(M,3)}$	$X_{bj}^{(D,1)}$	$X_{bj}^{(D,2)}$	$X_{bj}^{(D,3)}$
SSC_{19}	36	48	46	18	17	23	18	23	20
SSC_{20}	20	39	33	14	11	17	14	16	14

附表 18 可持续供应链的应收账款 单位：10 万元

	$X_{jgood}^{(S,1(1+1))}$	$X_{jgood}^{(S,2(2+1))}$	$X_{jgood}^{(S,3(3+1))}$	$X_{jgood}^{(M,1(1+1))}$	$X_{jgood}^{(M,2(2+1))}$	$X_{jgood}^{(M,3(3+1))}$	$X_{jgood}^{(D,1(1+1))}$	$X_{jgood}^{(D,2(2+1))}$	$X_{jgood}^{(D,3(3+1))}$
SSC_1	1750	360	345	225	255	300	825	132	108
SSC_2	2550	390	410	250	246	280	853	128	149
SSC_3	790	730	750	440	450	530	424	242	275
SSC_4	800	750	760	450	440	540	420	240	276
SSC_5	130	280	275	145	110	190	43	93	92
SSC_6	610	630	690	340	470	540	204	210	230
SSC_7	950	830	880	480	490	560	448	256	286
SSC_8	510	670	680	500	490	470	165	220	235
SSC_9	580	680	670	430	400	450	194	226	224
SSC_{10}	910	830	860	485	479	585	479	286	296
SSC_{11}	900	825	875	470	485	580	475	285	290
SSC_{12}	530	710	650	510	490	510	176	236	216
SSC_{13}	260	700	740	520	440	480	86	234	246
SSC_{14}	890	743	750	440	476	525	421	252	274
SSC_{15}	490	650	670	490	480	450	164	216	224
SSC_{16}	2750	405	400	170	110	140	917	135	133
SSC_{17}	345	425	440	180	125	160	115	142	147
SSC_{18}	800	745	756	438	462	518	420	246	280
SSC_{19}	530	346	351	213	212	232	177	115	117
SSC_{20}	1640	385	401	237	236	266	547	128	134

附表 19　可持续供应链的应付账款　　单位：10 万元

	$X_{jbad}^{(S,1(1+1))}$	$X_{jbad}^{(S,2(2+1))}$	$X_{jbad}^{(S,3(3+1))}$	$X_{jbad}^{(M,1(1+1))}$	$X_{jbad}^{(M,2(2+1))}$	$X_{jbad}^{(M,3(3+1))}$	$X_{jbad}^{(D,1(1+1))}$	$X_{jbad}^{(D,2(2+1))}$	$X_{jbad}^{(D,3(3+1))}$
SSC_1	45	30	32	75	198	163	86	79	95
SSC_2	60	40	52	87	193	206	123	74	97
SSC_3	28	36	44	82	121	108	56	75	88
SSC_4	25	39	40	86	125	105	50	80	85
SSC_5	87	87	100	1833	283	300	173	173	200
SSC_6	57	78	90	203	210	230	113	157	180
SSC_7	36	41	42	92	98	100	60	75	80
SSC_8	39	35	36	80	102	106	81	82	73
SSC_9	36	33	38	96	113	112	72	67	75
SSC_{10}	34	39	42	94	96	102	65	71	80
SSC_{11}	35	38	43	93	97	103	67	69	80
SSC_{12}	42	41	43	88	118	108	85	82	85
SSC_{13}	43	37	40	43	116	123	87	73	80
SSC_{14}	28	38	44	80	99	108	56	77	89
SSC_{15}	41	40	38	82	108	112	82	80	75
SSC_{16}	57	37	47	1833	270	267	113	73	93
SSC_{17}	60	42	53	230	283	293	120	83	107
SSC_{18}	27	37	45	81	120	109	57	76	88
SSC_{19}	72	71	76	353	231	234	143	141	153
SSC_{20}	64	54	61	220	209	209	128	107	123

附表 20　可持续供应链的收入、原材料价值和产成品价值　单位：10 万元

	$y_{aj}^{(D,1)}$	$y_{aj}^{(D,2)}$	$y_{aj}^{(D,3)}$	$z_j^{(SM,1)}$	$z_j^{(SM,2)}$	$z_j^{(SM,3)}$	$z_j^{(MD,1)}$	$z_j^{(MD,2)}$	$z_j^{(MD,3)}$
SSC_1	17500	16200	11900	780	850	870	225000	236000	231500
SSC_2	17000	18500	14100	850	920	880	225200	236900	239300
SSC_3	20500	35800	20600	1580	1560	19000	401000	447200	425400
SSC_4	27500	36090	22000	1600	1500	18800	421000	445000	430000
SSC_5	20900	20100	19000	700	580	770	200500	200900	200300

续表

	$y_{aj}^{(D,1)}$	$y_{aj}^{(D,2)}$	$y_{aj}^{(D,3)}$	$z_j^{(SM,1)}$	$z_j^{(SM,2)}$	$z_j^{(SM,3)}$	$z_j^{(MD,1)}$	$z_j^{(MD,2)}$	$z_j^{(MD,3)}$
SSC_6	25600	20200	28400	1780	1160	1640	447600	407600	407000
SSC_7	28400	26000	22500	1600	1500	1980	424800	425500	440000
SSC_8	21900	26100	20400	1690	1750	1580	454000	407600	418100
SSC_9	22000	25800	20600	1580	1640	1600	413000	413800	400600
SSC_{10}	28010	27000	22700	1580	1580	1960	426000	428500	447000
SSC_{11}	28100	26900	22450	1610	1590	1940	425500	429200	443000
SSC_{12}	21800	24400	20000	1620	1600	1860	421000	409800	404800
SSC_{13}	22400	26000	23400	1440	1640	1600	404200	439800	407400
SSC_{14}	23450	28600	22500	1580	1560	18600	424000	444500	445000
SSC_{15}	21800	26000	20200	1680	1760	1560	453800	407400	418000
SSC_{16}	12400	23000	11600	880	910	860	225400	245200	202500
SSC_{17}	11500	22300	11700	780	990	830	217800	237400	204200
SSC_{18}	23500	28400	22400	1590	1550	18750	412500	445500	431500
SSC_{19}	12433	14078	11450	794	809	853	214272	213889	210956
SSC_{20}	14417	18539	12825	842	899	922	222636	229544	229928

附表 21　2006~2015 年自然可处置条件下各省份的综合环境效率（UEN）

省份	2006		2007		2008		2009		2010		2011		2012		2013		2014		2015	
	UEN_c	UEN_V	UEN_c	UEN_V	UEN_c	UEN_V	UEN_c	UEN_V	UEN_c	UEN_V	UEN_c	UEN_V	UEN_c	UEN_V	UEN_c	UEN_V	UEN_c	UEN_V	UEN_c	UEN_V
北京	1.000	1.000	1.000	1.000	1.000	1.000	1.000	1.000	1.000	1.000	1.000	1.000	1.000	1.000	1.000	1.000	1.000	1.000	1.000	1.000
天津	1.000	1.000	1.000	1.000	1.000	1.000	1.000	1.000	1.000	1.000	1.000	1.000	1.000	1.000	1.000	1.000	1.000	1.000	1.000	1.000
河北	0.738	0.888	0.755	0.911	0.755	0.910	0.658	0.829	0.779	1.000	0.762	1.000	0.704	1.000	0.679	1.000	0.651	1.000	0.641	0.958
山西	0.737	0.775	0.765	0.788	0.781	0.781	0.642	0.666	0.661	0.687	0.607	0.693	0.488	0.593	0.444	0.530	0.369	0.456	0.409	0.450
内蒙古	0.739	0.836	0.799	0.915	0.770	0.921	0.799	0.959	0.676	0.925	0.725	0.915	0.727	0.890	0.636	0.797	0.621	0.779	0.649	0.792
辽宁	0.477	0.641	0.482	0.645	0.501	0.732	0.519	0.761	0.536	0.829	0.550	0.806	0.519	0.839	0.523	0.866	0.503	0.834	0.734	0.914
吉林	0.804	0.816	0.853	0.867	0.780	0.787	0.758	0.758	0.675	0.676	0.662	0.666	0.617	0.631	0.576	0.590	0.657	0.661	0.574	0.578
黑龙江	0.863	0.867	0.815	0.820	0.752	0.772	0.659	0.698	0.648	0.667	0.716	0.737	0.615	0.653	0.577	0.617	0.672	0.692	0.863	0.869
上海	1.000	1.000	1.000	1.000	1.000	1.000	1.000	1.000	1.000	1.000	1.000	1.000	1.000	1.000	1.000	1.000	1.000	1.000	1.000	1.000
江苏	0.903	1.000	0.886	1.000	0.916	1.000	0.911	1.000	0.924	1.000	0.878	1.000	0.864	1.000	0.840	1.000	0.835	1.000	0.853	1.000
浙江	0.951	1.000	0.932	1.000	0.941	1.000	0.923	1.000	0.961	1.000	0.916	1.000	0.901	1.000	0.854	1.000	0.826	1.000	0.791	1.000
安徽	0.604	0.614	0.507	0.507	0.519	0.556	0.532	0.591	0.531	0.603	0.527	0.623	0.507	0.654	0.478	0.647	0.514	0.676	0.512	0.665
福建	1.000	1.000	0.985	1.000	0.929	0.947	0.917	0.932	0.860	0.927	0.890	0.918	0.887	0.933	0.866	0.948	0.861	0.944	0.871	0.949
江西	0.748	0.775	0.735	0.757	0.780	0.800	0.748	0.762	0.758	0.758	0.715	0.719	0.690	0.694	0.621	0.644	0.613	0.636	0.565	0.591
山东	0.923	1.000	0.845	1.000	0.839	1.000	0.831	1.000	0.782	1.000	0.733	1.000	0.713	1.000	0.663	1.000	0.654	1.000	0.631	1.000
河南	0.852	1.000	0.847	1.000	0.806	0.966	0.762	0.932	0.768	0.958	0.664	0.933	0.675	0.918	0.637	1.000	0.640	0.988	0.671	1.000
湖北	0.672	0.697	0.762	0.770	0.679	0.733	0.690	0.745	0.699	0.767	0.621	0.719	0.633	0.762	0.608	0.768	0.611	0.790	0.589	0.778

续表

省份	2006		2007		2008		2009		2010		2011		2012		2013		2014		2015	
	UEN_c	UEN_V	UEN_c	UEN_V	UEN_c	UEN_V	UEN_c	UEN_V	UEN_c	UEN_V	UEN_c	UEN_V	UEN_c	UEN_V	UEN_c	UEN_V	UEN_c	UEN_V	UEN_c	UEN_V
湖南	0.892	0.913	0.845	0.847	0.862	0.883	0.846	0.891	0.796	0.865	0.832	0.891	0.850	0.939	0.830	0.945	0.868	0.964	0.889	0.991
广东	1.000	1.000	1.000	1.000	1.000	1.000	1.000	1.000	1.000	1.000	1.000	1.000	0.996	1.000	0.950	1.000	0.915	1.000	0.872	1.000
广西	0.630	0.653	0.592	0.608	0.620	0.628	0.575	0.579	0.575	0.593	0.579	0.603	0.540	0.579	0.520	0.581	0.559	0.615	0.584	0.644
海南	0.973	1.000	0.996	1.000	0.838	1.000	0.914	1.000	0.933	1.000	0.715	1.000	0.680	1.000	0.662	1.000	0.603	1.000	0.585	1.000
重庆	0.682	0.714	0.624	0.646	0.650	0.667	0.555	0.560	0.605	0.610	0.589	0.596	0.586	0.602	0.566	0.578	0.563	0.570	0.528	0.532
四川	0.716	0.725	0.513	0.597	0.731	0.750	0.722	0.763	0.647	0.723	0.680	0.808	0.676	0.878	0.661	0.876	0.666	0.892	0.672	0.838
贵州	0.622	0.746	0.692	0.813	0.722	0.835	0.631	0.758	0.589	0.685	0.541	0.602	0.476	0.542	0.460	0.526	0.434	0.468	0.496	0.534
云南	0.649	0.672	0.589	0.631	0.614	0.644	0.576	0.603	0.533	0.534	0.480	0.498	0.533	0.554	0.525	0.528	0.516	0.526	0.497	0.501
陕西	0.056	0.181	0.054	0.172	0.031	0.139	0.029	0.143	0.025	0.127	0.023	0.167	0.019	0.196	0.022	0.251	0.022	0.220	0.021	0.182
甘肃	1.000	1.000	1.000	1.000	1.000	1.000	1.000	1.000	1.000	1.000	1.000	1.000	1.000	1.000	1.000	1.000	1.000	1.000	1.000	1.000
青海	0.459	1.000	0.474	1.000	0.531	1.000	0.469	1.000	0.576	1.000	0.599	1.000	0.632	1.000	0.447	1.000	0.452	1.000	0.443	1.000
宁夏	0.317	1.000	0.229	0.926	0.322	1.000	0.274	0.749	0.205	0.563	0.206	0.898	0.232	1.000	0.255	1.000	0.264	1.000	0.238	1.000
新疆	0.699	0.717	0.622	0.665	0.605	0.633	0.545	0.580	0.525	0.543	0.583	0.614	0.458	0.496	0.409	0.434	0.447	0.474	0.461	0.500

附表 22　2006～2015 年管理可处置条件下各省份的环境效率（UEM）

省份	2006		2007		2008		2009		2010		2011		2012		2013		2014		2015	
	UEM_c	UEM_v	UEM_c	UEM_v	UEM_c	UEM_v	UEM_c	UEM_v	UEM_c	UEM_v	UEM_c	UEM_v	UEM_c	UEM_v	UEM_c	UEM_v	UEM_c	UEM_v	UEM_c	UEM_v
北京	1.000	1.000	1.000	1.000	1.000	1.000	1.000	1.000	1.000	1.000	1.000	1.000	1.000	1.000	1.000	1.000	1.000	1.000	1.000	1.000
天津	0.723	0.739	0.725	0.742	0.695	0.696	0.808	0.853	0.743	0.982	0.814	1.000	0.787	1.000	0.876	1.000	0.894	1.000	0.747	1.000
河北	0.423	0.820	0.397	0.956	0.448	0.997	0.341	1.000	0.343	1.000	0.320	1.000	0.326	0.944	0.389	1.000	0.370	1.000	0.413	1.000
山西	0.607	1.000	0.595	1.000	0.504	1.000	0.520	0.970	0.397	0.862	0.570	0.979	0.515	0.759	0.583	1.000	0.542	1.000	0.614	1.000
内蒙古	0.781	1.000	1.000	1.000	0.732	1.000	0.811	1.000	0.579	1.000	0.665	1.000	0.823	1.000	0.746	1.000	0.678	1.000	0.730	1.000
辽宁	0.418	0.708	0.549	0.832	0.305	1.000	0.515	1.000	0.541	1.000	0.507	1.000	0.383	1.000	0.464	1.000	0.374	0.883	0.353	0.875
吉林	0.775	0.782	0.935	0.936	0.993	1.000	0.934	0.987	0.887	1.000	0.688	0.809	0.617	0.851	0.667	0.778	0.790	0.796	0.701	0.736
黑龙江	1.000	1.000	1.000	1.000	0.958	1.000	0.806	1.000	0.955	1.000	1.000	1.000	1.000	1.000	1.000	1.000	1.000	1.000	1.000	1.000
上海	0.876	1.000	0.847	1.000	0.804	1.000	0.833	1.000	0.792	1.000	0.855	0.933	0.887	0.925	1.000	1.000	0.964	0.981	0.768	0.891
江苏	0.675	1.000	0.895	1.000	0.803	1.000	0.795	1.000	0.770	1.000	0.677	1.000	0.651	1.000	0.794	1.000	0.714	1.000	0.585	1.000
浙江	0.918	1.000	0.850	0.993	0.830	1.000	0.803	0.977	0.750	1.000	0.800	1.000	0.749	1.000	0.796	1.000	0.815	1.000	0.612	1.000
安徽	0.729	0.833	0.617	0.740	0.579	0.939	0.687	0.999	0.638	1.000	0.457	1.000	0.455	0.982	0.520	0.962	0.540	0.973	0.521	0.955
福建	0.746	0.750	0.759	0.768	0.761	0.838	0.703	0.793	0.659	0.749	0.689	0.941	0.601	0.876	0.623	0.874	0.697	0.897	0.704	0.933
江西	0.922	0.923	0.968	0.968	0.901	0.960	0.962	1.000	0.891	1.000	0.622	0.786	0.603	0.781	0.631	0.744	0.759	0.800	0.650	0.652
山东	0.748	1.000	0.736	1.000	0.646	1.000	0.679	1.000	0.550	1.000	0.519	1.000	0.399	1.000	0.427	1.000	0.420	1.000	0.417	1.000
河南	0.662	0.809	0.736	0.888	0.655	0.964	0.639	1.000	0.692	1.000	0.416	0.844	0.383	0.840	0.413	0.856	0.425	0.902	0.499	0.960
湖北	0.697	0.779	0.902	0.909	0.805	0.892	0.799	0.921	0.858	1.000	0.603	0.877	0.654	1.000	0.683	1.000	0.731	1.000	0.683	1.000

续表

省份	2006		2007		2008		2009		2010		2011		2012		2013		2014		2015	
	UEM_c	UEM_v	UEM_c	UEM_v	UEM_c	UEM_v	UEM_c	UEM_v	UEM_c	UEM_v	UEM_c	UEM_v	UEM_c	UEM_v	UEM_c	UEM_v	UEM_c	UEM_v	UEM_c	UEM_v
湖南	1.000	1.000	1.000	1.000	0.986	1.000	0.905	1.000	0.819	0.936	0.793	1.000	1.000	1.000	0.779	1.000	1.000	1.000	1.000	1.000
广东	1.000	1.000	1.000	1.000	0.972	1.000	0.951	1.000	0.927	1.000	1.000	1.000	0.948	1.000	1.000	1.000	1.000	1.000	0.873	1.000
广西	0.556	0.560	0.491	0.495	0.550	0.575	0.550	0.595	0.597	0.685	0.415	0.514	0.443	0.557	0.626	0.650	0.684	0.701	0.730	0.758
海南	1.000	1.000	1.000	1.000	1.000	1.000	1.000	1.000	1.000	1.000	1.000	1.000	1.000	1.000	1.000	1.000	1.000	1.000	1.000	1.000
重庆	0.565	0.580	0.619	0.632	0.657	0.667	0.487	0.604	0.559	0.648	0.747	0.945	0.629	0.941	0.634	0.915	0.716	0.990	0.718	1.000
四川	0.783	0.892	0.489	0.699	0.821	0.987	0.897	1.000	0.660	0.975	0.632	1.000	0.550	1.000	0.655	1.000	0.726	1.000	0.888	1.000
贵州	0.861	0.882	0.935	0.959	0.949	1.000	0.873	0.914	0.816	0.946	0.633	0.808	0.590	0.698	0.628	0.712	0.432	0.571	0.492	0.679
云南	0.724	0.728	0.699	0.702	0.654	0.661	0.613	0.664	0.609	0.646	0.422	0.486	0.442	0.571	0.475	0.589	0.505	0.641	0.524	0.639
陕西	0.765	0.773	0.825	0.839	0.569	0.595	0.569	0.635	0.531	0.690	0.538	0.939	0.493	1.000	0.604	1.000	0.630	1.000	0.590	1.000
甘肃	0.805	0.807	0.765	0.769	0.763	0.767	0.741	0.743	0.843	0.844	0.666	0.769	0.698	0.808	0.716	0.818	0.706	0.829	0.682	0.790
青海	0.695	1.000	0.677	0.901	0.509	0.918	0.495	0.878	0.477	0.698	0.513	0.847	0.536	0.902	0.661	0.937	0.666	1.000	0.641	0.915
宁夏	0.731	0.732	0.634	0.666	0.592	0.598	0.556	0.577	0.338	0.357	0.369	0.468	0.430	0.565	0.518	0.617	0.511	0.652	0.470	0.560
新疆	1.000	1.000	1.000	1.000	1.000	1.000	1.000	1.000	1.000	1.000	1.000	1.000	1.000	1.000	1.000	1.000	1.000	1.000	1.000	1.000

附表 23　2014～2016 年淮河流域省辖市经济、社会用水子系统及用水系统效率值

地区	时间/省份	2014 年			2015 年			2016 年		
		EWU 效率	SWU 效率	WU 效率	EWU 效率	SWU 效率	WU 效率	EWU 效率	SWU 效率	WU 效率
安徽	合肥市	1.00	1.00	1.00	1.00	0.95	0.98	1.00	1.00	1.00
	淮北市	0.78	1.00	0.89	1.00	0.94	0.97	1.00	0.67	0.84
	亳州市	1.00	0.67	0.84	0.96	0.86	0.91	0.91	0.72	0.81
	宿州市	1.00	0.73	0.87	1.00	0.67	0.83	1.00	0.32	0.66
	蚌埠市	0.71	1.00	0.86	0.68	1.00	0.84	0.69	1.00	0.84
	阜阳市	1.00	0.22	0.61	0.92	0.21	0.57	0.80	0.29	0.54
	淮南市	1.00	0.73	0.87	0.84	0.64	0.74	0.66	0.51	0.58
	滁州市	0.74	0.34	0.54	0.71	0.37	0.54	0.78	0.61	0.70
	六安市	0.55	0.28	0.41	0.59	0.28	0.43	1.00	0.55	0.77
	马鞍山市	0.57	0.85	0.71	0.53	0.84	0.68	0.53	1.00	0.77
	芜湖市	0.69	0.66	0.67	0.72	0.65	0.68	0.71	0.64	0.68
	宣城市	1.00	1.00	1.00	1.00	0.85	0.93	1.00	1.00	1.00
	铜陵市	0.88	1.00	0.94	0.64	1.00	0.82	0.58	0.67	0.62
	池州市	1.00	1.00	1.00	0.70	0.97	0.83	0.65	1.00	0.82
	安庆市	0.59	0.24	0.41	0.59	0.26	0.42	0.66	0.30	0.48
	黄山市	1.00	1.00	1.00	1.00	0.82	0.91	1.00	0.93	0.96
河南	郑州市	1.00	0.63	0.82	1.00	1.00	1.00	1.00	0.77	0.89
	开封市	1.00	0.50	0.75	0.70	0.57	0.63	1.00	0.61	0.80
	洛阳市	0.86	0.59	0.72	0.80	0.59	0.70	0.86	0.83	0.85
	平顶山市	0.68	0.61	0.65	0.61	0.77	0.69	0.79	0.82	0.80
	安阳市	0.72	0.65	0.69	0.62	0.59	0.60	0.70	0.60	0.65
	鹤壁市	1.00	1.00	1.00	1.00	1.00	1.00	1.00	0.97	0.99
	新乡市	0.70	0.91	0.80	0.74	0.86	0.80	0.55	0.58	0.56
	焦作市	0.61	0.91	0.76	0.63	0.96	0.79	0.65	1.00	0.82
	濮阳市	0.81	0.74	0.78	0.71	0.65	0.68	0.75	0.67	0.71
	许昌市	1.00	0.72	0.86	0.88	0.64	0.76	1.00	0.55	0.77

续表

地区	时间 / 省份	2014年			2015年			2016年		
		EWU效率	SWU效率	WU效率	EWU效率	SWU效率	WU效率	EWU效率	SWU效率	WU效率
河南	漯河市	1.00	1.00	1.00	0.73	0.96	0.84	0.79	1.00	0.89
	三门峡市	1.00	1.00	1.00	0.79	0.70	0.74	1.00	1.00	1.00
	南阳市	0.75	0.36	0.56	0.72	0.64	0.68	0.89	0.79	0.84
	商丘市	1.00	0.76	0.88	0.88	0.62	0.75	0.85	0.37	0.61
	信阳市	1.00	0.34	0.67	0.92	0.36	0.64	1.00	0.35	0.68
	周口市	1.00	1.00	1.00	1.00	1.00	1.00	1.00	0.52	0.76
	驻马店市	—	—	—	—	—	—	0.73	0.67	0.70
	济源市	—	—	—	—	—	—	—	—	—
江苏	南京市	0.76	1.00	0.88	0.87	1.00	0.93	1.00	1.00	1.00
	无锡市	1.00	1.00	1.00	1.00	1.00	1.00	1.00	1.00	1.00
	徐州市	0.85	1.00	0.92	1.00	1.00	1.00	1.00	1.00	1.00
	常州市	0.83	0.88	0.86	0.85	1.00	0.93	0.77	1.00	0.89
	苏州市	1.00	1.00	1.00	1.00	1.00	1.00	1.00	1.00	1.00
	南通市	0.93	0.79	0.86	0.90	0.85	0.88	1.00	1.00	1.00
	连云港市	0.86	0.83	0.84	0.73	0.75	0.74	0.31	0.75	0.53
	淮安市	0.90	0.59	0.74	1.00	0.62	0.81	0.68	0.67	0.68
	盐城市	1.00	1.00	1.00	1.00	0.92	0.96	0.74	1.00	0.87
	扬州市	0.81	0.68	0.74	0.79	0.70	0.74	0.61	0.77	0.69
	镇江市	0.75	1.00	0.87	0.69	1.00	0.85	0.49	1.00	0.75
	泰州市	1.00	1.00	1.00	1.00	1.00	1.00	0.64	1.00	0.82
	宿迁市	0.89	1.00	0.95	1.00	1.00	1.00	1.00	1.00	1.00
山东	济南市	1.00	0.69	0.84	1.00	0.66	0.83	1.00	1.00	1.00
	青岛市	1.00	0.84	0.92	1.00	1.00	1.00	1.00	1.00	1.00
	淄博市	1.00	0.78	0.89	0.95	0.90	0.93	0.94	0.90	0.92
	枣庄市	1.00	0.78	0.89	0.94	0.69	0.82	0.96	0.64	0.80
	东营市	0.93	0.76	0.85	0.80	0.80	0.80	1.00	1.00	1.00

续表

地区	时间/省份	2014年 EWU效率	2014年 SWU效率	2014年 WU效率	2015年 EWU效率	2015年 SWU效率	2015年 WU效率	2016年 EWU效率	2016年 SWU效率	2016年 WU效率
山东	烟台市	0.90	0.83	0.87	0.80	1.00	0.90	0.99	0.58	0.79
	潍坊市	1.00	0.69	0.84	1.00	0.74	0.87	0.87	0.88	0.88
	济宁市	0.78	0.89	0.83	0.71	0.84	0.78	0.61	0.81	0.71
	泰安市	0.88	1.00	0.94	0.84	0.77	0.80	1.00	0.54	0.77
	威海市	1.00	0.79	0.90	0.93	0.88	0.91	1.00	1.00	1.00
	日照市	0.87	0.97	0.92	0.85	0.99	0.92	0.86	0.65	0.76
	莱芜市	1.00	1.00	1.00	1.00	1.00	1.00	1.00	1.00	1.00
	临沂市	0.55	1.00	0.77	0.54	1.00	0.77	0.57	0.94	0.75
	德州市	0.59	1.00	0.80	0.59	1.00	0.79	0.58	1.00	0.79
	聊城市	0.59	1.00	0.80	0.52	1.00	0.76	0.52	0.76	0.64
	滨州市	0.83	0.68	0.76	1.00	0.74	0.87	0.94	0.68	0.81
	菏泽市	—	—	—	—	—	—	—	—	—

注：EWU效率表示经济用水子系统效率，SWU效率表示社会用水子系统效率，WU效率表示用水子系统效率。

附表24　2014～2016年淮河流域省辖市用水、污水处理子系统及综合水资源系统效率值

地区	时间/省份	2014年 WU效率	2014年 WT效率	2014年 总效率	2015年 WU效率	2015年 WT效率	2015年 总效率	2016年 WU效率	2016年 WT效率	2016年 总效率
安徽	合肥市	1.00	1.00	1.00	0.98	0.84	0.91	1.00	1.00	1.00
	淮北市	0.89	0.68	0.78	0.97	0.86	0.92	0.84	0.77	0.80
	亳州市	0.84	0.85	0.85	0.91	0.98	0.95	0.81	0.70	0.76
	宿州市	0.87	0.97	0.92	0.83	0.98	0.91	0.66	0.71	0.68
	蚌埠市	0.86	0.96	0.91	0.84	1.00	0.92	0.84	1.00	0.92
	阜阳市	0.61	0.56	0.59	0.57	0.52	0.54	0.54	0.63	0.59
	淮南市	0.87	1.00	0.93	0.74	0.71	0.73	0.58	0.76	0.67
	滁州市	0.54	0.43	0.48	0.54	0.50	0.52	0.70	1.00	0.85

续表

地区	时间 / 省份	2014年			2015年			2016年		
		WU效率	WT效率	总效率	WU效率	WT效率	总效率	WU效率	WT效率	总效率
安徽	六安市	0.41	0.65	0.53	0.43	0.73	0.58	0.77	1.00	0.89
	马鞍山市	0.71	0.49	0.60	0.68	0.48	0.58	0.77	0.54	0.65
	芜湖市	0.67	0.59	0.63	0.68	0.72	0.70	0.68	0.59	0.63
	宣城市	1.00	1.00	1.00	0.93	1.00	0.96	1.00	1.00	1.00
	铜陵市	0.94	0.60	0.77	0.82	0.47	0.65	0.62	0.36	0.49
	池州市	1.00	1.00	1.00	0.83	0.72	0.78	0.82	0.78	0.80
	安庆市	0.41	0.34	0.38	0.42	0.35	0.39	0.48	0.34	0.41
	黄山市	1.00	1.00	1.00	0.91	0.60	0.76	0.96	0.84	0.90
河南	郑州市	0.82	0.56	0.69	1.00	0.82	0.91	0.89	1.00	0.94
	开封市	0.75	0.60	0.68	0.63	0.73	0.68	0.80	1.00	0.90
	洛阳市	0.72	0.60	0.66	0.70	0.38	0.54	0.85	1.00	0.92
	平顶山市	0.65	0.65	0.65	0.69	0.74	0.72	0.80	1.00	0.90
	安阳市	0.69	0.69	0.69	0.60	0.83	0.72	0.65	0.70	0.68
	鹤壁市	1.00	1.00	1.00	1.00	1.00	1.00	0.99	1.00	0.99
	新乡市	0.80	0.73	0.77	0.80	0.86	0.83	0.56	0.58	0.57
	焦作市	0.76	0.78	0.77	0.79	1.00	0.90	0.82	1.00	0.91
	濮阳市	0.78	0.43	0.60	0.68	0.36	0.52	0.71	0.36	0.53
	许昌市	0.86	1.00	0.93	0.76	0.84	0.80	0.77	0.36	0.57
	漯河市	1.00	1.00	1.00	0.84	0.98	0.91	0.89	1.00	0.95
	三门峡市	1.00	1.00	1.00	0.74	0.22	0.48	1.00	1.00	1.00
	南阳市	0.56	0.35	0.45	0.68	1.00	0.84	0.84	0.92	0.88
	商丘市	0.88	0.70	0.79	0.75	0.48	0.61	0.61	0.14	0.37
	信阳市	0.67	0.27	0.47	0.64	0.25	0.45	0.68	0.25	0.46
	周口市	1.00	1.00	1.00	1.00	1.00	1.00	0.76	0.64	0.70
	驻马店市	—	—	—	—	—	—	0.70	0.57	0.64
	济源市	—	—	—	—	—	—	—	—	—

续表

地区	时间 省份	2014年			2015年			2016年		
		WU效率	WT效率	总效率	WU效率	WT效率	总效率	WU效率	WT效率	总效率
江苏	南京市	0.88	0.85	0.86	0.93	1.00	0.97	1.00	1.00	1.00
	无锡市	1.00	0.98	0.99	1.00	1.00	1.00	1.00	1.00	1.00
	徐州市	0.92	1.00	0.96	1.00	0.89	0.94	1.00	1.00	1.00
	常州市	0.86	0.71	0.78	0.93	0.78	0.85	0.89	1.00	0.94
	苏州市	1.00	1.00	1.00	1.00	1.00	1.00	1.00	1.00	1.00
	南通市	0.86	0.81	0.83	0.88	0.70	0.79	1.00	1.00	1.00
	连云港市	0.84	0.42	0.63	0.74	0.33	0.53	0.53	0.43	0.48
	淮安市	0.74	0.52	0.63	0.81	0.42	0.62	0.68	0.67	0.67
	盐城市	1.00	1.00	1.00	0.96	0.60	0.78	0.87	0.63	0.75
	扬州市	0.74	0.72	0.73	0.74	0.58	0.66	0.69	0.59	0.64
	镇江市	0.87	0.55	0.71	0.85	0.51	0.68	0.75	0.56	0.65
	泰州市	1.00	0.95	0.98	1.00	1.00	1.00	0.82	0.51	0.66
	宿迁市	0.95	0.80	0.87	1.00	0.98	0.99	1.00	1.00	1.00
山东	济南市	0.84	1.00	0.92	0.83	0.79	0.81	1.00	1.00	1.00
	青岛市	0.92	0.74	0.83	1.00	1.00	1.00	1.00	1.00	1.00
	淄博市	0.89	0.80	0.84	0.93	0.76	0.84	0.92	0.75	0.83
	枣庄市	0.89	0.90	0.89	0.82	0.97	0.89	0.80	0.91	0.86
	东营市	0.85	0.83	0.84	0.80	0.81	0.81	1.00	0.93	0.97
	烟台市	0.87	0.84	0.85	0.90	0.78	0.84	0.79	0.67	0.73
	潍坊市	0.84	0.59	0.72	0.87	0.63	0.75	0.88	0.73	0.80
	济宁市	0.83	0.76	0.80	0.78	0.79	0.78	0.71	0.82	0.77
	泰安市	0.94	0.95	0.95	0.80	0.99	0.89	0.77	1.00	0.88
	威海市	0.90	0.64	0.77	0.91	0.68	0.80	1.00	1.00	1.00
	日照市	0.92	0.76	0.84	0.92	0.74	0.83	0.76	1.00	0.88
	莱芜市	1.00	1.00	1.00	1.00	0.90	0.95	1.00	1.00	1.00
	临沂市	0.77	0.62	0.70	0.77	0.68	0.73	0.75	0.75	0.75

续表

地区	时间 / 省份	2014年			2015年			2016年		
		WU效率	WT效率	总效率	WU效率	WT效率	总效率	WU效率	WT效率	总效率
山东	德州市	0.80	0.81	0.81	0.79	0.81	0.80	0.79	0.90	0.84
	聊城市	0.80	0.73	0.76	0.76	0.46	0.61	0.64	0.44	0.54
	滨州市	0.76	0.73	0.74	0.87	1.00	0.94	0.81	1.00	0.91
	菏泽市	—	—	—	—	—	—	—	—	—

注：WU效率表示用水子系统效率，WT效率表示污水处理子系统效率，总效率表示综合水资源系统效率。

附表25　2014～2016年各城市期初目标、DEA目标及其奖惩金额

DMU	年份		Y1	Y2	Y3	Y4	Y5	奖励	惩罚
郑州	2014	实际值	199	145	91	100	95.9	1652.5	—
		期初目标	175	109	87	100	95.9	545.8（33%）	
		DEA目标	212	122	113	93	95.7	305.0（18%）	
	2015	实际值	208	187	97	98	96.0	2234.3	—
		期初目标	212	122	113	93	95.7	543.6（24%）	
		DEA目标	233	140	112	87	95.9	649.4（29%）	
	2016	实际值	218	191	88	75	98.0	1652.6	—
		期初目标	233	140	112	87	95.9	305.0（18%）	
		DEA目标	255	121	110	75	96.8	318.0（19%）	
徐州	2014	实际值	207	113	130	60	92.7	2228.4	—
		期初目标	193	93	146	58	92.0	509.0（23%）	
		DEA目标	202	93	163	74	94.9	351.7（16%）	
	2015	实际值	218	112	113	59	93.0	2370.0	2370.0
		期初目标	202	93	163	74	94.9	87.8（4%）	—
		DEA目标	230	93	141	75	95.5	—	－43.3（－2%）
	2016	实际值	222	137	125	61	93.6	3219.7	—
		期初目标	230	93	141	75	95.5	351.7（11%）	
		DEA目标	222	103	148	64	96.0	558.2（17%）	

续表

DMU	年份		Y1	Y2	Y3	Y4	Y5	奖励	惩罚
扬州	2014	实际值	160	113	231	48	93.7	2438.7	—
		期初目标	147	98	228	44	93.1	617.9（25%）	
		DEA 目标	191	99	203	60	94.3	478.2（20%）	
	2015	实际值	170	132	235	48	94.2	4868.0	—
		期初目标	191	99	203	60	94.3	1503.9（31%）	
		DEA 目标	201	114	203	56	94.7	1061.4（22%）	
	2016	实际值	181	142	212	48	94.4	4675.7	—
		期初目标	201	114	203	56	94.7	478.2（10%）	
		DEA 目标	223	114	174	60	95.1	1408.1（30%）	
临沂	2014	实际值	174	63	169	65	92.8	—	1934.8
		期初目标	179	94	163	65	93.7		−319.7（−17%）
		DEA 目标	233	79	163	76	95.1		−319.7（−17%）
	2015	实际值	173	66	178	51	94.9	—	2667.0
		期初目标	233	79	163	76	95.1		−671.9（−25%）
		DEA 目标	239	93	163	64	95.2		−788.3（−30%）
	2016	实际值	182	66	139	70	95.4	—	2601.0
		期初目标	239	93	163	64	95.2		−319.7（−12%）
		DEA 目标	227	126	152	64	95.7		−431.0（−17%）
泰州	2014	实际值	223	93	123	35	89.5	1059.2	1059.2
		期初目标	202	95	116	35	89.4	129.0（12%）	—
		DEA 目标	202	116	144	82	95.2	—	−132.0（−12%）
	2015	实际值	240	93	130	35	87.7	—	1131.9
		期初目标	202	116	144	82	95.2		−83.0（−7%）
		DEA 目标	223	116	163	68	95.2		−165.7（−15%）
	2016	实际值	238	93	138	39	91.2	—	927.4
		期初目标	223	116	163	68	95.2		−132.0（−14%）
		DEA 目标	223	116	172	60	95.2		−138.7（−15%）

续表

DMU	年份		Y1	Y2	Y3	Y4	Y5	奖励	惩罚
济宁	2014	实际值	239	76	158	79	95.2	1640.8	—
		期初目标	218	75	152	76	94.1	247.5（15%）	
		DEA 目标	218	93	162	76	95.0	167.9（10%）	
	2015	实际值	268	76	133	71	95.7	1666.3	—
		期初目标	218	93	162	76	95.0	258.5（16%）	
		DEA 目标	250	95	142	71	95.5	92.3（6%）	
	2016	实际值	279	77	124	75	96.1	1334.4	—
		期初目标	250	95	142	71	95.5	167.9（13%）	
		DEA 目标	260	97	132	71	96.0	120.3（9%）	
盐城	2014	实际值	173	128	126	29	89.2	2118.1	2118.1
		期初目标	161	126	168	27	86.0	180.5（9%）	—
		DEA 目标	191	138	121	89	95.4	—	−538.4（−25%）
	2015	实际值	177	133	139	38	90.1	—	2051.4
		期初目标	191	138	121	89	95.4		−323.9（−16%）
		DEA 目标	222	150	121	86	95.7		−323.9（−16%）
	2016	实际值	190	144	141	38	90.5	—	1853.3
		期初目标	222	150	121	86	95.7		−538.4（−29%）
		DEA 目标	233	144	121	71	96.8		−185.3（−10%）
连云港	2014	实际值	127	78	119	34	84.1	—	887.3
		期初目标	200	97	119	35	89.2		−177.5（−20%）
		DEA 目标	220	98	149	81	95.2		−361.0（−41%）
	2015	实际值	130	78	128	40	86.0	—	1014.7
		期初目标	220	98	149	81	95.2		−411.1（−41%）
		DEA 目标	255	98	128	76	95.7		−405.9（−40%）
	2016	实际值	149	80	128	41	87.2	—	980.7
		期初目标	255	98	128	76	95.7		−361.0（−37%）
		DEA 目标	275	80	128	73	96.0		−392.3（−40%）

续表

DMU	年份		Y1	Y2	Y3	Y4	Y5	奖励	惩罚
淮安	2014	实际值	84	112	146	38	91.0		1110.7
		期初目标	169	104	174	38	90.2	—	−150.9（−14%）
		DEA 目标	215	104	146	82	95.2		−383.9（−35%）
	2015	实际值	108	113	136	38	92.2		1018.4
		期初目标	215	104	146	82	95.2	—	−420.3（−41%）
		DEA 目标	247	104	136	74	95.6		−420.3（−41%）
	2016	实际值	119	123	129	42	93.2		1913.2
		期初目标	247	104	136	74	95.6	—	−383.9（−20%）
		DEA 目标	256	104	129	72	96.2		−659.1（−34%）
蚌埠	2014	实际值	57	97	175	17	93.8		808.6
		期初目标	177	96	167	39	91.1	—	−268.6（−33%）
		DEA 目标	212	96	167	74	94.9		−287.2（−36%）
	2015	实际值	60	98	178	13	94.3		965.6
		期初目标	212	96	167	74	94.9	—	−322.7（−33%）
		DEA 目标	234	96	167	64	95.2		−322.7（−33%）
	2016	实际值	63	98	187	22	94.3		701.8
		期初目标	234	96	167	64	95.2	—	−287.2（−41%）
		DEA 目标	222	123	167	60	95.4		−223.5（−32%）

附表 26　第 1 周期 20 个供应商的原始数据

序号	x_{aj}^1	x_{bj}^1	y_{aj}^1	y_{bj}^1	$\tilde{y}_j^1$	c_{good}^1	c_{bad}^1
S1	3	784	1118	305	中等	1750	8
S2	4	857	300	700	中等	680	7
S3	3	1888	1450	1006	不满意	1890	7
S4	3	900	520	500	满意	720	6
S5	5	1550	4300	1600	非常满意	6730	15
S6	6	1600	1500	1230	不满意	1880	11
S7	5	1474	1826.28	647	中等	2858.67	13

续表

序号	x_{aj}^1	x_{bj}^1	y_{aj}^1	y_{bj}^1	$\tilde{y}_j^1$	c_{good}^1	c_{bad}^1
S8	4	1200	1982.306	1039	中等	3102.4	12
S9	4	1290	1700	800	满意	2670	10
S10	4	1090	1850	750	非常满意	2888	8
S11	5	990	2005	690	非常满意	3010	7
S12	1	350	847.839	182.75	非常满意	1369.3	4
S13	3	826	279	859	中等	660	7
S14	3	500	548.021	184	中等	890	5
S15	2	600	547.766	148	非常满意	857.78	4
S16	1	350	396.211	210	中等	620.18	3
S17	4	1580	1790	990	中等	2540	10
S18	1	198	210	75	非常满意	298	2
S19	1	350	224	210	中等	350	3
S20	1	350	198	210	不满意	211	2

附表 27　第 2 周期 20 个供应商的原始数据

序号	x_{aj}^1	x_{bj}^1	y_{aj}^1	y_{bj}^1	$\tilde{y}_j^1$	c_{good}^1	c_{bad}^1
S1	2	749	1022	297	不满意	1690	8
S2	3	830	398	660	中等	790	6
S3	4	1906	1420	1150	中等	1770	9
S4	4	890	550	512	满意	790	6
S5	4	1560	4288	1799	非常满意	6700	17
S6	5	1550	1696	1190	不满意	1906	11
S7	5	1542	1933	632	中等	2878	14
S8	3	1180	1997	1078	中等	3006	13
S9	5	1330	1880	850	满意	2770	11
S10	3	1188	1790	730	非常满意	2900	6
S11	4	1200	2190	710	非常满意	2980	7
S12	1	350	862	182.75	非常满意	1344	4

续表

序号	x_{aj}^1	x_{bj}^1	y_{aj}^1	y_{bj}^1	$\tilde{y}_j^1$	c_{good}^1	c_{bad}^1
S13	4	854	310	877	中等	689	6
S14	4	512	545	199	中等	878	5
S15	2	609	556	143	非常满意	885	4
S16	1	350	401	210	不满意	629	4
S17	3	1699	1880	870	中等	2499	12
S18	1	180	205	80	满意	310	2
S19	1	350	244	210	中等	366	4
S20	1	350	206	210	不满意	205	3

附表 28　第 3 周期 20 个供应商的原始数据

序号	x_{aj}^1	x_{bj}^1	y_{aj}^1	y_{bj}^1	$\tilde{y}_j^1$	c_{good}^1	c_{bad}^1
S1	3	790	1238	315	中等	1690	8
S2	4	800	378	690	中等	790	6
S3	4	1954	1409	1110	不满意	1770	9
S4	3	875	535	494	满意	790	6
S5	5	1269	4560	1490	非常满意	6700	17
S6	6	1570	1600	1090	中等	1906	11
S7	5	1474	1826.28	647	不满意	2878	14
S8	5	1115	1982.306	1528	中等	3006	13
S9	4	1350	1806	835	满意	2770	11
S10	4	1224	1900	780	非常满意	2900	6
S11	4	1006	1990	750	满意	2980	7
S12	1	350	902	182.75	非常满意	1344	4
S13	3	814	298	860	中等	689	6
S14	2	511	539	173	非常满意	878	5
S15	2	597	535	152	非常满意	885	4
S16	1	350	780	210	中等	629	4
S17	4	1550	1950	960	中等	2499	12

续表

序号	x_{aj}^{1}	x_{bj}^{1}	y_{aj}^{1}	y_{bj}^{1}	$\tilde{y}_{j}^{1}$	c_{good}^{1}	c_{bad}^{1}
S18	2	345	390	110	满意	310	2
S19	1	350	244	210	中等	366	4
S20	1	350	180	210	不满意	205	3

附表 29　20 个供应商在 3 个周期的顾客满意度

序号	缩减区间数		
	时期 1	时期 2	时期 3
S1	(53，67)	(33，47)	(53，67)
S2	(53，67)	(53，67)	(53，67)
S3	(33，47)	(53，67)	(33，47)
S4	(73，87)	(73，87)	(73，87)
S5	(83，97)	(83，97)	(83，97)
S6	(33，47)	(33，47)	(53，67)
S7	(53，67)	(53，67)	(33，47)
S8	(53，67)	(53，67)	(53，67)
S9	(73，87)	(73，87)	(73，87)
S10	(83，97)	(83，97)	(83，97)
S11	(83，97)	(83，97)	(73，87)
S12	(83，97)	(83，97)	(83，97)
S13	(53，67)	(53，67)	(53，67)
S14	(53，67)	(53，67)	(83，97)
S15	(83，97)	(83，97)	(83，97)
S16	(53，67)	(33，47)	(53，67)
S17	(53，67)	(53，67)	(53，67)
S18	(83，97)	(73，87)	(73，87)
S19	(53，67)	(53，67)	(53，67)
S20	(33，47)	(33，47)	(33，47)

附表 30　2010～2014 年各阶段及系统的效率结果

	CMB	ICBC	ABC	BOC	CCB	BCM	CNCB	SPDB	CIB	CMBC	PAB	HXB	CEB	BOB	BON	NBCB
2014																
系统	−0.0386	0.0000	−0.0606	−0.0658	−0.0475	−0.0774	−0.0595	−0.0434	−0.0396	−0.0568	−0.0382	−0.0375	−0.0375	−0.0117	−0.0016	0.0000
阶段 1	−0.0386	0.0000	0.0000	−0.0658	−0.0475	−0.0620	−0.0329	0.0000	−0.0396	−0.0568	−0.0295	−0.0187	−0.0205	0.0000	0.0000	0.0000
阶段 2	0.0000	0.0000	−0.0606	0.0000	0.0000	−0.0155	−0.0266	−0.0434	0.0000	0.0000	−0.0087	−0.0188	−0.0170	−0.0117	−0.0016	0.0000
2013																
系统	−0.0382	0.0000	−0.1181	0.0000	−0.0125	−0.0557	−0.0440	−0.0480	−0.0386	−0.0456	−0.0363	−0.0291	−0.0372	−0.0136	−0.0019	−0.0039
阶段 1	−0.0137	0.0000	0.0000	0.0000	0.0000	−0.0205	0.0000	−0.0115	−0.0386	−0.0456	−0.0247	−0.0076	−0.0194	0.0000	0.0000	−0.0039
阶段 2	−0.0244	0.0000	−0.1181	0.0000	−0.0125	−0.0351	−0.0440	−0.0365	0.0000	0.0000	−0.0116	−0.0215	−0.0177	−0.0136	−0.0019	0.0000
2012																
系统	−0.0369	0.0000	−0.1155	0.0000	−0.0228	−0.0562	−0.0367	−0.0461	−0.0289	−0.0368	−0.0289	−0.0305	−0.0297	−0.0098	0.0000	0.0000
阶段 1	−0.0114	0.0000	0.0000	0.0000	−0.0039	−0.0253	0.0000	−0.0105	−0.0289	−0.0368	−0.0167	−0.0135	−0.0121	0.0000	0.0000	0.0000
阶段 2	−0.0254	0.0000	−0.1155	0.0000	−0.0189	−0.0309	−0.0367	−0.0355	0.0000	0.0000	−0.0122	−0.0170	−0.0176	−0.0098	0.0000	0.0000
2011																
系统	−0.0332	0.0000	−0.0314	0.0000	−0.0069	−0.0468	−0.0263	−0.0428	−0.0350	−0.0391	−0.0211	−0.0292	−0.0289	−0.0099	0.0000	−0.0023
阶段 1	−0.0180	0.0000	0.0000	0.0000	0.0000	−0.0343	0.0000	−0.0089	−0.0350	−0.0391	−0.0103	−0.0178	−0.0145	0.0000	0.0000	−0.0023
阶段 2	−0.0152	0.0000	−0.0314	0.0000	−0.0069	−0.0126	−0.0263	−0.0339	0.0000	0.0000	−0.0108	−0.0114	−0.0144	−0.0099	0.0000	0.0000
2010																
系统	−0.0292	0.0000	−0.1082	0.0000	0.0000	−0.0600	−0.0237	−0.0319	−0.0295	−0.0332	−0.0162	−0.0296	−0.0263	−0.0113	0.0000	−0.0034
阶段 1	−0.0209	0.0000	0.0000	0.0000	0.0000	−0.0578	0.0000	−0.0054	−0.0295	−0.0239	−0.0086	−0.0193	−0.0215	0.0000	0.0000	−0.0034
阶段 2	−0.0083	0.0000	−0.1082	0.0000	0.0000	−0.0022	−0.0237	−0.0265	0.0000	−0.0093	−0.0075	−0.0103	−0.0048	−0.0113	0.0000	0.0000

附表 31（a） 2014 年各变量基于 NCT/NFT 的投影

	CMB	ICBC	ABC	BOC	CCB	BCM	CNCB	SPDB	CIB	CMBC	PAB	HXB	CEB	BOB	BON	NBCB
OC	510	2012	1931	1508	1763	579	378	291	297	459	267	208	235	91	45	49
	0	0	0	0	41	0	0	0	0	0	3	0	0	0	0	0
	0	0	0	0	0	0	0	0	0	94	0	0	0	0	0	0
IC	1108	3564	2694	2816	3017	1537	1109	1138	1239	1069	662	481	757	420	161	148
	0	0	0	22	0	30	0	0	183	0	0	0	0	0	0	0
	322	0	0	248	55	659	500	465	525	478	202	101	318	42	0	0
LC	55189	462282	49583	308128	372321	93558	50735	42532	37347	57406	25110	27657	33625	10401	6108	7498
	0	0	0	0	0	0	0	0	0	0	0	0	0	0	0	0
	38362	0	0	117116	100915	75241	36951	27507	20229	43916	13885	17792	22771	691	0	0
II	2228	8499	6993	6027	7391	2885	2056	2120	2194	1991	1192	944	1339	733	296	282
	138	0	0	370	0	0	0	0	0	63	0	0	0	0	19	0
	119	0	0	0	0	0	0	0	0	0	290	232	0	0	36	0
NI	545	1674	923	1358	1349	437	318	253	297	436	203	88	204	56	26	20
	0	0	409	0	45	60	17	64	22	0	0	65	3	38	0	0
	0	0	501	0	0	48	116	34	0	0	109	150	74	74	6	0

附表 31（b） 2013 年各变量基于 NCT/NFT 的投影

	CMB	ICBC	ABC	BOC	CCB	BCM	CNCB	SPDB	CIB	CMBC	PAB	HXB	CEB	BOB	BON	NBCB
OC	459	1768	1694	1478	1558	538	328	266	292	381	213	176	208	78	33	45
	95	0	0	0	0	0	0	0	11	0	0	4	0	0	0	8
	188	0	240	0	0	51	69	7	11	122	21	67	0	0	0	11
IC	746	3238	2372	2354	2567	1286	776	926	1038	991	524	374	692	316	117	122
	0	0	0	0	0	153	0	271	349	127	0	0	144	0	0	0
	75	0	0	0	0	239	128	278	349	343	0	0	138	0	0	0
LC	51667	441902	473766	251617	368410	99919	38803	38976	33134	53064	28369	25043	31464	9193	4357	6310
	0	0	0	0	0	0	0	0	0	0	0	0	0	0	0	779
	19668	0	125209	0	0	16801	8228	8401	0	22489	5790	12150	6947	0	0	1816
II	1735	7671	6134	5190	6463	2593	1633	1778	1896	1822	931	763	1201	579	208	235
	0	0	85	0	0	0	0	0	0	0	81	17	0	0	41	28
	124	0	0	0	0	0	188	44	0	0	483	159	312	154	49	35
NI	342	1478	876	1245	1209	342	191	152	236	332	116	64	146	44	14	14
	0	0	316	0	9	105	74	86	11	0	51	58	35	32	3	6
	0	0	272	0	91	199	141	180	109	0	135	88	124	70	4	7

附表 31（c） 2012 年各变量基于 NCT/NFT 的投影

	CMB	ICBC	ABC	BOC	CCB	BCM	CNCB	SPDB	CIB	CMBC	PAB	HXB	CEB	BOB	BON	NBCB
OC	411	1607	1554	1362	1402	469	282	242	234	354	157	159	181	72	27	35
	102	0	0	0	48	0	0	0	0	0	0	0	0	0	0	0
	170	0	189	0	84	14	41	1	0	113	0	0	0	1	0	0
IC	617	3036	2242	2496	2500	1205	633	769	836	747	416	381	537	293	90	86
	0	0	0	0	0	220	0	190	278	0	0	0	58	0	0	0
	71	0	0	0	0	253	87	223	278	202	49	9	120	28	0	0
LC	48453	427356	458224	242443	355290	96259	32097	35784	28063	47650	24251	22991	28234	8259	3862	5329
	0	0	0	0	0	0	0	0	0	0	0	0	0	0	0	0
	20906	0	88840	0	6735	12354	4550	8237	0	20103	6035	4498	7362	0	0	0
II	1501	7214	5661	5065	6032	2406	1388	1502	1558	1519	746	734	1040	539	167	178
	0	0	95	0	0	0	0	0	0	0	0	0	0	0	0	0
	18	0	0	0	0	0	131	16	0	0	246	274	103	0	0	0
NI	254	1203	810	1092	1087	280	141	99	156	259	67	45	97	32	14	12
	0	0	147	0	0	37	53	61	7	0	35	56	24	25	0	0
	4	0	312	0	55	187	118	160	60	0	95	120	92	46	0	0

附表 31（d） 2011 年各变量基于 NCT/NFT 的投影

	CMB	ICBC	ABC	BOC	CCB	BCM	CNCB	SPDB	CIB	CMBC	PAB	HXB	CEB	BOB	BON	NBCB
OC	351	1442	1356	1217	1194	404	230	198	191	306	119	141	148	55	23	29
	79	0	0	0	0	0	0	0	24	19	14	12	0	0	0	0
	130	0	6	0	0	0	42	0	24	118	9	12	0	0	0	0
IC	449	2268	1657	1850	1777	883	415	598	577	525	270	322	384	190	65	77
	0	0	0	0	0	196	0	209	243	25	15	37	62	0	0	3
	46	0	0	0	0	201	54	224	243	163	9	37	75	0	0	0
LC	45344	408859	447401	223096	329438	90149	27807	31231	20475	39885	13778	16037	24764	7339	3603	4776
	0	0	0	0	0	0	0	0	0	0	0	0	0	0	0	0
	18597	0	3323	0	0	7481	4888	7180	0	16966	0	0	6541	0	0	444
II	1212	5896	4729	4131	4822	1918	1066	1212	1084	1173	523	625	779	378	130	146
	0	0	0	0	0	0	0	0	0	0	0	0	0	0	0	6
	65	0	0	0	0	0	107	0	0	0	227	229	177	74	0	34
NI	204	1138	720	1002	940	240	120	66	93	174	45	33	67	20	10	13
	0	0	165	0	0	33	52	57	17	39	42	72	37	29	0	1
	0	0	164	0	39	142	54	108	54	0	63	92	73	41	0	5

附表 31（e） 2010 年各变量基于 NCT/NFT 的投影

	CMB	ICBC	ABC	BOC	CCB	BCM	CNCB	SPDB	CIB	CMBC	PAB	HXB	CEB	BOB	BON	NBCB
OC	288	1169	1121	1072	1021	356	189	168	143	224	74	106	126	47	16	24
	56	0	0	0	0	0	24	7	0	44	12	18	2	3	0	2
	76	0	109	0	0	7	1	0	0	41	24	6	0	0	0	3
IC	274	1590	1155	1196	1263	569	243	278	284	249	104	206	237	91	30	40
	0	0	0	0	0	114	35	80	104	29	24	91	84	24	0	3
	0	0	0	0	0	105	1	57	90	12	12	58	62	0	0	0
LC	43089	397339	444447	218207	313867	85290	24235	28081	29214	30931	12203	14304	22267	6455	2926	4057
	0	0	0	0	0	0	0	0	0	0	0	0	0	0	0	0
	10233	0	93668	0	0	0	80	6443	10724	7412	5502	1137	5888	0	0	574
II	845	4628	3577	3135	3778	1419	725	730	664	708	263	434	542	235	76	91
	0	0	117	0	0	0	0	0	0	0	0	0	0	0	0	2
	0	0	0	0	0	0	0	0	0	0	0	0	0	21	0	24
NI	147	780	496	828	734	195	84	49	55	89	23	17	52	11	7	10
	0	0	126	0	0	0	0	19	0	0	1	19	0	9	0	0
	47	0	193	0	0	127	97	89	54	87	33	85	65	43	0	6

附表 32 (a) 2014 年各银行的标杆 DMU 及参考比例

银行	第一阶段的标杆 DMU						第二阶段的标杆 DMU						
	ICBC	ABC	SPDB	BOB	BON	NBCB	CMB	ICBC	BOC	CCB	CIB	CMBC	NBCB
CMB	0.06	0.13	0.44	0.00	0.00	0.37	0.55	0.00	0.18	0.00	0.00	0.00	0.27
ICBC	1.00	0.00	0.00	0.00	0.00	0.00	0.00	1.00	0.00	0.00	0.00	0.00	0.00
ABC	0.00	1.00	0.00	0.00	0.00	0.00	0.00	0.49	0.00	0.38	0.00	0.00	0.13
BOC	0.63	0.08	0.29	0.00	0.00	0.00	0.00	0.33	0.59	0.00	0.00	0.00	0.08
CCB	0.80	0.06	0.00	0.00	0.00	0.15	0.00	0.39	0.00	0.55	0.00	0.00	0.06
BCM	0.12	0.05	0.83	0.00	0.00	0.00	0.00	0.00	0.00	0.34	0.11	0.00	0.55
CNCB	0.03	0.04	0.74	0.00	0.00	0.18	0.00	0.00	0.00	0.19	0.21	0.00	0.60
SPDB	0.00	0.00	1.00	0.00	0.00	0.00	0.00	0.00	0.00	0.10	0.59	0.00	0.31
CIB	0.00	0.02	0.81	0.17	0.00	0.00	0.00	0.00	0.00	0.07	0.73	0.00	0.20
CMBC	0.06	0.09	0.48	0.00	0.00	0.37	0.06	0.00	0.29	0.00	0.00	0.00	0.65
PAB	0.01	0.06	0.33	0.00	0.00	0.60	0.00	0.11	0.00	0.00	0.00	0.00	0.89
HXB	0.03	0.03	0.14	0.00	0.00	0.79	0.00	0.08	0.00	0.00	0.00	0.00	0.92
CEB	0.02	0.02	0.52	0.00	0.00	0.45	0.00	0.00	0.00	0.11	0.13	0.00	0.76
BOB	0.00	0.00	0.00	1.00	0.00	0.00	0.00	0.00	0.00	0.03	0.13	0.00	0.84
BON	0.00	0.00	0.00	0.00	1.00	0.00	0.00	0.00	0.00	0.00	0.00	0.00	1.00
NBCB	0.00	0.00	0.00	0.00	0.00	1.00	0.00	0.00	0.00	0.00	0.00	0.00	1.00
NOR	10	11	10	2	1	8	2	6	3	8	6	0	15

附表 32 (b) 2013 年各银行的标杆 DMU 及参考比例

银行	第一阶段的标杆 DMU						第二阶段的标杆 DMU					
	ICBC	ABC	BOC	CCB	CNCB	BOB	BON	ICBC	BOC	CIB	CMBC	NBCB
CMB	0.00	0.00	0.11	0.00	0.58	0.00	0.31	0.04	0.12	0.00	0.38	0.46
ICBC	1.00	0.00	0.00	0.00	0.00	0.00	0.00	1.00	0.00	0.00	0.00	0.00
ABC	0.00	1.00	0.00	0.00	0.00	0.00	0.00	0.80	0.00	0.00	0.00	0.20
BOC	0.00	0.00	1.00	0.00	0.00	0.00	0.00	0.00	1.00	0.00	0.00	0.00
CCB	0.16	0.10	0.11	0.60	0.00	0.00	0.03	0.79	0.00	0.21	0.00	0.00
BCM	0.16	0.00	0.00	0.00	0.78	0.06	0.00	0.25	0.00	0.30	0.00	0.45

续表

银行	第一阶段的标杆 DMU							第二阶段的标杆 DMU				
	ICBC	ABC	BOC	CCB	CNCB	BOB	BON	ICBC	BOC	CIB	CMBC	NBCB
CNCB	0.00	0.00	0.00	0.00	1.00	0.00	0.00	0.14	0.00	0.23	0.00	0.64
SPDB	0.03	0.00	0.00	0.00	0.53	0.44	0.00	0.04	0.00	0.76	0.00	0.20
CIB	0.00	0.00	0.00	0.00	0.81	0.19	0.00	0.02	0.00	0.90	0.00	0.08
CMBC	0.03	0.00	0.00	0.00	0.96	0.00	0.00	0.10	0.10	0.20	0.00	0.60
PAB	0.00	0.00	0.04	0.00	0.33	0.48	0.15	0.10	0.00	0.00	0.00	0.90
HXB	0.00	0.00	0.06	0.00	0.20	0.00	0.74	0.07	0.00	0.00	0.00	0.93
CEB	0.03	0.00	0.00	0.00	0.32	0.65	0.00	0.08	0.00	0.22	0.00	0.70
BOB	0.00	0.00	0.00	0.00	0.00	1.00	0.00	0.03	0.00	0.05	0.00	0.91
BON	0.00	0.00	0.00	0.00	0.00	0.00	1.00	0.00	0.00	0.00	0.00	1.00
NBCB	0.00	0.00	0.00	0.00	0.00	0.00	1.00	0.00	0.00	0.00	0.00	1.00
NOR	6	2	5	1	9	6	6	13	3	8	1	13

附表 32 (c)　2012 年各银行的标杆 DMU 及参考比例

银行	第一阶段的标杆 DMU							第二阶段的标杆 DMU					
	ICBC	ABC	BOC	CNCB	BOB	BONN	BCB	ICBC	BOC	CIB	CMBC	BON	NBCB
CMB	0.00	0.00	0.14	0.34	0.00	0.00	0.52	0.05	0.02	0.00	0.64	0.00	0.29
ICBC	1.00	0.00	0.00	0.00	0.00	0.00	0.00	1.00	0.00	0.00	0.00	0.00	0.00
ABC	0.00	1.00	0.00	0.00	0.00	0.00	0.00	0.79	0.00	0.00	0.00	0.21	0.00
BOC	0.00	0.00	1.00	0.00	0.00	0.00	0.00	0.00	1.00	0.00	0.00	0.00	0.00
CCB	0.69	0.11	0.02	0.18	0.00	0.00	0.00	0.57	0.36	0.07	0.00	0.00	0.00
BCM	0.11	0.00	0.17	0.00	0.71	0.00	0.00	0.16	0.00	0.80	0.00	0.00	0.04
CNCB	0.00	0.00	0.00	1.00	0.00	0.00	0.00	0.12	0.00	0.26	0.00	0.00	0.62
SPDB	0.00	0.00	0.09	0.23	0.68	0.00	0.00	0.02	0.00	0.85	0.00	0.00	0.13
CIB	0.00	0.00	0.02	0.68	0.31	0.00	0.00	0.01	0.00	0.93	0.00	0.00	0.06
CMBC	0.00	0.00	0.08	0.84	0.00	0.00	0.08	0.13	0.07	0.00	0.07	0.00	0.73
PAB	0.00	0.00	0.07	0.00	0.78	0.00	0.15	0.07	0.00	0.06	0.00	0.00	0.87
HXB	0.00	0.00	0.05	0.18	0.37	0.00	0.40	0.07	0.00	0.06	0.00	0.00	0.87

续表

银行	第一阶段的标杆 DMU							第二阶段的标杆 DMU					
	ICBC	ABC	BOC	CNCB	BOB	BONN	BCB	ICBC	BOC	CIB	CMBC	BON	NBCB
CEB	0.00	0.00	0.08	0.00	0.92	0.00	0.00	0.04	0.00	0.41	0.00	0.00	0.55
BOB	0.00	0.00	0.00	0.00	1.00	0.00	0.00	0.02	0.00	0.18	0.00	0.00	0.81
BON	0.00	0.00	0.00	0.00	0.00	1.00	0.00	0.00	0.00	0.00	0.00	1.00	0.00
NBCB	0.00	0.00	0.00	0.00	0.00	0.00	1.00	0.00	0.00	0.00	0.00	0.00	1.00
NOR	3	2	10	7	7	1	5	13	4	9	2	2	11

附表 32 (d)　2011 年各银行的标杆 DMU 及参考比例

银行	第一阶段的标杆 DMU							第二阶段的标杆 DMU					
	ICBC	ABC	BOC	CCB	CNCB	BOB	BON	ICBC	BOC	CIB	CMBC	BON	NBCB
CMB	0.00	0.00	0.16	0.00	0.29	0.00	0.55	0.00	0.15	0.44	0.07	0.34	0.00
ICBC	1.00	0.00	0.00	0.00	0.00	0.00	0.00	1.00	0.00	0.00	0.00	0.00	0.00
ABC	0.00	1.00	0.00	0.00	0.00	0.00	0.00	0.76	0.00	0.23	0.00	0.01	0.00
BOC	0.00	0.00	1.00	0.00	0.00	0.00	0.00	0.00	1.00	0.00	0.00	0.00	0.00
CCB	0.09	0.04	0.02	0.82	0.03	0.00	0.00	0.69	0.14	0.17	0.00	0.00	0.00
BCM	0.09	0.03	0.17	0.00	0.00	0.72	0.00	0.17	0.00	0.83	0.00	0.00	0.00
CNCB	0.00	0.00	0.00	0.00	1.00	0.00	0.00	0.13	0.00	0.20	0.00	0.67	0.00
SPDB	0.00	0.00	0.09	0.00	0.22	0.69	0.00	0.03	0.00	0.96	0.00	0.01	0.00
CIB	0.00	0.00	0.00	0.00	0.64	0.36	0.00	0.03	0.00	0.83	0.00	0.14	0.00
CMBC	0.00	0.00	0.07	0.00	0.87	0.06	0.00	0.18	0.00	0.00	0.00	0.82	0.00
PAB	0.00	0.00	0.01	0.00	0.23	0.76	0.00	0.07	0.00	0.00	0.00	0.93	0.00
HXB	0.00	0.00	0.00	0.00	0.42	0.58	0.00	0.08	0.00	0.02	0.00	0.90	0.00
CEB	0.00	0.00	0.08	0.00	0.00	0.92	0.00	0.06	0.00	0.31	0.00	0.63	0.00
BOB	0.00	0.00	0.00	0.00	0.00	1.00	0.00	0.03	0.00	0.09	0.00	0.88	0.00
BON	0.00	0.00	0.00	0.00	0.00	0.00	1.00	0.00	0.00	0.00	0.00	1.00	0.00
NBCB	0.00	0.00	0.01	0.00	0.00	0.00	0.99	0.00	0.00	0.00	0.00	1.00	0.00
NOR	3	3	9	1	8	8	3	12	3	10	1	12	0

附表 32（e） 2010 年各银行的标杆 DMU 及参考比例

银行	第一阶段的标杆 DMU							第二阶段的标杆 DMU					
	ICBC	ABC	BOC	CCB	CNCB	BOB	BON	ICBC	BOC	CIB	CMBC	BON	NBCB
CMB	0.00	0.00	0.16	0.00	0.27	0.00	0.57	0.01	0.12	0.00	0.55	0.31	0.00
ICBC	1.00	0.00	0.00	0.00	0.00	0.00	0.00	1.00	0.00	0.00	0.00	0.00	0.00
ABC	0.00	1.00	0.00	0.00	0.00	0.00	0.00	0.79	0.00	0.00	0.00	0.21	0.00
BOC	0.00	0.00	1.00	0.00	0.00	0.00	0.00	0.00	1.00	0.00	0.00	0.00	0.00
CCB	0.00	0.00	0.00	1.00	0.00	0.00	0.00	0.00	0.00	1.00	0.00	0.00	0.00
BCM	0.11	0.00	0.15	0.00	0.20	0.54	0.00	0.19	0.00	0.00	0.78	0.03	0.00
CNCB	0.00	0.00	0.04	0.00	0.64	0.00	0.32	0.06	0.00	0.00	0.65	0.29	0.00
SPDB	0.00	0.00	0.08	0.00	0.32	0.00	0.59	0.02	0.00	0.00	0.98	0.00	0.00
CIB	0.01	0.00	0.10	0.00	0.00	0.31	0.58	0.00	0.00	0.00	1.00	0.00	0.00
CMBC	0.00	0.00	0.09	0.00	0.39	0.00	0.52	0.07	0.00	0.00	0.50	0.43	0.00
PAB	0.00	0.00	0.04	0.00	0.00	0.00	0.96	0.00	0.00	0.00	0.29	0.71	0.00
HXB	0.00	0.00	0.03	0.00	0.24	0.00	0.73	0.00	0.00	0.00	0.61	0.39	0.00
CEB	0.00	0.00	0.07	0.00	0.19	0.00	0.74	0.02	0.00	0.00	0.65	0.33	0.00
BOB	0.00	0.00	0.00	0.00	0.16	0.03	0.81	0.00	0.00	0.00	0.27	0.73	0.00
BON	0.00	0.00	0.00	0.00	0.00	0.00	1.00	0.00	0.00	0.00	0.00	1.00	0.00
NBCB	0.00	0.00	0.01	0.00	0.00	0.00	0.99	0.00	0.00	0.00	0.00	1.00	0.00
NOR	3	1	11	1	8	3	11	8	2	1	10	11	0

参考文献

［1］Pareto V. Manuale di economia politica（Manual of political economy）［M］. Geneva：Libraire Droz，1906.

［2］Aigner D，Lovell C，Schmidt P. Formulation and estimation of stochastic frontier production function models［J］. Journal of Econometrics，1977，6（1）：21-37.

［3］Meeusen W，Julien V D B. Efficiency estimation from cobb-douglas production functions with composed error［J］. International Economic Review，1977（18）：435-444.

［4］Charnes A，Cooper W W，Rhodes E. Measuring the efficiency of decision making units［J］. European Journal of Operational Research，1978，2（6）：429-444.

［5］Rajiv D. Banker. Maximum Likelihood，Consistency and Data Envelopment Analysis：A Statistical Foundation［J］. Management Science，1993，39（10）：7-14.

［6］毕功兵，梁樑，杨锋. 两阶段生产系统的 DEA 效率评价模型［J］. 中国管理科学，2007（2）：92-96.

［7］吴华清，梁樑，吴杰，杨锋. DEA 博弈模型的分析与发展［J］. 中国管理科学，2010，18（5）：184-192.

［8］夏琼，杨锋，梁樑，吴华清. 多阶段混联生产系统的 DEA 效率评价［J］. 系统工程理论与实践，2011，31（2）：291-296.

［9］Li Y，Wang L，Li F. A data-driven prediction approach for sports team performance and its application to National Basketball Association［J］. Omega，2021（98）：7-10.

［10］陈凯华，汪寿阳. 考虑环境影响的三阶段组合效率测度模型的改进及在研发效率测度中的应用［J］. 系统工程理论与实践，2014，34（7）：1811-1821.

［11］唐宵，李勇军，王美强，梁樑. 一种 DEA 效率概率占优方法研究［J］. 系统工程理论与实践，2016，36（10）：41-47.

[12] 许晓雯，时鹏将．基于 DEA 和 SFA 的我国商业银行效率研究 [J]．数理统计与管理，2006 (1)：68-72.

[13] 石晓，谢建辉，李勇军，梁樑，谢启伟．非合作博弈两阶段生产系统 DEA 并购效率评价 [J]．中国管理科学，2015，23 (7)：60-67.

[14] Zhou X，Chen H，Chai J，et al. Performance evaluation and prediction of the integrated circuit industry in China：A hybrid method [J]．Socio-Economic Planning Sciences，2020 (69)：100712.

[15] Farrell M. The measurement of production efficiency [J]．Journal of the Royal Statistical Society，1957 (12)：7-14.

[16] Varian H. The nonparametric approach to production analysis [J]．Econometrica，1984 (54)：579-597.

[17] 马立杰．DEA 理论及应用研究 [D]．山东大学博士学位论文，2007.

[18] 谢艾国，罗英，王应明．全局 DEA 模型研究 [J]．系统工程与电子技术，1999，21 (5)：1-5.

[19] 毕功兵．基于变量属性分类的 DEA 模型研究 [D]．中国科学技术大学，2007.

[20] 楚雪芹，李勇军，崔峰，梁樑．基于两阶段非期望 DEA 模型的商业银行效率评估 [J]．系统工程理论与实践，2021，41 (3)：636-648.

[21] 丁晶晶，毕功兵，梁樑．基于 Pareto 分布的决策单元 DEA 效率评价 [J]．系统工程学报，2012，27 (3)：415-423.

[22] 张炳，毕军，黄和平，刘蓓蓓，袁婕．基于 DEA 的企业生态效率评价：以杭州湾精细化工园区企业为例 [J]．系统工程理论与实践，2008 (4)：159-166.

[23] 成刚．数据包络分析方法与 MaxDEA 软件 [M]．北京：知识产权出版社，2014.

[24] 丁晶晶，毕功兵，梁樑．并联系统资源和目标配置双准则 DEA 模型 [J]．管理科学学报，2013，16 (1)：10-21.

[25] 马立杰，崔玉泉，李振波．一种新的双目标 DEA 模型 [J]．中国管理科学，2005 (6)：69-74.

[26] 杜娟，霍佳震．基于数据包络分析的中国城市创新能力评价 [J]．中国管理科学，2014，22 (6)：85-93.

[27] 庞瑞芝．我国城市医院经营效率实证研究——基于 DEA 模型的两阶段分析 [J]．南开经济研究，2006 (4)：71-81.

[28] 许恒周，郭玉燕，吴冠岑．农民分化对耕地利用效率的影响——基于

农户调查数据的实证分析［J］. 中国农村经济，2012（6）：31-39+47.

［29］谢建辉，李勇军，梁樑，吴记. 随机环境下的多投入多产出生产前沿面估计［J］. 管理科学学报，2018，21（11）：50-60.

［30］方磊. 基于偏好 DEA 的应急系统选址模型研究［J］. 系统工程理论与实践，2006（8）：116-122.

［31］Banker R D，Charnes A，Cooper W W. Some models for estimating technical and scale inefficiencies in data envelopment analysis［J］. Management Science，1984，30（9）：1078-1092.

［32］Fare R，Grosskopf S. Network DEA［J］. Socio-Economic Planning Sciences，2000，34（1）：35-49.

［33］Lewis F H，Sexton T R. Network DEA：efficiency analysis of organizations with complex internal structure［J］. Computers and Operations Research，2004，31（9）：1365-1410.

［34］Tone K，Tsutsui M. Network DEA：A slacks-based measure approach［J］. European Journal of Operational Research，2009（197）：243-252.

［35］Xiao S A，Ae B，Wy A. Overall efficiency of operational process with undesirable outputs containing both series and parallel processes：A SBM network DEA model［J］. Expert Systems with Applications，2021（178）：7-10.

［36］杨龙，胡晓珍. 基于 DEA 的中国绿色经济效率地区差异与收敛分析［J］. 经济学家，2010（2）：46-54.

［37］Avkiran N K，Mccrystal A. Sensitivity analysis of network DEA：NSBM versus NRAM［J］. Applied Mathematics & Computation，2012，218（22）：11226-11239.

［38］Charnes A，Cooper W W. Preface to topics in data envelopment analysis［J］. Annals of Operations Research，1984，2（1）：59-94.

［39］Fare R，Grosskopf S，Hernandez-Sancho F. Environmental performance：an index number approach［J］. Resource & Energy Economics，2004，26（4）：343-352.

［40］Tone K，Tsutsui M. Dynamic DEA：A slacks-based measure approach［J］. Omega，2013（38）：145-156.

［41］程开明，刘琦璐，庄燕杰. 效率评价中处理非期望产出的非参数方法演进、比较及展望［J］. 数量经济技术经济研究，2021，38（5）：154-171.

［42］楚雪芹，李勇军，崔峰，等. 基于两阶段非期望 DEA 模型的商业银行效率评估［J］. 系统工程理论与实践，2021，41（3）：636-648.

［43］黄阳，王美强，满小虎，等．循环经济视角下的中国区域工业生态效率——基于 Pareto 改进的两阶段 DEA 交叉效率模型［J］．系统工程，2021，39（2）：1-12.

［44］Zadeh L A. Fuzzy sets［J］. Information & Control，1965（8）：338-353.

［45］Kao C，Hwang S N. Efficiency decomposition in two-stage data envelopment analysis：An application to non-life insurance companies in Taiwan［J］. European Journal of Operational Research，2008（185）：418-442.

［46］Kundu P，Kar S，Maiti M. Fixed charge transportation problem with type-2fuzzy variables［J］. Information Sciences，2014（255）：170-186.

［47］Qin R，Liu Y K，Liu Z Q. Methods of critical value reduction for type-2 fuzzy variables and their applications［J］. Journal of Computer Applied Mathematics，2011（235）：1454-1481.

［48］Zhou X，Pedrycz W，Kuang Y，et al. Type-2 fuzzy multi-objective DEA model：An application to sustainable supplier evaluation［J］. Soft Computing，2016（46）：424-440.

［49］Zhou X，Xu Z，Yao L，et al. A novel Data Envelopment Analysis model for evaluating industrial production and environmental management system［J］. Journal of Cleaner Production，2018，170（J）：773-788.

［50］孙娜，马生昀，马占新，等．基于 LR 模糊数的广义模糊 DEA 模型及其求解［J］．数学的实践与认识，2015，45（5）：201-208.

［51］Ma J F，Qi L N，Deng L Z. Additive centralized and Stackelberg DEA models for two-stage system with shared resources［J］. International Transactions in Operational Research，2020，27（4）：2211-2229.

［52］Dempe S，Zemkoho A B. On the Karush-Kuhn-Tucker reformulation of the bilevel optimization problem［J］. Nonlinear Analysis Theory Methods & Applications，2012，75（3）：1202-1218.

［53］Zhou X，Luo R，Tu Y，et al. Data envelopment analysis for bi-level systems with multiple followers［J］. Omega，2018，77（6）：180--188.

［54］Fare R，Grosskopf S，Pasurka C A. Environmental production functions and environmental directional distance functions［J］. Energy，2007（32）：1055-1066.

［55］Charnes A，Cooper W W. Programming with linear fractional functionals［J］. Naval Research Logistics，1962，9（3-4）：181-186.

[56] Metters R D, Frei F X, Vargas V A. Measurement of multiple sites in service firms with data envelopment analysis [J]. Production and Operations Management, 1999 (8): 264-281.

[57] Fare R, Grosskopf S. Intertemporal production frontiers: With dynamic DEA [J]. Journal of the Operational Research Society, 1997 (48): 656-657.

[58] Li H, He H, Shan J, et al. Innovation efficiency of semiconductor industry in China: A new framework based on generalized three-stage DEA analysis [J]. Socio-Economic Planning Sciences, 2019 (66): 136-148.

[59] Wang C N, Nguyen X T, Le T D, et al. A partner selection approach for strategic alliance in the global aerospace and defense industry [J]. Journal of Air Transport Management, 2018 (69): 190-204.

[60] Shaikh F, Ji Q, Shaikh P H, et al. Forecasting China's natural gas demand based on optimised nonlinear grey models [J]. Energy, 2017 (140): 941-951.

[61] 魏轩，陈伟．社会网络位置和企业 R&D 绩效 [J]．科学学研究，2019，37 (11)：2044-2053.

[62] Fare R, Grosskopf S. Modeling undesirable factors in efficiency evaluation: Comment [J]. European Journal of Operational Research, 2004 (157): 242-245.

[63] Zhou X, Wang Y, Chai J, et al. Sustainable supply chain evaluation: A dynamic double frontier network DEA model with interval type-2 fuzzy data [J]. Information Sciences, 2019 (5): 394-421.

[64] Puri J, Yadav S P. A fuzzy DEA model with undesirable fuzzy outputs and its application to the banking sector in India [J]. Expert Systems Applications, 2014 (41): 6419-6432.

[65] Zhou X, Yu N, Tu Y, et al. Bi-level plant selection and production allocation model under type-2 fuzzy demand [J]. Expert Systems with Applications, 2017 (86): 87-98.

[66] Zhou X, Xu Z, Chai J, et al. Efficiency evaluation for banking systems under uncertainty: A multi-period three-stage DEA model [J]. Omega, 2018 (85): 68-82.

[67] Zhou X, Chen H, Wang H, et al. Natural and managerial disposability based DEA model for China's regional environmental efficiency assessment [J].

Energies, 2019, 12 (18): 3426.

[68] Liu W, Zhang D, Meng W, et al. A study of DEA models without explicit inputs [J]. Omega, 2011 (39): 472-480.

[69] Thrall R M. Duality, classification and slacks in DEA [J]. Annals of Operations Research, 1996 (66): 109-138.

[70] Ruiz J L, Sirvent I. Common benchmarking and ranking of units with DEA [J]. Omega, 2016 (65): 1-9.

[71] Bessent A, Bessent W, Elam J, et al. Efficiency frontier determination by constrained facet analysis [J]. Operations Research, 1988 (36): 785-796.

[72] Olesen O B, Petersen N C. Indicators of ill-conditioned data sets and model misspecification in data envelopment analysis: An extended facet approach [J]. Management Science, 1996 (42): 205-219.

[73] Zhou X, Luo R, An Q, et al. Water resource environmental carrying capacity-based reward and penalty mechanism: A benchmarking approach [J]. Journal of Cleaner Production, 2019, 229 (8): 1294-1306.

[74] Dong X, Du X, Li K, et al. Benchmarking sustainability of urban water infrastructure systems in China [J]. Journal of Cleaner Production, 2018 (170): 330-338.

[75] Zhou X, Luo R, Yao L, et al. Assessing integrated water use and wastewater treatment systems in China: A mixed network structure two-stage SBM DEA model [J]. Journal of Cleaner Production, 2018 (185): 533-546.

[76] Zhou X, Li L, Wen H, et al. Supplier's goal setting considering sustainability: An uncertain dynamic Data Envelopment Analysis based benchmarking model [J]. Information Sciences, 2020 (545): 44-64.

[77] Frei F X, Harker P T. Projections onto efficient frontiers: Theoretical and computational extensions to DEA [J]. Journal of Productivity Analysis, 1999, 11 (3): 275-300.

[78] Färe R, Lovell C A K. Measuring the technical efficiency of production [J]. Journal of Economic Theory, 1978, 19 (1): 150-162.

[79] Cooper W W, Park K S, Pastor J T. RAM: A range adjusted measure of inefficiency for use with additive models, and relations to other models and measures in DEA [J]. Journal of Productivity Analysis, 1999, 11 (1): 5-42.

[80] Aparicio J, Ruiz J L, Sirvent I. Closest targets and minimum distance

to the pareto-efficient frontier in DEA [J]. Journal of Productivity Analysis, 2007, 28 (3): 209-218.

[81] Lim S, Zhu J. A note on two-stage network DEA model: Frontier projection and duality [J]. European Journal of Operational Research, 2016, 248 (1): 342-346.